Geschichte in Köln
Zeitschrift für Stadt- und Regionalgeschichte
66   2019

Herausgegeben von
Thomas Deres – Christian Hillen – Michael Kaiser – Martin Kröger
Stefan Lewejohann – Georg Mölich – Joachim Oepen – Wolfgang Rosen
Lars Wirtler – Stefan Wunsch

in Verbindung mit
Freunde des Kölnischen Stadtmuseums e.V.

Band 66   2019
herausgegeben von
Christian Hillen, Michael Kaiser und Stefan Wunsch

BÖHLAU VERLAG WIEN KÖLN WEIMAR

Impressum

»Geschichte in Köln« (GiK) entstand 1977 als studentische Zeitschrift am Historischen Seminar der Universität zu Köln, das erste Heft erschien im April 1978. Das damalige Konzept, neben etablierten Autoren auch Beiträge von Studierenden zu veröffentlichen, erwies sich als überaus erfolgreich, da so wichtige Forschungsergebnisse einer breiteren Öffentlichkeit zugänglich gemacht werden konnten. Die ab Band 48 als umfangreicher Jahrgangsband publizierte Zeitschrift enthält Aufsätze, Miszellen und Rezensionen. Der Schwerpunkt liegt auf der kölnischen Stadtgeschichte und der rheinischen Landes-, Regional-, Stadt- und Ortsgeschichte, wobei in GiK durchaus auch Beiträgen mit übergreifendem Ansatz oder zur vergleichenden Stadtgeschichte ein Forum geboten wird. Dabei wurde das Prinzip beibehalten, Beiträge aus dem Entstehungskontext wissenschaftlicher Qualifikationsarbeiten neben Aufsätzen etablierter Historikerinnen und Historiker zu veröffentlichen.
Seit 1995 erscheint GiK mit dem Untertitel »Zeitschrift für Stadt- und Regionalgeschichte«, seit 1998 wird sie in Verbindung mit dem Verein Freunde des Kölnischen Stadtmuseums e. V. herausgegeben. GiK ist auch Jahresgabe für die Mitglieder des »Fördervereins Geschichte in Köln e. V.«.

Herausgeber: T. Deres – C. Hillen – M. Kaiser – M. Kröger – S. Lewejohann – G. Mölich – J. Oepen – W. Rosen – L. Wirtler – S. Wunsch
in Verbindung mit: Freunde des Kölnischen Stadtmuseums e. V.

Band 66 herausgegeben von Christian Hillen, Michael Kaiser und Stefan Wunsch

Redaktionsanschrift: Geschichte in Köln, Zeitschrift für Stadt- und Regionalgeschichte, c/o Stefan Wunsch M.A., Franz-Denhovenstraße 51, 50735 Köln, www.geschichte-in-koeln.de
E-Mail: info@foerderverein-geschichte-in-koeln.de

Verlag: Böhlau Verlag GmbH & Cie, Köln Weimar Wien, Lindenstraße 14, D-50674 Köln, www.boehlau-verlag.com

Lektorat: Stefan Wunsch, Köln; **Bildredaktion:** Birgit Lambert
Umschlaggestaltung: Guido Klütsch, Köln **Satz:** büro mn, Bielefeld; **Druck:** Strauss, Mörlenbach
Printed in the EU

© 2019 by Böhlau Verlag GmbH & Cie, Wien Köln Weimar.
Alle Rechte vorbehalten. Dieses Werk ist urheberrechtlich geschützt. Jede Verwertung außerhalb der engen Grenzen des Urheberrechtsgesetzes ist unzulässig.

Erscheinungsweise/Bezugsbedingungen: Geschichte in Köln erscheint einmal im Jahr und kann über den Buchhandel oder unmittelbar beim Verlag bezogen werden.

Zur Titelabbildung: Tympanon von St. Cäcilien, Detail: segnender Engel (Köln, Museum Schnütgen, Inv.-Nr. K 275; Foto: Rheinisches Bildarchiv Köln, Wolfgang F. Meier, rba_d032909_04)

Vandenhoeck & Ruprecht Verlage | www.vandenhoeck-ruprecht-verlage.com

ISSN 0720 3659, ISBN der aktuellen Ausgabe: 978-3-412-51774-8

Inhalt

Ulrike Bergmann/Esther von Plehwe-Leisen Das Recycling römischen Kalksteins aus Lothringen in der Kölner Bildhauerkunst des Mittelalters 7

Farbtafeln 41

Lea Raith Eine Kölner Briefsammlung auf Abwegen. Kölner Papstbriefe des 9.–11. Jahrhunderts und ihre Trierer Überlieferung 65

Gerhard-Peter Handschuh »Der Kölner, den man der Habsucht zieh, …«. Erzbischof Anno II. von Köln, Königin Richeza von Polen und das Erbe der Ezzonen 87

Saskia Klimkeit Eine gefälschte Approbation des Hexenhammers? Ein Kölner Notariatsinstrument von 1487 115

Philipp Gatzen Ein Amtsträger im Spannungsfeld kurkölnischer und Osnabrücker Interessen: Ferdinand von Kerssenbrock als Statthalter des Kurfürsten Clemens August im Fürstbistum Osnabrück 139

Michael Rohrschneider Die Stadt Köln, das Reich und der Immerwährende Reichstag im 18. Jahrhundert. Stand und Perspektiven der Forschung 163

Henrike Stein Der Besuch Napoleons in Köln 1804 im Spiegel der Inschriften Ferdinand Franz Wallrafs 177

Lukas Doil »Werde politisch oder stirb!«. Krisendiskurs, Mobilisierung und Gewalt in der Kölner Studentenschaft (1928–1934) 201

Kim Opgenoorth Organisation und Akteure der HJ-Zeitung »Die Fanfare« (1933–1937) im Rheinland 231

Miszellen

Dirk Schmitz Die römische Bibliothek von Köln 261

Jürgen Herres Die »Neue Rheinische Zeitung. Organ der Demokratie«
1848/49. Neue Zugänge und Arbeitsmöglichkeiten 269

Gregor M. Weiermüller/Benedikt Neuwöhner Besatzungsherrschaft
und Alltag im Rheinland – Die belgische, britische und amerikanische
Besatzung nach dem Ersten Weltkrieg. Ein Tagungsbericht 279

Helmut Johannes Fußbroich Das Hauszeichen der WiSo-Fakultät
der Universität zu Köln 289

Buchbesprechungen 295

Markus Trier/Friederike Naumann-Steckner (Hg.): BodenSchätze –
Archäologie in Köln *von Lars Wirtler* 295

Hugo Stehkämper/Carl Dietmar: Köln im Hochmittelalter 1074/75–1288
von Eberhard Isenmann 296

Joseph P. Huffman: The Imperial City of Cologne. From Roman Colony
to Medieval Metropolis *von Christian Hillen* 299

Peter von Jülich: De modo mensurandi vasa. Ein Traktat
zur Fassmessung aus dem frühen 15. Jahrhundert *von Karl Ubl* 301

Joachim Oepen/Anna Pawlik: Das Abendmahlretabel von
Bartholomäus Bruyn dem Älteren in St. Severin *von Wolfgang Schmid* 301

Yvonne Bergerfurth: Die Bruderschaften der Kölner Jesuiten
1576 bis 1773 *von Bernhard Schneider* 302

Rüdiger Müller: 200 Jahre J. P. Bachem. Eine Kölner Familie
schreibt Geschichte *von Hans-Gerd Dick* 305

Inhalt

Arnold Jacobshagen/Annette Kreutziger-Herr (Hrsg.):
1863 – Der Kölner Dom und die Musik *von Stefan Plettendorff* 307

Wolfram Hagspiel: Köln in Fotografien aus der Kaiserzeit
von Joachim Oepen 309

Katrin Hieke: Im Spannungsfeld von Politik, Innovation und Tradition:
Das Rheinische Museum/Haus der Rheinischen Heimat in Köln
1925–1956 *von Eckhard Bolenz* 310

Robert Becker: Die Kölner Regierungspräsidenten im
Nationalsozialismus. Zum Versagen von Vertretern einer Funktionselite
von Hans-Gerd Dick 312

Michaela Keim/Stefan Lewejohann (Hg.): Köln 68! protest. pop.
provokation. *von Christian Hillen* 314

Claus Leggewie: 50 Jahre '68. Köln und seine Protestgeschichte
von Thomas Deres 316

Barbara Schock-Werner: Köln. Auf den Punkt II.
Mit der Dombaumeisterin a. D. durch die Stadt *von Wolfgang Rosen* 318

Abstracts 321

Autorinnen und Autoren 325

Das Recycling römischen Kalksteins aus Lothringen in der Kölner Bildhauerkunst des Mittelalters

von Ulrike Bergmann und Esther von Plehwe-Leisen

Am Institut für Restaurierungs- und Konservierungswissenschaft der TH Köln wurde eine Reihe von Forschungsprojekten, begleitet von kunsthistorischen, restauratorischen und naturwissenschaftlichen Untersuchungen, zu den Kölner Kunstmaterialien des Mittelalters durchgeführt.[1] In diesem Kontext konnten viele neue Erkenntnisse etwa zu den in der Kölner Skulptur verwendeten Holzarten oder zu den Fassungs- und Malmaterialien und ihrer Anwendung im Laufe des Mittelalters gewonnen werden. Diese Ergebnisse wurden in eine Datenbank eingearbeitet, welche die TH der wissenschaftlichen Community zugänglich macht.[2] In diese Datenbank konnten dankenswerterweise auch technologische Untersuchungen der Kölner Museen, etwa des Museums Schnütgen und des Wallraf-Richartz-Museums, oder des LVR-Amts für Denkmalpflege im Rheinland aufgenommen werden, sodass wir mittlerweile über weitgehende Kenntnisse von den Gepflogenheiten der mittelalterlichen Kölner Künstler und Handwerker verfügen. Hieraus lässt sich in einem erweiterten Arbeitsprozess mit Hilfe der historischen Wissenschaften neues Wissen zur Wirtschaftsmetropole Köln, den Märkten und Handelsrouten gewinnen. Die erhaltenen Kunstwerke des Mittelalters werden also anstelle von oft nicht mehr vorhandenen Archivalien oder von vornherein geringerer schriftlicher Dokumentation als historische Quellen genutzt, die Sprache des Materials wird analysiert. Die Materialität von Kunstwerken gerade aus quellenarmen Zeiten steht daher zunehmend im Fokus der historischen Wissenschaften, wobei der Forschungsansatz immer interdisziplinär ist.[3]

---

1 Der erste Teil des Aufsatzes (Abschnitte 1–5) stammt von Ulrike Bergmann, der zweite Teil (Abschnitte 6–8) sowie die Tabelle im Anhang von Esther von Plehwe-Leisen. – Auf der Basis des Forschungsschwerpunkts »Art Materials in Mediaeval Cologne« an der TH Köln, etwa zu den Holzarten und Fassungsmaterialien der mittelalterlichen Kölner Holzskulptur, gefördert durch die Gerda Henkel Stiftung, Düsseldorf, teilweise in Kooperation mit dem Museum Schnütgen, Köln. Zu den geowissenschaftlichen Untersuchungen vgl. Anm. 4 und 5.
2 Unter www.th-koeln.de/cics; die Datenbank ist noch nicht allgemein öffentlich zugänglich.
3 Beteiligt sind Naturwissenschaftler, Restauratoren, Historiker und Kunsthistoriker. Auf dieser Basis erfolgt auch der wissenschaftliche Austausch im Arbeitskreis Materialität, gegründet vom Historischen Seminar der Universität zu Köln, Sabine von Heusinger, und der TH Köln, Institut für Restaurierungs- und Konservierungswissenschaft, Doris Oltrogge, Ulrike Bergmann.

Die jüngsten kunsttechnologischen Projekte waren den Kölner Bildhauergesteinen in Kathedrale und Stadt gewidmet, wobei zunächst auf Basis des kunsthistorischen Forschungsstands ein Korpus der erhaltenen und zu untersuchenden Steinskulpturen erstellt wurde, welches dann die Grundlage für die präzisen Untersuchungen mit den Mitteln der Geowissenschaften darstellte.[4] Ausgangspunkt bildete die Kathedrale mit ihrer umfangreichen Ausstattung an mittelalterlicher Steinskulptur, die Ergebnisse sind mittlerweile weitgehend publiziert.[5] Es folgte ein breiter angelegtes Forschungsprojekt zu den Gesteinen in der Bildhauerkunst der mittelalterlichen Metropole Köln, ebenso wie Untersuchungen am Dom gefördert von der Gerda Henkel Stiftung Düsseldorf. Die Untersuchungsergebnisse zum frühen Mittelalter bis zur Hochgotik zeigten, im Kontext mit den Gesteinen der Dombauhütte, eine klare Zeitabhängigkeit der Steinverwendung.

Alle geowissenschaftlichen Steinbestimmungen – für die mittelalterliche Stadt Köln waren es circa 160 Objekte – wurden von Esther von Plehwe-Leisen bis 2016 durchgeführt. Die hier nun einführende historische und kunsthistorische Analyse beruht auf diesen Ergebnissen. Im Anschluss folgen grundlegende geowissenschaftliche Ausführungen zu den Methoden dieser Wissenschaft und zum konkreten Vorgehen im Kölner Projekt, eine Liste der untersuchten Steinskulpturen sowie eine vertiefende Zusammenstellung zu den römischen Steinbrüchen in Norroy-lès-Pont-à-Mousson (Département Meurthe-et-Moselle).

Im Fokus soll das Resultat stehen, dass sowohl an der Kathedrale als auch in der Stadt für kirchliche und auch profane Ausstattung die Kölner Steinbildhauer praktisch ausschließlich auf den offenbar noch in der Stadt überlieferten antiken Stein der Römerzeit, den lothringischen Kalkstein aus den Brüchen bei Norroy-lès-Pont-à-Mousson, zurückgegriffen haben. Die Wiederverwendung antiken Materials ist im Mittelalter nichts Ungewöhnliches und ein Phänomen, das allen alten Römerstädten, so etwa Trier und Mainz, gemeinsam ist.[6] Auch

---

4 Mittelalterliche Steinskulptur im Kölner Dom – Geowissenschaftliche Material- und Herkunftsbestimmung und Auswertung der Ergebnisse nach kunsthistorischen Aspekten, Dombauverwaltung und FH Köln, gefördert durch die Gerda Henkel Stiftung; Geowissenschaftliche Untersuchungen von Kölner Steinskulpturen und Bauplastik des Mittelalters, TH Köln, gefördert durch die Gerda Henkel Stiftung.
5 Esther von Plehwe-Leisen/Hans Leisen: Die mittelalterliche Skulptur des Kölner Domes unter dem Mikroskop, in: Kölner Domblatt 72 (2007), S. 149–160; Esther von Plehwe-Leisen u. a.: Der Baumberger Sandstein – ein ›Modegestein‹ für mittelalterliche Skulptur und Bauzier im Kölner Dom, in: Kölner Domblatt 75 (2010), S. 167–167.
6 Vgl. Lukas Clemens: Zum Umgang mit der Antike im hochmittelalterlichen Trier, Trier 1996, S. 167–202; Claudia Stribrny: Die Herkunft der römischen Werksteine aus Mainz und Umgebung, Mainz 1987; Lukas Clemens: Tempore Romanorum constructa. Zur Nutzung und Wahrnehmung antiker Überreste nördlich der Alpen während des Mittelalters, Stuttgart 2003.

im Falle Kölns war das Recycling von römischem Steinmaterial, unter anderem für den Bau des karolingischen Domes, durchaus bekannt und wurde vom ehemaligen Dombaumeister Arnold Wolff mehrfach vorgestellt.[7] Doch bilden Ausschließlichkeit und Dauer dieses Phänomens und seine enge Verbindung mit der Bildhauerkunst des Mittelalters – der Norroy-Kalkstein war im Bereich der Kölner Steinskulptur bis in die Hochgotik hinein praktisch das allein verwendete Material – für die Archäologie und die Mittelalterforschung ein neues Resultat. Die Erforschung dieses Phänomens muss dabei notwendigerweise interdisziplinär zwischen Ursprung und Wiederverwendung, Archäologie und Kunstgeschichte, ablaufen. Unsere Fragen gelten also der Nutzung des Gesteins in der Römerzeit, seiner Tradierung im frühen Mittelalter und zuletzt seinem Verbrauch bis in die Zeit der Hochgotik.

1. Die Verwendung im römischen Köln

Mit der Erhebung des Oppidum Ubiorum zur CCAA im Jahre 50 n. Chr. muss in der nun neu und repräsentativ nach römischem Usus zu errichtenden Stadt Agrippina ein regelrechter Bauboom eingesetzt und daher ein enormer Bedarf an unterschiedlichem Gesteinsmaterial bestanden haben. Durch die langjährigen Grabungen der Kölner Stadtarchäologie sind wir heute gut informiert über die Verwendung von Gestein in der antiken Stadt.[8] Sie war von praktischem und repräsentativem Denken gleichzeitig geprägt. Für Fundamente, tragendes Mauerwerk, Wasserführung, Straßenpflaster et cetera wurden Drachenfelstrachyt, Grauwacke oder Tuff, also regionale Gesteine verwendet.[9] Für die um 90 n. Chr. erbaute, mit Türmen und Toren gezierte Stadtmauer setzte man vornehmlich fein behauene Handquader aus Grauwacke zusammen mit dem üblichen Opus Caementicium ein,[10] große Tuffblöcke bildeten die Wände von öffentlichen Gebäuden. Für Fassaden und Schmuck dieser repräsentativen

---

7 Arnold Wolff: Die älteste Bauplastik des gotischen Domes, in: Kölner Dombaublatt 26/27 (1967), S. 75–92; Ders.: Der Kölner Dom. Spolien, wohin man schaut, in: Köln. Zeitschrift der Stadt Köln, 35. Jahrgang, 4. Vierteljahr 1990, S. 30–33; Ders.: Spolien aus der Kölner Domgrabung, in: Sancta Treveris. Beiträge zu Kirchenbau und bildender Kunst im alten Erzbistum Trier, Festschrift Franz J. Ronig, Trier 1999, S. 745–756.
8 Thomas Fischer/Marcus Trier: Das römische Köln, Köln 2014; Werner Eck: Köln in römischer Zeit. Geschichte einer Stadt im Rahmen des Imperium Romanum, Köln 2004; vgl. Otto Doppelfeld: Kölner Wirtschaft von den Anfängen bis zur Karolingerzeit, in: Hermann Kellenbenz (Hg.): Zwei Jahrtausende Kölner Wirtschaft, Bd. 1, Köln 1975, S. 15–86, hier S. 36f.
9 Fischer/Trier: Köln (Anm. 8), S. 164; Eck: Köln (Anm. 8), S. 466; Doppelfeld: Wirtschaft (Anm. 8), S. 36.
10 Fischer/Trier: Köln (Anm. 8), S. 121, 123; Eck: Köln (Anm. 8), S. 466.

Bauten wie Praetorium und Tempel benutzten die römischen Bildhauer ein sehr viel feineres Gestein: den lothringischen Kalkstein aus der Gegend von Norroy, der auf dem Wasserweg über Mosel und Rhein leicht nach Köln transportiert werden konnte.[11] Inschriften tradieren, dass der Kalkstein von Norroy im 1. Jahrhundert n. Chr. von der XXI. Legion Rapax, die in Bonn stationiert war, abgebaut wurde.[12] Wir finden dieses Gestein heute bei den Fragmenten von skulpierten Friesen, Kapitellen und Skulpturen oder auch fast durchgehend bei Inschrift- und Grabsteinen, da hierfür feine und gut auszuarbeitende Oberflächen benötigt wurden. Als die Stadt sich während des Niedergangs des weströmischen Reiches und begleitend ansteigender Germaneneinfälle in die Germania Secunda ab der zweiten Hälfte des 3. Jahrhunderts mehr und mehr in wirtschaftlicher und politischer Bedrängnis befand, ging man dazu über, diesen wertvollen Stein für neue Bauwerke und vor allem Reparaturen an Straßen und Gebäuden zu recyceln, also ein höchst pragmatisches Vorgehen.[13] Als unter Konstantin 310–315 das Kastell Divitia und die das mittlere Rheintor Kölns mit der Festung verbindende steinerne Rheinbrücke errichtet wurden, verwendete man in großem Stil in der Stadt und vor allem extra muros auf den Friedhöfen vorhandenes Steinmaterial erneut, da ein zeitgenössischer Abbau wohl zu zeitaufwändig war und auch aufgrund der im Umfeld der Stadt zunehmend unsicheren Situation zu riskant wurde.[14]

Neben den mehr oder weniger regional anstehenden Gesteinen kam es für öffentliche Prachtbauten und reiche Privatvillen in der Colonia auch zum Import einer recht breiten Palette von luxuriösen Schmucksteinen, teils von weither: So finden sich etwa noch Überreste von griechischem Marmor sowie von rotem und grünen Porphyr aus Ägypten beziehungsweise Griechenland in Erstverwendung für Wände und Schmuckböden, im Mittelalter dann zweitverwendet unter anderem als Altarsteine von Tragaltärchen und als Teile von Schmuckfußböden in den frühen Kirchenbauten.[15]

---

11 Fischer/Trier: Köln (Anm. 8), S. 164, 181; Eck: Köln (Anm. 8), S. 467; Doppelfeld: Wirtschaft (Anm. 8), S. 37.
12 Eck: Köln (Anm. 8), S. 213.
13 Fischer/Trier: Köln (Anm. 8), S. 151, 237, 256; Eck: Köln (Anm. 8), S. 467; Heike Gregarek: Rediviva: Steinrecycling im antiken Köln, in: H. G. Horn u. a. (Hg.): Von Anfang an: Archäologie in Nordrhein-Westfalen, Köln 2005, S. 139–145.
14 Fischer/Trier: Köln (Anm. 8), S. 331, 335; Eck: Köln (Anm. 8), S. 605–607.
15 Günter Fischer (Red.): Antiker Marmorluxus von Rom zum Rhein. Funde, Fotos, Modelle, Köln 1994, S. 72–85, 91–94, 98–104, 110–118; zum Schmuckfußboden im Chor von St. Severin S. 40; Hiltrud Kier: Die mittelalterlichen Schmuckfußböden, Düsseldorf 1970, S. 123 f.; Ursula Bracker-Wester: Porphyr aus Kölner Boden, in: Anton Legner (Hg.): Monumenta Annonis, Katalog Köln 1975, S. 124–126; zu den romanischen Tragaltärchen vgl. Anton Legner (Hg.): Ornamenta Ecclesiae. Kunst und Künstler der Romanik, Katalog in 3 Bänden, Köln 1985, Bd. 2, Kat. Nrn. F46–F50.

2. Der Stein im frühmittelalterlichen Köln

Eine wichtige Vorbedingung für das mittelalterliche Recycling römischer Relikte ist wohl in einem langen Weiterleben der Römerstadt sowie von römischer Kultur und Sprache zu suchen. In der neueren archäologischen und historischen Stadtforschung stimmen die Wissenschaftler überein, dass die CCAA nicht, wie lange angenommen, im »Frankensturm« unterging und zur Wüstenei wurde, sondern dass die wichtigste Bausubstanz weiter existierte.[16] Der Stadtkörper und die repräsentativen Gebäude blieben weitgehend intakt und wurden ohne Unterbrechung genutzt: Die Stadtmauer, in deren Schutz Romanen und Franken gemeinsam lebten, existierte bis ins 12. Jahrhundert; auch das Kastell Deutz blieb relativ unversehrt und wurde von der fränkischen Bevölkerung besiedelt.[17] Dies ist nicht verwunderlich: Römische Veteranen und Franken waren durch eine zu dieser Zeit schon länger andauernde gemeinsame Geschichte verbunden. Das römische Heer bestand bereits bis in die hohen Ränge hinein weitgehend aus Franken, welche die Rheingrenze des kollabierenden römischen Reichs schützten.[18] Sie waren in vieler Hinsicht bereits »romanisiert« und standen der römischen Lebensweise keineswegs in barbarischer Manier fremd gegenüber, wie man in landläufiger Vorstellung häufig annahm. Auf der anderen Seite wanderte die oft schon über Generationen in der Colonia ansässige romanische Bevölkerung keinesfalls vollständig aus, sondern blieb wohl nicht selten dort ansässig. Nach der Übernahme Kölns durch die Franken um 460 lebte in der Stadt also eine sehr gemischte Bevölkerung.[19] Dies alles kam der Römerstadt zugute, die vor allem im östlichen Teil zwischen Rhein und Cardo Maximus, wo auch die wichtigen öffentlichen Bauwerke standen, weiterhin dicht bewohnt war.[20] Der fränkische Kleinkönig und später die Merowinger residierten im Praetorium, die römische Infrastruktur wurde teilweise ausgebessert und die zahlreich erhaltenen Grabsteine der Romanen und Franken zeugen davon, dass die Bevölkerung

---

16 Otto Doppelfeld: Das Fortleben der Stadt Köln vom 5.–8. Jahrhundert n. Chr., in: Early medieval Studies 1 (1970), S. 35 ff.; Werner Eck: Köln im Übergang von der Antike zum Mittelalter, in: GiK 54 (2007), S. 7–26; Eck: Köln (Anm. 8), S. 649, 652, 683; Fischer/Trier: Köln (Anm. 8), S. 361, 367; Carl Dietmar/Marcus Trier: Colonia. Stadt der Franken. Köln vom 5.–10. Jahrhundert, Köln 2011.
17 Marianne Gechter: Das Kastell Deutz im Mittelalter, in: Kölner Jahrbuch 22 (1989), S. 373–416. Spätrömische Kastellmauern wurden erst in karolingischer Zeit abgerissen: Dietmar/Trier: Colonia (Anm. 16), S. 120.
18 Dietmar/Trier: Colonia (Anm. 16), S. 35, 48, 55: die Franken sicherten die Rheingrenze bis 455, übernahmen die Stadt 459/61.
19 Eck: Köln (Anm. 8), S. 688, 691–694.
20 Circa 40 Hektar waren besiedelt: Dietmar/Trier: Colonia (Anm. 16), S. 83; Eck: Köln (Anm. 8), S. 694; Helmuth Roth/Marcus Trier: Ausgewählte Funde des 4.–11. Jahrhunderts aus den Ausgrabungen auf dem Heumarkt in Köln, in: Kölner Jahrbuch 34 (2001), S. 759–791.

gemeinsame Bestattungsorte wie etwa den Römerfriedhof um St. Severin an der Ausfallstraße nach Bonn nutzte. Die Inschriften der Steine bezeugen darüber hinaus die kontinuierliche Nutzung des Lateinischen.[21]

Die jüngsten Ausgrabungen unter dem Heumarkt und im Kontext des U-Bahn-Baus brachten zahlreiche Zeugnisse für die anhaltende fränkische und merowingische Besiedelung der Stadt bis in die Zeit der Karolinger und Ottonen ans Licht.[22] Sie zeigen, dass die Stadt den Übergang von der Antike zum Mittelalter als administratives, wirtschaftliches und religiöses Zentrum erlebt hat.[23] Köln war im frühen Mittelalter eine florierende Stadt mit diversifiziertem, qualitätsvollem Handwerk und weit reichenden Handelsbeziehungen.[24] Es wurden in dieser Zeit in jeder Hinsicht die Grundlagen für den Erfolg des hoch- und spätmittelalterlichen Kölns als Wirtschafts- und Handelsmetropole gelegt.

Auch das mittelalterliche »hillige« Köln besitzt seine Wurzeln in der spätantiken und fränkischen Zeit, denn das frühe Christentum bildet einen außerordentlich wichtigen Faktor für Kontinuität und Tradition von Stadt und Bauwerken. Kleriker, Nonnen, Stiftsdamen und -herren stellten einen bedeutenden Anteil der Bevölkerung.[25] Bereits zu Beginn des 4. Jahrhunderts ist ein Bischof, Maternus, für Köln bezeugt, der ein enger Berater Kaiser Konstantins gewesen sein könnte.[26] Die Ursprünge der großen mittelalterlichen Kölner Stifts- und Klosterkirchen gehen überwiegend auf die spätantike oder frühmittelalterliche Zeit zurück, Fundamente und Vorgängerbauten gründen in der Spätantike, römisches Mauerwerk ist in aufgehenden Teilen zu finden. Unter der Kathedrale förderte die Domgrabung Vorgängerbauten des späten 4. und 5. Jahrhunderts zu Tage, mit etwas späteren merowingischen fürstlichen Bestattungen.[27] Besonders spektakulär ist der oktogonale Memorialbau von St. Gereon, gelegen

---

21 Fischer/Trier: Köln (Anm. 8), 361; Dietmar/Trier: Colonia (Anm. 16), S. 62, 60, 83, 85; Eck: Köln (Anm. 8), S. 695; zu den Inschriften Wilfried Schmitz: Die spätantiken und frühmittelalterlichen Grabinschriften in Köln (4.–7. Jahrhundert n. Chr.), in: Kölner Jahrbuch 28 (1995), S. 643–776.
22 Dietmar/Trier: Colonia (Anm. 16), S. 56–59, 203 ff., 245; Fischer/Trier: Köln (Anm. 8), 366; Eck: Übergang (Anm. 16), S. 11 f.
23 Marcus Trier: Köln im Mittelalter: Erzbischöfliche Kapitale und europäisches Handelszentrum, in: Laura Heeg (Bearb.): Die Salier. Macht im Wandel, Katalog Speyer 2011, S. 184–186, hier S. 184.
24 Eck: Übergang (Anm. 16), S. 23 f.
25 Hierzu Eck: Köln (Anm. 8), S. 628 ff. und S. 639 ff.; Eck: Übergang (Anm. 16), S. 19 ff.; Dietmar/Trier: Colonia (Anm. 16), S. 116.
26 Friedrich Wilhelm Oediger (Bearb.): Die Regesten der Erzbischöfe von Köln im Mittelalter, Bd. 1, ND Düsseldorf 1978, S. 1–10; Eck: Köln (Anm. 8), S. 628–632.
27 Sebastian Ristow: Die frühen Kirchen unter dem Kölner Dom, Köln 2002, S. 51–57; Ulrich Back/Thomas Höltken/Dorothea Hochkirchen: Der Alte Dom zu Köln. Befunde und Funde zur vorgotischen Kathedrale, Köln 2012.

auf einem lang genutzten römischen Gräberfeld, sicher in Gestalt und Ausstattung einer der prächtigsten Bauten der Spätantike.[28] Ebenfalls über römischen Gräberfeldern gelegen, kann man die frühesten Bauten unter St. Severin und St. Ursula auf das 4./5. Jahrhundert zurückführen,[29] während St. Pantaleon, St. Cäcilien, St. Kunibert, St. Maria im Kapitol und St. Kolumba im frühen Mittelalter gegründet wurden.[30] Das spätantike und frühmittelalterliche Christentum mit seinen bedeutenden Kirchen stellt also einen zentralen Faktor für die kulturelle Kontinuität der Stadt Köln dar.

3. Der Stein im Mittelalter

Diese geistliche und kulturelle Kontinuität lässt es plausibel erscheinen, dass man in Köln im Mittelalter weiterhin gern und häufig auf das römische Erbe in materieller und ideeller Gestalt zurückgriff. Doch bleibt als zentrale Voraussetzung, dass man noch Kalkstein aus der Römerzeit im Stadtgebiet vorfinden konnte. Wie lange hielt die Verfügbarkeit der Antike an? Dies war nach den geowissenschaftlichen Untersuchungen der Kölner Steinskulpturen bis um circa 1300 der Fall, doch waren am Ende offenbar nur noch geringe Mengen des Materials greifbar. Dies lässt sich durchaus mit der Geschichte der hochmittelalterlichen Stadt in Einklang bringen, die uns nun neben dem langen Erhalt des Römersteins die Geschichte seines Verbrauchs nachvollziehen lässt. Das allgemeine Bevölkerungswachstum bis zum 13. Jahrhundert führte in vielen Städten mit antiken Wurzeln zur Expansion des Stadtraumes und zur Niederlegung der antiken Stadtmauern, so auch in Köln. Schon in fränkischer Zeit wurden städtische Bereiche am Rhein neu besiedelt.[31] 1106 legte man dann die römische Stadtmauer teilweise nieder, um die Sondergemeinden

---

28 Spätantiker ovaler Zentralbau aus der zweiten Hälfte des 4. Jahrhunderts: Ute Verstegen: Ausgrabungen und Bauforschungen in St. Gereon zu Köln, Mainz 2006, Teil 1, S. 464–494.
29 Unter St. Severin früher Grabbau des 4. Jahrhunderts, Anfang 5. Jahrhundert zu Kirche (Bau B) erweitert: Bernd Päffgen: Die Ausgrabungen unter St. Severin zu Köln, Mainz 1992; erster Bau in St. Ursula spätes 4./ 5.Jahrhundert: Gernot Nürnberger: Die Vorgängerbauten der Kirche St. Ursula in Köln, in: Kölner Jahrbuch 39 (2006), S. 581–717.
30 Sven Seiler: Ausgrabungen in der Kirche St. Kolumba zu Köln, in: Zeitschrift für Archäologie des Mittelalters 5 (1977), S. 97–119. – Erster Kirchenbau an der Stelle von St. Pantaleon zweite Hälfte 7. Jahrhundert: Sebastian Ristow: Die Ausgrabungen von St. Pantaleon in Köln, Bonn 2009, S. 66–68, S. 115; Thomas Höltgen: Frühmittelalterliche Funde aus dem ehem. Cäcilienstift in Köln, in: Kölner Jahrbuch 47 (2014), S. 271–306, S. 277, vgl. hier auch eine Karte zu Kirchengründungen in Köln, S. 275; Sven Schütte: Der Kapitolstempel und die vorsalischen Bauphasen von St. Maria im Kapitol, in: Colonia Romanica 24 (2009), S. 15–30.
31 Dietmar/Trier: Colonia (Anm. 16), S. 203, 212; Trier: Köln im Mittelalter (Anm. 23), S. 184

Niederich, Airsbach und St. Aposteln in einen neuen Bering einzubeziehen.[32] 1180 errichtete man zur Regierungszeit Erzbischof Philipps von Heinsberg die gewaltige Stadtmauer, welche in einem Gebiet von 400 Hektar nun die Stiftskirchen an den antiken Ausfallstraßen einschloss und mit ihnen eine Bevölkerung von nunmehr 35.000–40.000 Einwohnern.[33] Vermutlich kam es im Zuge dieser umfangreichen Bodenbewegungen neben der Auffindung zahlreicher Gebeine aus der Römerzeit wie auf dem »ager Ursulanus« auch zu einer kurzfristig zunehmenden Verfügbarkeit antiker Stücke.[34] Doch gleichzeitig wurde die antike Denkmälersubstanz nun endgültig umgenutzt, überlagert und verbraucht.[35] Francesco Petrarca konnte bei seinem Besuch Kölns 1333 trotz Begeisterung für die antike Gründung der Stadt keine aufrecht stehenden römischen Bauwerke mehr aufführen.[36]

4. Steinskulpturen aus lothringischem Römerstein

Das Recyceln von lothringischem Stein aus der Römerzeit wurde bisher in erster Linie mit dem Wiedereinsatz für Bauzwecke und Reparaturen verbunden.[37] Aber auch im Kontext romanischer Skulptur findet sich gelegentlich die Bestimmung als Kalkstein, in der Regel ohne dass das Material als ursprünglich römisch identifiziert worden wäre. Eine Ausnahme bildet etwa das Tympanon der Damenstiftskirche St. Cäcilien, welches auf seiner Rückseite einen wieder verwendeten römischen Grabstein zu erkennen gibt (Tafel 1–3).[38] Die geowissenschaftliche Erkenntnis, dass recycelter Norroy-Kalkstein das mittelalterliche Standardgestein der Kölner Bildhauer war, und zwar über einen sehr langen Zeitraum, ist jedoch für die Forschung neu.

---

32 St. Gereon, St. Severin und St. Pantaleon lagen zu dieser Zeit immer noch extra muros. Vgl. Hugo Stehkämper/Carl Dietmar: Köln im Hochmittelalter 1074/75–1288, Köln 2016, S. 40–41, 387.
33 Stehkämper/Dietmar: Köln (Anm. 32), S. 79, 387–388.
34 Anton Legner: Kölner Heilige und Heiligtümer, Köln 2003, S. 37 ff.
35 Ein hochmittelalterliches Haus in der Richmodstraße nutzt zum Beispiel antike Mauerstrukturen und Böden; vgl. Marianne Gechter/Sven Schütte: Der Heumarkt in Köln. Ergebnisse und Perspektiven einer archäologischen Grabung, in: GiK 38 (1995), S. 129–39, S. 132; ob eine Grube mit Kalksteinstücken von römischen Grabdenkmälern bei St. Aposteln der »Vorrat« eines kölnischen Bildhauers war, bleibt offen: Fischer/Trier: Köln (Anm. 8), S. 256.
36 Familiarum rerum I, 5, ed. Rossi Bd.1, S. 29; Kunstdenkmäler der Rheinprovinz I,2, Das römische Köln, Düsseldorf 1906, S. 154; Anton Legner: Kölner Reliquienkultur, Köln 2017, S. 74–77.
37 Vgl. Anm. 13.
38 Legner: Ornamenta Ecclesiae (Anm. 15), Bd. 2, Kat. Nr. 118; auch die Fragmente von St. Pantaleon wurden als römische Spolien erkannt, vgl. Anm. 43.

Werfen wir daher einen exemplarischen Blick auf die Kölner Steinskulpturen, die uns den Römerstein aus Lothringen tradieren. Viele Werke werden heute im Kölner Museum Schnütgen bewahrt, welches folglich einen Schwerpunkt der Untersuchungen bildete.[39] In der Regel handelt es sich um Skulpturen, Bauschmuck oder auch Fragmente aus Kölner Kirchen, die darüber hinaus auch selbst noch in beachtlicher Menge Steinskulpturen des Mittelalters bergen. Sicher sind durch Umbauten, Säkularisation und Krieg nicht wenige Verluste zu verzeichnen, doch lassen die rheinischen Kunstdenkmälerverzeichnisse der Vorkriegszeit erschließen,[40] dass repräsentative Mengen und Werkgruppen bis heute erhalten sind, sodass die geowissenschaftlichen Untersuchungen belastbare Ergebnisse liefern können.

In der karolingischen Zeit wurde für den sogenannten Alten Dom der Römerstein für die oberen Fundamentlagen verwendet;[41] noch heute kann man in der Domgrabung die großen Blöcke sehen. Aus St. Pantaleon sind wenige karolingische Skulpturenfragmente überliefert.[42]

Herausragende und seltene Exempla der ottonischen Steinskulptur haben sich mit den Fragmenten des Skulpturenschmucks vom Westbau von St. Pantaleon erhalten, die heute im Lapidarium der Kirche ausgestellt sind (Tafel 4 und 5).[43] Der Kirchenbau, reich bestiftet durch Erzbischof Brun, den Bruder Kaiser Ottos I., ist eingebunden in die kulturelle und kirchliche Repräsentation der Kaiserfamilie, welche sich besonders ausdrücklich durch einen politischen und kulturellen Rückbezug auf die Antike definierte.[44] So ist auch der Westbau C, neu gestaltet auf Initiative von Kaiserin Theophanu, der byzantinischen Gemahlin Ottos II., architektonisch an antiken Vorbildern ausgerichtet.[45] Ein Aquarell

---

39 Unser herzlicher Dank gilt dem Museum Schnütgen für stetes Entgegenkommen und Unterstützung. Vgl. hierzu auch die Ausführungen von Esther von Plehwe-Leisen und die Liste der untersuchten Steinskulpturen weiter unten. Viele Untersuchungsergebnisse sind bereits in den neuen Katalog des Museums Schnütgen eingeflossen. Moritz Woelk/Manuela Beer (Hg.): Museum Schnütgen – Handbuch zur Sammlung, München 2019.
40 Paul Clemen (Hg.): Die Kunstdenkmälerverzeichnisse der Vorkriegszeit, Stadt Köln.
41 Wolff: Bauplastik (Anm. 7), S. 77.
42 Dorothea Hochkirchen: Zwei Skulpturenfragmente der karolingischen Kirche von St. Pantaleon, in: Colonia Romanica 21 (2006), S. 149–158.
43 Matthias Untermann: Die ottonischen Skulpturenfragmente von St. Pantaleon, in: Jahrbuch des Kölnischen Geschichtsvereins 48 (1977), S. 279–290; Sven Schütte: Geschichte und Baugeschichte der Kirche St. Pantaleon, in: Colonia Romanica 21 (2006), S. 81–136, hier S. 118–127.
44 Brun 953–965 Erzbischof von Köln, in Pantaleon ante altarem bestattet. 957 Gründung des Benediktinerklosters, 965 Hoftag in Köln in Anwesenheit der königlichen Familie, vgl. Ristow: St. Pantaleon (Anm. 30), S. 94, 108–110.
45 Theophanu wurde 991 im Westbau bestattet, ihr Sohn Otto III. ebenfalls 1002 vor der Beisetzung in Aachen in St. Pantaleon beigesetzt; Fried Mühlberg: Köln: St. Pantaleon und sein Ort in der karolingischen und ottonischen Baukunst, Köln 1989, S. 141–177; Schütte: Geschichte (Anm. 43), 115–118.

von Justus Vinckeboons von 1664/65 zeigt die großen Reliefs in situ (Tafel 6).[46] Sie sind als Muldenreliefs deutlich an Provinzialrömisches angelehnt. Diese Adaptation des Römerstils ist auch nachvollziehbar in der Gewandgestaltung eines Apostels (Tafel 5) oder auch in Details wie den ehemals in kontrastierendem Material eingesetzten Pupillen (Tafel 4).[47]

Den Höhepunkt im Wiederverbrauch des Römersteins bildet zweifellos die Zeit der Romanik ab der Mitte des 12. Jahrhunderts. Die Stadt Köln erlebte eine Blütezeit, die Stadtmauer musste 1106 und 1180 erweitert werden, um die boomende Gewerbe- und Handelsmetropole mit ihren Märkten und sämtlichen Kirchen zu umfassen.[48] Die großen romanischen Kirchen wurden innerhalb kurzer Zeit über den antiken Vorgängerbauten errichtet, sodass allein für diese Bauwerke und ihre reiche Ausstattung zahlreiche Werkstätten und Steinmetze verfügbar gewesen sein müssen. In den Kölner Schreinsurkunden für das 12. und frühe 13. Jahrhundert lassen sich neben den noch zahlreicher vertretenen Goldschmieden auch einige Steinmetze nachweisen, was für ihren begüterten Status spricht.[49] Ein Steinmetz namens Winant wurde im 12. Jahrhundert in die Liste der Kölner Großbürger aufgenommen.[50] Ein »Theodericus magister artis cementarie« besaß 1206–1211 ein Haus direkt am Chor von Groß St. Martin.[51] Die Vorliebe der Kölner Steinbildhauer für den römischen Kalkstein könnte man fast als eine Art Markenzeichen für das »Made in Colonia« sehen.

Aus dieser Blütezeit der Romanik haben sich herausragende Werke der Steinskulptur erhalten, die für die Kölner Kirchen, aber auch für das kirchlich und wirtschaftlich integrierte Umland der Stadt bestimmt waren. Hier sind stellvertretend zu nennen die Tympana von St. Cäcilien (Tafel 1) und St. Pantaleon (Tafel 7), das Grabmal der Plektrudis und die Hermann-Josef-Madonna in St. Maria im Kapitol, auch die Siegburger Madonna für das 12. Jahrhundert, die künstlerisch herausragenden Werke der Werkstatt des sogenannten Samsonmeisters für das frühe 13. Jahrhundert.[52] Das Tympanon von St. Cäcilien

---

46 Kölnisches Stadtmuseum; Schütte: Geschichte (Anm. 43), Abb. 56.
47 Zur Ikonographie des Figurenprogramms gegensätzlich Untermann: Skulpturenfragmente (Anm. 43) und Schütte: Geschichte (Anm. 43). Zum Stil Rainer Haussherr, in: Rhein und Maas Bd. 1, Nr. E3: provinzialrömisch, ebenso Untermann: Skulpturenfragmente (Anm. 43), S. 282.
48 Vgl. Anm. 33 und 34.
49 R. Hoeniger: Kölner Schreinsurkunden des 12. Jahrhunderts, 2 Bde., Bonn 1884–94.
50 Ebd., Bd. 2,1, S. 21, 44; vgl. auch Peter Cornelius Claussen: Kölner Künstler romanischer Zeit nach den Schriftquellen, in: Legner: Ornamenta Ecclesiae (Anm. 15), Bd. 2, S. 369–373.
51 Leonard Ennen/Gottfried Eckertz, Quellen zur Geschichte der Stadt Köln, Bd. I–VI, Köln 1860–79, Bd. II, Nr. 33, S. 38f.
52 Legner: Ornamenta Ecclesiae (Anm. 15), Bd. 2, Kat. Nrn. E 81, E 99, E 100, E 118, F 2; zum Samsonmeister vgl. Karen Straub/Adam Stead (Hg.): Der Samsonmeister und seine Zeit. Skulptur der Romanik im Rheinland, Köln 2018.

(Tafel 1–3), heute im Museum Schnütgen, vereint den römischen Kalkstein mit römischem Stilidiom: Deutlich sind die acht aneinandergefügten Spolien zu identifizieren, die Rückseite, in situ am Portal der Nordseite ursprünglich nicht sichtbar, gibt den Steinblock des Tiburtius, rechts neben der hl. Cäcilia, als Grabstein des Marcus Fabius Atto zu erkennen (Tafel 3).[53] Vita und Martyrium der hl. Cäcilia sind mit der Stadt am Tiber verknüpft, ihre Begleiter Valerianus und Tiburtius sind entsprechend römisch in ihrem Erscheinungsbild (Tafel 1 und 2). Auch der Figurenstil, Haartrachten und die in Fremdmaterial eingesetzten Augen kommen ganz und gar römisch daher. Materialität und Stil bilden hier also eine Einheit.

Das etwa zeitgleich, um 1160–1180 datierte Tympanon aus St. Pantaleon (Tafel 7) zeigt dagegen stärker byzantinische Anklänge, vor allem in der zentralen Christusfigur, die Ausarbeitung wirkt zarter und subtiler. Unmittelbar byzantinisch geprägt sind drei Fragmente eines Festbildzyklus aus St. Pantaleon.[54] Hier scheint die im besonderen Maße mit St. Pantaleon verknüpfte Synthese lateinischen und griechischen Stils einen bildlichen Niederschlag gefunden zu haben.

Diesen herausragenden Werken der Kölner Bildhauerkunst der Romanik ließen sich weitere zugesellen (vgl. die Liste der untersuchten Objekte im Anhang); alle sind aus recyceltem Römerstein geschlagen. Zwei verschiedene Werkstätten hinterließen Spuren in St. Maria im Kapitol: Die stehende Eleusa, möglicherweise Teil eines Tympanons, wirkt vor allem auf Grund der östlichen Marienikonographie ganz byzantinisch, die Grabplatte der Stifterin Plektrudis lehnt sich wiederum stärker an die städtische antike Tradition an.[55] In diesen Werkstattkreis gehören auch die berühmten Gustorfer Chorschranken im LVR-Landesmuseum in Bonn, deren ursprünglicher Aufstellungsort gegenwärtig noch nicht bekannt ist.[56] Hier entschied man sich für den Baumberger Sandstein aus der Region von Münster, der als außerordentlich feines Bildhauergestein ab der Hochgotik in Köln exklusiv an der Kathedrale vorkommt.[57]

---

53 Anton Legner: Rheinische Kunst und das Kölner Schnütgen Museum, Köln 1991, S. 217.
54 Heute im Museum Schnütgen Köln und im LVR-Landesmuseum Bonn; Brigitte Kaelble: Drei Fragmente eines Festbildzyklus aus St. Pantaleon in Köln, in: Colonia Romanica 21 (2006), S. 189–210.
55 Vgl. Anm. 13.
56 Vorgeschlagen wurden die Abtei Knechtsteden und die ehemalige Stiftskirche St. Maria ad Gradus; vgl. zuletzt Dorothee Kemper: Fundsache »Gustorfer Chorschranken«, in: Klaus Gereon Beuckers/Elizabeth den Hartog (Hg.): Kirche und Kloster, Architektur und Liturgie im Mittelalter, Regensburg 2012, S. 97–110.
57 Ulrike Bergmann/Esther von Plehwe-Leisen: Der Baumberger Sandstein. Ein Alleinstellungsmerkmal der Steinskulptur am Kölner Dom, in: Kölner Domblatt 83 (2018), S. 91–127; Plehwe-Leisen u. a.: Baumberger (Anm. 5), S. 163.

Sein frühes Auftreten bei den Gustorfer Chorschranken spricht dafür, dass sie aus einer außerhalb Kölns gelegenen Klosterkirche stammen, deren Mitglieder oder Wohltäter auf frühen Besitz an den Steinbrüchen in den Baumbergen verfügen konnten.[58]

Erzeugnisse der Kölner Werkstätten der Hochromanik, die auch Skulpturen aus Holz produzierten, wurden im 12. Jahrhundert bis weit in den Norden, nach Schweden und Gotland per Schiff befördert: Hier finden sich noch heute in den kleinen Landkirchen zahlreiche Kölner Kruzifixe und Heilige.[59] An dieser Stelle wird die enorme Wirtschaftskraft der Handelsmetropole Köln ablesbar, die sich neben den vielen anderen Kölner Produkten auch in der Ausfuhr von Kunstwerken – etwa Textilien und Goldschmiedewerken – niederschlug.

Weiterhin ganz auf die Verarbeitung des römischen Kalksteins konzentrierten sich etwas später die Bildhauer aus dem Umkreis des Samsonmeisters, die um 1200 in Köln und der Region tätig waren.[60] Die verschiedenen Bildhauer, die in der Forschung unter dem Markennamen »Samsonmeister« laufen, haben in vielen romanischen Kirchen Kölns die Bauzier geliefert, auch in der Region haben sich bedeutende Zeugnisse ihrer Tätigkeit erhalten, so in Bonn, Brauweiler, Andernach und vor allem in Maria Laach (Tafel 8).[61] Der spätromanische Skulpturenstil tritt hier durchaus variantenreich auf, sodass nur eine Auswahl des Erhaltenen mit weitgehender Sicherheit dem führenden Steinmetz zugeschrieben wird.[62] Doch sind bei fast allen Werken dieser späten Blütezeit der Romanik antike Reminiszenzen nicht zu übersehen. Varianten antiker Gewanddrapierung lassen sich bei den Reliefs eines Fiedlers (Tafel 9), eines »Tänzers« – beide möglicherweise aus dem Alten Dom – und eines jüngst als Johannes identifizierten Torsos aus St. Johann Baptist studieren (Tafel 10).[63] Folgerichtig hielt man sie schon für antike Originale: Der Schoßfiedler befand sich als römisches Stück

---

58 Zu den Besitzverhältnissen in den Baumberger Kuhlen Joachim Eichler: Dokumente des Baumberger Steins, in: Steinhauer-Post Nr. 1, Havixbeck 1991, S. 7; die Bauherren der frühen Abteien Freckenhorst und Essen-Werden hatten Grundbesitz dort.
59 Ulrike Bergmann: Kölner Skulptur der Hochgotik im wirtschaftlichen und historischen Kontext, in: Wallraf-Richartz-Jahrbuch LXVI (2005), S. 59–108, hier S. 78 und Anm. 135. – Susanne Lang: Neues zum »Hl. Nikolaus aus Füssenich« aus dem LVR-Landesmuseum Bonn – ein kunsthistorischer Überblick, in: Zeitschrift für Kunsttechnologie und Konservierung 2 (2016), S. 201–214.
60 Vgl. Straub/Stead: Samsonmeister (Anm. 52); Esther von Plehwe-Leisen: Die Steine des Samsonmeisters, in: ebd., S. 28; Brigitte Kaelble: Untersuchungen zur großfigurigen Plastik des Samsonmeisters, Düsseldorf 1981.
61 Straub/Stead: Samsonmeister (Anm. 52), Kat. Nrn. 1, 3; Kaelble: Samsonmeister (Anm. 60), S. 20–89.
62 Zum Forschungsstand Karen Straub: Zum Werk des Samsonmeisters, in: Straub/Stead: Samsonmeister (Anm. 52), S. 10–23.
63 Ebd., Kat. Nrn. 4–6.

in der archäologischen Sammlung des Wallrafianum (Tafel 11), der Johannes galt noch 1947 bei seiner Auffindung als antik.[64] Eigentümlichkeiten antiker Skulptur wie von Bohrlöchern begleitete Falten- und Blattwerktiefen, Zierrat wie Perl- und Diamantreihen, und teils auch gebohrte Pupillen wurden in der Werkstatt des Samsonmeisters aufgegriffen. In dieser Antikennähe finden sich starke Bezüge zur zeitgenössischen Kölner Goldschmiedekunst, vor allem zu der Werkstatt des Nikolaus von Verdun.[65]

Mit fortschreitendem 13. Jahrhundert, also mit dem Einzug der Gotik in Köln, nimmt die Anzahl der erhaltenen Bildhauerwerke sowohl in der Stein- als auch der Holzskulptur deutlich ab. Für die Werke aus Stein wird aber weiterhin römischer Kalkstein verwendet, in zunehmender Stückelung zeigt sich aber unzweifelhaft eine fortschreitende Knappheit des Materials.

Beim Neubau des Kathedralchors ab 1248 wurde noch bis etwa 1260 teilweise lothringischer Kalkstein für die Piszinen der Chorkapellen verwendet (Tafel 19),[66] auch für eine kleinformatige Madonna/Engel-Gruppe derselben Entstehungszeit reichte das römische Steinmaterial (Tafel 12–13).[67] Hiermit endet ganz offensichtlich die alltägliche Verfügbarkeit des beliebten Bildhauermaterials. Im 14. Jahrhundert werden noch einmal kleine Konsolfigürchen am Südturm des Domes in Norroy-Kalkstein gearbeitet. Hierzu müssen noch römische Fragmente, wohl vom Abriss des Alten Domes, aufgefunden worden sein.[68] Darüber hinaus benutzte man noch nach 1349 für die Liegefiguren der Erzbischöfe Wilhelm von Gennep und Walram von Jülich eine römische Säule aus Carraramarmor.[69]

Im städtischen Umfeld war die Lage vergleichbar: Für die gotische Tumba der Plektrudis in St. Maria im Kapitol mussten stärker ausladende Teile wie das Kirchenmodell an eine flache und fragile Kalksteinplatte angesetzt werden

---

64 Vgl. auch Anm. 64; der Fiedler wurde im Kontext anderer Antiken in der Sammlung Wallraf aufgeführt, vgl. auch Peter Noelke: Die archäologische Sammlung des Wallrafianums, in: Johann Peter Weyer. Kölner Alterthümer, Kommentarband, Köln 1994, S. 293–308, S. 305.
65 Kaelble: Samsonmeister (Anm. 60), S. 118–121.
66 Sehr unregelmäßige Steinschnitte; nur noch drei Piscinenmaßwerke aus Norroy; Hans Leisen/ Esther von Plehwe-Leisen: Mittelalterliche Steinskulptur am Kölner Dom. Geowissenschaftliche Material- und Herkunftsbestimmung, unveröffentlichter Abschlussbericht 2012 Dombauverwaltung Köln.
67 Heute in der Domschatzkammer; Leonie Becks/Rolf Lauer: Die Schatzkammer des Kölner Doms, Köln 2000, S. 103; Robert Suckale: Die Kölner Domchorstatuen. Kölner und Pariser Skulptur in der 2. Hälfte des 13. Jahrhunderts, in: Kölner Domblatt 44/45 (1979/80), S. 223–254, hier S. 230f., hier datiert um 1270.
68 Vgl. Leisen/Plehwe-Leisen: Materialbestimmung (Anm. 66).
69 Arnold Wolff: Zwei Erzbischöfe aus einer Säule, in: Kölner Domblatt 66 (2001), S. 277–292; Esther von Plehwe-Leisen/Judith Zöldföldi/Hans Leisen: Geologische Fingerabdrücke, in: Kölner Domblatt 66 (2001), S. 292–295.

(Tafel 14).⁷⁰ Der wirklich letzte Nachzögling in Sachen Römerstein findet sich ebenso auf dem ehemaligen Kapitol: die Skulpturengruppe des Dreikönigenpförtchens, einem der Immunitätstore von St. Maria im Kapitol (Tafel 15).⁷¹ Diese Anbetung der Könige entstand um 1310. Hier findet eine lang tradierte Kölner Werkstattgepflogenheit ihr Ende. Die schier endlosen Ressourcen waren aufgebraucht. Die spätmittelalterliche Großstadt hatte das antike Köln inklusive der Gräberfelder weitgehend überbaut und überlagert, sodass man das Material nicht mehr dicht unter der Oberfläche leicht zugänglich vorfand. Gezielte Grabungen wären offenbar nicht rentabel genug gewesen, sodass die Kölner Bildhauer nach 1300 den feinen Tuff aus der Eifel als Werkstein bevorzugten.⁷² Hiermit ging also ein denkbar erfolgreiches Recycling-Modell zu Ende, welches ein antikes Material circa 1.200 Jahre tradierte.

5. Warum römischer Kalkstein?

Es bleiben nun noch die Gründe zu klären, die Kölner Stifter und Bildhauer zu dieser anhaltenden Hochschätzung des römischen Kalksteins führten. Sicher ist die ausführlich dargestellte Verfügbarkeit eine notwendige, aber nicht immer hinreichende Voraussetzung für die Aneignung und Nutzung von antiken Bauteilen und Materialien. Da hierzu die Schriftquellen weitgehend schweigen, sind wir neben der Sprache der Kunstwerke selbst auf Vermutungen angewiesen.

Natürlich können die Beweggründe für ein Recyceln des antiken Erbes sehr vielfältig sein. Hierzu wurde umfangreich und für alle Kunstgattungen geforscht.⁷³ Im Falle des Kalksteins aus Norroy haben sich wohl die Ursachen ebenso wie die Form im Laufe der Geschichte verändert. Seine umfangreiche Zweitverwendung in der Spätantike zur Reparatur, zum Straßen- und Brückenbau reduziert ihn auf pragmatisch genutztes Altmaterial. Es handelte sich dabei

---

70 Ulrike Bergmann: Die gotische Grabplatte der Plektrudis in St. Maria im Kapitol, in: Colonia Romanica 3 (1988), S. 77–88; Georg Maul: Restaurierungsbericht. Die gotische Reliefplatte der Plektrudis, in: Colonia Romanica 24 (2009), S. 197–200.
71 Ulrike Bergmann: Bildhauer in Köln um 1300. Materialität, Muster, Märkte, in: Michael Grandmontagne/Tobias Kunz (Hg.): Zwischen Paris und Köln. Skulptur um 1300, Petersberg 2016, S. 360–375, hier S. 366 und Anm. 35, Abb. 1.
72 Vgl. Bergmann/Plehwe-Leisen: Baumberger (Anm. 57).
73 Arnold Esch: Wiederverwendung von Antike im Mittelalter. Die Sicht des Archäologen und die Sicht des Historikers, Berlin/New York 2005; Clemens: Tempore (Anm. 6); Ders.: Zur Nutzung römischer Ruinen als Steinbrüche im mittelalterlichen Trier, in: Kurtrierisches Jahrbuch 29 (1989), S. 29–47; Salvatore Settis: Von auctoritas zu vetustas. Die antike Kunst in mittelalterlicher Sicht, in: Zeitschrift für Kunstgeschichte 51 (1988), S. 157–179; Michael Greenhalgh: The survival of Roman Antiquities in the Middle Ages, London 1989; Laurence Terrier Aliferis: L'imitation de L'Antiquité dans l'art médiéval (1180–1230), Turnhout 2016.

nicht um eigentliche Spolienverwendung, die eine demonstrative Vorweisung des antiken Charakters oder ideelle und geistige Intention voraussetzt.[74] Die Antike diente hier lediglich als Steinbruch, was auch auf die fehlende zeitliche Distanz zurückzuführen sein dürfte. Auch in der fränkischen Zeit war dieser Gedanke sicher noch prävalent, wurde doch der Römerstein weiter verbraucht, weiter als städtisches Wohnumfeld wahrgenommen und auch für neue, bescheidene Privatbauten wiederverwendet.[75] Diese Form des Recycelns blieb bis ins späte Mittelalter an der Tagesordnung, wie im Falle eines hochmittelalterlichen Hauses in der Richmodstraße, aber auch in der Weiternutzung von Teilen der römischen Stadtmauer zu Wohnzwecken ersichtlich ist.[76] »Sinnfreie« Nutzung des reinen Materials aus der Antike ist auch für andere Kunstgattungen, etwa die Schatzkunst, bekannt.[77] Eine weitere »unideologische« Zweitverwendung, die sich in erster Linie mit der Materialität verbindet, basiert auf der Kostbarkeit von antiken Materialien wie Schmucksteinen, Gemmen et cetera, welche schon im frühen Mittelalter Bewunderung erregten.[78]

Anspruchsvoll ist dagegen die Absicht, Bauten und Kunstwerke durch die Verwendung antiker Spolien zu nobilitieren und hierdurch Rang und Anspruch des zeitgenössischen Stifters Ausdruck zu verleihen. Diese Selbstinszenierung und Legitimation der eigenen Herrschaft durch Recycling greift zu gezielter Spolienverwendung, denn sie verleiht einem Bau Schönheit und Monumentalität, betont dazu das Alter und den Rang einer Stiftung. Wir finden sie im mittelalterlichen Köln sicher bei der ottonischen Gestalt von St. Pantaleon, wo sich der Anspruch des ottonischen Herrscherhauses auf das politische Erbe der römischen Imperatoren in römischen Spolien und römischem Stil manifestiert.[79] Die Tatsache, dass die mittelalterliche Chronistik für besonders erwähnenswert hielt, dass Erzbischof Bruno die Pfeiler der konstantinischen Rheinbrücke recycelte, lässt nachvollziehen, dass bei den Nachfahren in Köln dieser Umgang mit römischem Material durchaus in seinem politischen Anspruch verstanden wurde.[80] Dem an die Seite zu stellen ist die etwas spätere Wiederverwendung eines

---

74 Esch: Wiederverwendung (Anm. 73), S. 16; Clemens: Tempore (Anm. 6), S. 205.
75 Dietmar/Trier: Colonia (Anm. 16), S. 203, 206.
76 Vgl. Gechter/Schütte: Heumarkt (Anm. 34); Clemens: Tempore (Anm. 6), S. 47.
77 Hiltrud Westermann-Angerhausen: Spolien und Umfeld in Egberts Trier, in: Zeitschrift für Kunstgeschichte 50 (1987), S. 305–336, hier S. 305 f.
78 Esch: Wiederverwendung (Anm. 73), S. 40; Ders.: Spolien. Zur Wiederverwendung antiker Baustücke und Skulpturen im mittelalterlichen Italien, in: Archiv für Kulturgeschichte 51 (1969), S. 1–64, Beispiele S. 44.
79 Vgl. Anm. 44 f., 48.
80 12. Jahrhundert: Vita Brunonis altera, MGH SS IV, S. 278; Cronica van der hilliger Stat van Coellen [sogenannte Koelhoffsche Chronik], Köln 1499, S. 438; noch Gelenius berichtet, dass Teile des brunonischen Baus von St. Pantaleon aus Steinen der römischen Steinbrücke

antiken Lapislazuliköpfchens der Kaiserin Livia durch Erzbischof Herimann und seine Schwester, die Äbtissin Ida, den Enkeln Kaiserin Theophanus, in einem Vortragekreuz für St. Maria im Kapitol (Tafel 16).[81]

Im hohen Mittelalter sind allerdings diese anspruchsvollen Arten der Spolienverwendung nicht an der Tagesordnung. Auch im Falle der romanischen Bildhauer möchte man als Beweggrund des Recycelns von römischem Material eine gehörige Portion von Pragmatismus unterstellen, war doch der wertvolle Stein wohlfeil zu beschaffen. Doch gab es mit einiger Sicherheit auch anspruchsvollere Intentionen, die Auftraggeber und Künstler zu dieser Steinwahl bewogen. Wir können davon ausgehen, dass es bis zum hohen Mittelalter für die Kölner eine unübersehbare antike Hinterlassenschaft im Kontext der eigenen Erfahrungswelt gab, denn das Erscheinungsbild der Stadt wurde in Gestalt von Kirchenbauten, Stadtmauer und anderen noch aufrecht stehenden Gebäudeteilen noch römisch mitgeprägt. Dies muss zu einem fortlebenden Bewusstsein der eigenen antiken Vergangenheit geführt haben. Hierdurch gewannen zweifellos die Steine eine ganz besondere Semantik: Sie wurden zum präsenten Ausdruck dieses überdauerten Wissens um die antiken Wurzeln, die bis in die mittelalterliche Gegenwart sichtbar waren. Das historiographische Paradigma vom Ende der antiken Welt hatte in Köln sicher keine Gültigkeit.[82] Durch das antike Material erhielten die neu geschaffenen Bildhauerwerke die Legitimation der antiken Relikte, ihre historische Authentizität. Dieser ortsgebundene Rückbezug verlor mit dem Verschwinden der römischen Relikte schnell an Geltung, sodass es ganz nachvollziehbar erscheint, dass just zu diesem Zeitpunkt die Legende von der römischen Abstammung der vornehmsten Kölner Geschlechter ins Zentrum rückt, um das qua Geburt erworbene Recht der Patrizier auf die Stadtherrschaft zu legitimieren.[83] Die Legende von den 15 von Kaiser Trajan nach Köln ausgesendeten römischen Familien als Ahnherren diente einer geschickten Selbstnobilitierung durch die Konstruktion einer Genealogie, deren Aufgabe vorher der ständige Rückbezug auf das römische materielle Erbe übernehmen konnte.

bestünden: Ägidius Gelenius: De admiranda, sacra et civili magnitudine Coloniae, Köln 1645, S. 363; vgl. Marianne Gechter: St. Pantaleon in den frühen Schriftquellen, in: Colonia Romanica 21 (2006), S. 33–64, hier S. 47.

81 Heute in Kolumba. Kunstmuseum des Erzbistums Köln; Legner: Rheinische Kunst (Anm. 53), S. 31 f. und Abb. 18; Ulrike Surmann: Das Kreuz Herimanns und Idas, Köln 1999, S. 13–16 und Abb. S. 6.

82 Settis: Auctoritas (Anm. 73), S. 157.

83 Schon in Gottfried Hagens Reimchronik von 1270 die Patrizier als edele geslechte bezeichnet, offenbar begann diese Selbstnobilitierung kurz nach der Schlacht an der Ulrepforte 1268; die Legende ausführlich tradiert in der Koelhoffschen Chronik 1499: Die Chroniken der niederrheinischen Städte: Cöln, Leipzig 1876, S. 317 ff., vgl. auch Anm. 81; Eck: Köln (Anm. 8), S. 241.

Die Kunstwerke der Romanik jedoch stecken noch voller Antike, in ihrer Materialität und auch ihrem Stil. Dies wurde am Beispiel der vorgestellten Werke der Kölner Steinbildhauer deutlich. Römische Formenwelt und Dekor wurden in die mittelalterliche, stärker »vergeistigte« Bildsprache hineingenommen und übersetzt. In der romanischen Holzskulptur verdeutlicht dies der berühmte Berliner Grabesengel in seiner ganz antikischen, weißen Gewandung.[84] Die Antike in ihrer römischen Ausprägung spiegelt sich auch in den anderen Künsten in Köln: in der Buchmalerei, der Elfenbeinschnitzerei und vor allem auch der Goldschmiedekunst. In den kunstvollen Tafeln der sogenannten gestichelten Gruppe von Elfenbeinen tauchen die römischen Kopftypen und die von Bohrungen begleiteten Faltenzüge der Skulpturen wieder auf.[85] Die Antikenrezeption des berühmten Goldschmieds Nikolaus von Verdun ist in der Kunstgeschichte ein Allgemeinplatz. Der Dreikönigenschrein im Dom mit seinen klassischen Treibarbeiten, für welche man römische Elfenbeine und Porträts als Vorlagen nachweisen konnte, aber auch mit den hier zahllos applizierten antiken Gemmen scheint geradezu ein Musterbeispiel ins Mittelalter transferierter Antike.[86] Im Umkreis dieser Werkstatt entstand auch der Schrein des Kölner Erzbischofs Anno: auch hier wieder Antike, im antikischen Motivschatz der wunderbaren gegossenen Kapitelle und Firstkämme, ganz stupend im Stil der kleinen Emailtäfelchen mit männlichen Köpfen, die man ohne Umwege neben die Abbilder auf den römischen Grabsteinen stellen kann (Tafel 17).[87] Natürlich ist der Antikenbezug für die Künste der Romanik auch im europäischen Kontext eine allgegenwärtige Erscheinung, doch scheint sie in der Römerstadt Köln eine eigenständige Konnotation zu besitzen, was in diesen Köpfen des Annoschreins sehr deutlich wird: »In einer römischen Stadt ist das Bewusstsein des römischen Erbes allgegenwärtig. Es haftet an den Namen, an der Topographie, sitzt fest unter den Kirchen und in deren Gemäuer, lebt fort im Grabkult und in der Märtyrerverehrung.«[88]

---

84 Berlin, Bodemuseum, um 1170/80; Dagmar Täube/Miriam Verena Fleck (Hg.): Glanz und Größe des Mittelalters. Kölner Meisterwerke aus den großen Sammlungen der Welt, Katalog Köln 2011, Nr. 86, mit Abb.
85 Manuela Beer: Kölner Elfenbeinarbeiten des Mittelalters: von den Anfängen bis zum Ausklang der Romanik, in: Glanz und Größe (Anm. 84), S. 63–81, S. 73 f.; ebd., Kat.-Nrn. 12–15 mit Abb.
86 Peter Cornelius Claussen: Nikolaus von Verdun. Über Antiken- und Naturstudium am Dreikönigenschrein, in: Legner: Ornamenta Ecclesiae (Anm. 15), S. 447–456; Erika Zwierlein-Dier: Die Gemmen und Kameen des Dreikönigenschreins, Köln 1998.
87 Anton Legner: Reliquienschreine, in: Monumenta Annonis (Anm. 15), S. 185–205, für den römischen Kopftypus vor allem Abb. 25–32; Marc Steinmann: Der Schrein des Heiligen Anno im Siegburger Kirchenschatz, Köln 2014.
88 Anton Legner: Vorbilder der romanischen Kunst, in: Ders.: Ornamenta Ecclesiae (Anm. 15), Bd. 3, S. 5. Peter Kurmann bemerkte jüngst, dass für die spätmittelalterlichen Kölner die

Diese treffende Beschreibung Anton Legners führt uns zu einem weiteren entscheidenden Punkt unserer Analyse der Semantik des Römersteins. Er transportierte ohne Zweifel die Ehrwürdigkeit und Authentizität der zahllosen antiken Heiligen und ihrer Gebeine, auf deren Besitz sich Selbstverständnis und Ruhm des mittelalterlichen »hilligen« Köln gründeten. Dies könnte man als eine besondere Art der »interpretatio christiana« verstehen.

Die Gebeine der 11.000 ursulanischen Jungfrauen, deren elf Flämmchen das Kölner Stadtwappen zieren, und der zahllosen Märtyrer der Thebäischen Legion, Begleiter der Soldatenheiligen Gereon und Gregorius Maurus, wurden auf den großen römischen Friedhöfen um St. Ursula und St. Gereon in zahlreichen Kampagnen ausgegraben, jeweils zusammen mit steinernen Sarkophagen und Grabsteinen aus der römischen Antike. Das Martyrium und die Reliquien der Kölner Stadtheiligen waren also für das Mittelalter untrennbar mit den antiken Wurzeln der Stadt und den Relikten der Römerzeit verknüpft. Auch die großen Kölner Kollegiat- und Klosterkirchen wurzeln auf römischem Grund, sind über den Gebeinen der Heiligen und auf antiken Vorgängerbauten errichtet, deren materielle Überbleibsel oft noch erlebbar waren. Das Wiederverwenden römischen Steins lässt also Alter und Rang eines Gebäudes erkennen, in der Verbindung mit den Heiligen wird darüber hinaus der Glaube an Authentizität evoziert. Die Auffindung von steinernen Relikten der Römerzeit zusammen mit den Reliquien und das Wissen um den frühchristlichen Kontext der Martyrien könnte folglich dem Stein eine gewisse Aura auch im christlichen Kontext verliehen haben.

Es kann eigentlich kein Zweifel daran bestehen, dass im Mittelalter das Recycling des Römersteins neben pragmatischen Gründen auf einer Vielzahl von ideologisch geprägten Konnotationen und Absichten beruhte, die von der Legitimation von Herrschaft über ein tradiertes Geschichtsverständnis zum Beweis von Authentizität reichten. Mit der Gotik endet dieses Verständnis für das antike Material.

Im 16. Jahrhundert setzte dann in Köln eine antiquarisch und historisch geprägte Auseinandersetzung mit der römischen Vergangenheit ein. Gleichzeitig kam das Sammeln römischer Altertümer in Mode. So zeigt der Geograph Arnold Mercator in den Randleisten seines Stadtplans von 1570/71 unter dem Titel »Antiquitates Coloniae ac in eius territorio inventae« verschiedene römische

---

einheimische spätromanische Architektur immer noch von der Aura der Antike zehrte: Peter Kurmann: Gotikrezeption, Deutscher Orden und Heiligenkult. Zur Frage nach dem Sinn der Baugestalt von St. Elisabeth zu Marburg, in: Christoph Stegemann (Hg.): Gotik. Der Paderborner Dom und die Baukultur des 13. Jahrhunderts in Europa, Petersberg 2018, S. 290–299, hier S. 297.

Grab- und Inschriftsteine (Tafel 18).[89] Diese römischen Stücke befanden sich wohl in den damaligen Kölner Sammlungen Helman und Hardenrath und waren durch gezielte Grabungen ans Tageslicht gekommen.[90] Aufschlussreich sind auch die Tafeln des Historikers Stephan Broelman (1551–1622), die unter anderem den Römerturm mit einer Reihe dort aufgestellter römischer Steindenkmäler zeigen.[91]

Naturwissenschaftliche und restauratorische Untersuchungen zur Materialität von Kunstwerken lehren also Historiker und Kunsthistoriker die Sprache des Materials. Kunstwerke lassen sich über den in der Kunstgeschichte praktizierten Rahmen hinaus als Quellen lesbar machen. So konnten die aktuellen geowissenschaftlichen Untersuchungen der diversen, in der CCAA und im mittelalterlichen Köln für Bauwerke und Skulpturen gebräuchlichen Gesteine eine Menge neuer Informationen zur Geschichte der Stadt, zum Geschichts- und Selbstverständnis ihrer Bewohner in den verschiedenen Epochen, zu den Kölner Stiftern und Künstlern, ihrem Anspruch und ihrer Arbeitsweise beitragen. Bis zum hohen Mittelalter griffen die Kölner Steinbildhauer für feine Skulpturen und Reliefs im Innen- sowie Außenbereich fast ohne Ausnahme auf den in der römischen Antike eingeführten Kalkstein aus den Brüchen aus der Region von Norroy an der Mosel zurück. Diese außerordentlich lange Verfügbarkeit des antiken Materials in der mittelalterlichen Stadt ist bemerkenswert. Sie gewährt uns neue Einblicke in den ganz eigentümlichen kölnischen Umgang mit der eigenen römischen Vergangenheit zwischen Pragmatismus, gelebter, wahrgenommener und zur Schau gestellter historischer Kontinuität, Manifestation politischen Anspruchs, Selbstnobilitierung und »interpretatio christiana«. Diese facettenreiche Anverwandlung des antiken Erbes endet in der allumfassenden Überlagerung durch die hochmittelalterliche Großstadt im 13. Jahrhundert.

6. Die geowissenschaftliche Untersuchung von römischen und mittelalterlichen Objekten aus Köln

Bereits im frühen 20. Jahrhundert erregten die Brüche von Norroy-lès-Pontà-Mousson (früher Norroy-sous-Prény) das Interesse von Geologen. Keune

---

89 Henriette Meynen/Werner Schäfke: Köln im Flug durch die Zeit. Die schönsten Ansichten aus der Luft vom Mittelalter bis heute, Köln 2008, S. 24–63; vgl. Peter Noelke mit Beiträgen von Uta Schmidt-Clausen und Peter Pauly: Kölner Antikensammlungen und -studien vom Humanismus bis zur Aufklärung und ihr Kontext im deutschen Sprachraum, in: Kölner Jahrbuch 49 (2016), S. 487–668.
90 Hugo Borger/Frank Günter Zehnder: Köln. Die Stadt als Kunstwerk, Köln 1982, S.130.
91 Uwe Süßenbach: Die Stadtmauer des römischen Köln, Köln 1981, S. 26, Abb.6; im Kölnischen Stadtmuseum.

schrieb schon 1932 eine kurze Abhandlung zu dem Kalksteinbruch, Knüpfel wies in derselben Zeitschrift die Verwendung dieses Gesteins durch direkten Vergleich von Proben aus den Brüchen von Norroy mit Objektproben eines römischen Kalksteinaltars nach.[92] Die weitverbreitete Nutzung des Gesteins durch das römische Militär in der Region sowie in Garnisonen und römischen Siedlungen vor allem entlang von Mosel und Rhein, aber auch die Wiederverwendung der römisch importierten Gesteine noch während der römischen Zeit bis ins Mittelalter hielt das Interesse von Geologen und Archäologen am Leben.

Dennoch stellte man die Frage der Wiederverwendung von römischen Spolien aus Norroy-Kalkstein bislang nur im Zusammenhang mit einzelnen Objekten oder Objektgruppen. Bei den hier dargestellten geologischen Untersuchungen zur Steinverwendung im Mittelalter in Köln und Umgebung wurde nun erstmals systematisch ein Inventar der Wiederverwendung für diese Region erstellt (siehe Anhang). Hierbei zeigte sich schnell, dass die Zweit- oder Mehrfachnutzung zeitlich genau eingegrenzt werden konnte. Sie begann bereits zu römischer Zeit und endete mit wenigen Ausnahmen in der zweiten Hälfte des 13. Jahrhunderts.

Die gegen Ende der Verfügbarkeit zunehmende Knappheit an Steinmaterial drückt sich auch in einer stärker werdenden Stückelung der Bau- und Bildhauerobjekte aus (Tafel 19). Die Mitglieder der Werkgruppe um den Samsonmeister waren die letzten Bildhauer, die noch über so viel Steinmaterial verfügten, dass sie beinahe alle Werke in diesem Gestein ausführen konnten. Ausnahmen bilden der Verkündigungsengel von Lonig (Weiberner Tuff) und die beiden Stifterfiguren von Ezzo und Mathilde in St. Nikolaus in Brauweiler (Baumberger Sandstein), deren Zuschreibung zur Samsonmeisterwerkstatt allerdings nicht unumstritten ist.[93]

Erst 1987 veröffentlichte Stribrny eine detaillierte mineralogisch-paläontologische und chemische Untersuchung zum Kalkstein von Norroy.[94] 80 Gesteinsproben von römischen Bau- und Werksteinen in Mainz wurden im Vergleich mit 30 Geländeproben aus den ehemaligen Steinbrüchen als Kalkstein von Norroy identifiziert. Sie konnte zeigen, dass der Kalkstein von Norroy im Vergleich mit den regionalen Kalksteinen des Mainzer Beckens für höherwertige Objekte genutzt wurde. Die Auffindung eines römischen Sarkophags 2003 in Weilerswist, der ebenfalls aus dem lothringischen Kalkstein von Norroy besteht, führte ebenso

---

92 Johann Baptist Keune: Bemerkungen über einen römischen Kalksteinbruch bei Norroy-sous-Prény, in: Bonner Jahrbücher 136/137 (1932), S. 216; Walther Klüpfel: 1. Die Herkunft des für die römischen Denkmäler verwendeten Kalksteins, in: ebd., S. 212–214.
93 Kaelble: Samsonmeister (Anm. 60), S. 145–150; Straub: Werk des Samsonmeisters (Anm. 62), S. 18; Plehwe-Leisen: Steine des Samsonmeisters (Anm. 62), S. 28; Manuela Thews: Die romanischen Nebenchorportale der ehemaligen Benediktinerabteikirche St. Nikolaus zu Brauweiler, in: Denkmalpflege im Rheinland, 33.1 (2016), S. 27–36, hier S. 34, 36.
94 Stribrny: Herkunft der römischen Werksteine (Anm. 6).

wie die Entdeckung einer Grabstele in Straßburg 2012 zu weiteren Untersuchungen dieses Gesteins.[95]

Der Kalkstein aus den Brüchen bei Norroy hat sich in der Zeit des Bajociums (Unterjura) vor circa 170 Millionen Jahren in einem warmen, bewegten Flachmeerbereich abgelagert.[96] Er wird geologisch in die Calcaires à Polypiers Supérieurs Formation gestellt. In dem Meer lebten auch viele Organismen, vor allem Korallen, Seelilien und Schnecken.[97] Ihre Fragmente bauen das Gestein mit auf. Ganz überwiegend aber besteht der Kalkstein vom Typ Norroy aus sogenannten Rindenkörnern. Rindenkörner zeichnen sich durch dichte Hüllen aus sehr feinkristallinem Calcit (Mikrit) um häufig abgerundete Bruchstücke der Mikrofossilien aus.[98] Sie verleihen dem Gestein sein typisches Aussehen.

Die in diesem Aufsatz vorgestellten geowissenschaftlichen Untersuchungen zu dem Korpus der mittelalterlichen Steinverwendung in Köln und Umgebung konnten auf dem beschriebenen Fundament aufbauen.

Nachfolgend sollen die in den hier beschriebenen Projekten angewandten Methoden zur Feststellung der Bildhauergesteine kurz vorgestellt werden. Dem Wert der Objekte angemessen kamen soweit wie möglich zerstörungsfreie Untersuchungsmethoden zum Einsatz. Die Steinbestimmungen fanden am Aufstellungsort der Objekte statt, die Kunstwerke mussten nicht bewegt werden.

Nach einer makroskopischen Beschreibung folgte eine sorgfältige Untersuchung mittels Lupe und eines transportablen Videomikroskops (Tafel 20). Wo eine Probenahme unumgänglich war, wurde versucht, die Probengröße so weit wie möglich zu minimieren. Eine wirklich detaillierte Analyse ist aber nur mit Hilfe von Gesteinsdünnschliffen, das sind auf einen Glasträger aufgeklebte Gesteinsplättchen, die auf 25–30 μm Dicke geschliffen werden, möglich. Diese Gesteinsdünnschliffe werden unter einem Polarisationsmikroskop untersucht und die Mineralkomponenten des Gesteins, sein Gefüge und sein Fossilinhalt bestimmt. Hierdurch lassen sich Aussagen zu den Ablagerungsbedingungen und dem geologischen Alter des Gesteins machen und Vergleiche mit anderen Gesteinen anstellen.

95 Thomas Brachert/Christoph Hartkopf-Fröder: Der Werkstein des römerzeitlichen Sarkophags von Klein-Vernich, in: Archäologie im Rheinland 2004 (2005), S. 112 f.; Christoph Hartkopf-Fröder: Von Lothringen an den Niederrhein. Paläontologen lösen das Rätsel eines Sarkophags, in: Arbeitsschwerpunkte des Geologischen Dienstes NRW GeoLog 2006, S. 24 f.; Christoph Hartkopf-Fröder/Florent Jodry: »*Comnisca*, fils de Vedillus, Ambien, cavalier dans l'aile Indiana«. Étude pétrographique de l'exceptionnelle stèle funéraire découverte à Strasbourg, in: Revue Archéologique de l'Est 65 (2016), S. 341–347.
96 Brachert/Hartkopf-Fröder: Sarkophag (Anm. 95), S. 112 f.
97 Annette Lexa-Chomard/Christian Pautrot: Géologie et Géographie de la Lorraine, Metz 2006, S. 114–116.
98 Hartkopf-Fröder/Jodry: Comnisca (Anm. 95), S. 341–347.

Bei den Dünnschliffuntersuchungen zeigten sich sehr charakteristische Merkmale des Kalksteins von Norroy. Das sind allem voran die überaus häufig auftretenden Rindenkörner (Tafel 21). Aber auch Relikte von Echinodermen sind oft zu sehen. Die Hohlräume zwischen den Rindenkörnern und Fossilschalen sind meist mit einem gröberen, sparitischen Calcit-Zement ausgefüllt.

Im Rahmen der dünnschliffmikroskopischen Untersuchungen stellte sich heraus, dass eine Zuordnung zu den Vorkommen, wie sie in Norroy-lès-Pont-à-Mousson anstehen, auch mit sehr kleinen Proben bereits mit einer guten Sicherheit möglich ist. Es zeigte sich darüber hinaus, dass zerstörungsfreie videomikroskopische Untersuchungen bei geeigneten Steinoberflächen, das heißt ohne starke Verschmutzung oder flächendeckende Relikte von Fassung, in vielen Fällen auch eine Identifizierung des Bildhauersteins als Kalkstein vom Typ Norroy zulassen (Tafel 22). Dieses Ergebnis ist besonders für die Untersuchung hochwertiger Bildhauerarbeiten, wo eine Probenahme oft nicht möglich ist, von großem Interesse.

Neben mikroskopischen Verfahren stehen weitere Möglichkeiten der Provenienzanalyse zur Verfügung. Stribrny hat zusätzlich zu der petrographischen Bestimmung auch chemische Untersuchungen herangezogen.[99] Eine weitere Möglichkeit der zerstörungsarmen Herkunftsbestimmung von Kalksteinen ist die Untersuchung von Isotopen und Spurenelementen wie den Seltenen Erden. Um hierdurch Aussagen treffen zu können, sind allerdings große Datenbanken nötig, die, im Gegensatz zu Marmor, für Kalksteine aus dem Lothringer Bereich noch nicht ausreichend erarbeitet sind. Die Datenbanken des »Limestone Sculpture Provenance Projects« decken leider den östlichen Rand des Pariser Beckens nicht ab[100]. Im direkten Vergleich können Isotopenbestimmungen aber belastbare Ergebnisse erbringen, wie sich bei der Herkunftsermittlung an zwei römischen Stücken in Colchester/England zeigte.[101] Grundlegende Isotopenuntersuchungen sind für den Kalkstein aus der Gegend um Norroy aber erst geplant. Neuere Bestimmungen mittels Multielementanalyse zeigten weitere Unterscheidungsmöglichkeiten auf.[102]

---

99 Stribrny: Herkunft der römischen Werksteine (Anm. 6), S. 59–97.
100 http://www.limestonesculptureanalysis.com/; Georgia Wright/Lore L. Holmes: The Limestone Project: A Scientific Detective Story, in: Charles T. Little (Hg.) (2006): The Face in Medieval Sculpture, S. 46–49; Janet E. Snyder: From Quarry to Cathedral – Limestone, Transportation, Sculpture, in: Early Gothic Column-Figure Sculpture in France (2011), Appendix B, S. 203–228, hier: S. 210–211.
101 Kevin Hayward: A Geological Link between the Facilis Monument at Colchester and First-Century Army Tombstones from Rhineland Frontier, in: Britannia 37 (2006), S. 359–363.
102 Christian Stieghorst: Neutronenaktivierungsanalyse in Archäometrie und Solarenergieforschung, Diss. Mainz 2016.

7. Hinweise auf eine Wiederverwendung

Neben der Steinuntersuchung an sich ist die Frage der Merkmale für eine Wiederverwendung von Interesse. Wie lässt sich die Neuverwendung alter Gesteinsplatten, -blöcke oder auch -skulpturen erkennen? Besonders augenfällig ist in diesem Kontext eine Dekoration auf den Rückseiten der wiederverwendeten Steinteile, wie sie an dem Tympanon aus St. Cäcilien in seiner Aufstellung im Museum Schnütgen besonders gut zu sehen ist (Tafel 3).[103] Aber auch die Verwendung von vielen unregelmäßig angeordneten einzelnen Blöcken ganz unterschiedlicher Abmessungen für ein einheitliches Objekt, wie hier das Cäcilien-Tympanon oder für einen einheitlichen Zyklus, wie zum Beispiel die Muldenreliefs mit Tierkreiszeichen in Brauweiler, weisen auf eine Wiederverwendung hin.[104]

In den Fundamenten der romanischen Kirchen Kölns treffen wir immer wieder auf Kalksteine des Typs Norroy als großräumig eingesetztes Baumaterial wie zum Beispiel beim karolingischen Fundament des Kölner Doms oder aber als Einzelblöcke wie in der Krypta von St. Maria im Kapitol oder aber als Bauteile wie zum Beispiel das Portal der Hardenrath-Kapelle ebenfalls in St. Maria im Kapitol. Auch eine derartige Steinnutzung zeigt eine Neuverwendung vorhandenen Materials an.

Unmotivierte Verletzungen des Bildhauermaterials wie Zangenlöcher sind ein weiterer Anhaltspunkt. Als Beispiele seien hier der Engel der Madonna/ Engel-Gruppe Verkündigungsgruppe aus der Schatzkammer des Kölner Doms, die Madonna aus Oberpleis oder die Gondorfer Platte im LVR- Landesmuseum in Bonn genannt.[105]

Eine thronende Muttergottes mit Kind in St. Maria im Kapitol (sogenannte Glasaugenmadonna) ist in zwei Stücken gearbeitet.[106] Das ist bei einer Skulptur in dieser Größe ungewöhnlich. Zudem wären die Steinbrüche von Norroy durchaus in der Lage gewesen, ausreichend große Steinblöcke zu liefern, wie die Verwendung dieses Gesteins für Sarkophage bezeugt. Hier war wohl kein Stück mehr in der richtigen Größe vorhanden. Auch die Kapitelle aus Maria Laach weisen glatte Anstückungen auf, um zu kleine Steinblöcke zu vergrößern (Tafel 23). Noch deutlicher zeigt die gotische Grabplatte der Plektrudis in

---

103 Vgl. S. 12 und Anm. 38 und 53.
104 Vgl. Liste der untersuchten Objekte und Legner: Ornamenta Ecclesiae Bd. 2 (Anm. 15), S. 375, Nr. F1.
105 Vgl. Liste der untersuchten Objekte sowie Suckale: Kölner Domchorstatuen (Anm. 67); zur Madonna aus Oberpleis: Monumenta Annonis (Anm. 15), S. 221, Nr. F5.
106 Vgl. Liste der untersuchten Objekte: Thronende Madonna mit Kind aus der zweiten Hälfte 12. Jahrhundert.

St. Maria im Kapitol (Tafel 14 und 24) die Wiederverwendung an, weil hier die weiter herauskragenden Teile wie das Kirchenmodell von St. Maria im Kapitol in der Hand der Plektrudis, eine Falte oder ein Schuh, bereits in der Entstehungszeit angesetzt wurden.[107] Diese Phänomene sind immer wieder bei mittelalterlichen Objekten aus Kalkstein des Typs Norroy zu beobachten.

Farbfassungen oder Mörtelanhaftungen aus der ersten Verwendungszeit können weiterhin Hinweise auf die Wiederverwendung geben. Natürlich treten diese Merkmale nicht bei allen Steinskulpturen auf, aber die Menge derartiger Hinweise bei der Gruppe der Objekte aus dem Kalkstein von Norroy-lès-Pont-à-Mousson lässt auf eine generelle Wiederverwendung dieses Gesteinsmaterials schließen.

Daneben kam es mit der Herstellung von Branntkalk für die Mörtelzubereitung wohl auch zu einer anderen Art der Wiederverwendung. Auch diese Art der Weiternutzung von Baumaterial ist bei Kalkstein durchaus gebräuchlich.[108]

Handelt es sich bei den Objekten aus der Liste im Anhang nun wirklich um Wiederverwendung oder wurde der Kalkstein aus Norroy-lès-Pont-à-Mousson in nachrömischer Zeit weiterhin an den Rhein geliefert? Der Export des Gesteins scheint tatsächlich im Mittelalter zum Erliegen gekommen zu sein. Der weiße Kalkstein kam zwar noch in der nahen Umgebung der Brüche etwa zum Bau von Privathäusern in Norroy selbst oder für die dortige gotische Kirche zum Einsatz, wurde aber in Pont-à-Mousson oder in Metz von dem gelben Metzer Kalkstein, dem »Pierre de Jaumont« nach und nach ersetzt.[109] Auch diesen Kalkstein exportierte man – dann im Mittelalter –, wie seine häufige Verwendung in Trier zeigt.[110]

Welches die Gründe in nachrömischer Zeit für das Abreißen der Steineinfuhren nach Köln und Umgebung waren, ist nicht endgültig erforscht. Ausschlaggebend mögen die großen Reserven an dem Kalkstein aus Norroy in Teilen des Rheinlandes gewesen sein, die schon während der Römerzeit und danach bis in das 14. Jahrhundert zur Wiederverwendung führten, oder die zunehmende Schwierigkeit, gutes Steinmaterial ohne zu viel Abraum und in den erforderlichen Größen in den Steinbrüchen ausbeuten zu können. Die Brüche standen nicht mehr unter Militärhoheit, sodass der Steinabbau sicher weniger straff organisiert war. Vielleicht war aber auch der Transport erschwert: Zollstationen führten gewiss zu höheren Kosten für die Materialeinfuhr. Jedenfalls ist in der

---

107 Vgl. Anm. 70.
108 Hans Lehner/Walter Bader: Baugeschichtliche Untersuchungen am Bonner Münster, in: Bonner Jahrbücher 136/137, Bonn (1932), S. 1–216, hier S. 100.
109 Klüpfel: Herkunft (Anm. 93) S. 214; Madelaine Will: Die ehemalige Abteikirche St. Peter zu Metz und ihre frühmittelalterlichen Schrankenelemente, Diss. Bonn 2001, S. 68.
110 Portal der Jesuitenkirche, Liebfrauenkirche Tympanon, Baldachine et cetera.

Literatur zum Koblenzer Zolltarif (wahrscheinlich um 1000) nicht mehr von Steintransporten die Rede.[111] Sicher ist aber, dass ab dem 13. Jahrhundert der Tuffstein aus Weibern und der Baumberger Sandstein in Köln den Kalkstein aus Norroy-lès-Pont-à-Mousson als Bildhauermaterial abzulösen begannen.

8. Der römische Kalksteinimport aus Norroy-lès-Pont-à-Mousson

Für ihre Nutzbauten konnten die Römer in Köln auf die Steinressourcen des Siebengebirges oder auf rheinische Grauwacken, Basalt und Tuffsteine aus der Eifel zurückgreifen, aber ein homogenes, gut zu bearbeitendes und noch dazu helles Material lässt sich im Umfeld von Köln nicht finden. Da bot sich der weiße Kalkstein aus der Umgebung von Norroy-lès-Pont-à-Mousson in Lothringen zwischen Metz und Nancy geradezu als Stein für das römische Köln an. Nahe der Mosel gelegen, wurden diese Vorkommen systematisch ausgebeutet und weiträumig exportiert. In Trier, Mainz, Straßburg, entlang des Rheins ab Koblenz bis zum Niederrhein, aber auch abseits des Rheins in Waldgirmes und der Eifel, selbst in Tongeren, Nimwegen und Maastricht konnten Objekte aus diesem Gestein gefunden werden.[112] Sogar für einen Grabstein und ein Inschriftenfragment aus Colchester in England wurde die Verwendung des Kalksteins von Norroy nachgewiesen.[113] Der schöne Kalkstein war aber nicht nur ein beliebtes Exportmaterial, er wurde auch regional stark genutzt, wie viele römische Funde und die merowingischen Chorschranken aus der Abteikirche St. Pierre-aux-Nonnains in Metz, heute im Museum de La Cour d'Or zu finden, zeigen.[114] Andere ebenso geeignete helle Bau- und Bildhauergesteine aus dem östlichen Pariser Becken, wie zum Beispiel die Oolithe aus dem Barrois

111 Friedrich Pfeifer: Rheinische Transitzölle im Mittelalter, Berlin 1997, S. 89–156; Franz Irsigler: Rhein, Maas und Mosel als Verkehrsachsen im Mittelalter. Siedlungsforschung, in: Archäologie – Geschichte – Geographie 25 (2007), S. 13–15.
112 Hierzu zum Beispiel Stribrny: Herkunft der römischen Werksteine (Anm. 6); Vilma Ruppienė: Natursteinverkleidungen in den Bauten der Colonia Ulpia Traiana, Darmstadt 2015, S. 200–203; Thomas Brachert/Thomas Keller: Petrographische Untersuchungen an Gesteinen von Waldgirmes und Mainz-Kastel, in: Armin Becker/Gabriele Rasbach (Hg.): Die spätaugusteische Stadtgründung in Lahnau-Waldgirmes, in: Germania 81 (2003), S. 172–179. Ricarda Giljohann/Stefan Wenzel: Verwendung und Verbreitung von Lothringer Kalkstein zwischen Andernach und Mayen in römischer Zeit, in: Berichte zur Archäologie in Rheinhessen und Umgebung 8 (2015), S. 19–40; Christophe Coquelet/Guido Creemers/Roland Dreesen/Éric Goemaere: Les »pierres blanches« des monuments publics et funéraires de la cité des Tongres, in: Signa 2 (2013), S. 29–34; Titus Panhuysen: Grabmäler des 2. und 3. Jahrhunderts in Maastricht, in: Kölner Jahrbuch für Vor- und Frühgeschichte 41 (2008), S. 699–730, hier S. 702; Hartkopf-Fröder/Jodry: Comnisca (Anm. 95), S. 341–347.
113 Hayward: Geological Link (Anm. 101), S. 359–363.
114 Will: St. Peter (Anm. 109).

oder die Vorkommen von Chémery-sur-Bar liegen eher im Einzugsbereich der Maas und waren damit deutlich schwieriger in die Zielgebiete an Mosel und Rhein zu transportieren. Der Weg über die Maas war wesentlich weiter und beinhaltete auch eine lange Strecke rheinaufwärts. Dazu kommt, dass die Maas bis Maastricht durch reißende Strömung, schwankende Wasserführung, scharfe Flussbiegungen und Klippen im Ardennendurchbruch schwer befahrbar war.[115] So überschwemmte der oolithische Kalkstein aus Savonnières-en-Perthois, in einem ausgedehnten Abbaugebiet um Bar-le-Duc anstehend, erst nach dem Ausbau der Eisenbahn- und Kanalverbindungen in der zweiten Hälfte des 19. Jahrhunderts große Teile Deutschlands und angrenzende Nachbarländer.[116]

Die Organisation der Steinbrüche und die Verwendung der lothringischen Kalksteine aus den Brüchen von Norroy-lès-Pont-à-Mousson in römischer Zeit ist schon lange ein interessantes Untersuchungsthema für Archäologen und Geologen.[117] Allein schon durch die Auffindung mehrerer Weihealtäre wurde den Brüchen bereits im 18. Jahrhundert Aufmerksamkeit geschenkt. Allerdings fehlt eine detaillierte Erforschung der Steinvorkommen und der Abbautätigkeit bis heute. Die Steinbruchforschung in diesen geschichtlich bedeutenden Brüchen steckt noch sehr in den Kinderschuhen. Hinzu kommt, dass durch weiteren Abbau für örtliche Zwecke, durch die Anlage von Schützengräben während des Ersten Weltkriegs und durch die Rückkehr der Natur die antiken Steinabbaue stark überformt wurden (Tafel 25).

Die Vorlieben der Römer galten wohl weißen (Kalk-)Steinen, auch wenn die Objekte häufig verputzt waren. Der Kalkstein aus den Brüchen von Norroy eignete sich aber auch wegen seiner geologischen Eigenschaften und seiner guten Bearbeitbarkeit sehr für die Ansprüche römischer Bauherren und Bildhauer. Die Überlagerung der abbauwürdigen Steinlager durch jüngere Gesteinsschichten war gering. Der Kalkstein zeigt eine grobe Bankung und keine ausgeprägte Schichtung, und erlaubt so auch das Brechen von Blöcken mit großen Dimensionen. Das Kluftsystem lässt einen einfachen Abbau auch größerer Blöcke zu.[118] Seine Verarbeitbarkeit ist leicht und verschnittarm. Er lässt sich bruchfrisch hervorragend sägen.[119]

---

115 Irsigler: Verkehrsachsen (Anm. 111), S. 13.
116 Gerhard Lehrberger/Esther von Plehwe-Leisen (Hg.): Barrois-Oolithe. München 2015, S. 65–72, 195–287.
117 Zum Beispiel: Johann Baptist Keune: Zur Geschichte von Metz in römischer Zeit, in: Jahrbuch Gesellschaft für lothringische Geschichte und Altertumskunde 10 (1898), S. 1–71, hier S. 68, Fußnote 1.
118 Christoph Hartkopf-Fröder/Thomas Brachert: Der Werkstein des römischen Reliefsarkophags von Weilerswist-Klein Vernich, in: Bonner Jahrbücher 204 (2004), S. 59–69, hier S. 68.
119 Josef Röder: Sägespuren an Römischen Kalksteindenkmälern, in: Kölner Jahrbuch für Vor- und Frühgeschichte 5 (1960/61), S. 38–50.

Abgebaut wurde der Kalkstein an den Berghängen westlich von Norroy-lès-Pont-à-Mousson und südlich von Villers-sous-Prény auf einer Fläche von circa drei Quadratkilometern. Die Steinbrüche liegen circa 150 Meter oberhalb der Talsohle und nur wenige Kilometer von der Mosel entfernt.[120] Der Abbau der Steinlagen erfolgte im Tagebau mit einer geringen Überlagerung von Abraum. Röder konnte in den Steinbrüchen von Norroy noch Hinweise auf eine Abbautechnik in langen Bahnen wie in den Basaltbrüchen von Mayen finden.[121] Er befasste sich ausgiebig mit dem Gesteinsmaterial in seiner Nutzung durch die Römer sowie in späterer Zeit als Spolien und geht von einer Förderung von mehreren hunderttausend Kubikmetern aus den Brüchen um Norroy-lès-Pont-à-Mousson seit der Zeitenwende aus, hält aber weitere Steinlieferungen aus anderen Brüchen ebenfalls für möglich.[122]

Die Nutzung der Steinvorkommen ist seit der Zeitenwende dokumentiert, so durch eine frühe Nutzung des Gesteins wie zum Beispiel für eine monumentale Inschriftenplatte für Lucius und Gaius Caesar in Trier aus dem Jahr 4 n. Chr., durch das Grabmal des im Jahre 9 n. Chr. in der Varusschlacht gefallenen Centurio Marcus Caelius oder Bauzier in Waldgirmes.[123] In den Steinbrüchen von Norroy selbst ist ein Teil der Abbaugeschichte durch Weihesteine gut dokumentiert. Insgesamt fünf Altäre, allesamt Hercules Saxanus geweiht, wurden zwischen 1721 und 1994 in diesen Abbauen gefunden.[124] Sie belegen die Ausbeutung der Steinvorkommen während des 1. Jahrhunderts. Aber auch danach muss Steinbruchtätigkeit und Steinexport geherrscht haben, wie große und sehr anspruchsvolle Objekte aus späterer Zeit, etwa der Sarkophag aus Weilerswist oder die Weihealtäre des Bonner Matronenheiligtums zeigen.[125] Durch die Weihesteine ist bekannt, dass die Steinbrüche unter militärischer Verwaltung standen.[126] In späterer Zeit ist aber auch eine Nutzung durch private Steinbrecher anhand von Steinbruchmarken an Blöcken in Trier, Koblenz, Köln und Nimwegen nachzuweisen.[127] Auch zeugen Grabsteine in Metz von der zivilen Abbautätigkeit.[128] Neben dem Steinabbau

---

120 Stribrny: Römische Werksteine (Anm. 6), S. 6–9.
121 Röder: Sägespuren (Anm. 119), S. 40.
122 Ebd., S. 39.
123 Giljohann/Wenzel: Verwendung (Anm. 112), S. 21; Brachert/Keller: Petrographische Untersuchungen (Anm. 112), S. 172–179.
124 Zusammenstellung mit Zitaten in: Jan Patrick Neumann: Provenienzbestimmung römischer Kalksteine mit Hilfe der Neutronenaktivierungsanalyse, Masterarbeit Mainz 2015, S. 38–40;
125 Röder: Sägespuren (Anm. 119), S. 39; Hartkopf-Fröder/Brachert: Reliefsarkophag (Anm. 118), S. 59–69.
126 Friedrich Behn: Steinindustrie des Altertums, in: Kulturgeschichtlicher Wegweiser durch das Römisch-Germanische Zentralmuseum 10 (1926), S. 61.
127 Röder: Sägespuren (Anm. 119), S. 39.
128 Xavier Deru: Die Römer an Maas und Mosel, Mainz 2010, S. 68.

kam es auch zur Ansiedlung von Steinbildhauerwerkstätten in den Brüchen. So konnten hier bereits vor Ort Objekte gearbeitet werden.[129]

Der Transport der Steine von Norroy zu den Abnehmern an Mosel und Rhein war gut organisiert. Beide Flüsse waren bereits zu Beginn unserer Zeitrechnung gut schiffbar. Große Lasten wie die Steinladungen wurden mit flachgehenden Plattbodenschiffen, sogenannten Prähmen, transportiert.[130] Erfahrene Schiffer übernahmen die Beförderung. Zünfte, wie die Zunft der Moselschiffer, hatten den Transport der Steine zumindest bis an den Rhein fest in der Hand.[131] Destinationen wie Tongeren, Nimwegen, Maastricht oder die Eifel waren dagegen nur mit längeren Landtransporten zu erreichen. Auch die Objekte in Mainz, Straßburg oder gar Waldgirmes konnten nur wesentlich schwieriger durch Treideln flussaufwärts an ihren Fundort geschafft worden sein.

---

129 Robert Bedon: Les Carrières et les Carriers de la Gaule Romaine, Paris 1984, S. 118.
130 Karl-Heinz Zimmer: Antike Schifffahrt, in: Bernd Röder u. a. (Hg.): 2000 Jahre Schifffahrt auf der Mosel. Vom römischen Transportweg zum einenden Band Europas, Ausstellungskatalog Trier, Stadtmuseum Simeonstift, Regensburg 2014, S. 22.
131 Bedon: Carrières (Anm. 129), S. 140.

Das Recycling römischen Kalksteins aus Lothringen 35

Anhang: Geowissenschaftlich untersuchte Kölner Steinskulpturen aus Kalkstein vom Typ Norroy

Objekte und Objektteile aus Kalkstein aus Norroy-lès-Pont-à-Mousson

	Datierung	Aufstellungsort	
		ursprünglich	heute
Objekte vor dem 9. Jahrhundert			
Grabstein Rignedrudis	6. Jahrhundert	Brühl, Fränkisches Gräberfeld Vochem	Bonn, LVR-LandesMuseum
Gondorfer Platten	8. Jahrhundert	Kobern-Gondorf (Kreis Mayen-Koblenz)	Bonn, LVR-LandesMuseum
Objekte des 9. Jahrhunderts			
Karolingischer Steinteppich	frühes 9. Jahrhundert	Köln, St. Pantaleon	Köln, St. Pantaleon, Lapidarium
Bruchstück Engel karolingisch	frühes 9. Jahrhundert	Köln, St. Pantaleon	Köln, St. Pantaleon, Lapidarium
Bruchstück gerippter Drache	frühes 9. Jahrhundert	Köln, St. Pantaleon	Köln, St. Pantaleon, Lapidarium
Karolingische Kämpfergesimssteine	frühes 9. Jahrhundert	Köln, St. Pantaleon, Außenwandgliederung	Köln, St. Pantaleon, Lapidarium
Objekte aus dem 10. Jahrhundert			
Drei monumentale Köpfe	Ende 10. Jahrhundert		Köln, St. Pantaleon, Lapidarium
Monumentalskulpturenzyklus des Westbaus (Bau VII), 11 Stücke	Ende 10. Jahrhundert	Köln, St. Pantaleon, Westbau	Köln, St. Pantaleon, Lapidarium
Frühmittelalterliches Kapitell	vor 1000	unbekannt	Köln, Museum Schnütgen
Objekte aus dem 11. Jahrhundert			
Löwenpaar mit einem Affen	11. Jahrhundert	Rheinland	Köln, Museum Schnütgen
Stele eines Grabmonuments aus St. Severin	um 1050	Köln, St. Severin	Köln, Museum Schnütgen
Sockel eines Grabmonuments aus St. Severin	um 1050	Köln, St. Severin	Köln, Museum Schnütgen
Kämpfer eines Grabmonuments aus St. Severin	um 1050	Köln, St. Severin	Köln, Museum Schnütgen

Objekte aus dem 12. Jahrhundert			
Meerweibchen (Sirene)	um 1100	Köln, St. Severin	Köln, Museum Schnütgen
Sternbild Schütze (Kentaur)	um 1100	Köln, St. Severin	Köln, Museum Schnütgen
Muldennischenreliefs: Christus, Cherubim, Tierkreiszeichen, Apostel; ursprünglich insgesamt 21 Reliefs	vor 1141	Brauweiler, St. Nikolaus, Westgiebel des Querhauses, nördlicher Treppenturm, Nordseite des Westturmes beidseitig des Westportals im Innern der Vorhalle	Bonn, LVR-LandesMuseum; Köln, Museum Schnütgen; Brauweiler, Lapidarium; Brauweiler, St. Nikolaus in situ
Romanische Chorschranke und Chorpodest	Mitte 12. Jahrhundert oder kurz danach	Köln, St. Pantaleon	Köln, St. Pantaleon, Lapidarium
Siegburger Madonna	1150–1160	Siegburg	Köln, Museum Schnütgen
Reliefstein mit segnendem Christus	1150–1180	Köln	Köln, Museum Schnütgen
Tympanon von St. Pantaleon	1150–1175	Köln, St. Pantaleon, Nordportal	Köln, Museum Schnütgen
Marientod	1160	Köln, St. Pantaleon, Krypta	Köln, Museum Schnütgen
Sockelfragment mit Personifikationen von Frühling, Sommer und Herbst	um 1160	Köln	Köln, Museum Schnütgen
Südliche Chorschranken	um 1160	Brauweiler, St. Nikolaus,[132] Chor	In situ
Tympanon aus St. Cäcilien	1160–1170	Köln, St. Cäcilien	Köln, Museum Schnütgen
Romanisches Grabmal Plektrudis	1160–1180	Köln, St. Maria im Kapitol, Ostende des Mittelschiffs	Köln, St. Maria im Kapitol, nördliches Seitenschiff
Kopf eines Apostels	1170–1180	Köln, Makkabäerkloster	Köln, Museum Schnütgen
Pfeilerblock mit doppelseitig vorgelegten Kapitellen	1170–1180	Evtl. Köln, St. Gereon	Bonn, LVR-LandesMuseum

132 Konsolen, Kapitellchen und Bögen.

Das Recycling römischen Kalksteins aus Lothringen

Thronende Madonna mit Kind	2. Hälfte 12. Jahrhundert	Köln, St. Maria im Kapitol, Außennische der Ostkonche des Chores	Köln, St. Maria im Kapitol, vor der Sakristei der Notkirche im nördlichen Seitenschiff
Männlicher Kopf mit Bart	2. Hälfte 12. Jh.	Köln	Köln, Museum Schnütgen
Herrmann-Josef-Madonna	1175–1180	Köln, St. Maria im Kapitol	Köln, St. Maria im Kapitol, nördlicher Pfeiler Ostkonche
Haarraufer Kapitell	um 1180	Knechtsteden, hll. Maria und Andreas	Bonn, LVR-LandesMuseum
Kölner Kapitelle	um 1180	unter anderem Knechtsteden	Berlin, Bode Museum; Köln, Museum Schnütgen; Bonn, LVR-LandesMuseum
Chorschrankenansatz: Kapitelle und Löwendekoration	um 1180	unter anderem Knechtsteden	In situ
Rankenrelief mit Drachenvögeln	um 1190	Köln	Köln, Museum Schnütgen
Madonna	um 1190	Oberpleis, St. Pankratius	Oberpleis, St. Pankratius, Chor
Kopf eines Ritters	1190–1200	Köln, St. Georg	Köln, Museum Schnütgen
Marienretabel	Ende 12. Jahrhundert	Brauweiler, St. Nikolaus, Krypta	Brauweiler, St. Nikolaus,[133] Altar südlich im Nebenchor
Löwe	12.–13. Jahrhundert?	Köln?	Köln, Museum Schnütgen
Objekte aus dem 13. Jahrhundert			
Tänzer	um 1200	Köln, Alter Dom? Samsonmeister	Köln, Museum Schnütgen
Fiedler	um 1200	Köln, Alter Dom? Samsonmeister	Köln, Museum Schnütgen
Fragmente eines Jüngsten Gerichts	Anfang 13. Jahrhundert	Andernach, Liebfrauenkirche, wahrscheinlich Lettner	Bonn, LVR-LandesMuseum
Portallöwe 2	Anfang 13. Jahrhundert	Köln	Köln, Museum Schnütgen

133 Zu sehen an einer Fehlstelle in der Fassung.

Kelchkapitelle	um 1200	Eventuell Köln, St. Pantaleon, St. Gereon	Bonn, LVR-LandesMuseum
Tumba von Ezzo und Mathilde	um 1200	Brauweiler, St. Nikolaus, freistehend im Chorquadrat	Brauweiler, St. Nikolaus,[134] Wandnische an der Südseite des südlichen Nebenchors
Kapitelle und Tympanondekoration des Portals mit Mathilde	um 1200	Brauweiler, St. Nikolaus, Nebenchorportale	Brauweiler, St. Nikolaus in situ
Brettspieler Kapitell	1200–1210	Brauweiler, eventuell St. Nikolaus	Bonn, LVR-LandesMuseum
Verkündigungsengel	1200–1210	Köln, St. Johann Baptist	Köln, Museum Schnütgen
Nördliche Chorschranken	1200–1210	Brauweiler, St. Nikolaus,[135] Chor	In situ
Chorstuhlwange: Teufel	1200/1210	Bonn, Münster	Bonn, Münster, Chor N-Seite
Chorstuhlwange: Engel	1200/1210	Bonn, Münster	Bonn, Münster, Chor S-Seite
Werkstück eines Portals Kentaur und Bär	1200–1220	Nicht bekannt	Köln, Museum Schnütgen
Rundbogen mit Ranken und Ornamenten	1200–1230	Köln	Köln, Museum Schnütgen
Bogensegment mit Drachen und Menschenkopf	1200–1230	Köln, Deutschordenskommende St. Katharina	Köln, Museum Schnütgen
Skulptur des Samson	um 1220	unbekannt	Maria Laach, Abtei, Kloster Empfangszimmer
5 Kapitelle	um 1220	Maria Laach, Paradies	Maria Laach, Abtei Klostergebäude Gang innen
2 Kapitelle	um 1220	Maria Laach, Paradies	Maria Laach, Abtei Informationsforum
Löwe	um 1220	Köln	Köln, Museum Schnütgen

134 Tumba, Plattenrahmen, Kapitelle, Sockel, Reparaturen.
135 Konsolen und Kapitellchen.

Das Recycling römischen Kalksteins aus Lothringen

Frühmittelalterliche Kapitelle	um 1248–1251	Köln, Dom, Nordbau der Domsakristei	Köln, Dom Modellkammer
Portallöwe 1	um 1230	Köln	Köln, Museum Schnütgen
Piscinen	ab 1260	Köln, Dom, Chorumgang	In situ[136]
Madonna/ Engel-Gruppe	um 1265/70	unbekannt	Köln, Dom Domschatzkammer
Sockel Gero-Grabmal	um 1260/70	Köln, Dom Chorumgang	Köln, Dom, Stephanuskapelle
Gotisches Grabmal Plektrudis	1280/90–1300	Köln, St. Maria im Kapitol Südwand des westlichen Mittelschiffes	Köln, St. Maria im Kapitol, Langhaus Südseite
Objekte aus dem 14. Jahrhundert			
Anbetung der Könige	erstes Drittel 14. Jahrhundert	Köln, Dreikönigenpförtchen bei St. Maria im Kapitol	Köln, Museum Schnütgen
Südturmfragmente	um 1360/70	Köln, Dom, Südturm	Köln, Dom, Modellkammer

136 Kapellen: St. Engelbert und St. Stephanus: Maßwerk, Säulen außen und Kapitelle, Konsolen (nur St. Stephanus); St. Maternus und St. Agnes: Säulen und Kapitelle und Konsolen; St. Johannes: Säulen, Kapitelle und Konsolen; St. Michael: Maßwerk, Säulen, Kapitelle und Konsolen.

Farbtafeln

Tafel 1: Tympanon von St. Cäcilien, Gesamtansicht (Köln, Museum Schnütgen, Inv.-Nr. K 275; Foto: Rheinisches Bildarchiv Köln, Wolfgang F. Meier, rba_d032909_01)

Tafel 2: Tympanon von St. Cäcilien, Detail: Tiburtius (Köln, Museum Schnütgen, Inv.-Nr. K 275; Foto: Rheinisches Bildarchiv Köln, Wolfgang F. Meier, rba_d032909_01)

Tafel 3: Tympanon von St. Cäcilien, Rückseite, römischer Grabstein (Köln, Museum Schnütgen, Inv.-Nr. K 275; Foto: Rheinisches Bildarchiv Köln, rba_180867)

Farbtafeln

Tafel 4: Köln, St. Pantaleon, Lapidarium, Kopffragment (Foto: Hans Leisen, Köln)

Tafel 5: Köln, St. Pantaleon, Lapidarium, Gewandfragment (Foto: Esther von Plehwe-Leisen, Köln)

Tafel 6: Justus Vinckeboons, St. Pantaleon, Ansicht von Südwesten, 1664/65 (Kölnisches Stadtmuseum, Inv.-Nr. HM 1908/69,64; Foto: Rheinisches Bildarchiv Köln, rba_d036942_05)

Tafel 7: Tympanon von St. Pantaleon, Gesamtansicht (Köln, Museum Schnütgen, Inv.-Nr. K 118; Foto: Rheinisches Bildarchiv Köln)

Farbtafeln

*Tafel 8: Haarrauferkapitell,
Maria Laach,
Abteikirche, Vorhalle
(Foto: Rheinisches Bildarchiv
Köln, Marion Mennicken,
rba_d047928_03)*

*Tafel 9: Fiedler, vom Alten Dom?
(Köln, Museum Schnütgen,
Inv.-Nr. K 163; Foto: Rheinisches
Bildarchiv Köln, rba_c002344)*

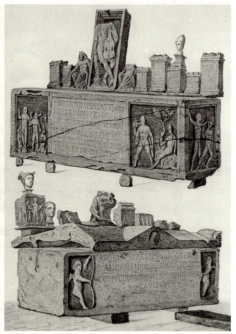

Tafel 10: Johannes der Täufer aus St. Johann Baptist (Köln, Museum Schnütgen, Inv.-Nr. K 261; Foto: Rheinisches Bildarchiv Köln, rba_c005429)

Tafel 11: Wallrafianum, Sammlung der römischen Fragmente, mit Fiedler (Foto: Rheinisches Bildarchiv Köln, rba_217685)

Farbtafeln

Tafel 12–13: Maria und Engel, Köln, um 1270 (Köln, Domschatzkammer, Inv.-Nr. S 166–167; Foto: Hohe Domkirche Köln, Dombauhütte, Foto: Matz und Schenk)

Tafel 14: Köln, St. Maria im Kapitol, gotischer Grabstein der Plektrudis (Foto: Hans Leisen, Köln)

Farbtafeln

Tafel 15: Dreikönigenpförtchen (Köln, Museum Schnütgen, Leihgabe des Stadtkonservators Köln; Foto: Rheinisches Bildarchiv Köln, Marion Mennicken, rba_d035822_01)

Tafel 16: Vortragekreuz aus St. Maria im Kapitol, Detail: Lapislazuli-Köpfchen der Kaiserin Livia (Köln, Kolumba, Leihgabe St. Maria im Kapitol; Foto: Kolumba, Köln, Stefan Kraus)

Tafel 17: Siegburg, ehemalige Abteikirche, Annoschrein, Detail: Email mit Köpfchen (Foto: Erzbistum Köln/Kath. Kirchengemeinde St. Servatius, Siegburg, Foto: Matz & Schenk, Köln)

Tafel 18: »Antiquitates Coloniae« auf dem Mercatorplan, 1642 (Köln, Historisches Archiv der Stadt Köln; Foto: Rheinisches Bildarchiv Köln, rba_207341)

Farbtafeln

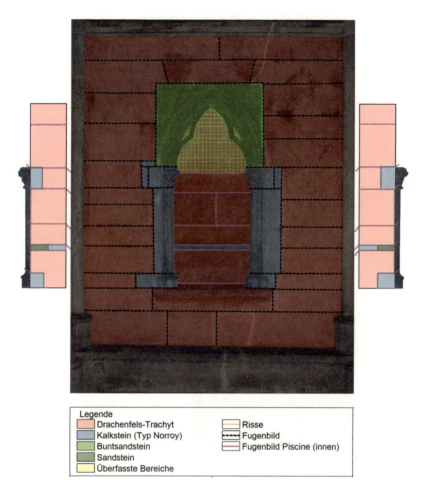

Tafel 19: Köln Dom, Agneskapelle, Steinkartierung. Die Kartierung verdeutlicht die Stückelung und die Steinknappheit bei der Herstellung des Piszinenmaßwerks (Kartierung: Esther von Plehwe-Leisen, Köln)

Tafel 20: Maria Laach, Abteikirche, Paradies, zerstörungsfreie Untersuchung mit Hilfe eines tragbaren Videomikroskops (Foto: Hans Leisen, Köln)

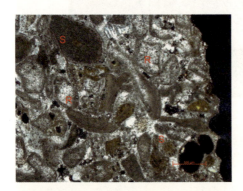

Tafel 21: Der Gesteinsdünnschliff zeigt deutlich die typischen Rindenkörner (R) und Relikte von Seeigeln (S) (Foto: Esther von Plehwe-Leisen, Köln)

Tafel 22: Vergleichende Untersuchungen (lange Seite der Aufnahme = 8 Millimeter) zeigen die Möglichkeit einer zerstörungsfreien Steinbestimmung mit einem Videomikroskop bei sehr guten Voraussetzungen (Foto: Esther von Plehwe-Leisen, Köln)

Farbtafeln

Tafel 23: Maria Laach, Abteikirche, Paradies, Blattkapitell. Das Kapitell zeigt eine glatte horizontale Anstückung (Foto: Hans Leisen, Köln)

Tafel 24: Köln, St. Maria im Kapitol, Grabmal der Plektrudis, Detail. Die Steinplatte war nicht tief genug, sodass das Modell von Maria im Kapitol und die Gewandfalte angestückt werden mussten (Foto: Hans Leisen, Köln)

Tafel 25: Norroy-lès-Pont-à-Mousson, Abbaugebiet, nur noch wenige unfertig bearbeitete Gesteinsblöcke zeugen von der starken Abbauaktivität des römischen Militärs (Foto: Esther von Plehwe-Leisen, Köln)

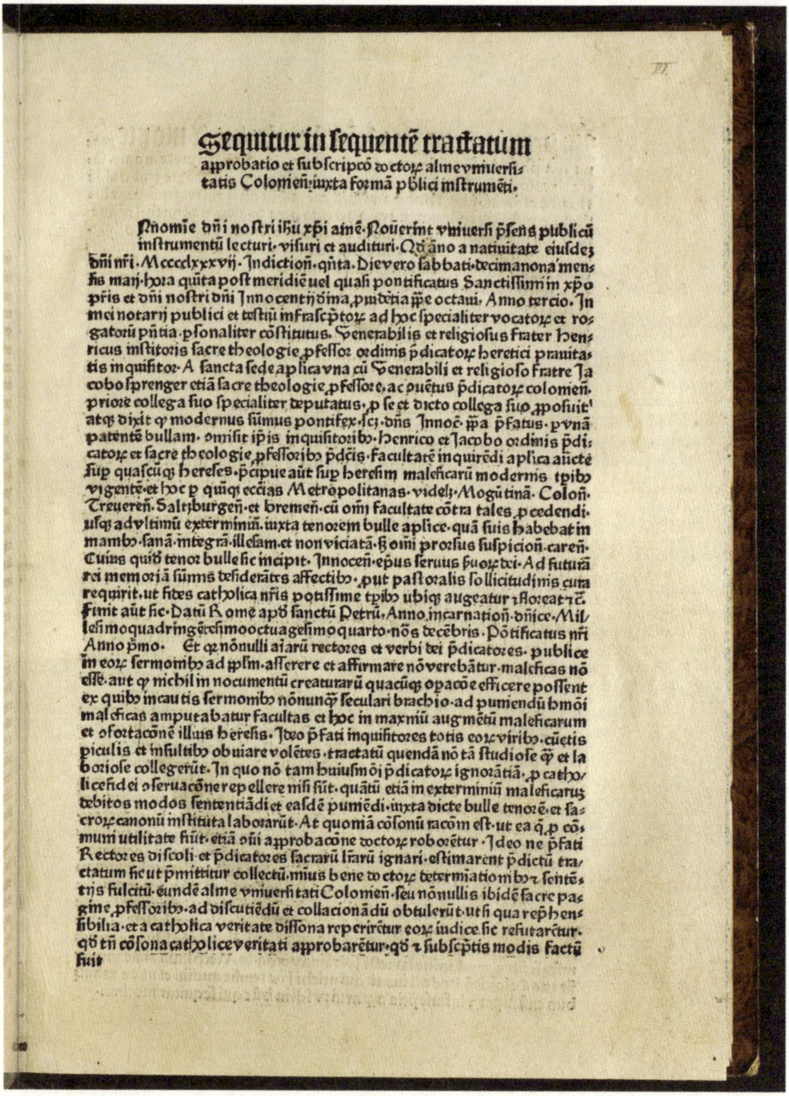
Sequitur in sequentē tractatum
approbatio et subscripcō doctor alme vniuersitatis Coloniē. iuxta formā p blici instrumēti.

In nomie dñi nostri ihu xpi amē. Nouerint vniuersi p̄sens publicū
instrumentū lecturi. visuri et audituri. Qd āno a natiuitate eiusdē
dñi nri. Mcccclxxxvij. Indictioñ. qnta. Die vero sabbati. decimanona mens
sis maij. hora quīta post meridiē uel quasi pontificatus Sanctissimi in xpo
pris et dñi nostri dñi Innocentij diuina prudētia ppe octaui. Anno tercio. In
mei notarij publici et testiū infrascptor ad hoc specialiter vocator et ro-
gatorū pñtia. psonaliter cōstitutus. Venerabilis et religiosus frater Henricus institoris sacre theologie pfessor ordinis p̄dicator heretici prauita-
tis inquisitor. A sancta sede aplica vna cū Venerabili et religioso fratre Jacobo sprenger etiā sacre theologie pfessore. ac puētus p̄dicator colonieñ.
priore collega suo specialiter deputatus. p se et dicto collega suo pposuit
atq dixit q modernus sūmus pontifex. scz. dñs Innoc. ppa p̄fatus. p vnā
patentē bullam. cōmisit ipis inquisitorib. Henrico et Jacobo ordinis p̄di-
cator et sacre theologie pfessorib p̄dcis. facultatē inquirēdi aplica auctē
sup quascūq hereses. p̄cipue aūt sup heresim maleficarū modernis tpib
vigentē. et hoc p quinq eccias Metropolitanas. videlz. Mogūtinā. Coloñ.
Treuereñ. Saltzburgeñ. et bremeñ. cū omi facultate cōtra tales pcedendi.
usq ad vltimū exterminiū. iuxta tenorem bulle aplice. quā suis habebat in
manib. sanā. integrā. illesam. et non viciatā. s omi prorsus suspicioñ. careñ.
Cuius quidē tenor bulle sic incipit. Innoceñ. epus seruus suor dei. Ad futurā
rei memoriā sūmis desiderātes affectib. put pastoralis sollicitudinis cura
requirit. ut fides catholica nris potissime tpib ubiq augeatur et floreat etc.
Finit aūt sic. Datū Rome apd sanctū Petrū. Anno incarnatioñ. dñice. Mil-
lesimoquadringētesimooctuagesimoquarto. nōs decēbris. Pōtificatus nri
Anno p̄mo. Et qz nōnulli aiarū rectores et verbi dei p̄dicatores. publice
in eor sermonib ad ppl'm. asserere et affirmare nō verebātur. maleficas nō
esse. aut q nichil in nocumentū creaturarū quacūq opacōe efficere possent
ex quib incautis sermonib nōnunq seculari brachio. ad puniendū hmōi
maleficas amputabatur facultas et hoc in maximū augmētū maleficarum
et cōfortacōnē illius heresis. Ideo p̄fati inquisitores totis eor virib. cūctis
piculis et insultib obuiare volētes. tractatū quendā nō tā studiose q et la-
boriose collegerūt. In quo nō tam huiusmōi p̄dicator ignorātiā. p catholice fidei cōseruacōne repellere nisi sūt. quātū etiā in exterminiū maleficaruz
debitos modos sententiādi et easdē puniēdi. iuxta dicte bulle tenorē. et sa-
cror canonū instituta laborarūt. At quoniā cōsonū racōni est. ut ea q̄ p cōmuni utilitate fiūt. etiā cōmuni approbacōne doctor roborētur. Ideo ne p̄fati
Rectores discoli et p̄dicatores sacrarū lrarū ignari. estimarent p̄dictū tractatum sicut p̄mittitur collectū. minus bene doctor determinatiomb et sentē-
tijs fulcitū. eundē alme vniuersitati Colonieñ. seu nōnullis ibidē sacre pa-
gine pfessorib. ad discutiēdū et collacionādū obtulerūt. ut si qua rephen-
sibilia. et a catholica veritate dissona repirirētur eor iudicio sic refutarētur.
qd tñ cōsona catholice veritati approbarētur. qd et subscptis modis factū
fuit

Tafel 26: Erste Seite der Approbation des Hexenhammers, 19. Mai 1487 (Universitäts- und Landesbibliothek Darmstadt, Inv.-Nr. Inc III 100; Foto: Universitätsbibliothek Darmstadt)

Ego· Lambertus de monte sacre theologie hūilis ꝓfessor· ita sentio ut p̄scribitur· teste hac manu mea ꝓpria ꝓ tpe decanus. Ego Jacobꝫ de stralen· sacre theologie ꝓfessor mīmus· ita sentio ut sup̄ scribitur. qđ testificor manu mea ꝓp̄a· Ego Udalricus kridwiss de esslingen sacre theologie ꝓfessor nouissimus ut p̄scp̄tū est ita senciendum· hac manus ꝓprie scp̄tura censeo. Et ego Cōradus de campis sacre theologie ꝓfessor humilimꝰ ꝓut sup̄ cū maioribꝰ meis in idē ↄcurro iudiciū Ego Cornelius de breda mīmus ꝓfessor ita sentio ut p̄scp̄tum est. qđ testificor manu mea ꝓp̄a. Ego Thomas de scocia· sacre theologie ꝓfessor lꝫ inmeritus cōformiter sentio venerabilibꝰ ꝓfessoribꝰ p̄scp̄tis teste manu mea ꝓp̄a.

Ego Theodericus de būmell sacre theologie hūilimus ꝓfessor ita sentio sic p̄scp̄tū est p magr̄os meos p̄scp̄tos· qđ testor manu mea ꝓpria.

In assercōne articlorꝝ p̄scp̄torꝝ cōformis iudicij sū cū venerādis magr̄is nostris p̄ceptoribꝰ meis· ego Andreas de ochsenfurt· sacre theologie facultatis ꝓfessor· ac theologorꝝ vniuersitatis Colonieñ· collegij minimꝰ.

Nouissime autem et finaliter Jam dictus venerabilis et religiosus frater Henricus institoris inquisitor, habuit et tenuit in suis manibꝰ quādā aliā lr̄am ꝑgameneā· Serenissimi regis romanorꝝ· sigillo suo rubeo rotūdo in capsa cere glauce impr̄ssa· impr̄ssula ꝑgameni inferiꝰ impendeñ· sigillatā sanā et integrā· nō viciatā nō cācellatā neqꝫ in aliqua sui pte suspectā· s; omni prsus vicio et suspicioñ· careñ· Jta qꝫ in faciliorē expedicōnē huius negocij fidei Jdē Serenissimus dn̄s Rōnorꝝ rex p̄fatus ipam eandē bullā aplicam sup̄tactā· tanq̄ xp̄i amissimꝰ princeps tueri et defendere voluit atqꝫ vult et ipos inquisitores in suā omimodā ꝓtectōnē suscipit· Mandās ⁊ p̄cipiens omibꝰ ⁊ singlis rōno impio subditis ut in execucōe taliū negocorꝝ fidei· ipis inquisitoribꝰ oēm fauorē et assistentiā exhibeāt ac alias faciāt ꝓut in eadē lr̄a plenius ↄtinetur ⁊ habetur· Cuius quidē lr̄e regalis p̄ncipium et finis hic infra ānotātur in hūc modū· Maximilianus diuina fauēte clemētia Rōnorꝝ rex sp augustus· Archidux Austrie. Dux burgūdie. Lothar. brabancie· Lymburgie· lutzenburgie ⁊ Gelrie· Comes flandrie ⁊c̄· Finis vero. Datū in oppido nr̄o bruxelleñ· nr̄o sb sigillo· mensꝭ nouēbris die sexta Anno dn̄i Millesimoquadringētesimooctuagesimosexto regni nostri Anno p̄mo.

De et sup quibꝰ p̄missis omibꝰ et singulis iā dictus venerablis ⁊ religi frater Henricus inquisitor ꝓ se et collega suo antedicto ipis a me notario publico sup̄ et infrascp̄to fieri et cōfici vnū uel plura publicū seu publica instrumentū et instrumēta in meliori forma petijt· Acta sūt hec Coloñ· in domo habitatioñ· venerabil' mgr̄i Lamberti de monte predicti infra emunitatem ecclesie sancti Andree Coloñ· sit' in camera negocorū et studij eiusdē mgr̄i Lamberti inferius Sub āno dn̄i· Indictioñ· mensꝭ· die horis· et pontificatu quibꝰ sup̄ p̄ntibꝰ ibidē p̄dictis mgr̄o Lamberto et Johāne bedello Necnō honestis viris Nicolao cuper de venroide· venerabil's curie·

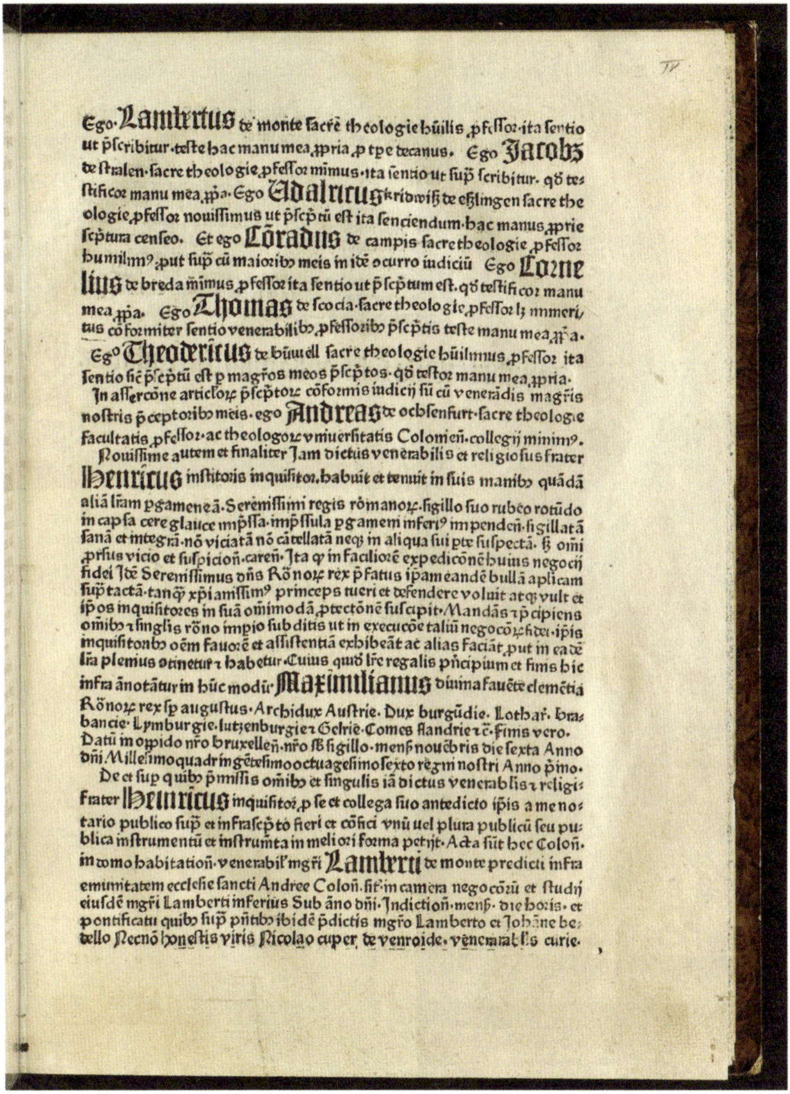

Tafel 27: Dritte Seite der Approbation des Hexenhammers, 19. Mai 1487 (Universitäts- und Landesbibliothek Darmstadt, Inv.-Nr. Inc III 100; Foto: Universitätsbibliothek Darmstadt)

Tafel 29: Stifterdarstellung des Ulrich Kreidweiss auf dem 14. Bild der Severinuslegende, um 1498–1500 (Köln, St. Severin; Foto: Kolumba, Köln, Lothar Schnepf)

Tafel 28: Hl. Andreas mit Lambertus de Monte auf dem linken Flügel eines Triptychon des Meisters des Marienlebens und der Georgslegende, um 1480 (Köln, Wallraf-Richartz-Museum & Fondation Corboud; Foto: Rheinisches Bildarchiv Köln, rba_c004451)

Farbtafeln

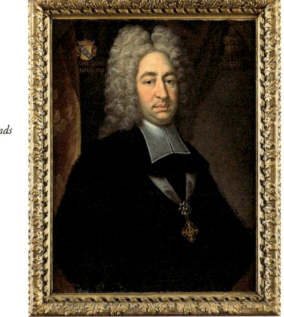

Tafel 30: Porträt Ferdinands von Kerssenbrock, 1719. Diözesanmuseum Osnabrück (Diözesanmuseum Osnabrück, Foto: Stephan Kube)

Tafel 31: Melle, Schloss Gesmold, Panorama der Anlage (Foto: Axel Hindemith, Wikimedia, CC-by-sa-3.0-de)

Tafel 32: *Epitaph für Dompropst Ferdinand von Kerssenbrock, Johann Conrad Schlaun und Johann Christoph Manskirch, 1756. Osnabrück, Dom St. Peter, Südliches Querhaus, Westwand (Foto: groenling@flickr)*

Farbtafeln

Tafel 33: Der römische Großbau vor der Kulisse mit Weltstadthaus und Antoniterkirche (Römisch-Germanisches Museum der Stadt Köln, Foto: Achim Kass und Ulrich Karas)

Tafel 34: Grundriss des Großbaus mit Rekonstruktionsversuch der Nischengliederung im Inneren des Gebäudes (Römisch-Germanisches Museum der Stadt Köln, Grafik: Petra Fleischer nach Vorgaben Verfasser)

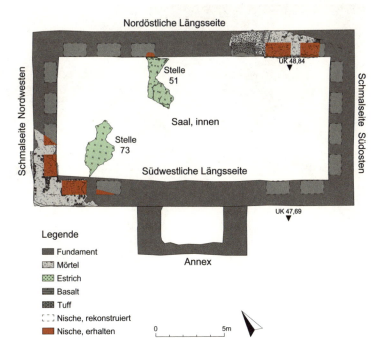

Tafel 35: Ansicht des Fundamentes von Westen mit drei Steinlagen des Aufgehenden. Die Pfeilspitze markiert die Geländeoberkante zur Zeit des Großbaus (Römisch-Germanisches Museum der Stadt Köln, Foto: Achim Kass und Ulrich Karas)

Tafel 36: Die erhaltene Nischengliederung auf der Südwestecke. Die diagonal verlaufende Mauer mit Ziegeln gehört zu einer späteren Überbauung (Römisch-Germanisches Museum der Stadt Köln, Foto: Achim Kass und Ulrich Karas)

Farbtafeln

Tafel 37 a – b: Estrichrest mit Anschluss an die nordöstliche Längsseite, die mittelalterlich überbaut wurde (links). Im Detail ist der Ansatz der Nische unter der späteren Überbauung erkennbar (Römisch-Germanisches Museum der Stadt Köln, Foto: Achim Kass und Ulrich Karas)

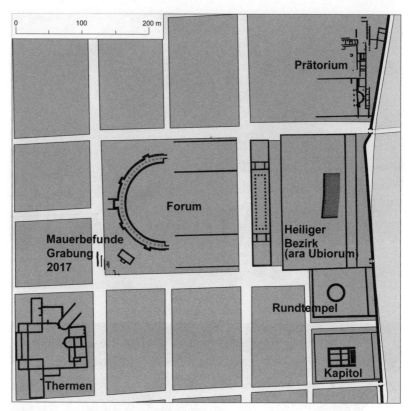

Tafel 38: Ausschnitt aus dem römischen Stadtplan mit dem Zentrum der Colonia Claudia Ara Agrippinensium (Römisch-Germanisches Museum der Stadt Köln, Grafik: Petra Fleischer nach Vorgaben Verfasser)

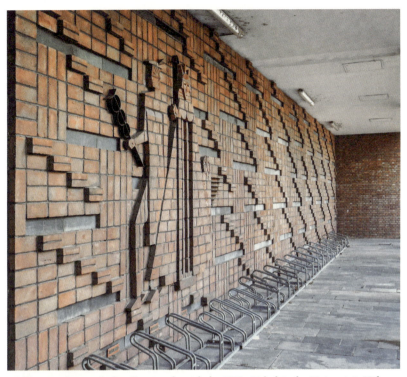

Tafel 39: Backsteinrelief im Eingangsbereich der WiSo-Fakultät der Universität Köln, Gesamtansicht (Foto: Franz Bauske, Köln)

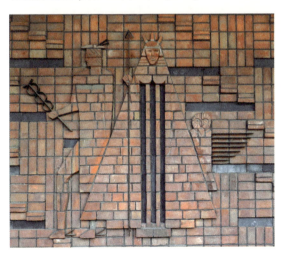

Tafel 40: Hermes und Athena mit Eule, Detail aus dem Backsteinrelief im Eingangsbereich der WiSo-Fakultät der Universität Köln (Foto: Franz Bauske, Köln)

Eine Kölner Briefsammlung auf Abwegen

Kölner Papstbriefe des 9.–11. Jahrhunderts und ihre Trierer Überlieferung[1]

von Lea Raith

Mittelalterliche Briefe sind in der Regel nicht im Original überliefert, sondern in Briefsammlungen. Dennoch galt das Interesse der historischen Forschungen lange Zeit den einzelnen Briefen und ihrem jeweiligen Inhalt. Erst in jüngerer Zeit ist dieser spezifische Überlieferungskontext mit seinen eigenen Merkmalen und Problemen in den Fokus historischer Untersuchungen gerückt.[2] Nicht zuletzt der Überlieferungssituation ist es zu verdanken, dass dabei die Sammlungen von Papstbriefen im Zentrum stehen. Die Briefe der frühmittelalterlichen Päpste wurden schon von den Zeitgenossen zu Sammlungen vereint, konnten aber noch Jahrhunderte später neu abgeschrieben und rezipiert werden.[3]

Auch die in der Trierer Stadtbibliothek unter der Signatur 1081/29 aufbewahrte Handschrift enthält eine Sammlung von Papstbriefen. 31 Briefe, die meisten davon von und an den apostolischen Stuhl, aus der Zeit der Kölner Erzbischöfe Gunthar (850–863/70), Willibert (870–889), Hermann I. (889–924) und Anno II. (1056–1075) sind hier überliefert, die meisten davon unikal. Der betreffende Teil des Trierer Miszellankodex dürfte um oder bald nach 1150 im Trierer St. Eucharius/St. Matthias-Kloster entstanden sein.[4]

---

1 Dieser Aufsatz geht auf meine im Sommersemester 2018 an der Universität zu Köln eingereichten Masterarbeit »Eine Kölner Briefsammlung auf Abwegen – Die Handschrift Trier, Stadtbibliothek, 1081/29« zurück. Mein besonderer Dank gilt meinem Betreuer Prof. Dr. Karl Ubl.
2 Einen guten Einstieg in dieses Thema bietet Roland Zingg: Grundsätzliche Überlegungen zu Briefen und Briefsammlungen des früheren Mittelalters bezüglich Quellengattung und Überlieferung, in: Thomas Deswarte/Klaus Herbers/Cornelia Scherer (Hg.): Frühmittelalterliche Briefe. Übermittlung und Überlieferung (4.–11. Jahrhundert), Köln/Weimar/Wien 2018, S. 141–154.
3 Zu Papstbriefen und deren Überlieferung vgl. die Einführung zu Klaus Herbers/Veronika Unger (Hg.): Papstbriefe des 9. Jahrhunderts, Darmstadt 2019, besonders Teil III, Überlieferung, S. 24–28.
4 Vgl. die Handschriftenbeschreibung im Anhang. Die Stadtbibliothek Trier hat mir freundlicherweise den Zugang zum Original ermöglicht, welches als Teil der Dauerausstellung »Hundert Highlights« normalerweise nicht einsehbar ist. Ich bin der Stadtbibliothek sowie den Herren Professoren Stephan Laux und Michael Embach hierfür zu Dank verpflichtet.

Ziel dieses Aufsatzes ist es, die Entstehungsgeschichte der Sammlung nachzuvollziehen. Dazu werden die einzelnen Stücke nicht nur inhaltlich interpretiert, sondern zugleich ihre Anordnung in der Trierer Handschrift im Kontext der übrigen hier überlieferten Stücke untersucht. Im Zentrum der Untersuchung stehen hierbei die Briefe aus der Zeit Williberts, die – wie noch zu zeigen sein wird – vermutlich den ursprünglichen Kern der Sammlung bildeten. Hierbei interessiert besonders die Frage, welche Erkenntnisse sich aus der spezifischen Art ihrer Überlieferung gewinnen lassen, welche die Analyse von Inhalt und historischem Kontext unterstützen und sogar erweitern können.

1. Hintergründe

Für die Einordnung der Briefsammlung entscheidend sind die Folgen des berüchtigten Ehestreits König Lothars II. (855–869).[5] Der Kölner Erzbischof Gunthar und mit ihm sein Amtsbruder Thietgaud von Trier waren aufgrund ihrer Unterstützung für Lothar von Papst Nikolaus I. (858–867) im Jahr 863 exkommuniziert und ihrer Ämter enthoben worden. Gunthar wollte den päpstlichen Richtspruch allerdings nicht akzeptieren.[6] Lothar II. starb 869 ohne legitimen Erben. Seine Onkel Karl der Kahle und Ludwig der Deutsche erhoben nun beide Ansprüche auf seinen Reichsteil Lotharingien. Die Kontrolle über die beiden Metropolen Köln und Trier war dafür von entscheidender Bedeutung. Karl dem Kahlen gelang es, in Trier mit Abt Bertulf von Mettlach einen Kandidaten seiner Wahl als Erzbischof durchzusetzen, nachdem er sich zuvor in Metz zum König von Lotharingien hatte krönen lassen. Doch obwohl er in Köln bereits einen gewissen Hilduin in Stellung

---

Darüber hinaus stellt das Digitale Skriptorium St. Matthias ein hochauflösendes Farbdigitalisat zur Verfügung: http://stmatthias.uni-trier.de/?l=n&s=suche&k_id=29 [Stand: 30. April 2019].

5 Lothar II. hatte versucht, seine Ehe mit Theutberga auflösen zu lassen, und seine Verbindung mit Waldrada, aus der sein einziger Sohn hervorgegangen war, zu legitimieren. Eine knappe Zusammenfassung zu Lothars Ehestreit bei Friedrich W. Oediger: Das Erzbistum Köln von den Anfängen bis zum Ende des 12. Jahrhunderts, 2. Aufl. Köln 1971, S. 89–94; zuletzt ausführlich bei Linda Dohmen: Die Ursache allen Übels. Untersuchungen zu den Unzuchtsvorwürfen gegen die Gemahlinnen der Karolinger, Ostfildern 2017, S. 181–241 mit weiteren Literaturhinweisen.

6 Seine Position war zunächst durchaus aussichtsreich. In Köln genoss er weiterhin viel Rückhalt und von außerhalb stützte ihn unter anderem König Lothar. Vgl. hierzu Steffen Patzold: Episcopus. Wissen über Bischöfe im Frankenreich des späten 8. bis frühen 10. Jahrhunderts, Ostfildern 2008, S. 373 f., der den Umschwung zumindest von Teilen des Kölner Klerus »irgendwann zwischen 866 und Ende 869« vermutet.

gebracht hatte, kam ihm Liutbert von Mainz im Auftrag des erkrankten Ludwigs des Deutschen zuvor.[7] In Köln wurde statt Hilduin am 7. Januar 870 der angesehene Dompriester Willibert zum Erzbischof gewählt, ein Kandidat, der offenbar politisch weder an Karl den Kahlen, noch an den verstorbenen Lothar gebunden war.[8]

Diese Wahl war also aus verschiedenen Gründen politisch höchst brisant. Neben Hilduin und Willibert erhob auch der zwar abgesetzte, aber mit Papst Hadrian II. (867–872) in neuen Verhandlungen stehende Gunthar noch immer Anspruch auf die Kölner Erzwürde.[9] Steffen Patzold nimmt mit guten Gründen an, dass die Wahl Williberts daher nur von einem Teil des Klerus mitgetragen wurde.[10] Zusätzlich verweigerte Papst Hadrian II., dem die Wahl Williberts unverzüglich angezeigt worden war, die erhoffte Zustimmung in Form des Palliums.[11] Auf reichspolitischer Ebene konnten sich Ludwig der Deutsche und Karl der Kahle erst im August 870 in Meerssen auf die Aufteilung des lothringischen Reichsteils einigen, wobei Köln an Ludwig fiel.[12] Wohl im September 870 hielt er schließlich in Köln eine Synode ab, welche die kirchlichen Verhältnisse klären sollte, und in deren Kontext auch die Kölner Domweihe vollzogen wurde.[13] Williberts Stellung war also lange bedroht, und selbst als politisch alles entschieden schien, sollte es noch bis 874/75 dauern, dass er

---

7 Für eine knappe Zusammenfassung zur Wahl Williberts und deren historischem Kontext vgl. Oediger: Erzbistum (Anm. 5), S. 94–96; Boris Bigott: Ludwig der Deutsche und die Reichskirche im ostfränkischen Reich (826–876), Husum 2002, S. 202–207.
8 Für einen groben Überblick vgl. Patzold: Episcopus (Anm. 6), S. 369–375, der zudem anmerkt, dass Gunthar und Hilduin aus einer Familie stammten, die seit etwa 30 Jahren die Kölner Erzbischöfe stellte, während der an der Wahl Williberts beteiligte Liutbert von Münster, der im Übrigen aus der Familie der ehemaligen Kölner Erzbischöfe Hildebald und Hadebald stammte, seine Ambitionen auf den rheinischen Metropolitansitz hatte begraben müssen. Hier lasse sich also auch ein familiärer Konflikt erahnen.
9 Zur möglichen Wiedereinsetzung vgl. die Verzichtserklärung Gunthars (MGH Epp. 6, S. 246, Nr. 5). Siehe auch Friedrich Wilhelm Oediger (Bearb.): Die Regesten der Erzbischöfe von Köln im Mittelalter 1, 313–1099, Bonn 1954, Nr. 235, besonders S. 76.
10 Patzold: Episcopus (Anm. 6), S. 374–376. Hierauf wird unten erneut eingegangen.
11 Zum Pallium Steven A. Schoening: Bonds of Wool. The Pallium and Papal Power in the Middle Ages, Washington/DC 2016, besonders S. 28–38 und 53 f.
12 Julian Schulz: Überlegungen zum Vertrag von Meerssen (870), in: Francia 43 (2016), S. 333–351, besonders S. 344.
13 Oediger: Regesten (Anm. 9), Nr. 237. Es ist bis heute umstritten, ob diese Kölner Synode und die damit verbundene Domweihe bereits 870 oder erst 873 erfolgt ist. Im Kontext der Briefsammlung erscheint das Jahr 870 plausibler, siehe unten, Anm. 28. Zur Datierungsfrage vgl. Matthias Untermann: Zur Kölner Domweihe von 870, in: RhVjBll 47 (1983), S. 335–342; dagegen Franz-Josef Schmale: Die Schriftquellen zur Bischofskirche des 8. bis 10. Jahrhunderts in Köln, in: Arnold Wolff (Hg.): Die Domgrabung Köln. Altertum – Frühmittelalter – Mittelalter, Köln 1996, S. 155–172, besonders S. 161–163; Georg Hauser: Der Alte Dom und seine Vorgeschichte, Grundzüge der Forschung 1946–2012, in: Ulrich Back/Thomas Höltken/Dorothea Hochkirchen (Hg.): Der Alte Dom zu Köln. Befunde und Funde zur vorgotischen Kathedrale, Köln 2012, S. 231–245, besonders S. 243 f.

endlich das Pallium erhielt.[14] In der prekären Situation des Jahres 870 entfaltete die Partei Williberts beachtliche literarische Anstrengungen. Auf der einen Seite steht die nach innen gerichtete Propaganda der Annales Xantenses, die Patzold bereits ausführlich beschrieben hat.[15] Auf der anderen Seite stehen die in der Trierer Handschrift überlieferten Briefe.

2. Aufbau der Kölner Briefsammlung

Die Kölner Briefsammlung beginnt auf fol. 47v der Handschrift Trier 1081/29[16] mit vier Briefen Papst Nikolaus' I., in denen es vorrangig um die Absetzung Gunthars und die Aufforderung zur Wahl eines neuen Erzbischofs geht (1).[17] Es folgt ein unvollständiges Hilfsgesuch des bereits sieben Jahre seines Hirten beraubten Kölner Klerus' und Volks an die Bischöfe der Kölner Kirchenprovinz (2).[18] Es nimmt in der Handschrift wenig mehr als eine Drittelseite ein, ist aber auffällig gestaltet. Nicht nur ist hier ausnahmsweise eine drei Zeilen hohe rote Initiale eingetragen. Es ist außerdem die Rubrik »Confugium et deprecatio cleri et populi Coloniensis ad provinciales episcopos« eingetragen. Auch der folgenden Wahlanzeige der Bischöfe Liutbert von Mainz und Altfrid von Hildesheim sowie der Kölner Suffragane, Klerus und Volk von Köln an Hadrian II. (7. Januar–27. April 870)[19] geht eine Rubrik voran, welche irrigerweise »Epistola serenissimi regis Ludouuici ad uenerabilem Adrianum papam« lautet (3.).

---

14 Zur Datierung Johann F. Böhmer: Regesta Imperii I, Die Regesten des Kaiserreichs unter den Karolingern 751–918 (926/62) 4, Papstregesten 800–911 3, 872–882, bearb. von Veronika Unger, Köln u. a. 2013, Nr. 120. Die Datierung orientiert sich an einem Treffen Johannes' VIII. mit Kaiser Ludwig II. und König Ludwig dem Deutschen im Mai/Juni 874, was plausibel klingt, aber nicht endgültig beweisbar ist.
15 Patzold: Episcopus (Anm. 6), S. 368–383.
16 Es gibt zwei verschiedene Blattzählungen (siehe Anhang). Der Übersichtlichkeit halber wird hier die jüngere Foliierung des Gesamtkodex genutzt.
17 MGH Epp. 6, S. 286, Nr. 19; MGH Epp. 6, S. 307, Nr. 37; MGH Epp. 6, S. 332, Nr. 49; MGH Epp. 6, S. 307, Nr. 37. Zur besseren Übersicht und Orientierung sind die einzelnen Teile der Briefsammlung in einer Inhaltsübersicht durchnummeriert (vgl. Anhang I). Im Nachfolgenden wird jeweils auf die Nummern verwiesen.
18 MGH Epp. 6, S. 242, Nr. 2.
19 MGH Epp. 6, S. 243, Nr. 3. Die Datierung des nur in der Trierer Handschrift überlieferten Briefs ergibt sich aus dem Wahltag am 7. Januar und dem Todestag des mitunterzeichnenden Liutberts von Münster am 27. April. Oediger: Regesten (Anm. 9), Nr. 231 wies aber darauf hin, dass eine Abfassung noch am Weihetag oder am folgenden Tag wahrscheinlich sei, da Erzbischof Liutbert von Mainz die Stadt unverzüglich nach der Weihe verlassen habe.

Ungefähr zur selben Zeit erging auch im Namen Ludwigs des Deutschen die Bitte, Willibert das Pallium zu übersenden (6a).[20] Hadrians Ablehnung, die begründet ist mit der Nichteinbeziehung des Papstes in die Neuwahl sowie Gerüchten in Rom über den Wahlvorgang, die man zuerst untersuchen wolle, ist datiert auf den 27. Juni 870 (7a).[21] Auf denselben Tag ist auch Hadrians Schreiben an die ostfränkischen Bischöfe datiert (7b).[22] Ludwig hatte sich vermutlich zuvor schon in zwei Briefen an Kaiser Ludwig II. und seine Frau Engilberga gewendet und sie darum gebeten, sich beim Papst für Willibert zu verwenden (6b'c).[23] All diese Schreiben sind in der Trierer Handschrift überliefert, allerdings nicht in chronologischer Reihenfolge. Eingereiht sind sie unter mehreren, teilweise wortgleichen Briefen an Hadrian II., in denen um die Übersendung des Palliums für Willibert gebeten wird, unter drastischer Schilderung der harten Jahre ohne Erzbischof. Als Absender traten »omnis clerus et populus sanctae Coloniensis ecclesiae«[24] auf (4) sowie Gunthar selbst, der auf seinen Anspruch verzichtete (5),[25] ferner Ludwig der Deutsche (6d)[26] und die ostfränkischen Bischöfe (8).[27] Die inhaltlichen Übereinstimmungen machen eine gemeinsame Abfassung sehr wahrscheinlich, wobei sich die Kölner Synode als Umfeld anbietet.[28] Eventuell ist auch Williberts eigenes Bittschreiben, welches ebenfalls in Trier 1081/29

---

20 MGH Epp. 6, S. 248, Nr. 6. Besonders betont werden hier auch die Mission bei den Normannen, sowie die Betreuung der gerade erst missionierten Sachsen.
21 MGH Epp. 6, S. 730–732, Nr. 25, hier: S. 732: »Dat. V. kal. Iul. indictione III«; Dorothee Arnold: Johannes VIII. Päpstliche Herrschaft in den karolingischen Teilreichen am Ende des 9. Jahrhunderts, Frankfurt am Main u. a. 2005, S. 166, welche davon ausgeht, dass das hier erkennbare Beharren auf dem päpstlichen Eingriffsrecht auf einer Vorgabe Nikolaus' I. beruhte. Bigott: Ludwig (Anm. 7), S. 208 hingegen betont, dass Nikolaus' wiederholte Aufforderungen zur Neuwahl den päpstlichen Einfluss faktisch minimiert hätten.
22 MGH Epp. 6, S. 733, Nr. 26.
23 MGH Epp. 7, S. 249f., Nr. 7f. Zur Abfassungszeit vgl. Johann F. Böhmer: Regesta Imperii I, Die Regesten des Kaiserreichs unter den Karolingern 751–918 (926) 3, Die Regesten des Regnum Italiae und der burgundischen Regna 1, Die Karolinger im Regnum Italiae 840–887 (888), bearb. von Herbert Zielinski, Köln u. a. 1991, Nr. 304; Patzold: Episcopus (Anm. 6), S. 378, Anm. 111. Die Abfassungszeit dieser beiden Schreiben ist aber an dieser Stelle nicht weiter relevant, sie dürften jedenfalls gemeinsam mit den übrigen Briefen Ludwigs des Deutschen nach Köln gekommen sein.
24 MGH Epp. 6, S. 244, Nr. 4.
25 MGH Epp. 6, S. 246, Nr. 5.
26 MGH Epp. 6, S. 251, Nr. 9.
27 MGH Epp. 6, S. 253, Nr. 10.
28 Zur Kölner Synode vgl. Oediger: Regesten (Anm. 9), Nr. 237, sowie 225, 240, 242 und eventuell 241; Philipp Jaffé: Regesta Pontificum Romanorum ab condita ecclesia ad annum post Christum natum MCXCVIII. Tomus 3, (ab a. DCCCXLIV usque ad a. MXXIV), neu bearb. von Klaus Herbers u. a., Göttingen 2017, Nr. 6258–6261. Zu den Datierungsschwierigkeiten siehe oben Anm. 13. Für die Grundannahme, dass die Briefe gemeinsam verfasst wurden, spielt die Frage, ob dies 870 oder 873 geschah, eine untergeordnete Rolle. Allenfalls ließe sich hier ein Indiz dafür finden, dass 870 die plausiblere Variante ist, da Gunthar möglicherweise bereits 871 verstorben sein könnte; vgl. Oediger: Regesten (Anm. 9), Nr. 226.

überliefert ist, in die Briefe von September einzuordnen (9).²⁹ Die wohl 874/875 von Johannes VIII. endlich übersandte Pallienbulle bildet den Abschluss des Willibert-Blocks in der Handschrift (10).³⁰

Der Bruch der chronologischen Ordnung kann mehrere Gründe haben. Den Sammler, ob er nun schon im 9. Jahrhundert oder erst deutlich später die Sammlung zusammenstellte, könnte die Chronologie schlicht nicht interessiert haben, oder sie könnte zumindest nicht sein Hauptkriterium für die Sortierung der Briefe gewesen sein.³¹ Möglich ist aber auch, dass, ähnlich wie es jüngst Florian Hartmann für den Codex Epistolaris Carolinus wahrscheinlich gemacht hat, die Ordnung bewusst manipuliert wurde.³²

Ein Indiz hierfür wäre die bei Steffen Patzold anklingende Vermutung, dass das Hilfsgesuch der Kölner an die Suffragane (2) gefälscht sein könnte.³³ Patzolds Zweifel beruhen besonders auf der Angabe Liutberts von Mainz in der Verwendung der ostfränkischen Bischöfe für Willibert (8), er habe das Hilfsgesuch »anno [...] DCCCLXX«³⁴ erhalten. Tatsächlich dürfte aber zwischen dem Jahresanfang am 25. Dezember 869 und dem Wahltag am 7. Januar 870 wohl kaum genug Zeit gewesen sei, eine kanonische Wahl unter Anwesenheit aller Suffragane vorzubereiten.³⁵ Eine Fälschung oder zumindest falsche Angaben zur Zeit der Entstehung sind keineswegs unwahrscheinlich, da das Hilfsgesuch in den Briefen von Januar noch nicht erwähnt wird. In gewisser Weise spricht für die Fälschungsthese auch die Tatsache, dass das Hilfsgesuch als einziges Stück fragmentarischen Charakter hat. Da die Briefe von September das Hilfsgesuch erwähnen, müsste es spätestens zu diesem Zeitpunkt entstanden sein. Damit böte sich das Umfeld der Kölner Synode auch als Zeitpunkt für die Anlage der ursprünglichen Briefsammlung an, bei der dann das fingierte oder zumindest rekonstruierte Hilfsgesuch bewusst an den Beginn gesetzt wurde.

---

29 MGH Epp. 6, S. 255, Nr. 11.
30 MGH Epp. 6, S. 256, Nr. 13 beziehungsweise MGH Epp. 7, S. 315, Nr. 2.
31 Dass Chronologie generell nicht zwingend ein Ordnungsprinzip mittelalterlicher Sammlungen war, betonte zuletzt etwa Veronika Unger: Boten und ihre Briefe – Ordnungskategorien in Archiven und Briefsammlungen, in: Deswarte/Herbers/Scherer: Briefe (Anm. 3), S. 155–168, besonders S. 168.
32 Vgl. Florian Hartmann: Pippin und die römische Kirche im Spiegel der Briefe des Codex epistolaris Carolinus, im Druck. Ich danke an dieser Stelle Herrn Prof. Hartmann für die freundliche Zurverfügungstellung seines zuerst als Vortrag auf der Kölner Tagung »Pippin der Jüngere und die Erneuerung des Frankenreichs« (24.–25. September 2018) gehaltenen Beitrages, der demnächst im zugehörigen Tagungsband erscheinen wird.
33 Patzold: Episcopus (Anm. 6), S. 380, Anm. 125.
34 MGH Epp. 6, S. 253, Nr. 10.
35 Vgl. Patzold: Episcopus (Anm. 6), S. 379 f.

3. Programm der Kölner Briefsammlung

Inhaltlich lässt sich in den Briefen jedenfalls ein klares Programm erkennen. Patzold hat anhand seiner Analyse der Annales Xantenses darauf hingewiesen, dass Willibert in seiner eigenen Stadt nicht unumstritten war.[36] Hinzu kommt die hartnäckige Weigerung Hadrians, Willibert das Pallium zu übersenden. Diese ist verbunden mit dem Hinweis auf nicht näher genannte Personen, die in Rom gegen Willibert opponierten.[37] Patzold betont, dass zur Legitimierung Williberts in den Briefen an den Papst der Eindruck erweckt werden sollte, die Initiative zur Neuwahl sei von den Kölnern ausgegangen.[38] Dies verdeutlicht inhaltlich in besonderer Weise das Schreiben im Namen von Klerus und Volk von Köln (4), da es neben der Verzichtserklärung Gunthars (5)[39] auf das von ihnen vor der Wahl ausgesandte Hilfsgesuch an die Suffragane der Kölner Diözese (2) verweist. Diesem hätten sie zudem Briefe Papst Nikolaus' angehangen, was sich auf die vier erwähnten Briefe (1) bezieht, in denen ja unter anderem explizit zur Wahl eines neuen Erzbischofs aufgefordert wird und die hier direkt zitiert werden.[40] Dazu passt Williberts betont zurückhaltendes Bittgesuch (7). Er fasst sich kurz, gibt lediglich an, vor seiner Wahl

---

36 Ebd., S. 376.
37 Ebd., S. 376, mit Anm. 100 widerspricht der Annahme Oedigers, dass der abgesetzte Gunthar hier seine Finger im Spiel gehabt habe, und vermutet, dass unbekannte Kölner Kleriker, deren Loyalität Gunthars und Hilduins Familie gegolten habe, gegen Willibert opponierten. Da Gunthar laut dem Bericht der Annales Xantenses a. 871 (MGH SS rer. Germ. 12, S. 29 f.) vermutlich 871 in Rom starb, hätte er zumindest nicht mehr lange für Unruhe sorgen können, doch lässt das dezidiert negative Licht, in das die Annales Xantenses Gunthar rücken, vermuten, dass die von Patzold auf Basis von Gunthars Verzichtserklärung angenommene Einigung entweder nicht ganz so gütlich oder zumindest nicht von Dauer war. Schon Oediger: Erzbistum (Anm. 5), S. 95, mit Anm. 2 merkt an, dass die Verzichtserklärung nicht von Gunthar selbst, sondern eher gemeinsam mit den übrigen Schreiben von der Kölner Synode aufgesetzt worden sein dürfte. Dazu auch Patzold: Episcopus (Anm. 6), S. 380. Bigott: Ludwig (Anm. 7), S. 206 vermutet, dass unter den Akteuren in Rom der seines Bistums beraubte Hilduin oder Agenten Karls des Kahlen gestanden haben könnten, während Arnold: Johannes VIII. (Anm. 21), S. 164, Anm. 197 in Anlehnung an Dietrich Lohrmann außerdem den päpstlichen Bibliothekar Anastasius ins Gespräch bringt, der gegen die Erhebung Williberts opponiert habe, weil der Papst nicht in die Neubesetzung involviert gewesen war; Dietrich Lohrmann: Das Register Papst Johannes' VIII. (872–882). Neue Studien zur Abschrift Reg. Vat. I, zum verlorenen Originalregister und zum Diktat der Briefe, Tübingen 1968, S. 250.
38 Patzold: Episcopus (Anm. 6), S. 379.
39 MGH Epp. 6, S. 246, Nr. 4: »[...] ut praecessor eius Guntarius se immunem ab hoc officio clamando [...], sicut olim hoc modo sponte scripsit pietati vestrae.«
40 MGH Epp. 6, S. 244, Nr. 4: »[...] quaesivimus comprovincialium episcoporum nostrorum [...] et pietatis subsidia cum lacrimabili lamentatione sanctae memoriae Nikolai papae illis detulimus scripta, in quibus [...] Theutgaudum et Guntarium [...] pro nefas depositos.« Vgl. auch ebd., S. 245, die Zitate sind dort jeweils kleiner gedruckt. Die Nikolaus-Briefe werden auch in der Wahlanzeige vom Beginn des Jahres 870 erwähnt, waren also spätestens seit Januar in Köln zugänglich.

darum gebeten zu haben, ihn nicht zu wählen, wie es dem Papst auch schon angezeigt wurde.[41] Umgekehrt äußert Hadrian in seinem Brief an Ludwig (7) seine Verwunderung darüber, dass der König der Erhebung Williberts »so vorbehaltlos zugestimmt«[42] habe.

Der Eindruck, die Initiative sei von den Kölnern ausgegangen, wird in gewisser Weise auch durch die Sortierung der Briefe verstärkt, denn am Beginn stehen hier die Schreiben aus Köln (2-5), auf die die Briefe Ludwigs des Deutschen folgen (6a-d). An dieser Stelle lassen sich weitere Überlegungen bezüglich der Auswahl und Anordnung der Briefe anschließen. Es fällt nämlich auf, dass nur die beiden Briefe Hadrians an Ludwig und die ostfränkischen Bischöfe (7a-b) aufgenommen wurden, nicht aber ein weiterer Brief Hadrians vom 15. Juli, der sich indirekt über Ludwigs Schreiben von September nachweisen lässt.[43] Es ist anzunehmen, dass er von denselben Legaten überbracht wurde, die in den beiden überlieferten Hadrian Briefen erwähnt werden und die nach der Nachricht der Annales Bertiniani etwa zu Septemberbeginn Ludwig in Aachen antrafen.[44] Warum also wurde dieses Schreiben nicht aufgenommen, obwohl Ludwig es in seinem Brief zitiert? Stattdessen fand das Schreiben an die ostfränkischen Bischöfe Eingang in die Sammlung, obwohl hier gar nicht auf Willibert konkret eingegangen wird. Vielmehr werden die Bischöfe sehr allgemein zur Erhaltung des Friedens aufgefordert.[45] Bei einem an mehrere Empfänger adressierten Schreiben kommt weiterhin die Frage auf, wie es an diese Empfänger vermittelt wurde. Es erscheint plausibel, dass es vor dem versammelten Empfängerkreis verlesen wurde, wobei die Kölner Synode sich als Kontext anbietet.[46] Es ließe sich also auch vermuten, dass die Briefsammlung im engen Zusammenhang mit der Kölner Synode gestanden haben könnte, aber redaktionell bearbeitet wurde, indem bestimmte Schreiben ausgelassen und deren Reihenfolge zudem manipuliert wurde. In der Sammlung folgt jedenfalls passend zu dieser These auf den Brief Hadrians an die Bischöfe (7b) direkt die Verwendung der Bischöfe

---

41 MGH Epp. 6, S. 255, Nr. 11: »[…] petivi pro viribus, ut ordinatores mei a mea desisterent consecratione, sicuti verbis et scriptis olim innotui humiliter pietati vestrae.« Auch eine Abfassung zu einem späteren Zeitpunkt lässt sich nicht ausschließen, jedenfalls muss sie vor der Übersendung des Palliums erfolgt sein.
42 »Miramur praeterea gloriam vestram in praeficiendo episcopo Agrippinae Coloniae tam indiscrete praebuisse consensum, […].« (MGH Epp. 6, S. 731). Übersetzung nach Herbers/ Unger: Papstbriefe (Anm. 3), S. 179.
43 MGH Epp. 6, S. 733, Nr. 27 beziehungsweise ebd., S. 252, Nr. 9: »Siquidem Idus Iulii indictione tertia per nostrum memoratum legatum de ordinatione Agrippinensis episcopi hoc modo scripsistis ad locum […].«
44 Vgl. Annales Bertiniani a. 870 (MGH SS rer. Germ. 5, S. 113).
45 Vgl. MGH Epp. 6, S. 732, Nr. 26.
46 Zur Übermittlung päpstlicher Schreiben an mehrere Empfänger Herbers/Unger: Papstbriefe (Anm. 3), S. 35-37.

für Willibert (8). Diese Verwendung erscheint also gewissermaßen als Reaktion auf die Aufforderung zur Friedenswahrung.

Damit ist im Übrigen auch das zweite, von Patzold zunächst inhaltlich begründete Motiv der Sammlung angesprochen. Mit den Briefen von September sollte nämlich offenbar versucht werden, ein einmütiges Handeln fast aller relevanten Konfliktparteien zu suggerieren,[47] mit Ausnahme von Hilduin und Karl dem Kahlen.[48] Selbstredend wird stets betont, dass die Wahl Williberts streng kanonisch abgelaufen sei. Das Narrativ der Briefsammlung, sowohl inhaltlich als auch formell, ergänzt somit das Programm, das Patzold für die Annales Xantenses feststellt, welche die Erhebung Williberts als rechtmäßig verteidigten, indem unter anderem Williberts Verbundenheit mit Köln und die Zustimmung aller (!) Suffragane betont werde. Er selbst werde als Retter der Kölner Kirche aus ihrem siebenjährigen Leid dargestellt.[49]

Der circa 50 Jahre jüngere Bericht Reginos von Prüm zeichnet hingegen ein deutlich anderes Bild: Ludwig der Deutsche erscheint hier durch Liutbert von Mainz als die treibende Kraft hinter der Erhebung eines Kölner Erzbischofs von seinen Gnaden.[50] Es ist der bei Patzold anklingenden Einschätzung zuzustimmen, dass Regino, der Ludwig eine erheblich aktive Rolle zuschreibt, der Realität deutlich näher kommen dürfte, als man es im Jahr 870 zugeben wollte.[51]

Die inhaltliche Nähe der Briefsammlung zu einem ungefähr zeitgleichen Annalenwerk bietet übrigens eine weitere Parallele zum Codex Carolinus, dessen Bild von Pippin dem Jüngeren sich mit dem der Reichsannalen deckt.[52] Es geht sicher zu weit, von einer direkten Imitation der Methodik zu sprechen, auch wenn Willibert als Besitzer der einzigen erhaltenen Kopie des Codex Carolinus belegt ist.[53] Allerdings ist hier einmal mehr zu erkennen, dass Geschichtsschreibung

---

47 Patzold: Episcopus (Anm. 6), S. 380.
48 Deren Beteiligung erschien freilich zweitrangig. Hilduin scheint keine maßgebliche Rolle mehr gespielt zu haben und Karl der Kahle hatte durch die Abtretung Kölns keine direkte Einflussmöglichkeit mehr auf den Kölner Erzstuhl.
49 Patzold: Episcopus (Anm. 6), S. 371. Ein wichtiger Unterschied liegt allerdings in der Beurteilung Gunthars, der in den Annales Xantenses diffamiert wird, während er in der Briefsammlung eher als Unterstützer von Williberts Anspruch erscheint; ebd., S. 381. Dem Papst gegenüber war es freilich entscheidend, Gunthars Zustimmung zu betonen, denn die Neuwahl eines Bischofs zu Lebzeiten des Vorgängers war ein kirchenrechtliches Problem.
50 Regino von Prüm, Chronik a. 869 (MGH SS rer. Germ. 50, S. 99).
51 Patzold: Episcopus (Anm. 6), S. 374f. und 379–383.
52 Hartmann: Pippin (Anm. 32).
53 Achim T. Hack: Codex Carolinus. Päpstliche Epistolographie im 8. Jahrhundert, Stuttgart 2006–2007, zum Kodex Wien, Österreichische Nationalbibliothek, 449 besonders S. 83–85. Auch Wien, Österreichische Nationalbibliothek, 751, ein Kodex, der unter anderem die Briefe des Bonifatius überliefert, dürfte seit der zweiten Hälfte des 9. Jahrhunderts in Kölner Besitz gewesen sein. Auf fol. 166v ist oben eine Notiz über die Wahl Williberts eingetragen. Vgl. die ausführliche Handschriftenbeschreibung bei Wilhelm Diekamp: Die Wiener Handschrift der

ein etabliertes Propaganda-Werkzeug war. Eine ähnliche Programmatik lässt sich auch in den erwähnten Briefsammlungen erkennen.

Der Willibert-Block der Trierer Handschrift endet mit der einige Jahre jüngeren Pallienbulle (10). Diese folgt direkt auf Williberts Bittgesuch (9). Nicht in die Sammlung aufgenommen ist hingegen der weitere Verlauf der Verhandlungen zwischen Willibert und Hadrian beziehungsweise dessen Nachfolger Johannes VIII. (872–882), der zunächst ebenfalls einen ablehnenden Bescheid übersandt hatte.[54] Will man bei dieser Auslassung Absicht unterstellen, würde damit das Narrativ der Sammlung weitergesponnen und es entsteht der Eindruck, dass Johannes im Gegensatz zu Hadrian Willibert das Pallium ohne größere Einwände gewährt hätte. Auch wenn angesichts des zeitlichen Abstands zwischen der Pallienbulle und den vorhergehenden Briefen auch die Möglichkeit erwogen werden muss, dass die Sammlung erst zu einem Zeitpunkt nach der Übersendung des Palliums entstanden ist, erscheint es in Anbetracht der oben genannten Gründe doch plausibel, dass der ursprüngliche Kern der Sammlung im Jahr 870 sehr wahrscheinlich im Kontext der Kölner Synode entstand. Die Pallienbulle und alle folgenden Stücke wären damit spätere Nachträge.

Zusammenfassend lässt sich also festhalten, dass mit Willibert ein Kandidat auf die Bühne trat, der politisch weder an Karl den Kahlen noch an den verstorbenen Lothar angebunden war. Seine Erhebung war aus verschiedenen Gründen hochpolitisch, und entsprechenden daraus resultierenden Schwierigkeiten sah er sich am Anfang seines Pontifikats ausgesetzt. Inhaltlich bezeugen die Kölner Briefe das Bemühen, die päpstliche Anerkennung in Form des Palliums zu erhalten, um Williberts Position zu stärken. Es konnte gezeigt werden, dass sich das inhaltliche Programm der Briefe durchaus in der Auswahl und Anlage der sie überliefernden Sammlung widerspiegelt. Die spezifische Reihung der Briefe in Verbindung mit dem inhaltlichen Programm und ihre auffällige Beziehung zu den Annales Xantenses macht es wahrscheinlich, dass 870 in Köln vielleicht im September oder bald danach eine Briefsammlung angelegt wurde, die der Legitimierung von Williberts Erhebung zum Erzbischof dienen sollte.

Bonifatius-Briefe, in: Neues Archiv der Gesellschaft für Ältere Deutsche Geschichtskunde 9 (1884), S. 9–28, besonders S. 13. In Köln waren also mindestens zwei weitere Sammlungen mit Papstbriefen verfügbar, die beide ebenfalls mit Willibert in Verbindung stehen.

54 MGH Epp. 7, S. 313, Nr. 1. Weitere Verhandlungen mit Hadrian sind nicht bekannt. 871 versuchten die ostfränkischen Bischöfe offenbar durch eine Art Tauschhandel, die Anerkennung Williberts zumindest durch Karl den Kahlen zu erreichen, was aber letztlich scheiterte; Oediger: Regesten (Anm. 9), Nr. 244. Zu den Hintergründen und Motiven von Johannes vgl. Arnold: Johannes VIII. (Anm. 21), S. 164 f.

4. Überlieferungskontext der Kölner Briefsammlung

Es soll an dieser Stelle der weitere Überlieferungskontext angesprochen werden. Die Trierer Handschrift überliefert ohne erkennbaren Bruch im Anschluss an Williberts Pallienbulle (10) zehn Briefe der Päpste Johannes X. (914–928), Stephan V. (885–891) und Formosus I. (891–896) an Hermann I. von Köln (889/890–924), Williberts direkten Nachfolger.[55] In den drei Briefen Johannes' X. geht es vornehmlich um Bußfragen und regionale Konflikte sowie die päpstliche Absage an Hermanns Bitte um Erlaubnis, das Pallium an allen Feiertagen tragen zu dürfen.[56] Direkt auf diesen folgt die über zwanzig Jahre ältere Pallienbulle Stephans V. an Hermann, welche die Tage für den Palliengebrauch genau festlegte.[57] Das beherrschende Thema der weiteren Briefe Stephans und der Briefe von dessen Nachfolger Formosus ist der Streit um das Bistum Bremen. Vielleicht zielte also Hermanns Versuch, eine Ausweitung des Pallienprivilegs zu erhalten, auf eine Stärkung seiner Position gegenüber Hamburg. Der letzte Brief aus der Hermann-Gruppe ist einem völlig anderen Thema gewidmet, nämlich der Bekämpfung von durch einen Mord aufgeflackerten Feindseligkeiten.[58]

Die Briefe folgen keiner chronologischen Ordnung, sondern scheinen eher anhand der Päpste sortiert worden zu sein. Dies würde jedenfalls erklären, warum die Briefe Johannes' X. aus den 920ern direkt hinter die Pallienbulle Johannes' VIII. an Willibert eingereiht wurden, die aus der Mitte der 870er stammt. Die Ursache hierfür könnte schlicht in der Namensgleichheit der Päpste liegen, die einen unwissenden Kopisten zu der Annahme verleitet haben könnten, dass derselbe Papst Johannes gemeint war.[59] Das würde bedeuten, dass diese Briefe vermutlich nicht zeitnah kopiert wurden, sondern eher zu einem späteren

---

55 In dieser Reihenfolge. Harald Zimmermann (Hg.): Papsturkunden 896–1046 1, 896–996, Wien 1984, S. 69, Nr. 41; ebd., S. 64, Nr. 37; ebd., S. 86, Nr. 52; Erich Wisplinghoff (Hg.): Rheinisches Urkundenbuch. Ältere Urkunden bis 1100, Bd. 2, Düsseldorf 1994, S. 159, Nr. 221; MGH Epp. 7, S. 364, Nr. 5; MGH Epp. 7, S. 358, Nr. 2; MGH Epp. 7, S. 363, Nr. 4; MGH Epp. 7, S. 366, Nr. 1 (= MGH Conc. 5, S. 294); MGH Epp. 7, S. 368, Nr. 3; MGH Epp. 7, S. 370, Nr. 4.
56 Zimmermann: Papsturkunden (Anm. 55), S. 87: »Usum vero pallii, quem vestra fraternitas omnibus diebus festis exposcit a nobis concedi, [...], concedere non audemus, [...].«
57 Oediger: Regesten (Anm. 9), Nr. 280.
58 MGH Epp. 7, S. 370, Nr. 4. Dieser Brief ist nicht datiert, dürfte aber nicht allzu lange nach dem Mord des Megingot durch einen gewissen Alberich entstanden sein, der nach Regino von Prüm, Chronik a. 892 (MGH SS rer. Germ. 50, S. 140) am 28. August 892 stattfand; Jaffé: Reg. Pont. Rom. (Anm. 28), Nr. 7282.
59 Keiner der Briefe gibt die Ordnungszahlen an und es gibt auch keinerlei Datierung. Die Zuordnung der Hermann-Briefe an Johannes X. ist nur deshalb gesichert, weil in einem Brief der Sieg über die Sarazenen erwähnt wird, welcher im August 915, also während der Amtszeit Johannes' X., errungen worden war; Zimmermann: Papsturkunden (Anm. 55), S. 69–71.

Zeitpunkt mit sehr oberflächlicher Sortierung einer Sammlung angehängt wurden, die sich thematisch anbot.

Wann die Hermann-Briefe der Sammlung der Willibert-Briefe hinzugefügt wurden, ist aber nicht mit Sicherheit zu klären. Ebenso wenig die Frage, warum kein einziger Brief aus den mehr als hundert Jahren zwischen Hermann I. und Anno II. (1056-1075) in die Sammlung aufgenommen wurde. Die fünf Schreiben von und an Anno bilden den Abschluss der Kölner Briefe.[60] Thematisch lassen sie sich schwer in eine Gruppe fassen. Ein Schwerpunkt ist Annos Bemühen um Verbündete in der Affäre um die Ermordung seines Neffen Kuno von Pfullingen, den er zum Erzbischof von Trier hatte wählen lassen.[61] Potenzielle Verbündete hatte er offenbar in Adalbert von Bremen, seinem einstigen Konkurrenten um Macht und Einfluss am Königshof, und in Papst Alexander II. (1061-1073) gesehen. Adalberts klare Absage ist der erste unter den Anno-Briefen.[62] In Bezug auf Alexander ist hingegen der Brief Annos selbst überliefert.[63]

Eingeschoben zwischen diese beiden Briefe ist ein früheres Schreiben Annos an Alexander II. wohl aus der Zeit um 1065,[64] in welchem er die gegen ihn erhobenen Vorwürfe bestreitet, nach denen er selbst nach dem Papsttum gestrebt habe.[65] In den beiden weiteren Briefen, wohl von 1072/73[66] und 1066,[67] rechtfertigt sich Anno unter anderem gegenüber der päpstlichen Klage, dass Briefe des Erzbischofs ausgeblieben seien.[68] Alle vier Briefe Annos an Alexander stammen aus Zeiträumen, in denen Anno im Reich zwar eine maßgebliche politische Rolle

---

60 Erzbischof Anno stieg zeitweilig zum mächtigsten Mann des Reiches auf. Den Zenit seiner Macht erreichte er mit der Regentschaft über das Reich für den minderjährigen König Heinrich IV. Dennoch sind insgesamt nur sechs Briefe von ihm erhalten, vier davon in der Trierer Handschrift. Die beiden anderen gingen an die Mönche von Malmedy und den Erzbischof Udo von Trier; Dieter Lück: Miszellen zur Geschichte Annos II. von Köln und ihre Quellen, in: AHVN 173 (1971), S. 182-204, S. 182-186, mit Anm. 38.

61 Zu den Hintergründen und Besprechungen aller fünf Anno-Briefe Georg Jenal: Erzbischof Anno II. von Köln (1056-75) und sein politisches Wirken. Ein Beitrag zur Geschichte der Reichs- und Territorialpolitik im 11. Jahrhundert, Stuttgart 1974-1975, S. 46-53, S. 276-294 und S. 306-315.

62 Abgedruckt in Wilhelm von Giesebrecht: Geschichte der deutschen Kaiserzeit 3, Das Kaiserthum im Kampfe mit dem Papstthum, 5. Auflage, Leipzig 1890, S. 1259, Nr. 6.

63 Abgedruckt ebd., S. 1260, Nr. 7: »Et [...] de pallio sive de commissi sceleris purgatione nullum hac vice, queso, tecum finem faciant.«; Jenal: Anno (Anm. 61), S. 315.

64 Zur Datierung ebd., S. 282 f. und 288-293.

65 Abgedruckt in Giesebrecht: Kaiserzeit (Anm. 62), S. 1257, Nr. 4: »[...] atque sedente Romano pontifice sacram hanc sedem apostolicam ego affectaverim. Cui quidem rumori se vel cor apposuistis aut ullam fidem adhibuistis, magis vestram vicem quam meam doleo [...].« Jenal: Anno (Anm. 61), S. 283-286.

66 Abgedruckt in Giesebrecht: Kaiserzeit (Anm. 62), S. 1261, Nr. 8. Zur umstrittenen Datierung Jenal: Anno (Anm. 61), S. 364 mit Anm. 35.

67 Abgedruckt in Giesebrecht: Kaiserzeit (Anm. 62), S. 1258, Nr. 5; Jenal: Anno (Anm. 61), S. 306.

68 Ebd., S. 307 f.

spielte, zugleich aber in seinen zahlreichen Auseinandersetzungen auf Verbündete angewiesen war. Annos politischer Situation könnte die Tatsache zu verdanken sein, dass man die ausgegangenen Briefe kopial aufbewahrte. Ein Grund hierfür lag vielleicht in den päpstlichen Klagen über das Ausbleiben von Briefen Annos.[69] Warum aber sind die Anno-Briefe im Zusammenhang mit den Briefen des 9. und frühen 10. Jahrhunderts überliefert? Kurz nach Annos Tod im Dezember 1075 brach der Konflikt zwischen König Heinrich IV. und Papst Gregor VII. in voller Härte aus.[70] Erzbischof Hildolf von Köln (1076–1078), welcher von König Heinrich IV. ohne Rücksicht auf die Kölner oder den Papst eingesetzt worden war, hat in seiner kurzen Amtszeit aufgrund seiner umstrittenen Wahl und seiner Königsnähe – vermutlich war er unter den gemeinsam mit Heinrich IV. gebannten Beratern – nie das Pallium erhalten.[71] Ein Interesse an einer Briefsammlung, welche umfangreiches Material zu einem zumindest ähnlichen historischen Präzedenzfall in karolingischer Zeit überlieferte, kann daher durchaus unterstellt werden, ebenso ein Interesse an den Briefen des mächtigen Vorgängers. Auch Hildolfs Nachfolger Sigewin (1078–1089) kommt als möglicher Interessent infrage. Er war nicht nur einer der ersten, welche trotz des päpstlichen Verbots mit Ring und Stab vom König investiert wurden und daraufhin ebenso wie dieser dem Kirchenbann unterlagen, sondern empfing auch das Pallium vom zunächst als Gegenpapst eingesetzten Clemens III.[72]

5. Datierung der Kölner Briefsammlung und der Handschrift

Vieles spricht also dafür, die Zusammenstellung einer Kölner Briefsammlung, die im Kern aus der alten karolingischen Briefsammlung, sodann den Briefen aus der Zeit Hermanns I. und den kopial aufbewahrten Briefen Annos II. bestand, auf das letzte Viertel des 11. Jahrhunderts zu datieren. Das in der

---

69 Ebd., S. 313–315 und S. 365 f.
70 Eine gute Übersicht über die Ereignisse bietet Claudia Zey: Der Investiturstreit, München 2017, besonders S. 51–71.
71 Zu Hildolf Hanna Vollrath: Erzbischof Hildolf von Köln (1075–1078). »Hässlich anzusehen und von erbärmlicher Gestalt«. Eine Fallstudie zum Konzept kanonischer Wahl und Reformfeindschaft im Investiturstreit, in: Dies./Stefan Weinfurter (Hg.): Köln. Stadt und Bistum in Kirche und Reich des Mittelalters. Festschrift für Odilo Engels zum 65. Geburtstag, S. 259–281, besonders S. 281; Rudolf Schieffer: Erzbischöfe und Bischofskirche von Köln, in: Stefan Weinfurter/Frank M. Siegarth (Hg.): Die Salier und das Reich 2, Die Reichskirche in der Salierzeit, Sigmaringen 1991, S. 1–29, besonders S. 15–17.
72 Zu Sigewin Tobias Wulf: Erzbischof Sigewin von Köln. Ein Beitrag zur Geschichte des Erzbistums Köln im 11. Jahrhundert, in: GiK 50 (2003), S. 9–35, besonders S. 14 f. und 18 f.; Schieffer: Erzbischöfe (Anm. 71), S. 17–20.

Handschrift direkt vor den Nikolaus-Briefen eingeschaltete Constitutum Constantini könnte ebenfalls in dieser Zeitspanne mit den Kölner Briefen vereint worden sein.[73] Es ist der Annahme Horst Fuhrmanns zuzustimmen, dass das Constitutum in der Trierer Handschrift eingerahmt ist durch Stücke eindeutig Kölner Provenienz und daher ein Kölner Zusammenhang wahrscheinlich ist.[74] Direkt vor dem Constitutum überliefert der Kodex nämlich den Traktat eines anonymen Kölner Klerikers.[75] Es dürfte sich um die Vorrede zu einem Werk »contra diuersas rusticorum hereses« gehandelt haben, das heute als verloren gelten muss.[76] Sein Anliegen ist die Verteidigung der Kölner Kirche gegen den Vorwurf, Köln habe das Pallium von Utrecht gekauft.[77] Das Hauptargument des Anonymus ist dabei die vermeintlich um das Jahr 88 erfolgte Christianisierung Kölns durch den heiligen Maternus, während Utrecht erst um das Jahr 700 missioniert worden sei.[78] Die ersten Utrechter Bischöfe seien zudem

---

73 Horst Fuhrmann (Hg.): Das Constitutum Constantini (Konstantinische Schenkung), Text (MGH Fontes iuris 10), Hannover 1968, S. 22 ordnete die Trierer Handschrift einer Gruppe von Handschriften zu, die das Constitutum in der »längeren Pseudoisidor-Rezension« beinhalten, jedoch außerhalb des Dekretalenwerks überliefern. Eine der ältesten bekannten Handschriften dieser Gruppe ist ein Blatt aus dem 11. Jahrhundert, welches vermutlich mit dem Urkundenbestand des Essener Damenstifts in das Hauptstaatsarchiv Düsseldorf gelangte, dessen Bestand heute unter der alten Signatur Z. 14 a/1 in der rheinischen Abteilung des Landesarchivs NRW in Duisburg liegt. Die Nähe des Düsseldorfer (Duisburger) Texts (D) zu der Trierer Handschrift 1081/29 (B2) bedeutet laut Dems.: Ein in Briefform verschicktes Constitutum Constantini aus der Zeit des Investiturstreits, in: Karl Hauck/Hubert Mordek (Hg.): Geschichtsschreibung und Geistiges Leben im Mittelalter. Festschrift für Heinz Löwe zum 65. Geburtstag, Köln/Wien 1978, S. 347-355 aber keine direkte Abhängigkeit B2s von D, wie mehrere allein in D vorzufindende Textlücken bewiesen. Zu den Trierer Varianten beziehungsweise Rasuren und Schreiberversehen Fuhrmann: Constitutum (Anm. 73), S. 23-24.
74 Fuhrmann: Briefform (Anm. 73), S. 350. Horst Schlechte: Erzbischof Bruno von Trier. Ein Beitrag zur Geschichte der geistigen Strömungen im Investiturstreit, Leipzig 1934, S. 61 dagegen schreibt die Aufnahme des Constitutum jenem »schriftgewandten Klosterbruder« zu, der in Trier die Sammlung abschrieb, und seinen Beziehungen zur Politik des Trierer Erzbischofs Bruno (1102-1124). Dieser Überlegung folgte auch Ian S. Robinson: Zur Entstehung des Privilegium Maius Leonis VIII papae, in: DA 38 (1982), S. 26-65, hier: S. 37.
75 Seine Kölner Herkunft und Ausbildung betont der Autor selbst: »Verum si infra coloniensis ecclesie terminos me baptizari, si geminis uberibus eius me contigit lactari, siue quia dominici corporis et sanguinis gemina me refeccione pauit, siue quia diuinarum humanarumque rerum scientiam mihi subpeditauit [...].« Zitiert nach Heinrich J. Floß: Die Papstwahl unter den Ottonen nebst ungedruckten Papst- und Kaiserurkunden des IX. und X. Jahrhunderts, darunter das Privilegium Leos VIII für Otto I. Aus einer Trierer Handschrift, Freiburg/Br. 1858, Urkundenteil, S. 3.
76 Ebd., S. 2; Schlechte: Bruno (Anm. 74), S. 60.
77 Floß: Papstwahl, S. 3: »[...] quod uidelicet archiepiscopus coloniensis non prius pallium uel archiepiscopalem dignitatem habuerit, donec ea pecuniis emens a quodam traiectensi pontifice [...].«
78 »Siquidem colonienses a sancto MATERNO, qui beatum Petrum uidit, sicut et ille Christum, scimus uerbum domini suscepisse [...]. Sanctum autem MATERNUM scimus usque ad Dioclecianum et Maximianum uel ultra durasse, quamuis credamus eum et antea predicasse. [...] Diocletianus et Maximianus sub octuagesimo octauo anno dominice incarnationis regnauerunt. [...] [...] predictus dux Francorum Pippinus sub septingentesimo dominice

allesamt zu heilig gewesen, dass man ihnen den Verkauf des Palliums vorwerfen könnte.[79] Der Kölner Traktat ist nicht sicher datierbar, doch erscheint eine Abfassung um 1100 plausibel.[80] Ein Indiz ist die auffällige Übereinstimmung der im Kölner Text angegebenen Jahreszahl 88 mit dem in den um 1101 fertig gestellten Gesta Treverorum angegebenen Sterbedatum des Maternus im Jahr 128 nach 40-jähriger Amtszeit.[81] Eine weitere interessante Parallele findet sich bei dem aus Lüttich stammenden monastischen Theologen Rupert von Deutz (Abt in Deutz 1120–1129), der 1111 in seinem »Liber de divinis officiis« Utrecht unter den Metropolitansitzen aufzählte, womit er eine absolute Ausnahme darstellt.[82]

Der terminus ante quem ist jedenfalls die Abfassungszeit der Trierer Handschrift um 1150. Der Überlieferungszusammenhang spricht dafür, dass der Kölner Traktat bei der Abschrift in den Trierer Kodex als Teil einer Materialiensammlung interpretiert wurde, welche auch das Constitutum Constantini und die nachfolgenden Kölner Briefe enthielt. Optisch erscheint in der Handschrift der Kölner Traktat als Beginn eines neuen Abschnitts, der ohne erkennbaren Bruch mindestens bis zum Ende der Kölner Briefe reicht.[83] Es erscheint plausibel, dass der Traktat und das Constitutum noch in Köln mit der Briefsammlung vereint worden waren, zumal sie alle mehr oder weniger dieselben Themen behandeln: das Pallium, die Beziehung zwischen Bischof und Papst einerseits und dem

---

incarnationis anno regnasse intelligitur. Ergo de septingentis octuaginta octo recide et quod plus quam sexcenti sicut predixi remaneant uide, […].« Zitiert nach ebd., S. 4 f.
79 »[…] Uuilibrordus martirque dei Bonifacius archiepiscopi fuerunt, de quibus luce clarius est, quoniam cum sanctissimi fuerint, nunquam pallium uendiderunt. His autem successit quidam uir domini Gregorius nuncupatus. Sed hic […] ne episcopus quidem fuerat ordinatus. Hic etiam quia sanctissimus fuisse probatur, huius scelere uenditionis excusatur. Post quem qui successit Alboricus uocabatur. Atque hic primus Colonie ab archiepiscopo eiusdem metropolitane sedis ordinabatur.« Zitiert nach ebd., S. 6 f.
80 Während Oediger: Regesten (Anm. 9), Nr. 1,5 sich nicht weiter festlegen wollte als bis auf das 9.–12. Jahrhundert, meidet die moderne Forschung in der Regel eine Abfassung im 12. Jahrhundert aus; Hans H. Anton: Regesten der Bischöfe und Erzbischöfe von Trier I, 1: Grundlegung der kirchlichen Organisation, Die ersten Bischöfe – Ihre Spiegelung in Zeugnissen von der Spätantike bis zum späteren Mittelalter, Düsseldorf 2014, S. 714 f., der weitere Datierungsansätze referiert.
81 Gesta Treverorum, c. 15 f. (MGH SS 8, S. 147 f.); Anton: Regesten (Anm. 80), S. 715, der dem Kölner Anonymus deshalb die Kenntnis der Gesta Treverorum unterstellt. Vorsichtiger Oediger: Regesten (Anm. 9), Nr. 1,5. Oedigers Vorsicht erscheint angebracht, wenn man bedenkt, dass einerseits die Abhängigkeit auch umgekehrt funktionieren würde und andererseits die Kölner Beschreibung der Vorgänge, etwa die Nennung der Kaiser Diokletian und Maximian für die Regierungszeit des Maternus, völlig von der Darstellung in den Gesta Treverorum abweicht.
82 Rupert von Deutz, Liber de divinis Officiis. Der Gottesdienst der Kirche, erster Teilband. Auf der Textgrundlage der Edition von Hrabanus Haacke neu herausgegeben, übersetzt und eingeleitet von Helmut und Ilse Deutz, Freiburg u. a. 1999, S. 208–211.
83 Siehe Handschriftenbeschreibung im Anhang.

weltlichen Herrscher andererseits, sowie verschiedene Themen, die den Status und Machtbereich der Kölner Kirche betrafen. In Verbindung mit der Annahme, dass Hildolf oder Sigewin zu Beginn des letzten Viertels des 11. Jahrhunderts eine Briefsammlung angelegt haben könnten, dürfte sich wohl kaum endgültig klären lassen, ob schon zu diesem Zeitpunkt das Constitutum Constantini und der Kölner Traktat hinzugefügt wurden, was die Datierung von letzterem um einige Jahrzehnte vorverlegen würde. Möglich wäre freilich eine sukzessive Erweiterung der Sammlung.

Aus Trier hingegen könnte das in der Handschrift auf den letzten Anno-Brief folgende »Privilegium maius Leonis VIII. papae« stammen.[84] Dieses galt in der Forschung lange als eines von vier vermutlich in Oberitalien gefälschten Investiturprivilegien mehr oder weniger gleichen Ursprungs.[85] Während drei dieser Fälschungen, bekannt als »Privilegium minus«, »Decretum Hadrianum« und »Cessio donationum«, nachweislich von kaiserlicher Seite im Investiturstreit eingesetzt worden sind,[86] lassen sich Spuren des »Privilegium maius« nur in Trier nachweisen, weshalb Ian Stuart Robinson eine separate Entstehung in Trier annimmt.[87] Es gibt jedenfalls keinerlei Verbindung nach Köln, weshalb davon ausgegangen werden kann, dass es erst in Trier mit der Briefsammlung vereint wurde, unabhängig davon, wo es entstanden war. Wer aus welchen Gründen dieses gefälschte Investiturprivileg einer Sammlung Kölner Briefe hinzufügte, ist kaum zu entscheiden, doch deutet sich ein inhaltlicher Zusammenhang an.

6. Der Weg der Handschrift nach Trier

Es bleibt zuletzt die Frage, wann die Kölner Briefe überhaupt nach Trier gelangt sind und zu welchem Zweck. Der jüngste annähernd datierbare Brief der Kölner Sammlung ist der Brief Annos von 1072/73, was daher als terminus post quem

---

84 Nicht zu verwechseln mit der ebenfalls gefälschten »Gründungsurkunde« Österreichs, die ebenfalls unter dem Namen »Privilegium maius« bekannt ist. Eingehend bearbeitet von Claudia Märtl: Die falschen Investiturprivilegien (MGH Fontes iuris 13), Hannover 1986, Edition auf S. 179–205.
85 Gegenüber der von Karl Jordan in mehreren Aufsätzen geäußerten These einer Herkunft der Fälschungen in Ravenna, spricht sich Märtl: Investiturprivilegien (Anm. 84), S. 90f. für eine etwas allgemeinere Lokalisierung in Oberitalien aus.
86 Märtl: Investiturprivilegien (Anm. 84), S. 54–76; ebd., S. 9–15 auch der ältere Forschungsstand. Die Datierung bleibt mit der Zeit zwischen Mitte der 1080er Jahre und den ersten Jahren des 12. Jahrhunderts eher vage; ebd., S. 69–76, besonders S. 74–76.
87 Robinson: Entstehung (Anm. 74), S. 30–37; dagegen Märtl: Investiturprivilegien (Anm. 84), S. 84–89. Das stärkste Argument für die Trierer Herkunft liegt, wie sie ebd., S. 89 festhält, in der unikalen Überlieferung in der Trierer Handschrift.

gilt. Demgegenüber ist der terminus ante quem die Entstehungszeit der Handschrift und damit um beziehungsweise kurz nach 1150 anzusetzen. Es ergibt sich also ein Zeitraum von mindestens 80 Jahren. Bisher noch nicht behandelt wurde das letzte Stück der Handschrift: Ein Brief Ivos von Chartres an Hugo von Lyon von 1097, in welchem unter anderem die königliche Investitur der Bischöfe thematisiert wird.[88] Dieses eindeutig dem Investiturstreit zuzuordnende Stück ist in der Trierer Handschrift allerdings nach paläographischen Gesichtspunkten als Nachtrag zu werten.[89]

Weder das »Privilegium maius«, noch der Ivo-Brief können also konkrete Hinweise darauf geben, wann die Kölner Briefe nach Trier gelangt sind. Allerdings spricht die inhaltliche Zusammensetzung der gesamten Sammlung für die These der älteren Forschung, dass ihre Überführung nach Trier im Kontext des Investiturstreits verortet werden kann.[90] Offen bleiben muss, warum um beziehungsweise nach 1150 in Trier die gesamte Sammlung in den bis heute erhaltenen Kodex kopiert wurde. Den bisher einzigen Ansatz dazu liefert Petrus Becker, der betont, dass das 12. und 13. Jahrhundert als Höhepunkt in der Geschichte von St. Eucharius gelten dürfe und sich dies auch in den vielfältigen geistigen Interessen und dem inhaltlichen Wachstum der Bibliothek widerspiegle.[91] Es ließe sich auch an eine Maßnahme zur Sicherung älterer Bestände denken.

7. Zusammenfassung

Zusammenfassend lässt sich folgendes festhalten: Im Jahr 870 dürfte in Köln eine Briefsammlung entstanden sein, die sowohl auf der inhaltlichen wie auf der materiellen Ebene der Legitimierung der Wahl Williberts von Köln

---

88 MGH Ldl 2, S. 640, Nr. 1. Es ist verschiedentlich darauf hingewiesen worden, dass in zwei Bamberger Handschriften in ähnlicher Weise ein Brief Ivos mit den übrigen gefälschten Investiturprivilegien überliefert ist. Besonders interessant ist dieser Befund, wenn man zusätzlich bedenkt, dass die Bamberger Handschrift Staatsbibl. Patr. 48, welche das »Decretum Hadrianum«, die »Cessio donationum« und das »Privilegium minus« überliefert, auch eine Kölner Streitschrift gegen Paschalis II. enthält. Die These einer Verbindung nach Bamberg wird widerlegt von Märtl: Investiturprivilegien (Anm. 84), S. 82–84. Zu den Bamberger Handschriften ebd., S. 104–107.
89 Der Abstand zum Ende des vorherigen Stücks ist deutlich größer als im gesamten restlichen Kodex und die verwendete Tinte ist deutlich dunkler. Auch der Schreiber scheint ein anderer gewesen zu sein, obwohl die Unregelmäßigkeit der Schrift im restlichen Kodex eine genaue Untersuchung erschwert; vgl. Handschriftenbeschreibung im Anhang.
90 Märtl: Investiturprivilegien (Anm. 84), S. 122 mit Verweis auf die ältere Literatur. Vgl. dagegen Robinson: Entstehung (Anm. 74), S. 36–37, der einen Zusammenhang mit der geplanten Revision der Gesta Treverorum vermutet.
91 Petrus Becker: Die Benediktinerabtei St. Eucharius-St. Matthias vor Trier, Berlin/New York 1996, S. 84.

dienen sollte. Dieser wurden später Briefe Hermanns I. und Annos II. hinzugefügt. Ob dies zur selben Zeit und in einem oder in mehreren Schritten geschah, ist nicht mehr zu entscheiden, obwohl einiges dafür spricht, dass die Hermann-Briefe zumindest in einigem zeitlichen Abstand zur Amtszeit dieses Erzbischofs der Sammlung hinzugefügt wurden. Interesse an einer solchen Sammlung könnten Erzbischof Hildolf oder sein Nachfolger Sigewin gehabt haben. Wann und warum die Sammlung nach Trier gelangte, ist unbekannt. Ein Zusammenhang mit der Spätphase des Investiturstreits, wie ihn die ältere Forschung vermutet hat, ist nicht unplausibel, aber letztlich nicht zu belegen. Um 1150 wurde die Sammlung in Trier in den heutigen Kodex 1081/29 der Trierer Stadtbibliothek kopiert. Er ist für die überwiegende Mehrheit der enthaltenen Stücke der Codex unicus. Besonders der Fall Willibert ist mit neun Briefen, die seine Unterstützer innerhalb eines einzigen Jahres über die Alpen schickten, durch diesen Überlieferungszufall außergewöhnlich gut dokumentiert. Die Dunkelziffer der nicht überlieferten mittelalterlichen Handschriften ist dagegen hoch. Die der geschriebenen, aber nie gesammelten Briefe noch höher. Williberts Beispiel lässt die Ausmaße frühmittelalterlichen, offenbar längst verlorenen Schriftverkehrs nur erahnen. Die eingehende Analyse der Handschrift zeigt, dass noch Jahrhunderte nach ihrer Entstehung die einzelnen Schichten mitsamt ihrem historischen Kontext freigelegt werden können. Daraus lassen sich nicht nur wertvolle Erkenntnisse über die Geschichte der jeweiligen Ereignisse gewinnen, sondern auch über die Arbeitsweise mittelalterlicher Literaten im Allgemeinen.

Anhang I: Reihenfolge und Datierung der Briefe der ursprünglichen Kölner Sammlung, Trier, Stadtbibliothek, 1081/29, fol. 47v-65v

Inhalt	Datierung
(1) Vier Briefe Papst Nikolaus' I., in denen die Absetzung Gunthars verhandelt wird (fol. 47v; 48v; 49v; 50r)	860er
(2) Hilfsgesuch an die Suffragane (fol. 56r)	circa Jahreswende 869/870? (oder spätere Fälschung)
(3) Wahlanzeige (fol. 56r)	7. Januar 870 oder bald danach
(4) »Omnis clerus et populus sanctae Coloniensis ecclesiae« an Hadrian II. (fol. 56v)	vermutlich Kölner Synode im September 870
(5) Verzichtserklärung Gunthars (fol. 58r)	vermutlich Kölner Synode im September 870

(6a–d) Vier Briefe Ludwigs des Deutschen: Bittschreiben an Hadrian II. (fol. 59r) Zwei Briefe an Kaiser und Kaiserin, mit der Bitte, sich beim Papst für Willibert zu verwenden (fol. 59v; 60v) Erneutes Bittschreiben Ludwigs des Deutschen an Hadrian II. (fol. 61r)	7. Januar–25. April 870 Januar–Juni 870? vermutlich Kölner Synode im September 870
(7a–b) Zwei Briefe Hadrians II. an Ludwig den Deutschen und die ostfränkischen Bischöfe mit vorläufig ablehnendem Bescheid bezüglich der Anerkennung Williberts (fol. 62v; 63r)	27. Juni 870
(8) Verwendung der ostfränkischen Bischöfe für Willibert (fol. 63v)	vermutlich Kölner Synode von September 870
(9) Bittschreiben Williberts an Hadrian II. (fol. 65r)	Datierung unsicher, eventuell Kölner Synode im September 870, jedenfalls vor der Übersendung des Palliums
(10) Pallienbulle Papst Johannes' VIII. für Willibert (fol. 65r)	874/875

Anhang II: Beschreibung und Inhalt der Handschrift Trier, Stadtbibliothek, 1081/29 (früher LXXI)

Provenienz: St. Matthias (früher St. Eucharius), Trier; 1821 mit weiteren geistlichen Beständen von Johann Hugo Wyttenbach (Gründer und erster Leiter der Stadtbibliothek) der Stadtbibliothek geschenkt[92]

Alte Bezeichnungen: Eine Schrift des 12. Jahrhunderts auf der Rückseite des letzten Blattes der letzten Lage weist den Kodex als »libellus sancti Eucharii« aus. Auf dem vorderen Innendeckel bezeichnet ihn eine Hand des 15./16. Jahrhunderts als »Codex monasterii sancti Mathie«

Beschreibstoff: Pergament von wechselnder Qualität; auf fol. 38–39 eine Pergamentreparatur mit grünem Faden, welche aber schon vor dem Beschreiben erfolgt sein muss, da die Schrift dieser ausweicht. Blätter durchgängig mit Vorstechlöchern für Zeilen auf dem äußeren Rand versehen. Zum Teil ist auch noch die Blindlinierung sichtbar. Unterer Teil von fol. 50 beschnitten; dadurch entsteht kein Textverlust im Haupttext,

---

92 Gottfried Kentenich: Beschreibendes Verzeichnis der Handschriften der Stadtbibliothek zu Trier 10. Die philologischen Handschriften, Trier 1931, S. 7; Johann H. Wyttenbach: Miszelle, in: Archiv der Gesellschaft für Ältere Deutsche Geschichtskunde 3 (1821), S. 377–380, hier: S. 377. Folgt man Petrus Becker, so ist die Handschrift 1081/29 zudem ein Verwandter einer von Karl Manitius (Karl Manitius: Eine Gruppe von Handschriften des 12. Jahrhunderts aus dem Trierer Kloster St. Eucharius-Matthias, in: Forschungen und Fortschritte 29 (1955), S. 317–319) identifizierten Gruppe von Handschriften aus dem Skriptorium von St. Eucharius/St. Matthias, die später in den Besitz des Nikolaus von Kues gelangt war. Vgl. Petrus Becker: Die Abtei St. Eucharius-St. Matthias und Nikolaus von Kues, in: Kurtrierisches Jahrbuch 18 (1978), S. 31–51, hier: S. 40 mit Anm. 45.

doch ist darunter noch eine zweizeilige Glosse in Ansätzen erkennbar, unter anderem an dem Abdruck auf der vorherigen Seite (fol. 49v); Text nicht mehr lesbar.
Größe: Circa 108 × 193 mm
Bindung: Buchblock auf drei Heftbünde geheftet; Heftung der letzten beiden Lagen erkennbar modern, nicht alle Einstichlöcher sind verwendet. Fäden der einzelnen Lagenheftungen im Bereich der untersten und seltener der obersten Einstichstelle teilweise abgelöst, auf fol. 55 dagegen nur noch im untersten Teil vorhanden.
Lagen: Elf Lagen (IV8 + III14 + IV22 + II26 + 7 IV82). Kodikologisch und inhaltlich lassen sich drei ursprünglich voneinander unabhängige Teile unterscheiden, die nachträglich zusammengebunden wurden. Teil I umfasst die ersten vier Lagen (fol. 1r–26v), Teil II (fol. 27r–34v) besteht aus nur einer Lage, Teil III umfasst die restlichen sechs Lagen (fol. 35r–82v).[93]
Blattzählung: Moderne Bleistiftfoliierung des gesamten Kodex, jeweils ältere Foliierungen der einzelnen Teile in Schriftfarbe, in Teil III endet die ältere Blattzählung auf fol. 39r nach der modernen Zählung mit 5 und setzt auf der Rückseite wieder mit 1 ein, um bis zum Ende des Kodex fortzulaufen.
Einband/Deckel: Deckel aus Holz, eingebunden in einen Halbledereinband, außen senkrechte Streicheisenlinien, je drei im Abstand circa 1 cm. Innen mit Fragmenten einer großformatigen und mit farbigen Initialen verzierten Ausgabe des ersten Briefes des Sulpicius Severus beklebt.[94]
Datierung und Schreiber: Teil I wohl von einer Hand des 11. Jahrhunderts,[95] Teil II von anderer Hand vermutlich aus dem 12. Jahrhundert,[96] Teil III von verschiedenen Händen des 12. Jahrhunderts. Von derselben Hand wie der Besitzvermerk des 15./16. Jahrhunderts auf dem vorderen Innendeckel dürfte die direkt darunter eingetragene grobe Inhaltsangabe des Kodex in seiner bis heute überlieferten Zusammenstellung stammen. Eine andere, wohl etwas spätere Hand hat ein weiteres, ähnlich lautendes Inhaltsverzeichnis auf derselben Seite vermerkt, der Kodex wurde also spätestens seit dieser Zeit in der heutigen Form zusammengebunden.
Ausstattung: Der Text ist mit brauner Tinte geschrieben. Rubriken beziehungsweise rubrizierte Buchstaben finden sich nur im zweiten Teil der Handschrift auf fol. 27r–30v und im dritten Teil auf fol. 56r, 59r–59v, 75r–80r. Auf fol. 56r sind zwei rubrizierte Initialen und zwei Rubriken eingetragen, ebenso auf foll. 59r und 59v. Die erste Rubrik lautet zutreffend: »Confugium et deprecatio cleri et populi Coloniensis ad provinciales episcopos«. Irrigerweise ist hingegen über der Wahlanzeige verschiedener ostfränkischer Bischöfe sowie Klerus und Volk von Köln eingetragen: »Epistola serenissimi regis Ludouuici ad uenerabilem Adrianum papam« (beide 56r); Unten auf fol. 59r lautet die Rubrik richtig »epistola Hlodouuici regis«. Auf fol. 59v lautet die Rubrik »epistola serenissimi regis Ludoici [ad uenerabilem Adrianum] papam«, wobei der Teil in eckigen Klammern mit anderer Tinte durchgestrichen wurde. Dem Korrektor war

---

93 Die Unterscheidung der Lagen wird an einigen Stellen von eingelegten Pergamentstreifen beziehungsweise beschnittenen Seiten erschwert.
94 Kentenich: Verzeichnis (Anm. 92), S. 7.
95 Ebd., S. 4.
96 Ebd.

offenbar aufgefallen, dass die Rubrik nicht ganz zutraf, denn der betreffende Brief Ludwigs des Deutschen ist an seinen Neffen Kaiser Ludwig II. gerichtet. Das »Privilegium maius« weist eine vergrößerte, rubrizierte Initiale auf, zudem ausgemalte Satzanfänge (ebenso wohl irrigerweise am Ende des letzten Anno-Briefs auf fol. 75r). Auf fol. 42v beginnt mit einer etwa vier Zeilen hohen Initiale ein anonymer Kölner Traktat über den Ursprung der erzbischöflichen Würde Kölns. Eine ähnliche Initiale sollte offenbar auch das auf fol. 44r beginnende Constitutum Constantini einleiten, denn auch hier wurde entsprechend Platz dafür freigelassen, die Initiale jedoch nicht ausgeführt. Die folgenden Stücke in diesem Teil der Handschrift sind in der Regel durch einfache Leerzeilen voneinander abgesetzt und sollten ebenfalls mit einer, wenn auch kleineren Initiale (Höhe von 2-3 Zeilen) beginnen, wofür jeweils Platz freigelassen wurde. Das einheitliche Layout lässt erkennen, dass die einzelnen Stücke von Teil III ab fol. 42v als eine zusammenhängende Sammlung interpretiert wurden.

Inhalt:
1r–26v: Cicero, De senectute, zahlreiche Rand- und Interlinearglossen derselben Hand.[97] Eine Hand des ausgehenden 12. Jahrhunderts hat zudem auf der letzten Seite (fol. 26v), welche nur zu einem Drittel beschrieben war, die Glossen von fol. 4r abgeschrieben.[98]
27r–34r: von anderer Hand Fragment der pseudo-ciceronischen Rhetorik Ad Herennium.[99]
35r–39r: von anderer Hand fragmentarisches Florilegium, bestehend unter anderem aus Schriften des Augustinus, des Hieronymus sowie Gregors I. Den Abschluss bildet ein unvollständiger Kommentar zu Sap. 18,14, der auf fol. 39r mitten im Wort abbricht.[100]
39v–42r: von anderer Hand oder mehreren Händen das sogenannte Liebeskonzil von Remiremont in Verszeilen.[101]
42v–44r: ab hier eine oder mehrere Hände, die schon am Liebeskonzil beteiligt gewesen sein könnten, anonymer Traktat in Reimprosa über den Ursprung der erzbischöflichen Würde Kölns;[102] siehe oben Besprechung im Haupttext.
44r–47v: Constitutum Constantini in der Langversion, siehe oben Besprechung im Haupttext.

---

97 Ebd.
98 Wilhelm Meyer: Das Liebesconcil in Remiremont, neu herausgegeben, in: Nachrichten der Königlichen Gesellschaft der Wissenschaften, Phil.-hist. Klasse (1914), S. 1–19, hier: S. 5f.
99 Nur eine Lage. Auch hier finden sich Glossen einer anderen Hand. Bricht nach dem Anfang von c. 23 ab; Kentenich: Verzeichnis (Anm. 92), S. 4.
100 Ebd. Eine neuzeitliche Hand hat mit Bleistift auf dem Kopf der Seite »De correctione« eingetragen. Wohl dieselbe Hand hat aber am unteren Rand zudem »De justo judicio« eingetragen sowie einige Seiten später »De excommunicacione« unterstrichen. Es könnte sich um dieselbe Hand handeln, die den gesamten Kodex mit Bleistift foliiert hat. Das Florilegium ist nicht ediert.
101 A. Schulz: Das Konzil der fröhlichen Fräulein von Remiremont. Concilium in monte Romarici, Butjadingen-Burhave 2013, S. 32 will vier verschiedene Hände ausmachen; ebd., S. 7–9 findet sich auch ein aktueller Forschungsstand, Edition ab S. 79. Kentenich: Verzeichnis (Anm. 92), S. 5 vermerkt nur »4. Hand: Mitte des 12. Jahrh.«.
102 Abgedruckt im Urkundenteil von Floß: Papstwahl (Anm. 75), S. 1–8.

47v–56r: Vier Briefe Papst Nikolaus' I., den Ehestreit Lothars II. und die Absetzung der Erzbischöfe Gunthar von Köln und Thietgaud von Trier betreffend;[103] siehe Anhang I.
56r–65v: Briefe im Zusammenhang mit der Wahl Williberts von Köln 870, den Abschluss bildet die Pallienbulle von 874/875;[104] siehe Anhang I.
65v–72r: Papstbriefe an Erzbischof Hermann I. von Köln.[105]
72r–75r: Briefe von und an Erzbischof Anno II. von Köln.[106]
75r–80r: sogenanntes Privilegium maius.[107]
80r–82r: von anderer Hand Brief Ivos von Chartres an Hugo von Lyon.[108]
82v: Besitzeintrag des 12. Jahrhunderts: »Libellus sci Eucharii, primi archiepiscopi. [Si quis] abstulerit anathema sit.« Das Eingeklammerte durch Rasur vernichtet, dahinter nur schwach lesbar.[109]

---

103 MGH Epp. 6, S. 286, Nr. 19; MGH Epp. 6, S. 307, Nr. 37; MGH Epp. 6, S. 332, Nr. 49; MGH Epp. 6, S. 307, Nr. 37.
104 MGH Epp. 6, S. 242–255, Nr. 2–11; S. 256, Nr. 13; S. 730–732, Nr. 25–26; MGH Epp. 7, S. 315, Nr. 2.
105 Zimmermann: Papsturkunden (Anm. 55), S. 69–71, Nr. 41; S. 64 f., Nr. 37; S. 86–88, Nr. 52; Wisplinghoff: Rheinisches Urkundenbuch (Anm. 55), S. 159–161, Nr. 221; MGH Epp. 7, S. 358–365, Nr. 2–5; MGH Epp. 7, S. 366, Nr. 1. Salzburg, St. Peter Stiftsbibliothek, a. IX. 32, ein möglicherweise Kölner Kodex aus der ersten Hälfte des 11. Jahrhunderts, enthält einen der im Treverensis überlieferten Briefe Papst Johannes' X. an Erzbischof Hermann von Köln; Zimmermann: Papsturkunden (Anm. 55), S. 64, Nr. 37; zu diesem Kodex http://capitularia.uni-koeln.de/mss/salzburg-bea-st-peter-a-ix-32/ [Stand: 30. April 2019].
106 Giesebrecht: Kaiserzeit (Anm. 62), S. 1254–1261, Nr. 4–8.
107 Märtl: Investiturprivilegien (Anm. 84), S. 179–205.
108 MGH Ldl 2, S. 640, Nr. 1.
109 Kentenich: Verzeichnis (Anm. 92), S. 7.

»Der Kölner, den man der Habsucht zieh, ...«[1]

Erzbischof Anno II. von Köln, Königin Richeza von Polen und das Erbe der Ezzonen

von Gerhard-Peter Handschuh

Einleitung

Zwei Komplexe kennzeichnen die Auseinandersetzung um das reiche Erbe des im Mannesstamm mit dem Tod des letzten weltlichen Mitglieds der Familie, Herzog Ottos von Schwaben (Pfalzgraf von Lothringen 1035-1045, Herzog von Schwaben 1045-1057), 1057 erloschenen hochadligen Geschlechts der Ezzonen.[2] Zum einen ist da das Allodialgut der Königin Richeza von Polen (1025-1063), besonders an der Mosel und in Thüringen gelegen, das die Königin zu großen Teilen in Verträgen mit Nießbrauch auf Lebenszeit an das Erzbistum Köln vergab. Heftig umstritten war das Gut Klotten an der Mosel mit der Burg Cochem, das vom Kloster Brauweiler mit großem Nachdruck beansprucht wurde, von Erzbischof Anno II. (1056-1075) aber für die Bepfründung des neuerrichteten Stifts St. Maria ad gradus in Köln vorgesehen war. Zum anderen war Anno in eine Auseinandersetzung mit dem aus einer Nebenlinie der Ezzonen stammenden Pfalzgrafen Heinrich I. (1057-1061?) verwickelt, die dazu führte, dass Heinrich die Siegburg an das Erzbistum verlor (Abb. 1). Beide Komplexe sind eng miteinander verbunden und beschäftigten Erzbischof Anno während der ganzen Zeit seines Pontifikats mehr oder weniger stark. Ein Effekt dieser Vorgänge war, dass die Wissenschaft Anno eine ganze Reihe von Vorwürfen wegen seiner Erwerbspolitik machte, deren Berechtigung hier untersucht werden soll.

---

1 Magister Adam Bremensis, Gesta Hammaburgensis ecclesiae pontificum. Quellen des 9. und 11. Jahrhunderts zur Geschichte der Hamburgischen Kirche und des Reiches. Freiherr vom Stein-Gedächtnisausgabe, Rudolf Buchner (Hg.): Bd. XI. Gesta Hammaburgensis Ecclesiae Pontificum, neu übertragen von Werner Trillmich, Darmstadt 1986, S. 371 (künftig zitiert: Adam, Buch, Kapitel) Adam III,35, S. 177.
2 Erzbischof Hermann II. von Köln, der letzte geistliche Ezzone, starb am 11. Februar 1056. Vgl. Ruth Gerstner: Die Geschichte der lothringischen und rheinischen Pfalzgrafschaft von ihren Anfängen bis zur Ausbildung des Kurterritoriums Pfalz, Bonn 1941, besonders S. 24-44. Vgl. Ursula Lewald: Die Ezzonen. Das Schicksal eines rheinischen Fürstengeschlechts, in: RhVjBll 43 (1979), S. 120-168.

Abb. 1: Kirche und Abteigebäude auf dem Michaelsberg in Siegburg, Postkarte um 1920 (AEK, Bildsammlung)

1. Zum Urteil der Zeitgenossen

Wie so häufig gehen die Meinungen über die Politik des Kölner Erzbischofs Anno II. auch bezüglich des Erbes der Ezzonen auseinander. Bereits Annos Zeitgenosse Adam von Bremen ist in seiner Beurteilung des Verhaltens des Kölner Erzbischofs zwiespältig.[3] Nach Adam ist das Zusammenraffen von Gütern bei Anno dem Ziel untergeordnet, seine Kirche erhaben über alle Kirchen des Reiches zu machen – und das mit Erfolg. In diesen Zusammenhang gehört für Adam auch Annos Politik bei der Mitwirkung an Bischofserhebungen im Reich, die seine Position innerhalb der Reichskirche stärken sollten,[4] seine Klosterpolitik

---

3 Das Eingangszitat bezieht sich allerdings nicht nur auf das Ezzonen-Erbe, sondern die Politik Annos allgemein.
4 Vgl. Wilhelm Neuss (Hg.): Geschichte des Erzbistums Köln. Bd. I. Das Bistum Köln von den Anfängen bis zum Ende des 2. Jahrhunderts. Wilhelm Neuss/Friedrich Wilhelm Oediger (Bearb.), Köln 1968, S. 184–200. Vgl. auch Adam III,35, (Anm. 1) S. 177; Georg Jenal: Erzbischof Anno II. von Köln (1056–1075) und sein politisches Wirken. Ein Beitrag zur Geschichte der Reichs- und Territorialpolitik im 11. Jahrhundert, Stuttgart 1974/75, S. 55. Dazu auch passim: Tilman Struve (Bearb.): Regesta Imperii III. Salisches Haus: 1024–1125. (RI III 2,3). Köln/Wien 1984; eine Aufzählung erübrigt sich in diesem Rahmen.

erwähnt er aber nicht. Der wohl wichtigste Satz in prominenter Stellung in Buch III, Kapitel 35 hingegen erwähnt die »vielen vortrefflichen Maßnahmen dieses Mannes in kirchlichen und weltlichen Dingen«, von denen Adam gehört hat.[5]

Anders als Adam von Bremen sieht Lampert von Hersfeld in seiner abschließenden Beurteilung Annos gerade den Charakterzug der Redlichkeit und seines unbeugsamen Rechtsbewusstseins als auffällig und mehrfach erwähnenswert an.[6] Dies galt für Rechtsangelegenheiten der Reichspolitik ebenso wie gegenüber der Politik Heinrichs IV., die Anno unterstützte, solange sie sich gemäß dem Reichsrecht und der königlichen Würde entwickelte,[7] aber auch ablehnte, wenn sie gegen Recht und Billigkeit war.[8] Nach Lampert hielt sich Anno strikt an die ihm vorschwebende Richtschnur der Gerechtigkeit.[9]

Ebenso unterschiedlich wie Adams und Lamperts Meinung zu Anno ist das Annobild der mittelalterlichen Geschichtsschreiber in Bezug auf seinen Umgang mit dem Erbe der Ezzonen: Je nachdem, unter welchen Blickwinkeln sie seine Politik betrachteten, erschien ihnen der Kölner einerseits als der Habgierige,[10] der Territorialpolitiker und Machtmensch,[11] der Listenreiche oder der Böse, der armen Mönchen das ihnen zustehende Gut vorenthielt.[12] Andererseits wurde Anno in seiner älteren Vita als der überlegene Staatsmann und Heilige dargestellt, der dem wenig später als wahnsinnig erklärten Pfalzgrafen Heinrich II. Paroli bot, ihn besiegte, bestrafte und ihm gemäß seinem priesterlichen Amt nach der Unterwerfung souverän vergab.[13]

2. Zum Urteil der Historiker

Nicht Anno, sondern die Ezzonen und vor allem Königin Richeza von Polen stehen im Mittelpunkt des unseren Zeitabschnitt betreffenden Teils der Arbeiten

---

5 Adam III, 35 (Anm. 1) S. 178.
6 Lampert von Hersfeld, Annalen. (Lamperti Hersfeldensis monachi annales, ed. V. O. Holder-Egger). Neu übersetzt von Adolf Schmidt in: Ausgewählte Quellen zur deutschen Geschichte des Mittelalters. Freiherr vom Stein-Gedächtnisausgabe, Rudolf Buchner (Hg.): Bd. XIII, S. XV–XIX, hier S. 243.
7 Ebd., S. 246.
8 Ebd., S. 246.
9 Ebd., S. 244.
10 Adam III, 35 (Anm. 1), S. 177.
11 Adam III, 35 (Anm. 1), S. 177 f. und Fundatio monasterii Brunwilarensis, Hermann Pabst, Die Brauweiler Geschichtsquellen, Archiv der Gesellschaft für ältere deutsche Geschichtskunde 12, 1874, passim. Vgl. auch Vita Annonis MG SS 11, S. 394–408 und MG SS 14, S. 121–141.
12 Vgl. Fundatio (Anm. 11), passim.
13 Vgl. Vita Annonis I, MG SS 11, c. 19, S. 475 und c. 32, S. 480.

von Ruth Gerstner und Ursula Lewald,[14] die in Anno den »Abkömmling einer kleinen schwäbischen Adelsfamilie« sieht, der »keine Rücksicht auf dynastische Familieninteressen«[15] kannte. Wie eine Linie durchzieht die Erbauseinandersetzung zwischen Brauweiler und den Erzbischöfen von Köln Ruth Gerstners Geschichte der Pfalzgrafschaft in dieser Zeit. Sie zählt auf, was Richeza nach dem Tod ihres Bruders Herzog Ottos von Schwaben erbte.[16] Durch Schenkungen Erzbischof Hermanns II. von Köln waren Güter des Pfalzgrafen Ezzo an das Erzbistum gelangte[17]. Richeza selbst hatte 1047 ihren Anteil an Brauweiler der Kölner Kirche übergeben, Hermann II. schenkte später die Tomburg, Flamersheim und einige villae der Kölner Kirche. Auf diese Weise konnte das Erzbistum Herr über die Aachen-Frankfurter Heerstraße werden.[18] Nach der Autorin war das Jahr der Weichenstellung 1047, als Herzog Otto von Schwaben, der jüngste Bruder Richezas, auf der Tomburg starb und die exilierte polnische Königin aus der Hand des Bischofs Bruno von Toul den Witwenschleier nahm. Von da an weihte Richeza sich dem Dienst an der Kirche, stiftete den Neubau der Klosterkirche in Brauweiler (Abb. 2) und regelte die Besitzverhältnisse des Klosters zusammen mit Erzbischof Hermann und ihrer Schwester, der Äbtissin Theophanu von Essen. Hermann sorgte dafür, dass das Erzbistum Köln der Gewinner bei der Erbauseinandersetzung war.[19]

Nach Hermanns II. Tod erhielt Anno im Frühjahr 1056 in Kaiserswerth als Kölner Erzbischof durch Prekarienvertrag[20] von Richeza Saalfeld, Orla und Coburg, das Moselgut Klotten sollte jedoch nach ihrem Tod an Brauweiler gehen. Nur der Hof Canada (Kaan bei Polch) wurde Brauweiler sofort übergeben. Um dieses Gut Klotten, das Anno später St. Maria ad gradus übertrug, kam es zu einer langjährigen Auseinandersetzung zwischen dem Kloster Brauweiler und den Kölner Erzbischöfen.[21] Obendrein führte der Pfalzgraf Heinrich eine militärische Auseinandersetzung mit Anno von Köln: »Was der unmittelbare Anlass zum Kampf gewesen ist, wissen wir nicht.«[22] Im Verlauf der Fehde wurde Pfalzgraf Heinrich gefangen und musste den Siegberg und einige umliegenden

---

14 Vgl. Ruth Gerstner: Geschichte (Anm. 2) besonders S. 24–44. Vgl. Lewald: Ezzonen (Anm.2), S. 120–168.
15 Vgl. Lewald: Ezzonen (Anm. 2), S. 148.
16 Vgl. ebd., S. 24 ff.
17 Vgl. ebd., S. 28.
18 Vgl. ebd., S. 29.
19 Vgl. ebd., S. 30. Hierher gehört auch die Übergabe Brauweilers in neuer Form an Köln, wohl um Ansprüche der Nebenlinie der Ezzonen auszuschalten.
20 Vgl. Andreas Hedwig: Artikel Precaria, in: Lexikon des Mittelalters, Bd. VII, München 2003, Sp. 170 f.
21 Vgl. Lewald: Ezzonen (Anm. 2), S. 30 und ausführlicher unten.
22 Ebd., S. 34.

Abb. 2: Kirche
und Abteigebäude
Brauweiler,
Luftaufnahme 1999
(AEK, Bildsammlung)

Dörfer an Köln abtreten. Als Konsequenz aus diesem Machtgewinn kommt Ruth Gerstner zu dem Schluss, dass die militärische Überlegenheit des Erzstifts, der starke Rückhalt an der Stadt Köln selbst und der Erwerb wichtiger Burgen »das feste Rückgrat einer Territorialmacht«[23] unter Anno bildeten.

Georg Jenal[24] spricht in seiner Monographie über Erzbischof Anno und sein politisches Wirken in diesem Zusammenhang von der »härtesten Auseinandersetzung« des Kölners mit Territorialmächten am Niederrhein.[25] Ausgehend von der Gründung des Klosters Brauweiler stellt er anhand der häufig ver- oder gefälschten Urkunden den Verlauf der Auseinandersetzung um das Ezzonen-Erbe dar. Unter anderem erwähnt er die Übertragung der Stadt Cochem an Pfalzgraf Heinrich in seiner Funktion als »defensor et advocatus« Klottens sowie den Hinweis, dass bei Rechtsstreitigkeiten der Erzbischof von Köln und nach ihm der König um ein Urteil anzugehen sei.[26]

---

23 Ebd., S. 37.
24 Jenal: Erzbischof (Anm. 4), S. 110–153.
25 Ebd., S. 110.
26 Ebd., S. 115. Der Pfalzgraf war um 1060 im Besitz Cochems, vgl. S. 117.

Georg Jenal kommt zu dem Ergebnis, dass sowohl eine Vergabe Klottens an Brauweiler als auch eine Sondervereinbarung zwischen Richeza und Anno über Klotten und ihren Begräbnisplatz möglich seien. Damit das Kloster nicht gänzlich leer ausging und weder die Gebeine Richezas noch Klotten erhielt, verständigte sich das Erzbistum mit dem Kloster später auf einen »nummus abrenuntiationis«.[27] Hand in Hand mit der Zerstreuung ezzonischen Besitzes und der Familiengräber in Brauweiler beziehungsweise St. Maria ad gradus in Köln, wurden nach Jenal »das Selbstbewusstsein und die Machtkonzentration des Geschlechtes auch sinnfällig von seinen äußeren Symbolen her zerstört.«[28] Der systematische Prozess der Aneignung ezzonischen Gutes durch das Erzbistum hat dann »die Gegenwehr Pfalzgraf Heinrichs herausgefordert«.[29] Jenal tritt der Auffassung entgegen, es habe sich bei dem Vorgehen Annos nicht um Territorialpolitik gehandelt, weil er ja Klöster gegründet habe und die Politik Heinrichs III. fortsetzte. Nicht Reichs-, sondern Eigeninteresse sei maßgeblich bei der Verhinderung eines pfalzgräflichen Großraums und vor allem die Stärkung des Bistums.[30] Im Übrigen sei Annos Politik auch schon vor den Ereignissen in Kaiserswerth 1062 machtbesessen gewesen.[31]

Der Brauweiler Tradition folgt Peter Schreiner in seinen Beiträgen. Dementsprechend stehen Königin Richeza und das Kloster Brauweiler im Mittelpunkt seines Interesses,[32] wodurch komplexe Sachverhalte in seiner Darstellung leider verkürzt werden.[33] Die Aussage, Anno habe den Leichnam Richezas unter Anwendung von Gewalt gegen die Forderungen der Brauweiler Mönche in St. Maria ad gradus beigesetzt, entspricht ganz dieser Brauweiler Tradition.[34]

Nach Schreiner war es Annos Ziel, sich der umfangreichen Allodialgüter der Ezzonen zu bemächtigen, die Macht der Pfalzgrafen zu brechen und die Expansion des Erzstifts zu betreiben.[35] Brauweiler wurde »durch juristische Finesse,

---

27 Vgl. ebd., S. 118. Vgl. die Urkunde Annos 1075 Juli 29, Erich Wisplinghoff (Bearb.): Rheinisches Urkundenbuch. Ältere Urkunden bis 1100, Bonn 1972, S. 135–137; Oediger: Regesten (Anm. 4), Nr. 1054, S. 316f., hier S. 317; Bestätigung der Höhe von Annos Zahlung an Brauweiler.
28 Jenal: Erzbischof (Anm. 4), S. 144.
29 Ebd., S. 151.
30 Vgl. ebd., S. 152–154.
31 Zu den Vorgängen in Kaiserswerth vgl. Gerhard-Peter Handschuh: Body Snatching, Königsraub oder Staatsstreich? Die Entführung König Heinrich IV. in Kaiserswerth. Der Versuch einer Rekonstruktion, in: GiK 63 (2016), S. 33–65.
32 Vgl. Peter Schreiner: Königin Richeza, Polen und das Rheinland. Historische Beziehungen zwischen Deutschen und Polen im 11. Jahrhundert, Köln 1996; Peter Schreiner: Die Geschichte der Abtei Brauweiler bei Köln. Ergänzte Neuauflage. 1024–1802. Pulheim 2009.
33 Vgl. ebd., S. 105. Einseitig und ungenau ist zum Beispiel: »Nach ihrem Tod hat der Kölner Erzbischof Anno II. diesen Besitz der Abtei Brauweiler wieder abgenommen und ihn seiner Gründung, dem Kölner Stift St. Maria ad gradus, übergeben.«
34 Vgl. ebd., S. 105.
35 Vgl. ebd., S. 29.

gepaart mit ein wenig Gewalt, übervorteilt.«[36] Neben Ehrgeiz und Machtbewusstsein als Motivation Annos sieht der Autor das Anliegen, den pfalzgräflichen Besitz zu zerstreuen und seine Machtkonzentration am Niederrhein zu zerstören.[37]

Jonathan Rotondo-McCord vertritt die Auffassung, dass Erzbischof Anno in seinem Streit mit Pfalzgraf Heinrich einen letzten rituellen Triumph der Kölner Erzbischöfe über die Familie der Pfalzgrafen errang, indem er den Leichnam der Königin Richeza mit Gewalt in St. Maria ad gradus (Abb. 3) beerdigte und damit gleichzeitig das Gut Klotten für diese Kirche sicherte.[38] Für den Autor handelt es sich hier um »body snatching«, das nicht so sehr gegen Brauweiler, das er als »a small powerless community of monks« bezeichnet,[39] sondern gegen die Pfalzgrafenfamilie gerichtet war. Wenn sie an Richezas Grab vorbeischritten, war den Zeitgenossen klar, dass Erzbischof Anno hier eine späte Rache vollzogen hatte. Mehr noch, betrat der König vom Rhein her kommend die Stadt Köln, so passierte er St. Maria ad gradus mit den Gräbern der Königin Richeza und des heiligen Kölner Bischofs Agilolf,[40] die ihm nach dem Staatsstreich von Kaiserswerth 1062 die Macht des Erzbischofs vor Augen führen sollten. Ganz in diese Sichtweise des »body snatching« passt, dass Anno die Gebeine des 1053 als Herzog von Bayern abgesetzten aufständischen Ezzonen Konrad hier beisetzen ließ, und zwar wohl im Anschluss an den Ungarnfeldzug 1063.[41] Neben anderen Motiven schreibt der Autor Erzbischof Anno Habsucht, Machtgier und Rachsucht als Erklärungsmuster für sein Handeln gegenüber dem Geschlecht der Ezzonen zu.[42]

Angesichts der unterschiedlichen Blickwinkel und Parteinahmen, von denen her man die Politik Annos mit den entsprechenden Ergebnissen betrachtet hat, ist es geboten, das Verhalten Annos aus seiner eigenen Sicht unter Einbeziehung von neuen und bisher nicht oder nicht genügend rezipierten Erkenntnissen zu betrachten. Auch lohnt es sich, zum Vergleich der Politik Annos die seines Vorgängers im Amt, Erzbischof Hermanns, heranzuziehen, um zu einem objektiveren Beurteilungsmaßstab aus der Zeit zu gelangen.

---

36 Vgl. ebd., S. 32.
37 Vgl. ebd., S. 33. Der Wohnsitz des Pfalzgrafen in Cochem ist allerdings ein Indiz für eine Interessenverlagerung Heinrichs auf den Moselraum schon vor der Fehde mit Anno. Vgl. auch Gerstner: Geschichte (Anm. 2), S. 34.
38 Vgl. Jonathan Rotondo-McCord: Body Snatching and Episcopal Power: Archbishop Anno II of Cologne (1056–75), Burials in St Mary's ad gradus, and the Minority of King Henry IV., in: Journal of Mediaeval History, 22,4 (1966), S. 297–312, S. 307 f.
39 Ebd., S. 308.
40 Vgl. ebd., S. 308. Die Gebeine Agilolfs wurden 1062 von Malmedy überführt. Agilolf war ein Zeitgenosse des Bonifatius. So Klaus Gereon Beuckers: Bemerkungen zu den ezzonisch-annonischen Bestattungen in Brauweiler und St. Maria ad Gradus in Köln. In: JKGV 69 (1998), S. 31–50.
41 Vgl. Rotondo-McCord: Body Snatching (Anm. 38), S. 310 mit Anm. 32.
42 Vgl. ebd., passim.

Abb. 3: Anton Woensam, Große Ansicht von Köln, 1531, Detail: die Stiftskirche St. Maria ad gradus, östlich des Domes gelegen (Köln, Kölnisches Stadtmuseum, Graphische Sammlung, Inv.-Nr. HM 1959/145, 1–9; Foto: Rheinisches Bildarchiv Köln, rba_016972)

3. Zu den erzählenden Quellen

An erzählenden Quellen stehen nur die Gründungsgeschichte des Klosters Brauweiler,[43] Annos Viten[44] und Lamperts Annalen[45] zur Verfügung. Die Fundatio monasterii Brunwilarensis, Abt Wolfhelm (1065–1091) gewidmet, weiß kaum

---

43 Vgl. Wilhelm Wattenbach/Robert Holtzmann: Deutschlands Geschichtsquellen im Mittelalter. Die Zeit der Sachsen und Salier, 3 Bde., Darmstadt 1978, S. 95 und MG SS 16, S. 724.
44 Vita Annonis archiepiscopi Coloniensis auct. monacho Sigbergensi MG SS 11, S. 465 ff.; Vita Annonis minor. Die jüngere Annovita. Lateinisch-deutsch, Mauritius Mittler OSB (Hg.): in: Veröffentlichung des Geschichts- und Alterumsvereins für Siegburg und den Rhein-Sieg-Kreis e. V., Bd. 13, Siegburg 1975. Für diese Untersuchung ist nur die ältere Anno-Vita hilfreich, weil die zweite Vita den Text der ersten ausgeschrieben hat Kap. I,14 und I,20. Vgl. zu ihr allgemein Tilman Struve: »Als ein lewo vur din vuristin…«. Legende und historische Wirklichkeit in den Lebensbeschreibungen Annos von Köln, in: Karl Hauck/Hubert Mordeck (Hg.): Geschichtsschreibung und geistiges Leben im Mittelalter. Festschrift für Heinz Löwe zum 65. Geburtstag, Köln 1978, S. 325–345.
45 Vgl. Lampert von Hersfeld: Annalen (Anm. 6), S. 1–304.

sichere Nachrichten über die Stifter zu vermelden, beschäftigt sich dafür aber intensiv mit dem Kampf des Klosters um das Moselgut Klotten.[46]

In der Fundatio monasterii Brunwilarensis wird die Wirkmacht des geschriebenen Wortes sehr deutlich, hat doch die Auseinandersetzung um die Moselgüter der Ezzonen mit der Zentrale in Klotten nicht nur zu einer Polarisierung zwischen den Anschauungen Brauweilers und des Kölner Erzbischofs geführt, die in der Literatur bis heute ihre Auswirkung auf das Annobild hat. Der Vorwurf der Fundatio geht dahin, von Anno um den Besitz an der Mosel geprellt worden zu sein, obwohl man in Brauweiler gewusst haben musste, dass man eine Entschädigung erhalten hatte. Der Kampf um Klotten geriet zur fixen Idee, die alle anderen möglichen rechtlichen Übereinkünfte zwischen Anno, Brauweiler und Richeza ausschloss, vielleicht sogar mit Absicht unterdrückte. Geschichtsschreibung wurde hier als Waffe und Mittel zum Zweck benützt, um – wenn auch nach Jahrzehnten – unter allen Umständen in den Besitz Klottens zu gelangen. Die Macht der Erinnerung an subjektiv empfundenes Unrecht bewegte und einte den Konvent in dieser Frage bis zur für Brauweiler kostspieligen Lösung des Problems im Jahr 1090.[47]

Der Autor der Fundatio monasterii Brunwilarensis konstruiert des Verhältnis Erzbischof Annos zu seinem Kloster aus dem Gefühl heraus, dass der Kölner Brauweiler gegenüber voreingenommen war. Zwar nennt er Anno verehrungswürdig und einen Mann von hoher Geistlichkeit, wirft ihm aber von Anfang an vor, manchmal Besitz mehr zu schätzen als Gerechtigkeit und Brauweiler keine Verpflichtung und keine Liebe entgegenzubringen. Nach dem Autor der Fundatio ist es daher folgerichtig, dass Richeza der Kölner Kirche ihre Güter in Thüringen übergab, um Anno zu besänftigen und für Brauweiler einzunehmen. Die Rechtsgrundlage der Übergabe Klottens an Brauweiler jedoch ist ihm noch wichtiger: Er verweist auf die Urkunde Richezas, auf die anwesenden hochrangigen Zeugen wie Kaiser Heinrich III., Erzbischof Anno, Abt Tegeno, Pfalzgraf Heinrich und den Bann des Kölner Erzbischofs zur Bekräftigung des Rechtsgeschäfts.[48]

Obwohl Lampert von Hersfeld eine heute bis auf Fragmente verlorene frühe Fassung der älteren Vita Annos benützte,[49] erwähnt er in unserem Zusammenhang

---

46 Vgl. zur Fundatio Wattenbach-Holtzmann: Geschichtsquellen (Anm. 43), S. 644 f. Eine Konsequenz dieses Streites ist ein Brief Abt Wolfhelms im Namen des heiligen Bischofs Nikolaus an Anno über die Notlage des Klosters, der jedoch diese Untersuchung nicht berührt. Vgl. Fundatio (Anm. 11) Der Brief ist gedruckt MG SS 12, Kap. 34, S. 140 f.
47 Vgl. Wisplinghoff: Urkundenbuch, Bd. 1 (Anm. 27), Nr. 102, S. 150–152.
48 Vgl. Fundatio (Anm. 11), S. 140.
49 Vgl. Wattenbach-Holtzmann: Geschichtsquellen (Anm. 43), S. 174* und Struve: Als ein... (Anm. 44), S. 326.

nur, dass Erzbischof Anno aus eigenen Mitteln zwei Stifte für Kleriker errichtet habe, eines davon St. Maria ad gradus in Köln.[50] Ferner berichtet er, dass Anno den Ort seiner Bestattung von dieser Kirche nach Siegburg verlegt habe.[51]

Eine Sonderstellung nehmen die beiden Viten Erzbischof Annos ein, die sich entsprechend ihrem Genre darum bemühen, diesen großen Erzbischof als Heiligen darzustellen. Abt Reginhard (1075–1105) von Siegburg, der Anno noch persönlich kannte, veranlasste die Vita für den Erzbischof, der als heiligmäßiger Mann mit Blick auf das Jenseits, vielen Tugenden und Wundertaten für eine Kanonisierung geeignet war. Um 1105, dem Todeszeitpunkt Reginhards, war die Vita wohl abgeschlossen.[52]

Nachdem Annos Kanonisierung im ersten Anlauf fehlgeschlagen war, unternahm man gegen Ende des 12. Jahrhunderts einen neuen, erfolgreichen Versuch (1183), dem wir die jüngere Anno-Vita (um 1180) verdanken. Auf der älteren Lebensbeschreibung fußend hatte sie ebenfalls Anno als Heiligen im Blick,[53] ohne aber einen eigenen Beitrag zum Material dieser Untersuchung zu leisten.

4. Die Urkunden

Neben den erzählenden Quellen stehen uns die diesen Komplex betreffenden Urkunden zur Verfügung, um zu versuchen, Licht in die Auseinandersetzung Annos um das Erbe der Ezzonen zu bringen. Zwar existieren einige das Kloster Brauweiler betreffende Urkunden, doch leider handelt es sich außer bei den unten als echt bezeichneten Urkunden Nr. 95, 97 und 102 für diese Untersuchung meist um Abschriften des 16. und 18. Jahrhunderts. Wie bereits Hermann Pabst festgestellt hat,[54] sind die Brauweiler Urkunden gefälscht oder verfälscht, um dem Kloster sachliche Vorteile zu verschaffen. Er nennt dabei den Wald Vele, die Beschränkung der Einkünfte des Klottener Vogts und besonders die Erlangung des Gutes Klotten. Andererseits kenne die Fundatio monasterii Brunwilarensis bis zum Tod Richezas 1063 noch keine gefälschten Urkunden.[55]

---

50 Vgl. Lampert: Annalen, (Anm. 6), S. 250.
51 Vgl. Lampert: Annalen (Anm. 6), S. 340.
52 Vgl. Vita Annonis I (Anm. 13) S. 475, 480.
53 Vgl. Vita Annonis minor (Anm. 44, passim).
54 Vgl. Pabst (Anm. 11), S. 80 ff.
55 Vgl. ebd., S. 141.

Das Problem der Historiker bezüglich der Brauweiler Urkunden ist die Unterscheidung der echten von den verfälschten und den gänzlich gefälschten Urkunden. Daher sollen hier nur die von Erich Wisplinghoff[56] für echt gehaltenen Urkunden erwähnt werden:
Echt dürfte wohl die Urkunde Richezas Nr. 95 vom 7. September 1054 über die Schenkung der Hälfte des Gutes Brauweiler durch Herzog Otto mit einigen Schenkungen der Königin Richeza sein.[57] Ferner die Urkunde Annos über Richezas Schenkung von Saalfeld und Coburg an die Kölner Kirche mit Vorbehalt des Nießbrauchs und der Gegenleistung von 100 Mark Silber und Nießbrauch von Besitzungen in einigen Orten der Erzdiözese.[58]
Angesichts dieser Quellenlage spielen Brauweiler Urkunden für diese Untersuchung praktisch keine Rolle.

5. Annos Dotationsurkunde für St. Maria ad gradus vom 29. Juli 1075

Andererseits ist auch eine Dotierungsurkunde des Erzbischofs Anno für das Stift St. Maria ad gradus erhalten, die der Erzbischof gegen Ende seines Lebens ausgestellt hat.[59] Die von Erich Wisplinghoff geltend gemachten Interpolationen betreffen den Bestand der Besitzungen und Rechte des Stifts St. Mariengraden in der echten Vorlage der Urkunde Annos vom 29. Juli (1075),[60] nicht jedoch die Aussagen bezüglich der Vergabe Klottens an dieses Stift anstelle von Brauweiler. Für Wisplinghoff ist das »geradezu persönliche Engagement«, das sich in der Urkunde spiegelt, der Beweis, dass hier keine spätere Fälschung vorliegt, auch weil der Streit um Klotten 1090 erledigt war.[61] Daher kann dieses Diplom – bis auf die Interpolation – für unsere Untersuchung herangezogen

---

56 Vgl. Wisplinghoff: Urkundenbuch, Bd. 1 (Anm. 27), S. 99 ff.
57 Vgl. ebd., S. 135–137.
58 Vgl. Wisplinghoff: Urkundenbuch, Bd. 1 (Anm. 27), S. 141–144. Verfälschte Urkunden, die Daten liefern: a) über den Schutz des Klosters durch die Erzdiözese: Nr. 88a; Nr. 90; b) über den Besitz Nr. 88 a; Nr. 90; Nr. 96, Klotten, 1056 März; c) über Rechte der Vögte Nr. 88 a; Nr. 90.
59 Vgl. Erich Wisplinghoff (Hg.): Rheinisches Urkundenbuch: Ältere Urkunden bis 1100. Bd. 2, Elten – Köln. Ursula Bonn 1994. Nr. 276, S. 255–260. Vgl. auch Theodor Joseph Lacomblet (Hg.): Urkundenbuch für die Geschichte des Niederrheins oder des Erzstifts Cöln, der Fürstenthümer Jülich und Berg, Geldern, Meurs, Kleve und Mark, und der Reichsstifte Elten, Essen und Werden: aus den Quellen in dem Königlichen Provinzial-Archiv zu Düsseldorf und in den Kirchen- und Stadt-Archiven der Provinz, vollständig und erläutert, Bd. 1, unveränderter Neudruck Aalen 1960, Nr. 220 und Oediger: Regesten (Anm. 4), Nr. 1053, 1075 Juli 29. Köln 1954, S. 316 f. Früheste erhaltene Abschrift Stadtarchiv Dortmund 1483, dann HAStK 1553.
60 Vgl. Wisplinghoff: Urkundenbuch, Bd. 2 (Anm. 59), S. 256.
61 Vgl. ebd., S. 256. Vgl. auch Ders.: Urkundenbuch, Bd. 1 (Anm. 27), Nr. 102, S. 150 ff.

werden und spiegelt den Weg zum Bau und der Dotation des Stifts, ebenso wie die Auseinandersetzung mit Brauweiler um das Gut Klotten und Annos Vertrag mit Richeza wieder. So bietet sich Annos Urkunde als wichtigste Quelle zur Beantwortung unserer Frage für diesen Teil der Untersuchung geradezu an, ohne allerdings das ganze Spektrum der Auseinandersetzung um das Erbe der Ezzonen abzudecken. Daher soll zunächst Annos Verhalten den Ezzonen und vor allem der Königin Richeza gegenüber auch unter dem Aspekt der Bereicherung seiner Diözese betrachtet werden. In einem zweiten Teil folgt Annos Auseinandersetzung mit dem Pfalzgrafen Heinrich I. aus der ezzonischen Nebenlinie der Hezeliniden.

5.1 St. Maria ad gradus von Anno gestiftet und erbaut?

Die Antwort auf die Frage, wer St. Maria ad gradus gestiftet oder erbaut hat, kann Aufschluss über das Erbe der Ezzonen und Annos Verhalten ihnen gegenüber und die Bedeutung des Begräbnisorts Richezas in einer ezzonischen Stiftung geben. Anno selbst schreibt in seiner Urkunde vom 29. Juli 1075, kurz vor seinem Tod über den Bau der Kirche St. Maria ad gradus als Kirche der Ezzonen: »[…] in honore eius edificarem ecclesiam […]«.[62] Er macht keinen Hehl daraus, dass Erzbischof Hermann II., sein Vorgänger im Amt, das Bauvorhaben geplant und aus seinen Mitteln errichtet hätte, wäre er nicht gestorben. Auch verwendet Anno nicht die Floskel, er habe die Kirche von Grund auf errichtet.[63] Man kann daraus schließen, dass Anno als Erzbischof die Politik seines Vorgängers fortsetzte, in diesem Fall, dass er das bei seiner Weihe 1056 bereits begonnene Bauvorhaben weiterführte, so dass es nach einjähriger weiterer Bauzeit möglich war, die Kirche zu weihen.[64] Ganz im Sinne Hermanns muss auch der besondere päpstliche Schutz gewesen sein, für den Anno sorgte.[65] Wenn somit St. Maria ad gradus eine ezzonische Stiftung war, liegt die Annahme nicht fern, Richeza habe diese Kirche als Begräbnisstätte gewählt.

Die Pietät gegenüber Hermann II. war es sicherlich nicht allein, die Anno zur zügigen Vollendung von St. Maria ad gradus veranlasste, musste doch dieser Prestigebau an den Stufen des Doms zum Rhein hinab seinem Streben

---

62 Wisplinghoff: Urkundenbuch, Bd. 2 (Anm. 59), S. 258.
63 Gebräuchlich war: »e fundamentis exstruxi«. Vgl. Beuckers: Bemerkungen (Anm. 40), S. 44.
64 Vgl. Oediger: Regesten (Anm. 4) zu 1057 April 21, Nr. 862, S. 249. Zu St. Maria ad gradus als ezzonischer Stiftung vgl. Klaus Gereon Beuckers: Die Ezzonen und ihre Stiftungen. Eine Untersuchung zur Stiftungstätigkeit im 11. Jahrhundert, Münster 1993, S. 134.
65 Vgl. Oediger: Regesten (Anm. 4) zu 1059 Mai 1, Nr. 870, S. 251. Hier wird Klotten als Stiftung Annos an St. Maria ad gradus erwähnt.

nach der Vermehrung des Ansehens seiner Stadt Köln und des Erzbistums entgegenkommen.[66]

5.2 Wem soll das Gut Klotten gehören?

Nicht nur, dass der Kölner Erzbischof einen Vertrag mit Königin Richeza geschlossen hatte,[67] sondern auch, dass die Königin selbst darum gebeten hatte,[68] das Gut Klotten den Kanonikern von St. Maria ad gradus zu übergeben, erwähnt Anno in seiner Dotationsurkunde, die an dieser Stelle einer Apologie, der Abwehr lästiger und langanhaltender Vorwürfe und Forderungen gleicht. Anno nennt hier nachprüfbare Fakten zu seiner Verteidigung, um seine Position glaubhaft zu machen: Seinem, vermutlich persönlich und mündlich geschlossenen, nicht beurkundeten Vertrag mit Königin Richeza stellt er den Vertrag mit Kloster Brauweiler gegenüber,[69] das er mit einer Ausgleichszahlung zufrieden stellen wollte.[70]

Sowohl in Brauweiler als auch in St. Maria ad gradus hatten sich die Ezzonen als Stifter und Bauherren betätigt. Mariengraden »war Hermanns Konzept und wurde weitgehend aus ezzonischen Mitteln errichtet und ausgestattet.«[71] Königin Richeza hatte die Klosterkirche in Brauweiler erneuert, ihr Bruder Erzbischof Hermann II. St. Maria ad gradus geplant und den Bau wohl begonnen. Wenn nun Königin Richeza selbst darum gebeten hatte, das Gut Klotten an das neu errichtete Stift zu geben, dann liegt die Annahme nahe, dass es ihr Wunsch war, in dieser Stiftung der Ezzonen begraben zu werden.

Ein Blick auf den zeitlichen Ablauf der Verhandlungen und Ereignisse gibt nähere Auskunft: Bereits Richezas Erscheinen auf dem Reichstag in Kaiserswerth (3. März 1056–6. Mai 1056),[72] um dem neuen Erzbischof einen Teil ihrer Allodialgüter in Form von Prekarienverträgen[73] zu übergeben, lässt deutlich auf die Vorbereitung dieses Rechtsgeschäfts durch Erzbischof Hermann schließen. Hermann starb am 11. Februar 1056, Anno wurde zwischen dem 11. Februar

66 Vgl. dazu Lewald: Ezzonen (Anm. 2), S. 134. Fundatio (Anm. 11), c.31. H. Pabst (Anm. 11), S. 184. Zu St. Maria ad gradus als Prestigeobjekt vgl. auch Rotondo-McCord: Body Snatching (Anm. 38), S. 299–305.
67 Vgl. Wisplinghoff: Urkundenbuch, Bd. 2 (Anm. 59) S. 168.
68 Vgl. ebd., S. 259. »[...] ut ipsa petierat [...]«.
69 Vgl. ebd., S. 259.
70 Vgl. ebd., S. 259.
71 Beuckers: Bemerkungen (Anm. 40), S. 44. Anders Jenal: Erzbischof (Anm. 24), S. 119, der von Annos eigener Stiftung redet.
72 Vgl. Oediger: Regesten (Anm. 4), S. 246–247, Nr. 850.
73 Vgl. Andreas Hedwig: Artikel Precaria, in: Lexikon des Mittelalters, (Anm. 20), Bd. VII, 2003, Sp. 170 f.

und dem 3. März geweiht[74] und maximal zwei Monate später waren die Verträge fertig und von Pfalzgraf Heinrich, dem Brauweiler Abt Tegeno, Erzbischof Anno, Kaiser und Reichstag gutgeheißen. Aus diesem engen Zeitfenster kann man unschwer die Verbundenheit der Königin mit ihrem Bruder, dem Erzstift Köln und Heinrich III. ablesen. Besonders die Auflagen auf dem thüringischen Besitz und auf dem Gut Klotten machen deutlich, dass es sich um wohldurchdachte, keineswegs vorschnelle Besitzübergaben handelte, die mit Köln als einem kompetenten, finanzstarken Partner abgeschlossen wurden. Wenn also Anno hier im Sinne des Erzbistums zustimmte, dann setzte er Hermanns Politik der Bereicherung des Erzbistums durch das Erbe der Ezzonen ebenso fort wie die der »Festigung der Kölner Ansprüche auf die Krönungsrechte und eine reichspolitisch herausgehobene Position«.[75] Die Aussage der Fundatio, dass Richeza mit den Verträgen Anno gegenüber dem Kölner Eigenkloster Brauweiler freundlich stimmen wollte, mag eher aus dem Anspruch des Klosters auf Klotten begründet sein.[76]

Hatte Richeza bei ihrem Besuch des Reichstags von Kaiserswerth das Gut Klottten noch dem Kloster Brauweiler zugedacht,[77] so veränderte sich mit dem Fortschreiten der Arbeiten an St. Maria ad gradus im Jahr 1057 die Lage zugunsten Kölns, weil Anno das von Erzbischof Hermann begonnene und wohl auch schon von ihm gegenüber Brauweiler bevorzugte Stift im Jahr 1057 bereits konsekrieren konnte,[78] während er die Klosterkirche in Brauweiler erst vier Jahre später weihte.[79] Ihr unfertiger Zustand mag einer der Gründe für die Umbesinnung Richezas gewesen sein. Ein anderer lag vermutlich in der Ausstattung von St. Maria ad gradus mit Reliquien und darin, dass schon unter Hermann II. Brauweiler wegen der Bevorzugung von St. Maria ad gradus keine große Zukunft mehr hatte.[80]

Folgt man den in den Regesten der Erzbischöfe von Köln angenommenen Daten für den Termin des mündlichen Vertrags mit Richeza, so kommt man auf die Jahre zwischen 1056 und 1060.[81] Möglicherweise hat Anno der Königin die Translatio des heiligen Bischofs Agilolf (1062)[82] ebenso wie der sterblichen Überreste des Ezzonenherzogs Konrad von Bayern (wohl 1063) bereits

---

74 Vgl. Oediger: Regesten (Anm. 4), S. 245 f., Nr. 848.
75 Beuckers: Bemerkungen (Anm. 40), S. 49.
76 Vgl. Fundatio (Anm. 11), cap.12, S. 186.
77 Vgl. Oediger: Regesten (Anm. 4), Nr. 850, S. 246, Kaiserswerth 1056, März 3 – Mai 6.
78 Vgl. ebd., Nr. 822, S. 249, 21. April 1057. Vgl. Schreiner: Geschichte (Anm. 32), S. 35.
79 Vgl. Oediger: Regesten (Anm. 4). Nr. 880, S. 253, 1061 Oktober 30.
80 Vgl. Schreiner: Geschichte (Anm. 32), S. 35. Denkbar wäre auch eine bereits ursprünglich St. Maria ad gradus zugedachte Übergabe Klottens, die nach dem Tod Hermanns revidiert und dann später durch Annos Verhandlung wiederhergestellt wurde.
81 Vgl. Oediger: Regesten (Anm. 4), Nr. 872, S. 252.
82 Vgl. ebd., Nr. 889, S. 257, 8. Juli 1062.

in Aussicht gestellt.[83] Dies erhöhte die Bedeutung St. Marias ad gradus als Empfangskirche für Besucher Kölns, die mit dem Schiff eintrafen. Mit Sicherheit war die Attraktivität der Stiftskirche als Grabeskirche so groß, dass Anno selbst dort seine letzte Ruhestätte finden wollte, bevor er sich gegen Ende seines Lebens umbesann.[84] Entsprechend dem Denken der Zeit, dass man in der Nähe und zusammen mit Heiligen und Familienmitgliedern die Auferstehung erwarten wollte, geborgen im fürbittenden Gebet und damit der Memoria durch die Kanoniker, kann man eine Entscheidung Richezas für die Attraktivität von St. Maria ad gradus als der größeren und schöneren Kirche verstehen.

In diesem Zusammenhang wundert es nicht, dass Richezas Vertragsurkunde betreffs der Überführung ihres Leichnams von Saalfeld auf Köln als Bestimmungsort lautete und nicht auf Brauweiler.[85] Selbstverständlich kannte man in der Umgebung Richezas den Namen Brauweiler als den Ort, an dem die Königin eine Kirche erbaut hatte, die zwei Jahre vor ihrem Tod eingeweiht worden war.[86] Die Urkunde macht die Auffassung Annos klar, dass Richeza dem Kölner Erzbischof die Wahl des Begräbnisortes überlassen wollte zusammen mit der Vergabe Klottens.[87]

Für geistliche und weltliche Würdenträger schufen die Kölner Erzbischöfe mit St. Maria ad gradus einen für das Zeremoniell und die Liturgie würdigen kirchlichen Empfangsraum, der gegen Ende des Pontifikats Annos mit Grabmälern eines heiligen Bischofs, einer polnischen Königin und eines Herzogs geschmückt war.[88] Obwohl Hermann II. selbst nicht hier begraben lag,[89] kann man St. Maria ad gradus dank den Bemühungen Annos als besonderen Begräbnisort der letzten Ezzonengeneration betrachten. Damit ehrte der Erzbischof nicht nur die Königsnähe und Königswürdigkeit der ezzonischen Familie, sondern wertete diese Kirche auch als bedeutende Station innerhalb der Zeremonie einer Krönung auf.[90] Nicht zu trennen ist die Idee zur Kölner Kirche St. Maria ad gradus von ihrem römischen Vorbild und von der Mainzer Kirche gleichen Namens

---

83 Vgl. ebd., Nr. 922, S. 264 (Herbst 1063?); Beuckers: Bemerkungen (Anm. 40) erwähnt S. 48, dass Konrad St. Maria ad gradus Schenkungen gemacht habe.
84 Vgl. Lampert Annalen (Anm. 6), S. 250: »Archiepiscopus iam a principio sepulturam sibi providerat Coloniae in aecclesia beatae Mariae qui dicitur ad gradus.« Anders Beuckers: Bemerkungen (Anm. 40), S. 45.
85 Vgl. Oediger: Regesten (Anm. 4), S. 261, Nr. 905. Anders Lewald: Ezzonen (Anm. 2), S. 151. Vgl. auch Schreiner: Geschichte (Anm. 32), S. 35.
86 Bestattung nach Oediger: Regesten (Anm. 4), Nr. 905, S. 260f., 12. April 1063.
87 Vgl. Wisplinghoff: Urkundenbuch, Bd. 2 (Anm. 59), S. 259: »[…] mihi vero reliquum dedit, ut in quocumque monasterio sepeliretur, eius monasterii praefatum praedium esset.«
88 Vgl. Lewald: Ezzonen (Anm. 2), S. 152 für Richeza. Schreiner: Geschichte (Anm. 32), S. 33 für Herzog Konrad I. (Kuno) von Bayern. Oediger: Regesten (Anm. 4), Nr. 889, S. 257 für den Kölner Erzbischof Agilolf als Heiligen.
89 Er wurde im Kölner Dom beigesetzt.
90 Vgl. Beuckers: Bemerkungen (Anm. 40), S. 47.

und gleicher Funktion.[91] Das unter den drei großen Metropolitankirchen lange umstrittene Krönungsrecht war seit Hermann II. mit dem Kölner Erzbistum verbunden und dieser Prestigegewinn bedurfte der baulichen Repräsentation in Köln selbst.[92] Annos Anteilnahme an St. Maria ad gradus als seiner ersten Baumaßnahme in Köln wurde durch seinen Einfluss auf die Chorherren dieser Kirche verstärkt. Darum kann es keinen Zweifel geben, dass Anno an der Aufwertung von St. Maria ad gradus nicht nur sehr viel, sondern auch über einen längeren Zeitraum gelegen war. Da er dort zwei hochrangige Mitglieder der Familie der Ezzonen beisetzen ließ und das Stift sowohl mit dem Erbe Hermanns II. als auch mit Mitteln der Kölner Kirche dotierte,[93] wird man ihm kaum unterstellen können, dass er in diesem Fall das Ansehen dieses hochadligen Geschlechts schädigen wollte. Das Gegenteil ist eher wahrscheinlich, denn Anno schreibt in seiner Dotationsurkunde selbst, er habe die Kirche zu Ehren Hermanns gebaut.[94]

Entgegen der Meinung, dass Anno späte Rache am edlen Geschlecht der Ezzonen geübt hat, indem er den Willen Richezas bezüglich ihres Begräbnisortes und der Verfügungen über das Gut Klotten missachtete oder dass er gar die Memoria der Ezzonen vernichten wollte, kann man aufgrund der Dotationsurkunde für St. Maria ad gradus festhalten, dass der Erzbischof, wie er selbst schreibt, Verträge mit Richeza schloss und diese einhielt. Überdies stattete er diese ezzonische Stiftung materiell und geistlich großzügig aus. Mit Sicherheit ist die Überführung der Gebeine Herzog Konrads nicht leichtfertig aus dem Augenblick heraus getroffen, sondern war wohldurchdacht und weder gegen das salische Königshaus noch die Ezzonen gerichtet. Damit ehrte Anno auch das Andenken der Ezzonen, indem er gleichzeitig zur Bereicherung, Verschönerung und Vergrößerung des Prestiges seines Erzbistums und seiner Stadt Köln beitrug. Richezas Begräbnisort in einem Hochgrab im Zentrum des Langhauses von St. Maria ad gradus entspricht dem Grab einer Stifterin und ist ein Zeichen der Hochachtung gegenüber Königin Richeza und den Ezzonen.[95]

5.3 Königin Richezas Verhältnis zu Erzbischof Anno

Wie Anno in der Dotationsurkunde von St. Maria ad gradus schreibt:»Et quod ego per precariam a domna Richeza regina et coheredibus eius acquisivi« betrachtete er den Erwerb der ezzonischen Güter als Geschäft, das die Erzdiözese nur

---

91 Vgl. ebd., S. 47–49.
92 Vgl. ebd., S. 44 und 47.
93 Vgl. die Dotationsurkunde Wisplinghoff: Urkundenbuch, Bd. 2 (Anm. 59) S. 255–260.
94 Vgl. ebd., S. 258.
95 Vgl. Beuckers: Ezzonen (Anm. 64), S. 82.

auf lange Sicht finanziell stärken konnte.[96] Dieses Geschäft war nur möglich durch Richezas Verbundenheit mit der Erzdiözese Köln, ihrem Bruder Hermann, der Schleiernahme und ihrem Verhältnis zur Kirche.

Königin Richeza von Polen, die älteste Tochter des Pfalzgrafen Ezzo von Lothringen, war mit Mieszko II. von Polen verheiratet. Nach dessen Tod im Jahr 1034 verließ sie Polen, durfte im Reich den Titel Königin beibehalten und erbte nach Ezzos Tod von diesem Güter im Rheinland und an der Mosel, von ihrer Mutter Ländereien um Salz und in Thüringen und später von ihrem Bruder, Herzog Otto von Schwaben, nach dessen Tod im Jahr 1047 Saalfeld und Comburg. Der Tod Ottos von Schwaben bildete dann auch den Anlass zur Schleiernahme Richezas.[97]

Schleiernahme oder »Witwenweihe« bedeutete den Rückzug dieser Frauen aus der Welt[98] und war seit dem frühen Mittelalter reichen Witwen und hochgestellten Persönlichkeiten vorbehalten, die sich nach der Witwenweihe unter der Leitung beziehungsweise Aufsicht eines Bischofs oder seines Stellvertreters auf die eigenen Güter zurückzogen. Bei der Schleiernahme handelt es sich um das vor einem Bischof oder dessen Stellvertreter abgelegte Versprechen der Keuschheit, das mit dem Schleier beziehungsweise der Witwentracht verbunden war. Der Wechsel der Kleidung machte den Stand der Witwe in der Öffentlichkeit bekannt.

Nicht zu verwechseln mit der Schleiernahme ist der Klostereintritt als Nonne, denn Schleiernahme bedeutete nicht Klausur und Verzicht auf Eigentum, wohl aber dessen Verwendung für gute Werke, Bauten und Stiftungen im Sinne der Kirche. Ein starker Einfluss kirchlicher Würdenträger ist bei diesen Witwen anzunehmen: Die Wahl der Lebensform dürfte von Erzbischof Hermann II., Richezas Bruder, beeinflusst worden sein. Selbstverständliche Voraussetzung der Schleiernahme Richezas war eine Prüfung durch die Kirche und eine Weihe durch den Ortsbischof oder dessen Stellvertreter. Bei der feierlichen Witwenweihe handelte es sich folglich nicht um einen spontanen Akt.

Entsprechend dem Anliegen, die Kirche zu fördern, verwendete Richeza einen Teil ihrer Einkünfte für den Neubau der Klosterkirche in Brauweiler mit der Grablege ihrer Mutter. Im Jahr 1051 war die Krypta fertiggestellt und 1052 bestätigte Papst Leo IX. die Rechte Brauweilers. Nach dem Tod ihres Bruders,

---

96 Wisplinghoff: Urkundenbuch, Bd. 2 (Anm. 59), S. 258 f.
97 Vgl. Lewald: Ezzonen (Anm. 2), S.147.
98 Vgl. Angela Standhartinger: Verlorene Frauenämter, in: Bibel und Kirche 4, Stuttgart 2010, S. 218–222, hier S. 221, mit Anm. 13 sowie Gisela Muschiol: Famula Dei – zur Liturgie in merowingischen Frauenklöstern, Münster 1994, S. 45. Vgl. Konzil von Orange im Jahre 441. Zu diesem Thema bezüglich Kaiserin Agnes vgl. Handschuh (Anm. 31), S. 43–46.

Erzbischof Hermanns II. am 11. Februar 1056, trat eine zumindest räumliche Entfremdung in den Beziehungen Richezas zum Erzbistum Köln ein. Hatte Richeza sich vorher im Rheinland und in Klotten aufgehalten, zog sie sich nach 1056 nach Saalfeld zurück. Dieser Ortswechsel bedeutete auch, dass sich Richeza der geistlichen Betreuung durch das Erzbistum nach dem Tod ihres Bruders Hermann entzog. Sie wandte sich danach dem Bistum Würzburg zu und übertrug 1057/1058 die Überführung ihres Leichnams Bischof Adalbero.[99]

Vor diesem Schritt wollte Königin Richeza ihre Besitzangelegenheiten regeln und suchte bereits im Frühjahr 1056 den neuen Kölner Erzbischof Anno II. auf dem Reichstag in Kaiserswerth auf.[100] Wegen der raschen Abfolge der Ereignisse deutet alles darauf hin, dass die ganze Transaktion von langer Hand vorbereitet und sowohl mit Richezas Bruder Hermann II. als auch mit dem Pfalzgrafen Heinrich, dem Kloster Brauweiler und Kaiser Heinrich III. abgesprochen war. Für die in Kaiserswerth vorgenommenen Übertragungen von Eigengut der Königin stehen neben dem Bericht der erzählenden Quellen wie zum Beispiel der Fundatio die verfälschte Urkunde Richezas vom März 1056[101] und die von der Forschung bis auf einzelne Angaben der Dotierung von St. Maria ad gradus für echt gehaltene Urkunde Annos aus dem Jahr 1075 zur Verfügung[102]. Daraus ergibt sich, dass ezzonisches Eigengut sowohl im Erzbistum Köln um Brauweiler, als auch an der Mosel um Klotten, als auch in Thüringen und um Coburg in Richezas Verfügungsgewalt war. Für eigene und kirchliche Zwecke wie den Kirchbau von Brauweiler wollte Richeza auf Lebenszeit mehr Mittel zur Verfügung haben und schloss darum Prekarienverträge mit dem Erzbistum Köln. Der Reichstag in Kaiserswerth wurde nach Hermanns Tod gewählt, um die Zustimmung Kaiser Heinrichs und der Großen des Reiches für diese Transaktionen zu erhalten und stand sowohl mit Richezas Witwenweihe als auch mit den Interessen des Erzbistums und des Reiches im Einklang.

Kurzfristig belasteten die Verträge das Erzbistum, auf lange Sicht jedoch konnte es von ihnen profitieren, auch wenn die thüringischen Erwerbungen und Coburg mit strikten Auflagen verbunden und weit von Köln entfernt waren. Der zusammenhängende Besitz der Ezzonen an der Mosel war wegen seiner Weingüter als dauerhafte Einkunftsquelle sowohl von Brauweiler als auch von

---

99 Vgl. Beuckers: Bemerkungen (Anm. 40), S. 43. Lewald: Ezzonen (Anm. 2), S. 151.
100 Oediger: Regesten (Anm. 4), Nr. 850, S. 246, 1056 März 3 – Mai 6; vgl. MG SS 14, 140 Brunwilarensis monasterii fundatorum actus c. 32; Hermann P (Anm. 11), S. 183 f.; Vita Wolfelmi abbatis Brunwilarensis c. 12 in: MG SS 12, S. 189; Vita Annonis I, (Anm. 13), c. 30, S. 479; Wisplinghoff: Urkundenbuch, Bd. 1, (Anm. 27), Nr. 96, S. 138–141; Nr. 97, S. 141–144.
101 Vgl. Wisplinghoff: Rheinisches Urkundenbuch Bd. 1 (Anm. 27), Nr. 96, S. 138–141.
102 Vgl. ebd., Bd. 2 (Anm. 59), Nr. 276, S. 259 f.

St. Maria ad gradus sehr geschätzt und begehrt, wobei zu bedenken ist, dass beide geistlichen Institutionen Eigenkirchen Kölns waren. Die Verbundenheit Richezas mit Brauweiler äußerte sich in ihrer Schenkung des Gutes Canada schon 1056. Für das Brauweiler entgangene Gut Klotten erhielt dieses Kloster noch eine Ausgleichszahlung von Anno.

Es gibt keinen Zweifel an der Klugheit der Politik Annos, das, was ihm angeboten wurde, zu akzeptieren und dann bezüglich Klottens nachzuverhandeln. Man sollte bei der Beurteilung des Vorgangs auch berücksichtigen, dass Anno damals ganz neu im Amt war und dementsprechend geneigt, die Politik Hermanns fortzusetzen. Was die Prekarienverträge mit Königin Richeza betrifft, wird man folglich Anno Unrecht tun, sollte man ihn der Habsucht beschuldigen. Dass er da, wo es ihm möglich war, sein Bistum bereicherte und Territorialpolitik betrieb, entsprach seinen Interessen als Erzbischof.

6. Die Auseinandersetzung mit Pfalzgraf Heinrich I.

Pfalzgraf Heinrich I. (1045–nach 1063?) aus dem Hause der Hezeliniden, einer Nebenlinie der Ezzonen, hatte von Richeza als deren Sachwalter beim Abschluss der Verträge in Kaiserswerth zur Belohnung die Vogtei von Klotten mit Stadt und Burg Cochem zugesprochen und urkundlich gesichert bekommen.[103] An Cochem und der Vogtei musste dem Pfalzgrafen Heinrich gelegen sein, da er an der Mosel einen Schwerpunkt seiner Macht ausbaute.[104] Diese Burg war wohl in seinem Besitz, als der Pfalzgraf seine Frau ermordete. Ob er noch weitere Güter oder Rechte der Ezzonen erwarb, davon schweigen die Quellen.

Der Vorwurf, den man Anno von Seiten der Geschichtswissenschaft in Bezug auf Heinrich macht, besteht darin, dass der Erzbischof die Macht des Pfalzgrafen bedroht habe,[105] ihn vom Niederrhein und damit aus der Erzdiözese verdrängt und so die Ezzonen und ihre Verwandten ohne Rücksicht auf »dynastische Familieninteressen« wie der Grablege in Brauweiler, geschädigt habe.[106]

Die Auseinandersetzung zwischen Erzbischof Anno und Pfalzgraf Heinrich wird primär in der Vita Annonis I Kapitel 19 und 32 erzählt.[107] Entsprechend der Intention der Gattung Vita geht es dem circa 40 Jahre nach den Ereignissen

---

103 Vgl. Jenal: Erzbischof (Anm. 24), S. 115; Wisplinghoff: Urkundenbuch, Bd. 1 (Anm. 27), Nr. 96, S. 140.
104 Vgl. Gerstner: Geschichte (Anm. 2), S. 34.
105 Vgl. Jenal: Erzbischof (Anm. 24), S. 144.
106 Lewald: Ezzonen (Anm. 2), S. 148.
107 Vgl. Vita Annonis I (Anm. 13), S. 475, 479 f.

schreibenden Autor nicht darum, den Verlauf der Auseinandersetzung festzuhalten und Geschichte im modernen Sinn zu schreiben, sondern anhand der von ihm dargestellten Ereignisse die Heiligkeit Annos nachzuweisen. Während Georg Jenal,[108] der Erzählung der Vita folgend die Ereignisgeschichte in zwei Stufen herauszustellen versucht und mit anderen Überlieferungen vergleicht, ohne aber Zweifel an der Darstellung der Vita selbst zu äußern,[109] wendet sich Ursula Lewald[110] von der zweigeteilten Art der Auseinandersetzung ab und versucht, aus den Kapiteln 19 und 32 einen einzigen historischen Zusammenprall der beiden Gewalten am Niederrhein zu konstruieren. Allerdings ist auch diese Sicht der Ereignisse nicht befriedigend, weil die Erklärungen weit hergeholt erscheinen. Offensichtlich besteht ein Problem in der Frage, wie man mit der Vita als Quelle umgehen soll. Wie verlässlich in unserem Sinn ist der Autor? Welche chronologische Abfolge der Ereignisse kann man akzeptieren, welche Deutungen der Vita? Welche Gründe der Auseinandersetzung sind plausibel?

Im Folgenden soll versucht werden, historisch gesicherte Fakten über Vorgänge um die Auseinandersetzung Heinrichs I. mit Erzbischof Anno während dessen Pontifikat zu sichten, um dann das Ringen um das Erbe der Ezzonen und besonders Annos Verhalten besser zu verstehen.

6.1 Zur Chronologie der Ereignisse

Dass es Probleme mit der Chronologie gibt, wenn man der Vita folgt, hat auch Georg Jenal gesehen. Er macht darauf aufmerksam, dass das zweite Andernacher Treffen Heinrichs I. mit Anno und den lothringischen Großen im Jahr 1059 nicht so recht mit dem kurz darauf erfolgten Gewaltausbruch zusammenpasst. Für Georg Jenal »begann nachweislich« 1060 die direkte Auseinandersetzung Heinrichs mit dem Erzbistum Köln.[111] Wenn man wie er von dem Datum des Mordes an der Pfalzgräfin am 27. Juli 1060 ausgeht,[112] der den letzten Höhepunkt der Erzählung der Vita bildet, dann liegen die Ereignisse allerdings sehr nahe

---

108 Vgl. Jenal: Erzbischof (Anm. 24), S. 110–154.
109 Allerdings merkt Jenal die fehlende Begründung der Auseinandersetzung in der Vita an; vgl. Jenal: Erzbischof (Anm. 24), S. 134.
110 Vgl. Lewald: Ezzonen (Anm. 2), S. 120–168.
111 Jenal: Erzbischof (Anm. 24), S. 126.
112 Vgl. ebd., S. 139 f. Dieses Datum bezieht Jenal aus dem Kalendarium Necrologicum Weissenburgense, Johann Friedrich Böhmer (Hg.): Fontes rerum Germanicarum, 4, Neudruck Aalen 1969, S. 312. Der Nekrolog entstand zu Beginn des 12. Jahrhunderts, also ungefähr 40 Jahre nach dem Tod der Pfalzgräfin. Die Jahreszahl und der Tag sind ungewiss. Michel Parisse gibt den 17. Juli 1060 an. Vgl. Lexikon des Mittelalters (Anm. 20), Bd. IV, 2003, Sp. 2072.

bei einander, möglicherweise sogar zu nahe, wenn man den Angriff auf Köln und den ersten Klostereintritt Heinrichs I. berücksichtigt. Auch stellt sich die Frage, ob Annos Erwerb von ezzonischem Besitz Ursache oder Anlass dieser Fehde[113] sein konnte,[114] denn 1060 war Königin Richeza noch am Leben und hätte die Verträge kündigen und neue Verträge schließen können. Auch hätte Anno nach dieser Chronologie vier Jahre lang, von 1060 bis 1064, keine Verfügung über den Siegberg getroffen.

Die Forschung basierte in der Chronologie der Ereignisse auf den Angaben des Weissenburger Nekrologs, der das Todesdatum der Pfalzgräfin auf das Jahr 1060 festlegt.[115] Die sich aus dieser Datierung ergebenden Probleme sind natürlich erkannt worden, allerdings ohne dass man eine alternative Lösung gesucht hätte. Nachdem Wolfgang Metz den Aussagewert des Weissenburger Nekrologs nach dem Tod Konrads II. (1039) in Zweifel zieht, sind auch bei diesem Datum Bedenken angebracht,[116] zumal der Nekrolog im zeitlichen Abstand von mehr als 40 Jahren zu den Ereignissen entstanden ist. Aufgrund dieser berechtigten Zweifel ist ein anderer chronologischer Ansatz nötig, der sich nicht in erster Linie auf die Vita stützt, sondern von Urkunden ausgeht.

Tatsächlich bietet die Arenga der älteren Gründungsurkunde Annos für das neu errichtete Kloster Siegburg einen Hinweis, der eine plausible Einordung der Abfolge der Auseinandersetzung ermöglicht.[117] In dieser noch zu Lebzeiten Annos verfassten Urkunde von 1075 erwähnt er die Übergabe des Burgberges und der umgebenden Dörfer »sine contradictione« in das Eigentum der Erzdiözese durch den Pfalzgrafen Heinrich.[118] Dass Anno das Kloster Siegburg gegründet hat, steht außer Frage. Dies muss vor dem 8. August 1065 geschehen sein, denn mit diesem Datum erhielt das Kloster eine Schenkung von König Heinrich IV.[119] und bereits im Folgejahr bestätigte Papst Alexander II. das Kloster.[120] Die rasche Bestätigung durch König und Papst machen den von

---

113 Vgl. zu den Merkmalen einer Fehde Hartmut Boockmann: Art. Fehde in: Lexikon des Mittelalters (Anm. 20), Bd. IV, Sp. 331–334. Vgl. auch Gerd Althoff: Spielregeln der Politik im Mittelalter. Kommunikation in Frieden und Fehde, Darmstadt 1997, S. 25–105, 130.
114 Vgl. Jenal: Erzbischof (Anm. 24), S. 136.
115 Vgl. Kalendarium Necrologicum. Weissenburgense (Anm. 111) S. 321.
116 Wolfgang Metz: Das Weissenburger Nekrolog und das ottonisch-salische Königtum, in: Ernst-Dieter Hehl/Hubertus Seibert/Franz Staab (Hg.): Deus qui mutat tempora. Menschen und Institutionen im Wandel des Mittelalters. Festschrift für Alfons Becker zu seinem 65. Geburtstag, Sigmaringen 1987, S. 69–86, hier S. 86.
117 Vgl. Erich Wisplinghoff (Bearb.): Urkunden und Quellen zur Geschichte von Stadt und Abtei Siegburg, Bd.1, Berlin 1975, Nr. 8, S. 12–16.
118 Vgl. ebd., S. 13: »[…] sancto Petro apostolorum principi et nobis sine contradictione in proprietatem tradidit.«
119 Vgl. ebd., S. 3f.
120 Vgl. ebd., S. 4f.

Erich Wisplinghoff angenommenen Gründungstermin im Jahr 1064 plausibel.[121] Nicht nur der Charakterzug Annos als »vorwärtstreibende[r] Politiker«,[122] sondern auch Vernunftgründe machen die Klostergründung in möglichst rascher Folge nach der Übergabe der Burg wahrscheinlich, weil diese strategisch wichtige Position leicht wieder verloren gehen konnte. Darum auch die schnelle von Anno bewirkte Anerkennung durch König und Papst. Und damit können wir als Zeitpunkt der Übergabe der Siegburg an Anno den Zeitraum von 1063 bis 1064 annehmen, denn die Klostergründung in dem schon zuvor bewohnten Bereich einer Burg beanspruchte ihrerseits einen wenn auch nicht allzu langen Vorlauf. Immerhin kamen die ersten Mönche aus dem nahe gelegenen Kloster St. Maximin in Trier.[123]

Mit der Klostergründung auf dem Siegberg im Jahr 1064 hat man einen terminus ante quem für Heinrichs Fehde. Das nächste gesicherte Datum dieser alternativen Chronologie, der 12. April 1063, ist der Zeitpunkt des Begräbnisses der Königin Richeza in Köln.[124] Da Richeza zu Lebzeiten Verträge schließen und ändern konnte, Anno sich an diese Verträge gebunden fühlte, auch weil sie vorteilhaft für das Erzbistum waren, kann man mit Sicherheit davon ausgehen, dass Heinrichs Fehde gegen Köln nach April 1063 und vor der Klostergründung 1064 stattfand. Erst nach Richezas Tod und Begräbnis verfügte Anno über Klotten und die Vogteirechte sowie Cochem. Damit scheidet der bisher angenommene Fixpunkt, der Tod der Pfalzgräfin im Jahr 1060, für eine plausible Chronologie aus.

6.2 Zu den Gründen für Heinrichs Fehde

Richezas Tod und ihre Beisetzung[125] in St. Maria ad gradus hatten Konsequenzen für das Erzbistum und für Pfalzgraf Heinrich, die zu dessen Fehde gegen die Stadt Köln und zur Übergabe des Burgberges führten.

---

121 Vgl. ebd., S. 21.
122 Jenal: Erzbischof (Anm. 24), S. 154
123 Vgl. Wisplinghoff: Siegburg (Anm. 116), S. 21.
124 Vgl. Oediger: Regesten (Anm. 4), Nr. 905, S. 260 f. Richeza starb am 21. März 1063 in Saalfeld und wurde am 12. April 1063 beerdigt. Der Zeitraum von 1063 bis 1064 bot sich auch von der Situation Annos her an, der zwar im Jahr 1063 als Reichsverweser auf der Höhe seiner Macht stand, aber nach seiner Abwesenheit in Mantua 1064 bekanntlich aus der Gunst des Königs durch Adalbert von Bremen verdrängt wurde.
125 Gewaltanwendung bei der Beisetzung Richezas ist angesichts der Kräfteverhältnisse Brauweilers und Kölns eher unwahrscheinlich. Anders Vita Wolfhelmi MG SS XII, S. 187, anders auch Schreiner: Königin (Anm. 32), S. 105. Schreiner folgt der Brauweiler Tradition. Ebenso Schreiner: Geschichte (Anm. 32), S. 32.

Nach Richezas Tod gelangte ihr Allodialbesitz, soweit durch Prekarienverträge geregelt, in den rechtmäßigen und unumstrittenen Besitz und das Eigentum der Erzdiözese Köln. Die Erzdiözese wurde frei von den Leistungen an Königin Richeza, erhielt in der Folgezeit Einkünfte aus den Neuerwerbungen und konnte Klöster und Stifte in ihrem Bereich leichter gründen und stärken. Pfalzgraf Heinrich hatte zumindest die in Kaiserswerth in seinem Beisein geschlossenen, beurkundeten Verträge anerkannt und diesen Transaktionen zugestimmt. Einem Vorgehen des Pfalzgrafen gegen Köln wegen dieser Prekarienverträge mit Anno und seinen Gebietserwerbungen hatte Richeza damit vorgebeugt. Nach Richezas Urkunde vom März 1056,[126] in der Königin Richeza dem Kloster Brauweiler das Gut Klotten übertrug, hat auch Heinrich insofern vom Erbe der Ezzonen profitiert, als er 1056 erblicher Vogt von Klotten wurde und Stadt und Burg Cochem erhielt. An diesem Punkt berührten sich seine vertraglich abgesicherten Rechte mit den Interessen Annos. Anno verhinderte durch einen mündlich geschlossenen Vertrag mit der Königin und Richezas Beisetzung in St. Maria ad gradus in Köln, dass die ezzonischen Besitzungen um Klotten nach Richezas Tod an das Kloster Brauweiler fielen. Der Wortlaut des wohl mündlich geschlossenen späteren Vertrags Annos mit Richeza ist nicht bekannt.[127] Ein denkbarer Termin für solche Verhandlungen wäre etwa die Weihe von St. Maria ad gradus oder der Klosterkirche in Brauweiler gewesen. Richezas Anwesenheit zumindest in Brauweiler ist angesichts ihrer Position als Stifterin anzunehmen.[128]

Der Grund für die Fehde des Pfalzgrafen gegen das Erzbistum Köln lag in dessen Ansicht, in seinen Rechten verletzt zu sein, und der Absicht, diese wiederherzustellen. Es liegt nahe anzunehmen, dass nach Richezas Tod im Jahr 1063 die Bestattung der Königin und die Vergabe Klottens an St. Maria ad gradus Anlass gab, das Erzbistum anzugreifen. Anno schreibt selbst in seiner Urkunde für St. Maria ad gradus, dass Richeza mit ihm einen Vertrag geschlossen habe, dass sie ihm außer dem Gut Canada (Kaan bei Polch) alles übergab und bestimmte, dass Klotten dem Kloster gehören solle, in dem sie begraben würde. Dadurch hob Richeza ihre Urkunde vom März 1056 mit Ausnahme der das Gut Canada betreffenden Anordnung auf und gab Anno praktisch Vollmacht bezüglich ihrer Beerdigung. Anno verfügte Richezas Beerdigung in St. Maria ad gradus und konnte Klotten so diesem Stift zuwenden. Damit war auch die Vogtei, die Heinrich I. bisher innegehabt hatte, ebenso wie Ort und

---

126 Vgl. Wisplinghoff: Urkundenbuch Bd. 1 (Anm. 27), Nr. 96, S. 138–141.
127 Vgl. dazu Gerstner: Geschichte (Anm. 2), S. 30.
128 Vgl. Oediger: Regesten (Anm. 4); Weihe von St. Maria ad gradus 1057 April 21, Nr. 862, S. 249. Weihe Brauweilers 1061 Oktober 30, Nr. 880, S. 253–4

Burg Cochem in Annos Verfügungsgewalt. Die Möglichkeiten des in Richezas Urkunde vorgesehenen Rechtswegs, erst den Erzbischof von Köln, dann im Falle der Rechtsverweigerung den König einzuschalten, waren für die Jahre 1063 und 1064 verwehrt, weil der Kölner Erzbischof selbst Klotten an St. Maria ad gradus vergeben hatte und zugleich in hervorragender Position in der Vormundschaft für König Heinrich IV. tätig war.[129] Um seine alten Rechte wiederherzustellen, blieb Heinrich nur das Mittel der Fehde. Auf jeden Fall ist der Fehdegrund eher in der Verletzung einzelner Rechte zu sehen als in der Übergabe des Gesamtkomplexes des Ezzonenerbes an Köln, der von Heinrich III. und den Reichsfürsten gebilligt worden war. Für persönliche Gründe spricht auch, dass Heinrich die Burg Cochem nach Aussage der Vita damals selbst bewohnte. Ziel der Fehde dürfte nicht die Eroberung der Stadt Köln gewesen sein, sondern Anno durch Schädigung und Verwüstung des Erzbistums zu Zugeständnissen zu bewegen, eventuell Richezas Leichnam nach Brauweiler zu überführen und so den alten Vertrag in Kraft zu setzen oder Heinrich selbst wieder in seine ursprünglichen Rechte einzusetzen.

Diese Überlegungen entsprechen auch den Fakten, welche die Vita über den Verlauf und das Ende der Fehde liefert: Heinrich versuchte von der Siegburg aus das Land um Köln zu verwüsten, wurde gefangen genommen und erschien in Köln, um die Fehde zu beenden und die von Anno verhängte Buße zu leisten. Um einer Wiederholung der Gefährdung vorzubeugen, verlangte Anno die Übergabe des Burgberges als zeitliche und sachliche Strafe, vielleicht als eine geistliche Strafe den Aufenthalt im Kloster Gorze, mit Sicherheit aber nicht den Klostereintritt mit Profess, der gegen geltendes kirchliches Recht verstoßen hätte.[130]

6.3 Zur Vita Annonis I

Betrachtet man die beiden Kapitel der Vita Annonis I, die sich mit der Fehde des Pfalzgrafen mit dem Erzbischof beschäftigen, nämlich Kapitel 19 und 32, so fällt zunächst die räumliche und zeitliche Trennung innerhalb der Vita selbst ins Auge, die uns als einziger erzählender Text Nachricht von der Auseinandersetzung liefert, dann aber auch der unterschiedliche Stil der beiden Texte. Kapitel 19 ist eher wie eine Chronik sachlich gefasst, knapp, ja fast zu knapp, und zielt auf die Übergabe des Burgberges an das Erzbistum, was von Anno schon lange gewünscht wurde. Pfalzgraf Heinrich wird als »vir potentiae saecularis

---
129 Vgl. Wisplinghoff: Urkundenbuch, Bd. 1 (Anm. 27), Nr. 96, S. 140, für den Rechtsweg in der Urkunde.
130 Vgl. Vita Annonis I (Anm. 13) S. 475, 479 f.

et gloriae« gewürdigt, der allein durch Annos Anathem besiegt wird.[131] Einige Fakten zu dieser Darstellung werden von Annos Urkunde aus dem Jahr 1075 bestätigt, die dem Text der Vita wohl zu Grunde lag.[132]

Ganz anders beschreibt der viel längere, mit Gedanken und Gebeten Annos durchflochtene Text des 32. Kapitels. Auch er benützt Annos Urkunde sowie Lamperts Eintrag in die Annalen zu 1057.[133] Beide Kapitel der Vita beziehen sich auf ein und denselben Vorfall, dieselbe Fehde. In Kapitel 32 arbeitet der Autor jedoch ganz aus mönchischer Sichtweise durchgängig mit dem Dualismus von Gut und Böse. Einerseits ist da der Teufel, der den Pfalzgrafen versucht, mit der Frau als Verführerin, bösen weltlichen Dingen und Geistern, Hass auf die Diener Gottes, Gefahr eines Bürgerkriegs, dem Wüten des Pfalzgrafen, dem Glaubensabfall (»apostaverat«) und schließlich dem Wahnsinn Heinrichs, der das Entsetzen seiner Umgebung durch den Mord an seiner Frau hervorruft. Dem steht andererseits Gott als der Sieger über alle Laster entgegen, zusammen mit dem »sacer pontifex«, dem »pastor pius«, der aus Mitleid mit den Menschen Gott um Erbarmen bittet, die Heiligen als Fürsprecher anruft, Psalmen betet, in prophetischem Geist spricht, als »pius sacerdos« Feindesliebe übt und im Sinne der Bergpredigt für die betet, die ihn verfolgen (Mt 5,44), die ermordete Frau Heinrichs beerdigt, seinen Sohn aufnimmt und so Böses mit Gutem vergilt. Die Krönung dieses Bildes Annos sieht der Autor in den Werken der Barmherzigkeit und besonders in der Gründung von Klöstern, der Sorge für die Diener der Kirche und seinem Eifer für die Sache Gottes.

Konnte man den Stil von Kapitel 19 als sachlich bezeichnen, so arbeitet der Autor in Kapitel 32 in weitschweifiger, gewählter Sprache und argumentiert theologisch. Breit ausgeführt ist der moralische Tiefpunkt des Kapitels mit der eindringlichen Schilderung des Mordes, die das Entsetzen des Lesers beziehungsweise Hörers auslösen soll. Überdeutlich tritt die Absicht der Verklärung des am Wort Gottes orientierten Erzbischofs an dieser Stelle der Vita zu Tage und man erkennt unschwer, dass der Autor ein Exemplum in den Text einführt, dessen Ziel es ist, Pfalzgraf Heinrich zu desavouieren.

Hier stellt sich die Frage, inwieweit man seiner Erzählung inhaltlich trauen kann. Immerhin schrieb er gut 40 Jahre nach den Ereignissen, und ein Exemplum dient der Veranschaulichung einer Meinung in einer Predigt und ist nicht eins zu eins mit historischer Wirklichkeit gleichzusetzen.

---

131 Vita Annonis I (Anm. 13), S. 475.
132 Vgl. Wisplinghoff: Siegburg (Anm. 116), Nr. 8, S. 12–16.
133 Lampert von Hersfeld: Annalen (Anm. 6), S. 70 ff.

Die Historizität des Geschilderten ist in dieser Erzählung zweitrangig. Wichtig allein ist, Heinrich als den dunklen Hintergrund zu zeigen, auf dem sich Anno als der in Prüfungen bewährte, glanzvolle Glaubenszeuge, Mann der guten Werke und Liebe zu den Dienern Gottes und allen Menschen erweist. Um bessere Akzeptanz dieses Kapitels bemüht, benützt der Autor aus der Urkunde und von Lampert von Hersfelds Annalen entlehnte Details, die seine Darstellung verlässlicher erscheinen lassen sollen. Die Abfolge des Geschilderten wurde dann auch von Historikern übernommen, wenn auch mit Vorbehalten.[134] Zu hinterfragen ist zum Beispiel die ausführliche Darstellung des Mordes an der Pfalzgräfin und die Klosterhaft des Pfalzgrafen, allein schon deshalb, weil trotz ihrer adligen Herkunft ihre Familie nach ihrem Tod nicht intervenierte und der Pfalzgraf nicht vor ein weltliches Gericht gestellt wurde. Noch fragwürdiger ist die Darstellung des Mordes. Nicht in Frage zu stellen ist die Fehde selbst, die zur Übergabe der Siegburg führte, die Erwähnung der Burg Cochem, die Bestattung der Pfalzgräfin und das später gute Verhältnis Annos zu Heinrichs Sohn. Viel mehr dürfte historisch kaum zu sichern sein.

7. Ergebnis

Zusammenfassend kann man feststellen, dass Anno die Politik seines Vorgängers, des ezzonischen Erzbischofs Hermann II. von Köln, fortsetzte, indem er möglichst viel Allodialgut der Ezzonen für die Kölner Kirche sicherte. Hermann erwarb die Tomburg, Anno die Siegburg. Anno schloss Prekarienverträge mit Königin Richeza, die vermutlich schon Hermann angeregt und vorbereitet hatte. Die thüringischen Allodialgebiete Richezas und Coburg erwarb das Erzbistum im Einklang mit der Reichspolitik Kaiser Heinrichs III. in Kaiserswerth. Für das Ezzonenerbe bezahlte die Erzdiözese jahrelang. Übergeordnetes Ziel seiner Bemühungen um das Erbe der Ezzonen war für Anno, sein Erzbistum zu stärken. Königin Richeza zu schädigen, lag weder in der Absicht noch in der Macht Annos, weil er von ihr in seiner Erwerbspolitik abhängig war und sie sich seinem Einflussbereich entzog. Die Macht des Pfalzgrafen auf Kosten des Erzbistums zu stärken, konnte allerdings nicht im Kölner Interesse und dem des Realpolitikers Anno liegen. Anno hielt seine Verträge ein und verhandelte manches neu, um zu weiteren Vereinbarungen mit Königin Richeza zu kommen. Bezüglich ihres Begräbnisses sorgte er für eine würdige Bestattung in St. Maria ad gradus

---

134 Vgl. Lewald: Ezzonen (Anm. 2), S. 155 ff., besonders S. 157.

in einem Stiftergrab. Dorthin überführte er auch die sterblichen Überreste Herzog Konrads von Bayern. Wenn Anno St. Maria ad gradus bevorzugte, setzte er die Politik Erzbischof Hermanns II. fort, unterstützte die Kölner Privilegien der Erzbischöfe, vor allem das Recht, den König zu krönen und stärkte die Bemühungen um die Bedeutung und Verschönerung der Stadt Köln.

Auch den Interessen Brauweilers kam Anno entgegen, indem er eine Ausgleichszahlung leistete und die neue Klosterkirche weihte. Für das Wohl der Mönche und das Funktionieren des Klosters zu sorgen, war eine seiner bischöflichen Pflichten. Übertriebene Forderungen der Mönche und des Vogtes hingegen lehnte er ab. Da man Brauweiler trotz der dort bestatteten Ezzonen nicht als Familiengrablege im dynastischen Sinn bezeichnen darf, machte sich der Erzbischof keines Mangels an Ehrerbietung schuldig.

Anders als Annos Verhältnis zu den Ezzonen gestaltete sich dieses gegenüber den Hezeliniden. Eine Burg wie die Siegburg, nur etwa 30 Kilometer von Köln entfernt, stellte auf Dauer eine potentielle Bedrohung des Gebietes, wenn auch nicht der Stadt Köln selbst dar. Kein Wunder, dass der Erzbischof bei sich bietender Gelegenheit versuchen musste, diese Burg in seine Hand zu bekommen. Allerdings entspricht Michel Parisses Behauptung,[135] Heinrich sei von Anno in einen Krieg verstrickt worden, weil Anno die Siegburg erobern wollte, nicht der Quellenlage, denn Anno war nicht der militärisch aggressive Teil des Konflikts. Er versicherte sich bei der Besitzübertragung der Zustimmung von König und Hof, die er schwerlich erhalten hätte, hätte er die Siegburg als Aggressor erobert. Man wird auch in diesem Fall zwar von Territorialpolitik, aber kaum von Habgier reden können. Insgesamt erscheint Anno in dieser Hinsicht als ein Erzbischof, der die Güter seines Bistums zu vermehren versuchte und sich wehrte, wenn er angegriffen wurde.

---

135 Michel Parisse in: Lexikon des Mittelalters (Anm. 20), Bd. IV, 2003, Sp. 2071 f.

Eine gefälschte Approbation des Hexenhammers?
Ein Kölner Notariatsinstrument von 1487

von Saskia Klimkeit

Am 28. Juni 2012 verurteilte der Kölner Stadtrat einstimmig die 400 Jahre zuvor in der Stadt geführten Hexenprozesse und befürwortete die sozialethische Rehabilitation aller ihr zum Opfer gefallenen Personen. Der zugrunde liegende Bürgerantrag stützte sich insbesondere auf das Schicksal der Postmeisterin Katharina Henot, die im Jahre 1627 auf dem Melaten-Friedhof hingerichtet worden war.[1] Auch wenn die Stadt keine rechtswirksame Rehabilitation aussprechen konnte, wäre es falsch ihr vorzuwerfen, sie habe sich nie mit diesem unrühmlichen Teil ihrer Geschichte auseinandergesetzt.

Neben dem Fall Henots ist das bis heute sicherlich eindrucksvollste Beispiel dafür, dass Köln ein größerer Anteil an der Hexenverfolgung zukommt, als vielen bekannt ist, die Begutachtung des von dem Dominikaner Heinrich Kramer[2] verfassten Malleus Maleficarum, auch bekannt als Hexenhammer (Tafel 26–27). Unterschrieben von insgesamt acht Theologen der städtisch getragenen Kölner Universität,[3] waren zwei Stellungnahmen oder auch Gutachten ein wesentlicher Teil des sogenannten »Kölner Notariatsinstruments«. Den Angaben des ausstellenden Notars Arnold Kolich von Euskirchen zufolge war es am 19. Mai 1487 um 17 Uhr abends in Anwesenheit von vier Zeugen in der Wohnung des Kölner Theologieprofessors und Dekans der

---

1 Vgl. Spiegel Online: Nach 400 Jahren. Köln verurteilt Hexenprozesse, 13.02.2012, URL: http://www.spiegel.de/panorama/justiz/nach-400-jahren-koeln-verurteilt-hexenprozesse-a-815065.html [Stand: 18.3.2018].
2 Heinrich Kramer (circa 1430–1505) ist auch unter der latinisierten Namensform Institoris bekannt. Auf die Frage einer Mitautorenschaft von Jakob Sprenger, Prior der Kölner Dominikaner und Dekan der theologischen Fakultät, und die dazu vorherrschende Meinungstendenz in der Forschung soll an dieser Stelle nicht eingegangen werden.
3 Das erste Gutachten unterzeichneten die vier Theologieprofessoren Lambertus de Monte, Jacobus de Stralen, Andreas Schwermer de Ochsenfurt und Thomas de Scotia. Das zweite Gutachten wurde der Reihenfolge nach von Lambertus de Monte, Ulrich Kreidweiss von Esslingen, Konrad Vorn von Kempen, Cornelius de Breda, Thomas de Scotia, Theoderich Balvaren von Bommel und Andreas Schwermer de Ochsenfurt unterschrieben; Günter Jerouschek/Wolfgang Behringer (Hg.): Heinrich Kramer (Institoris): Der Hexenhammer. Malleus Maleficarum, 12. Aufl. München 2017, S. 110–114.

theologischen Fakultät, Lambertus de Monte (Tafel 28), ausgestellt worden.[4] Auf Antrag des Inquisitors Heinrich Kramer beglaubigte der Notar, dass ihm neben den besagten beiden Gutachten auch das Original der Bulle von Papst Innozenz VIII. »Summis desiderantes affectibus« vom 5. Dezember 1484 und ein im November 1486 in Brüssel ausgestelltes Empfehlungsschreiben Kaiser Maximilians I. vorgelegen hatten. Der Text des Instruments wurde der 1486 bei Peter Drach erschienenen Erstauflage des Malleus nachträglich hinzugefügt und ab Mitte des Jahres 1487 standardmäßig mitgedruckt,[5] tituliert als »approbatio et subscriptio doctorum alme universitatis Coloniensis iuxta formam publici instrumenti«.[6]

Im ersten Gutachten stuften die Kölner Professoren Kramers theologische Gedanken hinsichtlich der Existenz von Hexerei als glaubenskonform ein und bestätigten die im dritten Teil des Hexenhammers formulierten juristischen Konsequenzen, insoweit sie nicht den Bestimmungen des kanonischen Rechts widersprachen. Das zweite Gutachten bestand aus insgesamt vier Artikeln, die erstens Kramer in seiner Rolle als Inquisitor bestätigten, zweitens bejahten, dass gemäß der Heiligen Schrift Schadenszauber mit göttlicher Erlaubnis entstehen könnte, drittens davon abweichende und öffentlich kund getane Meinungen als irrig verurteilten und viertens die Landesfürsten dazu aufforderten, die Inquisitoren bei ihrer Arbeit zu unterstützen.[7] Wegen »viele[r] formale[r] Fehler und inhaltliche[r] Unstimmigkeiten«[8] beanstandete Joseph Hansen 1898 nicht nur die Form des Instruments an sich, sondern zweifelte »aus äußeren wie inneren Gründen«[9] die Echtheit des zweiten Gutachtens an, ja bezeichnete es sogar als von Kramer initiierte Fälschung. Seitdem findet sich dieses Gutachten kontinuierlich im Schlaglicht reger Forschungsdiskussionen und Spekulationen wieder; mittlerweile tendiert die Forschung jedoch

---

4 Heinricus Institoris/Jacobus Sprenger: Malleus maleficarum. ed. und übers. von Christopher S. Mackay, 2 Bde., Cambridge 2006, S. 127.
5 Werner Tschacher: Malleus Maleficarum (Hexenhammer), in: historicum.net, 27.06.2008, URL: https://www.historicum.net/persistent/old-purl/5937 [Stand: 16.12.2018].
6 Zitiert nach Joseph Hansen: Der Malleus maleficarum, seine Druckausgaben und die gefälschte Kölner Approbation vom J. 1487, in: Westdeutsche Zeitschrift für Geschichte und Kunst 17 (1898), S. 119–168, hier S. 140. Weder das Notariatsinstrument, noch die beiden Gutachten sind handschriftlich überliefert. Sie sind »nur aus den Drucken des Malleus bekannt.«; ebd., S. 133.
7 Jerouschek/Behringer: Hexenhammer (Anm. 3), S. 110, 112.
8 Ebd., S. 35.
9 Hansen: Malleus (Anm. 6), S. 156. Verwirrung stiftend wirkt allerdings, dass Hansen in seiner Abhandlung bereits im Titel und auch sonst von »einem« Gutachten, beziehungsweise »der« Approbation spricht, womit er beide Stellungnahmen meint und nicht klar zwei unterschiedliche Vorgänge voneinander separiert; ebd., S. 133. An späterer Stelle ist dann von einem »doppelten Gutachten« und im Hinblick auf den Fälschungsvorwurf vom »zweiten dieser Gutachten« die Rede; ebd., S. 149.

Eine gefälschte Approbation des Hexenhammers?

dazu, die These einer von Kramer initiierten Verschwörung als unwahrscheinlich zu bewerten.[10]

Da am Ende von bisher erfolgten historischen wie psychologischen Neubewertungsversuchen und Prüfungen kein eindeutiges Urteil stand, soll hier nun durch die Beleuchtung bisher nicht berücksichtigter Personen und Umstände nochmals die Entstehung der beiden Gutachten aus einem anderen Blickwinkel heraus betrachtet werden. Ziel ist es, so zu einer verbindlicheren Einschätzung des Kölner Notariatsinstruments zu gelangen.

1. Die Funktion des Notars und des Notariatsinstruments

Bevor wir die Entstehungsumstände des Notariatsinstruments und seines Inhaltes näher beleuchten, soll kurz auf die Verwendung dieser Urkundenform sowie die Funktion des Notars eingegangen werden. Schon hier finden sich erste Hinweise für die Frage der Echtheit. Überwogen bis zur Mitte des 14. Jahrhunderts noch gesiegelte »diplomata« als traditionelle Ausfertigungsform, entwickelte sich mit dem Notariatssignet als kennzeichnendem Charakteristikum des Notariatsinstruments ein dem Siegel gleichberechtigter Beweis für die Echtheit und Wahrheit des Rechtsgeschäfts.[11] Dem Notariatssignet kam dabei jedoch nicht die Rolle einer Garantieerklärung für die inhaltliche Korrektheit beglaubigter Schriftstücke, sondern vielmehr die des Beweises einer persönlichen und formalen Mitwirkung des Notars an der Ausstellung der Urkunde zu.[12] Für die von Hansen bemängelte eigentümliche Form des Instruments existierten bis zur Reichsnotariatsordnung von 1512 keine rechtsverbindlichen Vorschriften; man agierte bis dahin nach Gewohnheit und Gebrauch.[13] Entscheidend ist, dass der Notar das Recht besaß, ein »instrumentum publicum« auszustellen, für dessen Verhandlung die Anwesenheit von mindestens zwei Zeugen notwendig war.[14]

---

10 André Schnyder (Hg.): Malleus maleficarum von Heinrich Institoris (alias Kramer) unter Mithilfe Jakob Sprengers aufgrund der dämonologischen Tradition zusammengestellt. Kommentar zur Wiedergabe des Erstdrucks von 1487, Göppingen 1993, S. 422. Werner Tschacher verweist darauf, dass eine »Fälschung des Dokuments im engeren Sinne eher unwahrscheinlich« sei; Tschacher: Malleus (Anm. 5).
11 Ludwig Koechling: Untersuchungen über die Anfänge des öffentlichen Notariats in Deutschland, Marburg 1925, S. 20.
12 Tilmann Schmidt: Der ungetreue Notar, in: Fälschungen im Mittelalter. Internationaler Kongress der Monumenta Germaniae Historica München, 16.–19. September 1986, Bd. 2, Hannover 1988, S. 691–711, hier S. 701.
13 Koechling: Anfänge (Anm. 11), S. 46.
14 Schmidt: Notar (Anm. 12), S. 695.

Für das in unserem Fall vorliegende Notariatsinstrument ergeben sich daraus folgende Schlüsse: Erstens, die Wahl der Urkundenform erscheint nicht außergewöhnlich angesichts der Tatsache, dass sich das Notariatsinstrument bereits ab der Mitte des 14. Jahrhunderts als die am höchsten angesehene und glaubwürdigste Form der Beweisurkunde präsentierte.[15] Zweitens, mit der Unterschrift und Signetierung durch den Notar kann es zunächst als insofern echt eingestuft werden, als dass die Mitwirkung eines öffentlichen Notars ersichtlich ist. Drittens, seine durch mehrere Beglaubigungsgegenstände ungewöhnlich erscheinende Form steht nicht im Gegensatz zu einer zu diesem Zeitpunkt schon festgeschriebenen Ordnung, kam eine solche doch erst 1512 mit der Reichsnotariatsordnung. Viertens, es sichert lediglich das Beurkundete in formaler Hinsicht und ist daher im Unterschied zum bisherigen Diskussionsmuster der Forschung, die um eine Beantwortung der Frage nach ihrer Echtheit aufgrund des Inhalts ringt, nur als reine Beweisurkunde einzustufen,[16] unabhängig davon, ob der Inhalt zur Fälschung verführen könnte.

2. Warum die Universität zu Köln?

a) Die Stellung der theologischen Fakultät im 15. Jahrhundert

Welche Bedeutung hatte die Universität zu Köln, explizit deren theologische Fakultät für die Entstehungsumstände des Notariatsinstruments? Warum ließ Kramer ausgerechnet hier sein Werk begutachten und zwei Stellungnahmen formulieren? Ginge es nach Erich Meuthen, so lag dies vornehmlich am »europäische[n] Ruf der Kölner Theologie«.[17] Diesen belegen nicht nur verschiedene zeitgenössische Gelehrte des 15. Jahrhunderts mit ihren Aussagen, sondern auch die im Vergleich zu anderen Studienorten der Zeit stets höheren sowie konstant steigenden Studentenzahlen.[18] Die Fakultät engagierte sich aktiv in der

---

15 Toni Diederich: Siegelurkunde – Notariatsinstrument – Schreinseintrag. Zur Rechtssicherung von Liegenschaften und Erbzinsen im spätmittelalterlichen Köln, in: Archiv für Diplomatik 53 (2007), S. 353–366, hier S. 355.
16 Auch Hermann Frischen schrieb dem Kölner Notariatsinstrument die Funktion als Beweisurkunde zu. Als argumentative Grundlage diente ihm allerdings nur, dass Notariatsinstrumente im Italien des 12. Jahrhunderts prinzipiell lediglich den Beweis des Beurkundeten sichern sollten; Hermann Frischen: Das Notariatssignet, seine Herkunft, Bedeutung und Symbolik, in: Mathias Schmoeckel/Werner Schubert (Hg.): Handbuch zur Geschichte des Notariats seit der Reichsnotariatsordnung 1512, Baden-Baden 2012, S. 689.
17 So lautet der Titel von Meuthens Kapitel zur theologischen Fakultät der Universität zu Köln in seinem Werk: Die alte Universität, Köln 1988, S. 141.
18 Ebd., S. 77.

Bekämpfung von Irrlehren, unter anderem solcher wie abergläubischen Bräuchen, Hydromantie und Astrologie,[19] wofür bereits öfters ihre Gutachtertätigkeit in Anspruch genommen worden war.[20] Schon seit dem kirchlichen Schisma von 1378 und der folgenden Zeit der Reformkonzilien bis 1418[21] zählte die Überwachung der Glaubenslehre zu den Hauptaufgaben der Fakultät, was sich noch ein Jahrhundert später beispielsweise in der Bekämpfung Johannes Reuchlins[22] und den im Anschluss an diesen Streit veröffentlichten Dunkelmännerbriefen manifestierte.[23] In die unmittelbare Vorzeit unseres Notariatsinstruments fällt unter anderem das 1479 vom Mainzer Erzbischof Dietrich erbetene Gutachten über die Schriften des ehemaligen Wormser Dompredigers Johannes Ruchrath von Wesel, der sich mit seiner Kritik an Ablass und päpstlicher Lehrgewalt zu sehr dem Hussitismus angenähert hatte.[24] Dass die theologische Fakultät der Universität in diesem Fall für die Attestation der Rechtgläubigkeit zu Rate gezogen

19 1486 wurde der Herzog von Jülich dazu angehalten, gegen die in seinem Herzogtum aufgetretene Hydromantie vorzugehen. 1488 prüfte man die Lehren des Astrologen Hartung Gernod, der sich später vor einer Kommission unter Leitung des Inquisitors Jakob Sprenger rechtfertigen musste; 1492 empfahl die Fakultät der Inquisition, den Astrologen Johannes Lichtenberger zu verhaften; Joseph Hansen: Quellen und Untersuchungen zur Geschichte des Hexenwahns und der Hexenverfolgung im Mittelalter, München 1901, S. 502–503.
20 Meuthen: Universität (Anm. 17), S. 148.
21 Robert Swanson: The University of Cologne and the Great Schism, in: Journal of Ecclesiastical History 28 (1977), S. 1–15.
22 Auslöser des Streits war das 1509 vom Kölner Konvertiten Johannes Pfefferkorn unter Mitwirkung der Kölner Universität beantragte Verbot sowie die geplante Verbrennung aller jüdischen Bücher. Kaiser Maximilian I. beauftragte im Hinblick auf eine endgültige Lösung Pfefferkorn damit, Gutachten von Universitäten und Gelehrten zur Frage des Einflusses der jüdischen Bücher auf den christlichen Glauben einzuholen. Darunter vertreten waren unter anderem die Universität zu Köln sowie der gelehrte Hebraist und Humanist Johannes Reuchlin, welcher sich 1511 als einziger für das Schutz der jüdischen Schriften ausspruch und sich dafür zwei Jahre später in Rom einem Häresieprozess stellen musste. Es waren vor allem die Kölner Theologen, die ihn des Judaismus bezichtigt hatten und somit vor die Inquisition brachten. Erich Meuthen: Die Epistolae obscurorum virorum, in: Walter Brandmüller (Hg.); Ecclesia militans. Festschrift für Remigius Bäumer, Bd. 2, Paderborn 1988, S. 56–59; Günther Mensching: Die Kölner Spätscholastik in der Satire der Epistolae Obscurorum Virorum, in: Albert Zimmermann (Hg.): Die Kölner Universität im Mittelalter. Geistige Wurzeln und soziale Wirklichkeit, Berlin 1989, S. 514–516. Joseph Hansen spezifiziert dies sogar auf den Kölner Theologen Thomas Lyel de Scotia, der 1512 die Verhandlungen gegen Reuchlin eröffnet haben soll; Hansen: Malleus (Anm. 6), S. 148, Anm. 75.
23 Hermann Keussen: Die alte Universität Köln. Grundzüge ihrer Verfassung und Geschichte. Festschrift zum Einzug in die neue Universität Köln, Köln 1934, S. 209, 211–212. Der Streit um die Frage nach dem Erhalt jüdischer Werke wurde hauptsächlich auf dem Papier in Form von Schriften und Gegenschriften ausgetragen. Reuchlin, der von vielen namenhaften Humanisten Unterstützung erhielt, veröffentlichte 1514 einige ihrer Stellungnahmen als »clarum virorum epistolae«. An diesen Titel anknüpfend, gipfelte die Auseinandersetzung in den 1515 anonym veröffentlichten »epistolae obscurorum virorum«, den sogenannten Dunkelmännerbriefen, eine mit satirischer Absicht verfasste Reihe gefälschter lateinischer Briefe, in denen die Kölner Scholastik parodiert wurde; Meuthen: Epistolae (Anm. 22), S. 60.
24 Meuthen: Universität (Anm. 17), S. 148. Die Stellungnahmen formulierten die Fakultätsmitglieder Gerhard von Elten und Jakob Sprenger, beide Dominikaner und als Inquisitoren tätig.

wurde, ist insofern nicht verwunderlich, weil sie 1479 von Papst Sixtus IV. das uneingeschränkte Zensurrecht über gedruckte Bücher erhalten hatte, was vor allem die Unterbindung des Druckes ketzerischer Schriften zum Zweck haben sollte.[25] Dies änderte sich auch nicht, als acht Jahre später Innozenz VIII. 1487 dieses Vorrecht zwar bestätigte, die Zensur aber generell den Ortsordinaren zuwies; ohnehin ernannte aber der Kölner Erzbischof Theologen und Kanonisten der Universität zu seinen Zensoren.[26] Es scheint demnach nur logisch, dass sich Kramer neben der Bulle von Innozenz VIII. als zusätzliche Approbation seines Werkes zwei Gutachten einer universitären Einrichtung ausstellen lassen wollte, zumal sich dieses Vorgehen offensichtlich als Teil einer unumgänglichen Praxis herausstellt.

Die Frage, warum er ausgerechnet die Kölner Universität auswählte, ist damit jedoch noch nicht beantwortet. Dafür ist es notwendig, sich mit der speziellen philosophisch-theologischen Auffassung zu beschäftigen, die an der Kölner Universität vertreten wurde: der Kombination aus Realismus, Thomismus und Aristotelismus, die maßgeblich durch den damaligen Dekan der Theologen, Lambertus de Monte, für Köln determiniert worden war.[27] Der Ruf der Kölner Universität beruhte seit jeher auf einer »schulphilosophisch durchorganisierten Scholastik«,[28] deren Reform sich der Humanismus Anfang des 15. Jahrhunderts verschrieben hatte.[29] Hatte zur Zeit der Universitätsgründung noch der aus Paris übernommene Nominalismus dominiert, so setzte sich nur 30 Jahre später allmählich der Realismus wieder durch, was gleichzeitig auch das Ansehen des für Köln charakteristisch werdenden Thomismus steigerte.[30] Im Lehrbetrieb

---

25 Keussen: Universität (Anm. 23), S. 209.
26 Meuthen: Universität (Anm. 17), S.149–150. Dieses Zensurrecht verschärfte sich äquivalent zum lutherischen Einfluss, sodass 1523 der Kölner Rat auf Ersuchen der Universität den Druck aller unzensierten Bücher untersagte. Gutachter waren erneut die Theologieprofessoren.
27 Ebd., S. 178.
28 Erich Meuthen: Die Artesfakultät der alten Kölner Universität, in: Zimmermann: Universität (Anm. 22), S. 366–393, hier S. 386.
29 James V. Mehl konstatiert, dass Köln am Ende des 15. Jahrhunderts doch nicht »the Hochburg of reactionary scholastics« gewesen wäre, »as depicted in the satirical ›Letters [of Obscure Men]‹«; James V. Mehl: Humanism in the Town of the »Obscure Men«, in: Ders. (Hg.): Humanism in Köln/Humanism in Cologne, Köln 1991, S. 3.
30 Meuthen: Artesfakultät (Anm. 28), S. 386. Die beiden konkurrierenden Strömungen Nominalismus und Realismus gingen aus dem sogenannten »Wegestreit« hervor: Ihm lag die Diskussion um den Universalienbegriff zugrunde, und konkreter die Frage, ob das Allgemeine, sprich das Universale, real existiere (Realismus) oder sich nur in einzelnen Begriffen ausdrücke (Nominalismus). Prominente Vertreter des Realismus waren unter anderem Thomas von Aquin und Albertus Magnus; prominentester Vertreter des Nominalismus Wilhelm von Ockham; Michael Sikora: Die Universität Köln und der »Wegestreit«, in: GiK 23 (1988), S. 65–90, hier S. 67. Innerhalb des Realismus existierten nochmals verschiedene Schulen: In Köln gab es nachweislich Anhänger des Albertismus, des Thomismus, des Skotismus (nach Johannes Duns Scotus) und den Aegidianismus (nach Aegidius de Viterbo); Meuthen: Universität

fest verankert wurde dieser jedoch erst durch den an der theologischen Fakultät tätigen Theologieprofessor Heinrich von Gorkum († 1431), der ihm »in der unter seiner Leitung stehenden Montanerburse den institutionellen Rahmen sicherte. Der Thomismus wurde zum Werbezeichen der Kölner Burse.«[31] Es waren also vor allem deren Magister, die für die Thomasrezeption eine bedeutende Rolle spielten[32] und überwiegend entweder der artistischen oder theologischen Fakultät angehörten, wenn nicht sogar vorstanden.[33] Die damalige Kölner Artistenfakultät beschäftigte sich überwiegend mit der Kommentierung von Aristoteles, die theologische Fakultät mit der »Summa theologiae«; ein erster Kommentar zu deren erstem und zweitem Teil stammt angeblich von Johannes Tinctoris, einem Kölner Schüler des Heinrich von Gorkum und Zeitgenossen des Gerhardus de Monte,[34] Onkel des später führenden Kölner Thomisten und Hauptgutachters des Notariatsinstruments, Lambertus de Monte.[35]

Seit Ende des 13. Jahrhunderts hatten sich auch die Dominikaner auf die Lehre des heiligen Thomas von Aquin festgelegt. Trotz der vielfältigen Arten und Weisen seiner Rezeption ging man seit 1344 von der Unfehlbarkeit seiner

(Anm. 17), S. 192. Monika Asztalos sieht den Anfang des thomistischen Realismus in den Dominikanerkonventen Deutschlands; Monika Asztalos: Die theologische Fakultät. Von der Bibelexegese zur scholastischen Theologie, in: Walter Rüegg (Hg.): Geschichte der Universität in Europa 1: Mittelalter, München 1993, S. 359-385, hier S. 384.

31 Meuthen: Artesfakultät (Anm. 28), S. 387. Heinrich von Gorkum gilt als Begründer der thomistischen Bursa Montana und sieht auch gerne die Initiator der Vorherrschaft des Thomismus in Köln angesehen. Er lehrte von 1420 bis 1431 in Köln; Keussen: Universität (Anm. 23), S. 423. Götz-Rüdiger Tewes zitiert ihn nach seinem Biographen Anton Gerard Weiler als »monarcha thomistarum«; Götz-Rüdiger Tewes: Die Bursen der Kölner Artisten-Fakultät bis zur Mitte des 16. Jahrhunderts, Köln 1993, S. 351. Gorkums Werke standen den Professoren auch in der Bibliothek der Artisten zur Verfügung, die sozusagen die Rolle einer Universitätsbibliothek einnahm und vor allem theologisch geprägt war; Keussen: Universität (Anm. 17), S. 314-315, 318. Es verwundert nicht, dass unter anderem Lambertus de Monte acht Bücher aus dem Legat des Heinrich von Gorkum 1480 an die Bibliothek vermittelte. Vgl. Jürgen Stohlmann: »Insignis bibliotheca asservatur«. Die Kölner Professoren und ihre Bibliothek in der Frühzeit der Universität, in: Zimmermann: Universität (Anm. 22), S. 433-466, hier S. 443.

32 Keussen: Universität (Anm. 23), S. 296-297.

33 Gerhard Kallen: Die Stadt und die Universität in alter und neuer Zeit, in: Hubert Graven (Hg.): Festschrift zur Erinnerung an die Gründung der alten Universität Köln im Jahre 1388, Köln 1938, S. 13-31, hier S. 20.

34 Rudolf Haubst: Die Rezeption und Wirkungsgeschichte des Thomas von Aquin im 15. Jahrhundert, besonders im Umkreis des Nikolaus von Kues († 1464), in: Theologie und Philosophie 49 (1974), S. 252-273, hier S. 257. Erich Meuthen ergänzt dazu, dass vom 13. bis zum 15. Jahrhundert ursprünglich die Sentenzen des Petrus Lombardus das offizielle theologische Lehrbuch darstellten. Mit Beginn des Jahrhunderts wurde zum ersten Mal über den Dominikanerorden hinaus Thomas von Aquin mindestens ebenso relevant. Die »Summa theologiae« sei in der Absicht geschrieben worden, Petrus Lombardus zu ersetzen; Meuthen: Universität (Anm. 17), S. 178.

35 Jakob Lauchert: Terstegen de Monte, Gerhard, in: Allgemeine Deutsche Biographie. Bd. 54, Leipzig 1908, S. 681-682. Die Thomisten bedienten sich für die Begründung ihrer Lehre der Form von Quästionen; Haubst: Rezeption (Anm. 34), S. 258.

Glaubenssätze aus, basierend auf dem Argument, er habe so sorgfältig andere Theologen und Philosophen studiert, dass die von ihm formulierten Glaubenssätze an keiner Stelle zu einer Irrlehre führen könnten.[36] Folgte man dieser Lehre, konnte man nicht von der Wahrheit abweichen. In der zweiten Hälfte des 15. Jahrhunderts galt Thomas als Lehrer des Predigerordens, dessen »scripta, doctrina« und »opera« im Unterricht verwendet werden sollten. Seine Glaubenssätze stimmten mit der »communis opinio ecclesiae« überein und gehörten zu den beliebtesten Lehrinhalten neben der Lehre Christi.[37] Dementsprechend dominierten sie im ausgehenden 15. Jahrhundert gerade auch im universitären Bereich vor allem auf den Gebieten der Logik und der Physik, und man nutzte sie als Verteidigung des Thomismus gegenüber den neueren Lehren von Nominalisten, Scotisten und Albertisten.[38] Maarten Hoenen spricht sogar davon, dass die Thomisten die Bedeutung des Thomas von Aquin für die Dominikaner und dessen Heiligkeit strategisch geschickt für ihre Zwecke einsetzten, obwohl die meisten Personen, die sich hierbei hervortaten, keine Dominikaner waren.[39]

Die auffällig enge Verbindung zwischen Thomismus und Dominikanertum führt zu dem Resümee, dass Kramer als Angehöriger des Dominikanerordens sicherlich im Sinne jener thomistischen Autorität geprägt war und damit dem Realismus und seinen aristotelischen Anteilen als Forschungsposition näherstand als dem Nominalismus. Dies zeigt sich auch durch die Verwendung der »Summa« und deren Kommentierung im Hexenhammer sowie dem darin omnipräsenten aristotelischen Gedankengut. Daran wird nicht nur die Nähe zur Kölner Lehre sichtbar, sondern es wird auch Kramers Entscheidung plausibel, sich an der dortigen theologischen Fakultät um eine Approbation zu bemühen – jedoch nicht, weil ihm aufgrund persönlicher Bekanntschaft oder Komplizenschaft mit den dortigen Lehrenden der »Gedanke einer Fälschung«[40] für seine Zwecke gekommen war, sondern weil er fest damit rechnen konnte, auf Zustimmung zu stoßen. Damit stand für ihn weniger der Aspekt einer allgemeinen Anerkennung seiner Tätigkeit auf Grundlage des Hexenhammers im Vordergrund – dies hatte er schon 1484 durch die Bulle »Summis desiderantes affectibus« von Papst Innozenz VIII. erreicht – als vielmehr eine Approbation seiner theologischen

---

36 Maarten J. F. M. Hoenen: Thomas von Aquin und der Dominikanerorden. Lehrtraditionen bei den Mendikanten des späten Mittelalters, in: Freiburger Zeitschrift für Philosophie und Theologie 57 (2010), S. 260–285, hier S. 261–262, 267.
37 Ebd., S. 263–264.
38 Ebd., S. 276.
39 Erich Höhn: Köln als der erste Ort der ersten Kommentare zur »Summa Theologiae« des Thomas von Aquin, in: Willehad Paul Eckert (Hg.): Thomas von Aquino. Interpretation und Rezeption. Studien und Texte, Mainz 1974, S. 641–655, hier S. 642.
40 Hansen: Malleus (Anm. 6), S. 162.

Eine gefälschte Approbation des Hexenhammers?   123

Grundhaltung. Dafür spräche auch, dass Kramer als Dominikaner und seit 1479 auch als promovierter Theologe[41] zweifelsohne berühmte thomistische Gelehrte seiner Zeit kannte – wie Lambertus de Monte, der als führender Thomist an der Universität zu Köln eine beherrschende Position besaß; frühhumanistische Gelehrte handelten ihn sogar als berühmten Philosophen.[42]

b) Die Rolle der Bursen

Wie bereits angesprochen waren es vor allem die Bursen, insbesondere die sogenannte Montanerburse, die – ausgehend von der artistischen und theologischen Fakultät – die thomistisch-realistische Prägung der Universität vorgaben. Namen und Existenz verdanken die Bursen dem wöchentlich zu entrichtenden finanziellen Beitrag der Studenten aus deren Geldbörse, genannt »bursa«, den sie für Kost und Logis einem Magister als Betreiber ihrer Unterkunft zu zahlen hatten.[43] Die Bursen entstanden in der Zeit um 1420, als einige aus Paris kommende Magister Räumlichkeiten erwarben und einer bestimmten Anzahl an Studenten – in der Regel Studenten der »Artes« – gegen Bezahlung als Unterkunft anboten.[44] Besagte Magister vertraten vor allem die bis dahin in Deutschland eher unbedeutende philosophische Strömung des Realismus, die »via antiqua«. Somit sind der Aufstieg von Realismus und Thomismus, die Entwicklung der Bursen sowie die der Universität zu Köln zu einer Vorreiterinstitution für diese philosophische Ausrichtung untrennbar miteinander verbunden: Die Festigung der Bursenstruktur bedeutete stets zugleich die Stärkung der »via antiqua«.[45]

Seit der Mitte des 15. Jahrhunderts existierte in Köln ein geschlossener Kreis von vier Hauptbursen. Heinrich von Gorkum gründete die erste dieser Großbursen an Unter Sachsenhausen, die später nach ihren Hauptförderern Gerhard ter Steghen von s'Heerenberg (»de Monte Domini«) und seinem Neffen Lambertus von »bursa antiquissima« in »bursa montis« – kurz Montana – umbenannt wurde.[46] Neben ihr prägten die Laurentiana, Corneliana und Kuckana das Bild des Kölner Studiums maßgeblich, indem der eigentliche universitäre Unterricht in

---

41 Werner Tschacher: Kramer, Heinrich (Henricus Institoris), in: historicum.net, 24.07.2008, URL: https://www.historicum.net/themen/hexenforschung/lexikon/alphabetisch/h-o/artikel/kramer-heinric/ [Stand: 23.4.2019].
42 Meuthen: Artesfakultät (Anm. 28), S. 388.
43 Götz-Rüdiger Tewes: Stadt und Bursen. Das Beispiel Köln, in: Heinz Durchhardt (Hg.): Stadt und Universität, Köln 1993, S. 1–11, hier S. 1.
44 Ebd., S. 2–3.
45 Ebd., S. 3.
46 Erich Meuthen: Bursen und Artesfakultät der alten Kölner Universität, in: Maarten J. F. M. Hoenen/Jakob H. J. Schneider/Georg Wieland (Hg.): Philosophy and learning. Universities in the Middle Ages, Leiden 1995, S. 225–245, hier S. 228–229.

sie verlagert wurde und sich dadurch bursenspezifische Lehrprogramme entwickelten.[47] Dies bedeutete wiederum auch, dass sich bestimmte Lehren nur durch die Rezeption in den Bursen durchsetzen konnten, wobei die jeweilige Gewichtung innerhalb des Kreises der vier »Prinzipal-Bursen«[48] berücksichtigt werden muss; tonangebend waren Montana und Laurentiana.[49] Die kollegiale Leitung der Bursen verfestigte sich im Verlauf des 15. Jahrhunderts und wurde seitdem meist testamentarisch geregelt. Dadurch konnte sichergestellt werden, dass sowohl die wissenschaftliche Doktrin gewahrt als auch eine personelle Verknüpfung von Burse und höherer Fakultät auf unbestimmte Zeit festgelegt wurde, waren die Regenten der Bursen doch immer Professoren der Universität zu Köln.[50]

In Bezug auf unser Notariatsinstrument ist es nicht unwichtig zu bemerken, dass mehrere der Gutachter Mitglieder, wenn nicht sogar Regenten einer Burse waren: Lambertus de Monte war Regent der Montanerburse, Jacobus de Straelen Regent der Laurentiana. Ulrich Kreidweiss von Esslingen stand der thomistischen Raemsdonck-Burse vor, die ihre Ursprünge an der Universität Trier hatte[51] und 1477/80 mit der Montanerburse vereinigt wurde.[52] Theoderich Balvaeren de Bommel[53] war Regent der Corneliana und Konrad Vorn von Kempen übernahm später von Jacobus de Straelen das Amt des Laurentiana-Regenten.[54] Zusammenfassend ergibt sich daraus, dass sich ohne den von den Bursen gezogenen Rahmen sowohl die Eigenart der Kölner theologischen und artistischen

---

47 Ebd., S. 233, 238, 243. Ab 1480 existierte für Studenten sogar ein Bursenzwang.
48 Tewes: Bursen (Anm. 31), S. 27.
49 Ebd., S. 244–245. Lambertus de Monte, dritter Regent der Montanerburse, kaufte zwischen 1469 und 1499 mehrere Häuser an Unter Sachsenhausen zur Erweiterung des bisherigen Bursenstammhauses. Auch Konrad Vorn von Kempen als Laurentianaregent vergrößerte in den 1470er und 1480er Jahren deren Immobilienbesitz im Quartier zwischen Komödienstraße und Enggasse, sodass beide Bursen nachhaltig das ganze Stadtviertel Niederich prägten; Tewes: Stadt (Anm. 43), S. 5.
50 Ebd., S. 4.
51 Ebd., S. 7. Kreidweiss war in der Gründungsphase der Universität Trier maßgeblich aktiv.
52 Meuthen: Universität (Anm. 17), S. 94. Zuvor hatte man jahrelang Verhandlungen über die Anerkennung der Raemsdonck als weitere Hauptburse geführt, die 1472 letztendlich scheiterten. Nicht zuletzt deswegen wechselte auch Ulrich Kreidweiss zwischen 1473–1476 nach Trier; ebd., S. 194.
53 Oder auch von Bunwell/de Bummel. Im Notariatsinstrument wurde sein Name in der 1494er Ausgabe des Hexenhammers, die vermutlich in Köln gedruckt wurde, von Bunwell zu Bummel verbessert; Jerouschek/Behringer: Hexenhammer (Anm. 3), S. 114, Anm. 45. Diese Korrektur könnte daher rühren, dass beim nachträglichen Vergleich durch Kölner Drucker, die seinen Namen vermutlich eher kannten, aus der Handschrift des Notars nicht Bunwell, sondern Bummel gelesen wurde. Vergegenwärtigt man sich das Schriftbild, so ist es durchaus plausibel, dass unbekannterweise aus den Schlenkern die falsche Variante entstehen konnte. Dies stellt auch keine Verfälschung des Rechtsdokumentes dar, da in diesem nachträglich nicht verändert worden war, sondern nur im Druck.
54 Tewes: Bursen (Anm. 31), S. 255.

Fakultät als auch deren Einfluss auf Stadt und Geschehnisse nur unzureichend verstehen lässt. »Die geistige Wirksamkeit der Universität beruhte nicht zuletzt darauf, dass sie ihrerseits eng verflochten blieb mit dem Lehrbetrieb der aus den Bursen erwachsenden Gymnasien und mit den Trivialschulen der Stadt.«[55]

3. Inhalt und missverstandene Umstände: Der Entstehungsprozess des Notariatsinstruments

Die detaillierte Untersuchung der beiden im Notariatsinstrument eingebetteten Gutachten ist ein nach wie vor dringendes Anliegen. Bis heute scheint nicht ganz klar zu sein, wie ihre Ausstellung verlief. Vor allem aber wurden die einzelnen Gutachter vernachlässigt, deren Betrachtung nicht nur die universitären Hintergründe sichtbar macht, sondern eben auch die Abläufe der Begutachtung deutlich werden lässt.

a) Die unterzeichnenden Gutachter

Als Hauptgutachter erscheint im Kölner Notariatsinstrument der Theologieprofessor Lambertus de Monte, was daran ersichtlich ist, dass er in beiden Unterschriften jeweils an erster Stelle ausführlich seinen Standpunkt formulierte. Diesem schlossen sich die anderen Sachverständigen an. Darüber hinaus wird er bei der Ausstellung des Notariatsinstruments als zugegen genannt, zumal das Geschäfts- und Studienzimmer seiner Wohnung als Verhandlungsort diente.[56] Als Gründe für seine Anwesenheit können folglich die Tätigkeit als Hauptgutachter und damit (ohne dass es im Urkundentext nochmals gesondert angeführt

---

55 Kallen: Stadt (Anm. 33), S. 20.
56 Institoris/Sprenger: Malleus (Anm. 4), Bd. 1, S. 206. Tschacher wies 2008 zurecht darauf hin, dass die hervorgehobene Rolle des Lambertus bei der Publikation des Malleus einer eingehenderen Erforschung bedürfe: Er habe zur Beschreibung seiner (vielleicht mehr als nur) prüfenden Gutachtertätigkeit die Wendung »per me lustratum et diligenter collationatum« gebraucht. Vgl. Tschacher: Malleus maleficarum (Anm. 5). Eine hierauf ausgelegte Studie müsste beispielsweise eine historisch-philologische Untersuchung von »collationatum« umfassen und insbesondere sämtliche von Lambertus verfassten Werke mit dem philosophisch-theologischen Gedankengut des Malleus vergleichen. Weitere Anhaltspunkte für eine Mitarbeit Lambertus' am Hexenhammer könnten sich auch in von ihm besessenen Werken finden – vielleicht in Form von Randnotizen. Im Fall des Ulrich Kreidweiss von Esslingen arbeitete Tschacher heraus, dass er nachweislich ein Exemplar des Formicarius von Johannes Nider besaß; Werner Tschacher: Der Formicarius des Johannes Nider von 1437/38. Studien zu den Anfängen der europäischen Hexenverfolgung im Spätmittelalter, Aachen 2000, S. 92–93. Kramer arbeitete vor allem die darin enthaltenen Exempla in den Malleus ein, um den Ursprung der Hexensekte darzustellen; Tschacher: Malleus (Anm. 5).

werden müsste[57]) ein offensichtlicher Beweis der Rechtmäßigkeit aller Unterschriften sowie die Funktion als Wohnungsbesitzer genannt werden. Vom 5. Juli 1486 bis 3. Juli 1487, ergo in dem für uns wichtigen Hauptaktionszeitraum, war er Dekan der theologischen Fakultät und seit 1480 Regent der thomistischen Montanerburse,[58] was ihm eine der einflussreichsten Stellungen an der damaligen Kölner Universität verschaffte.

Der Domkanoniker Jacobus de Stralen[59] unterschrieb beide Gutachten jeweils unmittelbar nach Lambertus de Monte. Er ist bereits ab 1459 als Rektor der Laurentiana nachweisbar,[60] was in Verbindung mit seinen universitären Ämtern auf eine ebenfalls einflussreiche Stellung hindeutet: Vom 30. Juni 1485 bis zum 5. Juli 1486 war er Dekan der theologischen Fakultät[61] und 1487 übte er in Personalunion das Amt des Rektors sowie Vizekanzlers der Universität aus.[62] Wissenschaftlich war er bereits unter Zeitgenossen bekannt als Scholastiker, Exeget und Verfasser eines Kommentars zur Johannes-Apokalypse.[63] Vor allem seine Beschäftigung mit Wortauslegungen könnte eine für die Interpretation des Hexenhammers nicht unwichtige Qualifikation bedeutet und ihn deswegen zu einem weiteren wichtigen Hauptgutachter des Malleus prädestiniert haben.

Ulrich Kreidweiss von Esslingen (Tafel 29) trat sein Amt als Dekan der theologischen Fakultät am 3. Juli 1487 unmittelbar nach Lambertus de Monte an.[64] Auch er war – wie bereits erwähnt – als Regent der Raemsdonck-Burse aktiv und dadurch der thomistischen Lehre zugeneigt. Sein politischer Einfluss ist ebenfalls nicht zu unterschätzen: Er stammte aus einer der führenden Kaufmannsfamilien der Reichsstadt Esslingen und gehörte, wie Tewes konstatiert, »schon damals [zum] engeren Berater- und Vertrautenkreis des späteren Kölner Erzbischofs Hermann von Hessen und sogar Kaiser Friedrichs III.«.[65] Durch seine guten Verbindungen zu den Kölner Ratsherren verhalf er beispielsweise

---

57 Hansen führt fast schon anklagend an, dass durch Kolich nicht schriftlich festgehalten wurde, ob Lambertus de Monte sich als Hauptgutachter stellvertretend für alle anderen Unterschreibenden während des Aktes selbst nochmals zu der Rechtmäßigkeit des zweiten Gutachtens äußerte; Hansen: Malleus (Anm. 6), S. 149.
58 Keussen: Universität (Anm. 23), S. 417; Hansen: Malleus (Anm. 6), S. 17, Anm. 72.
59 Tewes: Bursen (Anm. 31), S. 469.
60 Ebd., S. 153.
61 Keussen: Universität (Anm. 23), S. 417.
62 Hansen: Malleus (Anm. 6), S. 147–148, Anm. 73.
63 Ebd., S. 148, Anm. 73. Er lieh dafür unter anderem den Bibel-Kommentar des Nikolaus von Lyra in der Bibliothek der Artisten aus, zu welcher nur Professoren Zugang hatten; Keussen: Universität (Anm. 23), S. 319–322.
64 Hansen: Malleus (Anm. 6), S. 148, Anm. 76; Keussen: Universität (Anm. 23), S. 417.
65 Tewes: Stadt (Anm. 43), S. 7; zu Kreidweiss ferner Joachim Oepen/Marc Steinmann: Der Severinzyklus, Köln 2016, S. 73–74.

Eine gefälschte Approbation des Hexenhammers?

einem Studenten seiner Burse erst zum Aufstieg in den Kölner Rat und später zum Vertrauten und Gesandten Kaiser Maximilians I.[66]

Konrad Vorn von Kempen folgte 1470 wie bereits erwähnt dem oben genannten Jacobus de Stralen als Haupt-Regent der Laurentiana nach.[67] Vom 30. Juni 1489 an bekleidete auch er für ein Jahr das Amt des Dekans der theologischen Fakultät sowie vier Jahre vorher, 1485, das des Rektors der Universität.[68] Darüber hinaus trat er unter anderem bei verschiedenen Rechtsakten in Erscheinung, beispielsweise 1490 zusammen mit Theoderich Balvaeren von Bommel und dem zu der Zeit amtierenden Rektor als Zeuge der Hinterlegung einer Originalausfertigung der Bibliotheksordnung in der Dokumententruhe der Artistenfakultät.[69]

Über Cornelius de Breda ist in dem für uns entscheidenden Zeitraum lediglich bekannt, dass er ab 1478 als Doktor der Theologie geführt wurde.[70] Tewes ortet ihn als Angehörigen der Kuckana-Burse, doch hatte er interessanterweise seine artistischen Grade in der Laurentiana erworben; später bezeichnet Tewes ihn als »Kuckana-Regenten«.[71] Er wurde drei Mal zum Dekan der theologischen Fakultät gewählt, so ab dem 30. Juni 1490 nach Konrad Vorn von Kempen,[72] war von 1489 bis 1497 Vizekanzler der Universität und wirkte darüber hinaus als Pfarrer an Klein St. Martin.[73]

Thomas Lyel de Scotia, der vorher an der Universität Paris immatrikuliert war, erlangte nicht zuletzt wegen seines späteren Engagements gegen Johannes Reuchlin Bekanntheit an der alten Kölner Universität. Schon für 1489 ist er als deren Rektor belegt und für 1491 als Dekan der theologischen Fakultät – interessanterweise als unmittelbarer Nachfolger von Cornelius de Breda.[74] Tewes arbeitet heraus, dass er Albertist war und ähnlich wie Lambertus de Monte als einer der einflussreichsten Kölner Lehrer galt.[75] Sein klar konturierter Freundeskreis führt vorwiegend zu den Bursen: Am engsten verbunden gewesen zu sein scheint er

---

66 Es handelte sich um den jüngeren Robert Blitterswijck; ebd. Entgegen seiner eigentlich thomistischen Orientierung schreibt ihm Tewes eine »Humanistenhand« zu; Tewes: Bursen (Anm. 31), S. 689.
67 Siehe diese Studie, Anm. 54.
68 Hansen: Malleus (Anm. 6), S. 148 Anm. 77.
69 Stohlmann: Professoren (Anm. 31), S. 464.
70 Hansen: Malleus (Anm. 6), S. 149 Anm. 78.
71 Tewes: Bursen (Anm. 31), S. 462.
72 Keussen: Die alte Universität, S. 417.
73 Tewes: Bursen (Anm. 31), S. 95–96, 469.
74 Hansen: Malleus (Anm. 6), S. 148, Anm. 75; Keussen: Universität (Anm. 23), S. 417.
75 Tewes: Bursen (Anm. 31), S. 689, Anm. 110. Dass er zusammen mit Ulrich Kreidweiss von Esslingen 1495 ein Gutachten über die Lehre der Unbefleckten Empfängnis unterzeichnete, suggeriert eine grundlegende Übereinstimmung in kirchlichen Fragen – und das nicht nur in diesem bestimmten Fall zwischen diesen beiden Professoren, sondern wohl an der theologische Fakultät zu Köln insgesamt; Jerouschek/Behringer: Hexenhammer (Anm. 3), S. 113.

mit der Laurentiana, da er 1493 als Exekutor des Büchervermächtnisses Konrad Vorns von Kempen genannt wird.[76] 1486 fungierte er aber auch als Testamentsvollstrecker des Gründers der Bursa Ottonis und hatte somit wohl einen weitreichenden Einfluss.[77]

Theoderich Balvaeren von Bommel, ein Niederländer,[78] trat schon 1456 zusammen mit Jacobus de Stralen auf einer Fakultätsversammlung in Erscheinung und zwar als Regent der Burse Corneliana, die sich wie die Montana dem Thomismus verschrieben hatte.[79] 1472 war er nach Cornelius de Breda (1468) und Konrad Vorn von Kempen (1471) Dekan der Artisten und wurde 1480 zum Doktor der Theologie promoviert.[80] Im selben Jahr trat er gemeinsam mit Lambertus de Monte, den vorgenannten Konrad und Cornelius als Deputierter der Artistenfakultät auf.[81]

Andreas de Ochsenfurt kann als der jüngste Theologe unter den Gutachtern bezeichnet werden, da er laut Hansen erst 1486 zum Doktor promoviert wurde.[82] Keussen schreibt ihm allerdings schon 1466 den Magister Artium zu,[83] was ihn altersmäßig ungefähr an Thomas de Scotia heranrücken lässt. Von 1471 bis 1487 gehörte er der Montanerburse an,[84] stand seit dem 3. Juli 1493 der theologischen Fakultät als Dekan vor und wurde in den Jahren darauf der Reihenfolge nach von Jacobus de Stralen, Ulrich Kreidweiss, Lambertus de Monte, Cornelius de Breda, Thomas Lyel de Scotia und erneut Ulrich Kreidweiss als Amtsträger beerbt.[85]

Diese Informationen bestätigen nicht nur die schon mehrfach erwähnte maßgebliche Prägung des Fakultätslebens durch die Bursen, sondern verdeutlichen auch, wie eng und verflochten die Beziehungen der handelnden Persönlichkeiten,

---

76 Tewes: Bursen (Anm. 31), S. 418. Dieser nennt ihn einen »Intimus der maßgeblichen Albertisten-Burse« und offenbart Indizien dafür, dass auch die Kuckaner-Burse Teil seines umfassenden Beziehungsgeflechts war; ebd., S. 420–421.
77 Ebd., S. 422.
78 Meuthen: Universität (Anm. 17), S. 93.
79 Tewes: Bursen (Anm. 31), S. 147. Darüber hinaus zählt er ihn zu den prägenden Regenten der Corneliana, unter anderem wegen seiner Lehrtätigkeit und den häufigen Dekanaten. Hansen bemerkt, dass in der Corneliana »die humanistischen Bestrebungen am meisten Boden fanden«; Hansen: Malleus (Anm. 6), S. 149, Anm. 79.
80 Keussen: Universität (Anm. 23), S. 494.
81 Tewes: Bursen (Anm. 31), S. 208.
82 Hansen: Malleus (Anm. 6), S. 148, Anm. 74. Gabriel Löhr führt ihn schon 1482 als Prüfling für das Lizentiat in der Theologie. Objizienten bei seiner »disputatio« waren von den Doktoren Lambertus de Monte und Thomas Lyel de Scotia, letzterer zu der Zeit selber erst Lizentiat; Gabriel Löhr: Die theologischen Disputationen und Promotionen an der Universität Köln im ausgehenden 15. Jahrhundert nach den Angaben des P. Servatius Fanckel O. P., Leipzig 1926, S. 68.
83 Keussen: Universität (Anm. 23), S. 427.
84 Tewes: Bursen (Anm. 31), S. 384.
85 Keussen: Universität (Anm. 23), S. 417.

an dieser Stelle die der unterzeichnenden Professoren, untereinander waren.[86] Schaut man sich insgesamt die Besetzung des Dekanatsamtes bei Keussen an, so kann man feststellen, dass seit 1475 die im Notariatsinstrument aktive Gruppe von Theologieprofessoren der Fakultät im Wechsel vorstand und damit bereits über zehn Jahre vor dem Anliegen Heinrich Kramers deren inhaltliche Ausrichtung bestimmte. 1480 leitete auch Kramers Ordensbruder Jakob Sprenger die Fakultät als Dekan,[87] was ihn in den unmittelbaren Beziehungskreis dieser Gruppe stellt und mitunter einen weiteren entscheidenden Grund liefert, warum sich Kramer letztendlich für Köln als Ausstellungsort einer Approbation entschied. Die Gutachter stimmten also in grundlegenden Glaubensfragen überein, was berechtigterweise zu der Frage verleitet: Warum hätten sich diese Professoren einer Unterschrift unter der Approbation der Rechtgläubigkeit der im Hexenhammer vertretenen theologischen Positionen verweigern sollen?

b) Der Pedell

Neben den Vorgenannten kommt ebenfalls dem Universitätspedell Johannes Voerda de Mechlinia (im Amt 1465–1492) eine Schlüsselrolle zu. Er fungierte zweifelsohne nicht zufällig als Zeuge für die Geschehnisse vom 19. Mai: 1452 als Artist an der Kölner Universität immatrikuliert, hatte er wohl unter Lambertus de Monte, der 1458 Dekan der Artisten war, dort studiert.[88] 1465 wurde er zum Universitätspedell gewählt.[89] Damit hatte er 1487 bereits 22 Jahre Erfahrung in den Bereichen Verwaltung und Lehre sowie darüber hinaus vermutlich gute Kontakte zu den altehrwürdigen Professoren wie Lambertus de Monte, Jacobus de Stralen, Cornelius de Breda und Theoderich Balvaeren von Bommel. Formal umfasste die Amtsdauer eines Pedells nur die Zeit eines Rektorats, was sich aus dem Vertrauensverhältnis zwischen beiden Personen ergab.[90] Voerda wirkte von

---

86 Bei Löhr wird ebenfalls ersichtlich, dass sie recht oft zusammen prüften. Als Beispiele dienen hier die Kombination Konrad Vorn von Kempen, Lambertus de Monte, Jacobus de Stralen, Thomas de Scotia oder aber die Konstellation Jacobus de Stralen, Lambertus de Monte, Theoderich Balvaeren van Bommel und Ulrich Kreidweiss von Esslingen; Löhr: Disputationen (Anm. 82), S. 65, 67.
87 Keussen: Universität (Anm. 23), S. 417. Darüber hinaus begann er seine Professorentätigkeit (1472–1495) in etwa zur gleichen Zeit wie Ulrich Kreidweiss (1470–1501), Cornelius de Breda (1471–1498), Lambertus de Monte (1473–1499) und Konrad Vorn von Kempen (1473–1496); ebd., S. 426.
88 Hansen: Malleus (Anm. 6), S. 147, Anm. 72.
89 Wähler waren Rektor und Dekane; Meuthen: Universität (Anm. 17), S. 70.
90 Silke Wagener: Pedelle, Mägde und Lakaien. Das Dienstpersonal an der Georg-August-Universität Göttingen 1737–1866, Göttingen 1996, S. 274. Keussen vermerkt, dass die Wahl Voerdes von Erzbischof und Kanzler nicht gewollt war, die Fakultät mit seiner Amtsführung später aber offenbar sehr zufrieden gewesen sei; Keussen: Universität (Anm. 23), S. 141.

1479 bis 1490 auch als öffentlicher Notar, was in seiner Pedell-Funktion nicht nur förderlich, sondern unbedingt notwendig war: So hatte er unter anderem sämtliche Schreibarbeiten, beispielsweise die Führung der Dekanatsbücher und Protokolle, sowie Beurkundungen der Hohen Schule zu tätigen, die Liste der Graduierungen zu führen, die Verlautbarungen neuer Statuten zu verkünden, Gebühren und Bußen einzutreiben, Termine von Gerichtsverfahren bekannt zu geben und Stimmen in den Universitätssitzungen zu sammeln – im Grunde genommen also sämtliche Aufgaben, die ein sachkundiger Verwaltungsbeamter erledigen konnte.[91] Auch Einquartierung und Wachtpflicht oblagen ihm.[92] An der Kölner Universität wurde regelmäßig das Amt des Notars von einem Pedell ausgeübt.[93] Jede Universität hatte einen Generalpedell und verschiedene »bedelli minores«, die den einzelnen Fakultäten und Professoren zugeteilt waren;[94] in Köln dienten laut Meuthen zwei Pedelle Rektor und Dekanen,[95] darunter eben Johannes Voerda de Mechlinia, was für (s)eine exklusive und einflussreiche Stellung spricht.[96] Keussen verzeichnet das interessante Detail, dass dieses wichtige Amt oftmals vererbt wurde, wodurch ganze Pedell-Generationen großen Einfluss auf die Geschicke der Universität gewannen.[97] Auch unser Pedell verzichtete ab 1492 zu Gunsten seines Sohnes Heinrich auf sein Amt, dass er wegen Krankheit nicht länger ausüben konnte. Seiner Bitte um Übertragung gab kein Geringerer statt als der Theologieprofessor und damalige Vizekanzler Cornelius von Breda.[98]

---

91 Aleksander Gieysztor: Organisation und Ausstattung, in: Rüegg: Geschichte (Anm. 30), S. 109–138, hier 124. In anderen Teilen Deutschlands wurden Kanzlei-, Protokoll- und Verwaltungsaufgaben von besonderen Universitätsnotaren übernommen, sodass die hohe Stellung, die den Pedellen der Universität zu Köln zukam, als lokales Spezifikum gewertet werden kann; Meuthen: Universität (Anm. 17), S. 71. Die Statuten der Universität zu Köln sahen für Pedelle folgende Aufgaben vor: Mindestens einmal täglich den Rektor aufsuchen und ihm seine Dienste anbieten, Feste, Vakanztage, Vorlesungen, Disputationen in den Schulen (Bursen) verkünden, Versammlungen ansagen und den Rektor mit dem Szepter geleiten. Zusammengestellt nach Keussen: Universität (Anm. 23), S. 137.
92 Ebd., S. 139. Silke Wagener beschreibt die Funktion des Pedells als Boten und Diener der Universitätsorgane: So betraf ein weiter Aufgabenkomplex neben den oben umrissenen Tätigkeiten auch Hausmeisterdienste. Dazu gehörten Schließung, Heizung und Reinigung der Universitätsgebäude und auch die Feuerwache. »Da ihr Amt [jedoch weit] bedeutungsvoller als das eines modernen Hausmeisters war, zählten sie zum Kreis derjenigen Personen, deren Protektion von Nutzen sein konnte und gesucht wurde«; Wagener: Pedelle (Anm. 90), S. 272–274.
93 Keussen: Universität (Anm. 23), S. 137.
94 Gieysztor: Organisation (Anm. 91), S. 125.
95 Meuthen: Universität (Anm. 17), S. 70. Keussen notiert, dass ab den 1430er Jahren die Universität statt nur einem zwei Pedelle einstellte, die sowohl für den Rektor als auch die Fakultätsdekane und damit die einzelnen Fakultäten zuständig waren; Keussen: Universität (Anm. 23), S. 140–141.
96 Voerda hatte während seiner langen Amtszeit mehrere Amtsgenossen. Eine ausführliche und genaue Verzeichnung aller Kölner Pedelle bietet Keussen: Universität (Anm. 23), S. 411–413.
97 Ebd., S. 144.
98 Hansen: Malleus (Anm. 6), S. 153.

4. »Ist die Kölner Approbation des Hexenhammers eine Fälschung?«

Mit dieser Frage bezog Nikolaus Paulus 1907[99] als Erster kritisch Stellung zu Hansens These, »jenes zweite dem Notariatsinstrument vom 19. Mai einverleibte anerkennende Gutachten«[100] erweise sich zweifelsfrei als Fälschung. In Anlehnung an Paulus' Ambitionen, die Argumente für eine Fälschung zu widerlegen, werden im Folgenden die hierfür einschlägigsten den bisher von der Forschung herausgearbeiteten Positionen gegenübergestellt[101] und um neue Aspekte ergänzt, sodass die daraus resultierenden Erkenntnisse zu einem eindeutigen Urteil führen.

Hansen argumentierte 1898, dass mit dem seit 1487 im Malleus abgedruckten Instrument, tituliert als »approbatio et subscriptio doctorum almae universitatis Coloniensis«, »nach der Meinung der Verfasser des Malleus [...] die ganze Universität [...] allein als Gutachterin in Anspruch genommen«[102] wurde – für ihn ein vermeintlich erster Hinweis auf eine Fälschung. Dass »universitatis« die gutachtenden Professoren einfach nur attributiv als Angehörige der Universität zu Köln ausweist, wurde nicht als Interpretationsmöglichkeit offengelassen. Vielmehr unterstellt Hansen, dass diese Formulierung von Kramer bewusst gewählt worden wäre, um eine Zensurtätigkeit der gesamten Universität, die ja faktisch von der theologischen Fakultät ausgeübt wurde, vorzublenden, um den Druck des Malleus zu vereinfachen.

Ausschlaggebend für die Fälschungshypothese Hansens war allerdings nicht die Titulatur des Instruments, sondern die unterschiedlichen Beglaubigungsvorgänge der beiden Gutachten: Beim ersten habe Kolich ein ihm vorgelegtes Dokument und beim zweiten eines, von dessen Existenz er nur durch den Universitätspedell Johannes Voerda de Mechlinia gehört habe, das physisch also gar nicht vorhanden war, beglaubigt.[103] Das Notariatsinstrument wäre demnach nicht zu beanstanden gewesen, hätte der Notar klar formuliert, dass Heinrich Kramer ihm im Beisein der vier Zeugen neben päpstlicher Bulle und Kaiserurkunde auch zwei unterschriebene Gutachten im Original vorgelegt habe.[104]

---

99 Nikolaus Paulus: Ist die Kölner Approbation des Hexenhammers eine Fälschung?, in: HJb 28 (1907), S. 871–876.
100 Hansen: Malleus (Anm. 6), S. 156.
101 Dies tat 1993 schon Schnyder, indem er »die seinerzeit vorgebrachten Argumente Pro und Contra einer neuen Prüfung« unterzog; Schnyder: Malleus (Anm. 10), S. 422.
102 Hansen: Malleus (Anm. 6), S. 137.
103 Schnyder: Malleus (Anm. 10), S. 424.
104 Hansen: Malleus (Anm. 6), S. 149. Hansen vermutet, dass die unklaren Wendungen ein bewusstes Abweichen vom herkömmlichen Verfahren der Beglaubigung – ergo eine Fälschung – verschleiern sollten; ebd., S. 150.

So geht Hansen zunächst richtig davon aus, dass die Gutachten nicht während des notariellen Aktes am 19. Mai formuliert und unterzeichnet worden waren, da außer Lambertus de Monte kein anderer der Mitunterzeichnenden während des gesamten Vorgangs anwesend gewesen sei.[105] Dass Kramer aber beide Stellungnahmen dem Notar im Original tatsächlich vorlegte, das bezweifelt Hansen dann vor allem für das zweite Gutachten: »[...] denn so sehr auch durch den Tenor des gesamten Instruments dem Leser nahegelegt war zu glauben, dass Institoris die beiden Gutachten coram testibus vorgelegt habe [...], ausdrücklich gesagt war es nirgends [...]«.[106] Der Notar hätte sich als Beweis der Existenz des zweiten Gutachtens lediglich auf die mündliche Mitteilung des Pedells verlassen, dieses aber nie eigens zu Gesicht bekommen.[107] Für diese Annahme unterstellt ihm Christopher Mackay zurecht ein Missverstehen der Entstehungsumstände, liegt allerdings selber falsch mit der Behauptung, die Gutachter hätten durchaus in Anwesenheit der jeweiligen Zeugen am Ausstellungstag ihre Unterschriften unter den beiden Dokumenten geleistet.[108]

Schauen wir uns also die Worte Kolichs einmal genauer an: Es erscheint plausibel, dass Kolich die Erstellung des ersten Gutachtens persönlich begleitet hat[109] und daher schreibt, dass es so wie von Kramer geschildert auch »gemacht worden« sei. Da er in der Tat für die Verhandlungen an St. Andreas nur »Magister Lambertus [...] Pedell Johannes und auch [...] Nicolaus Cuper de Venriode [...] und Cristianus Wintzen de Ennßkirchen«[110] sowie seine Wenigkeit als Zeugen anführt, muss der Zeitpunkt, zu dem de Monte, Jacobus de Stralen, Andreas de Ochsenfurt und Thomas de Scotia ihre Unterschriften leisteten, ein anderer sein und vor dem 19. Mai, 17 Uhr nachmittags liegen. Man könnte spekulieren, dass sich die vier Unterzeichner des ersten Gutachtens entweder Tage vorher oder am selben Tag vorher in der Wohnung des Dekans getroffen hatten, um dem Dokument im Beisein des Notars seine Rechtmäßigkeit zu attestieren.

In gleicher Weise soll sich die Unterzeichnung der zweiten Stellungnahme vollzogen haben, nur mit dem Unterschied, dass hierbei der Pedell Zeuge des

---

105 »Da Lambert bei dem Akte selbst zugegen war, so könnte man annehmen, dass er seine Unterschrift an Ort und Stelle vollzogen habe. Das dies aber nicht der Fall war, ergiebt [sic!] sich ohne weiteres daraus, dass noch drei weitere Unterschriften folgen, von Professoren, die beim Akt nicht zugegen waren, sich aber auf ihren Vorgänger Lambertus de Monte beziehen«; Hansen: Malleus (Anm. 6), S. 147. Dieser Theorie stimmen im Übrigen auch Nikolaus Paulus, André Schnyder und Günter Jerouschek zu.
106 Ebd., S. 150.
107 Ebd.
108 Institoris/Sprenger: Malleus (Anm. 4), Bd. 1, S. 128–129.
109 Ebd., S. 129.
110 Jerouschek/Behringer: Hexenhammer (Anm. 3), S. 116.

Eine gefälschte Approbation des Hexenhammers?

Vorgangs war.[111] Die Gründe für Kolichs Abwesenheit können verschiedener Natur gewesen sein; das zweite Gutachten könnte an der Universität ausgestellt worden sein, allein schon weil insgesamt acht Personen ihre Unterschrift darunter leisteten. Der Pedell in seiner Funktion als Universitätsnotar agierte dementsprechend in seinem rechtmäßigen Wirkungskreis und machte die Anwesenheit Kolichs als weiterem Notar bei der Ausstellung der Gutachten überflüssig. Entgegen Hansens Verschwörungstheorie[112] ist der Pedell daher als verlässlicher Zeuge einzustufen. Ein Indiz hierfür liefert Kolich selber, indem er schildert, die Angaben des Pedells am 19. Mai nochmals durch Abgleich der Unterschriften aus beiden Gutachten überprüft zu haben.[113] Das zweite Gutachten muss also zum Zeitpunkt der Ausfertigung des Notariatsinstruments schriftlich vorgelegen haben. Daraus ergibt sich insgesamt, dass »diese Sachen«, die in der Wohnung Lambertus' de Monte verhandelt worden sind, nichts anderes bezeichnen als lediglich die Ausstellung des Instruments sowie einer Kopie desselbigen durch die Hand des Notars, samt der Rechtskraft verleihenden Akte des Unterschreibens, Vorlesens, In-eine-öffentliche-Form-Bringens und Signetierens.[114] Die im Instrument enthaltenen Gutachten der Kölner Theologen selbst wurden bereits vorher – entweder am selben Tag vorher oder eben zu einem anderen früheren Zeitpunkt im unmittelbaren Vorfeld des Notartermins – formuliert und unterschrieben und lagen somit am 19. Mai dem Notar schriftlich vor.

Einen weiteren Hinweis auf eine Fälschung entnimmt Hansen einer Notiz des Jesuiten Joseph Hartzheim von 1758, die sich in einem heute noch in der Universitäts- und Stadtbibliothek Köln vorhandenen Exemplar des Malleus zum Notariatsinstrument findet. Hartzheim schrieb damals, dass der Pedell und

---

111 »[…] honesti Johannis Vorda de Mechlinia, alme universitatis Coloniensis bedelli iurati, qui michi hoc retulit […]«;Institoris/Sprenger: Malleus (Anm. 4), Bd. 1, S. 205.
112 Hansen behauptet, der Pedell, der 1487 schon ein alter Mann war und dessen Tod absehbar gewesen wäre, sei durch den Notar Kolich den »dritte[n] im Bunde der Fälscher«, dazu benutzt worden, sich späterer Klagen gegen die gefälschte Approbation mit dem Verweis auf seine alleinige Verantwortung entziehen zu können; Hansen: Malleus (Anm. 6), S. 162–163. Günter Jerouschek hält dagegen ein Komplott zwischen Kramer, Lambertus de Monte und dessen Notar Arnold Kolich wiederum für nicht abwegig und sieht die Gründe dafür in dem Ausstellungsort des Notariatsinstruments sowie der Wortführer-Rolle von Kramer und de Monte; Günter Jerouschek (Hg.): Malleus maleficarum 1487 von Heinrich Kramer (Institoris). Nachdruck des Erstdrucks von 1487 mit Bulle und Approbatio, S. XVI. Dementgegen bemerkt Paulus, es sei auffällig, einen Mann, der mit dem Vorwurf des Fälschers belastet war, seinen Amtsgeschäften als Notar in Köln weiter nachgehen zu lassen – zudem als Notar des Lambertus de Monte, dessen privates Testament er 1494 niederschrieb; Nikolaus Paulus: Zur Kontroverse über den Hexenhammer, in: HJb 29 (1908), S. 559–574, hier S. 559.
113 »[…] et ut ex manibus etiam supra et infrascriptis apparuit, vidi in hunc qui sequitur modum«; Institoris/Sprenger: Malleus (Anm. 4), Bd. 1, S. 205.
114 »[…] idcirco presens publicum instrumentum manu mea propria scriptum et ingrossatum exinde confeci, subscripsi, publicavi, et in hanc publicam formam redegi, signoque et nomine meis solitis et consuetis signavi rogatus et requisitus […]«; ebd., S. 206.

der Theologieprofessor Thomas de Scotia gegen ihre Unterschrift unter einem solchen Dokument Protest eingelegt hätten.[115] Paulus und Mackay entkräften dieses Argument, indem sie Hartzheims Notiz als authentische Darstellung der Fakultätsaufzeichnungen anzweifeln: Er habe nur oberflächlich die ihm vorliegenden Eintragungen gelesen, da der Pedell das Notariatsinstrument nicht unterzeichnete, weswegen er auch keinen Protest gegen seine angebliche Unterschrift hätte einzulegen brauchen. Der Zusatz »haben dies nicht unterschrieben« stehe in der Form vermutlich gar nicht im Dekanatsbuch, sondern repräsentiere nur die zusammengefasste Interpretation des Protestes Hartzheims.[116] Zudem sei verdächtig, dass Hartzheim keinerlei Verweis auf die tatsächlichen Aussagen beider Betroffenen angeführt habe[117] und augenscheinlich weder vom Pedell oder de Scotia, noch sonstigen Unterzeichnenden, die sich einer Mitwirkung entziehen wollten, weitere Schritte, wie beispielsweise das Einreichen einer Klage, unternommen wurden.[118] Hansen kontert damit, dass sich aktiv und passiv Beteiligte zu nahe gestanden hätten, als dass man einen Skandal hätte herbeiführen wollen, zumal die zeitgenössische Öffentlichkeit den Theorien des Malleus zugeneigt war.[119] Schnyder verweist neben den bereits von Paulus und Mackay angeführten Unstimmigkeiten darauf, dass die Glaubwürdigkeit Hartzheims einer Überprüfung bedürfe, da er vermute, dieser habe die Akteneinträge im Sinne seines Wunsches gelesen, dass die Fakultät mit der »approbatio« nichts zu tun habe.[120]

Die Stellungnahme der Fakultät selbst zu ihrer Beteiligung am Hexenhammer, die aber ebenso Rätsel aufgibt wie diejenige Hartzheims, erfolgte erst im Jahr 1510. Damals protestierte der Dekan Arnold von Tongern dagegen, dass die Kölner theologische Fakultät für den Malleus verantwortlich gemacht

---

115 »Approbationem sacrae facultatis theologicae confictam esse, docent Thomas de Scotia, qui refertur inter subscriptores, et Joannes de Vorda de Mechlinia, qui ambo fatentur in libro decanali facultatis theologicae, se nunquam huiusmodi instrument subscripsisse«, zitiert nach Hansen: Malleus (Anm. 6), S. 155, Anm. 90. Dass diese Notiz von Hartzheim stammt, schließt Hansen aus einem Schriftvergleich mit dessen Briefen; ebd. Die Eintragungen müssten aus dem Jahr 1491 stammen, da Thomas de Scotia zu diesem Zeitpunkt Dekan der theologischen Fakultät war und als solcher das Dekanatsbuch verwaltete; Paulus: Approbation (Anm. 99), S. 874. Auch Jerouschek verwertet die Tatsache, dass ein Protest zu Protokoll gegeben worden war und damit Pedell und de Scotia sich gegen die notariell ausgewiesene Mitwirkung verwahrten, als zweifelsfreies Argument für eine Fälschung; Jerouschek: Malleus (Anm. 112), S. XV–XVI.
116 Paulus: Approbation (Anm. 99), S. 874.
117 Institoris/Sprenger: Malleus (Anm. 4), Bd. 1, S. 130.
118 Paulus: Approbation (Anm. 99), S. 874.
119 Joseph Hansen: Der Hexenhammer, seine Bedeutung und die gefälschte Kölner Approbation vom Jahr 1487, in: Westdeutsche Zeitschrift für Geschichte und Kunst 26 (1907), S. 372–404, hier S. 401.
120 Schnyder: Malleus (Anm. 10), S. 425.

werde.[121] Schnyder misst dieser Aussage wenig Bedeutung bei, da sie »zu lakonisch« sei, um sie heute noch verstehen zu können.[122] Mackay dagegen interpretiert sie so, dass Tongern sich lediglich auf die Fakultät als Korporation bezog, da er explizit betonte, es handele sich um Gutachten einzelner Professoren »cum relatione ad facultatem«. Dies bedeute aber auch, Tongern habe nicht die Approbation als solche als falsch angesehen, sondern vielmehr suggerieren wollen, dass die Meinung der unterzeichnenden Professoren nicht der der gesamten Fakultät entsprach.[123]

Als einziges Argument mit explizitem Textbezug führt Hansen die Formulierung in den Unterschriften des Ulrich Kreidweiss von Esslingen und des Andreas Schermer de Ochsenfurt an. Ersterer habe sich im zweiten Gutachten als »professor novissimus« bezeichnet, obwohl er schon 1476 Dekan der theologischen Fakultät gewesen und eigentlich Andreas Schermer de Ochsenfurt der jüngste unter den Gutachtern war, hatte dieser seinen Titel doch erst 1486 erhalten.[124] Letzterer unterschrieb im ersten Gutachten auch korrekt mit »sacre theologie professor novissimus«, während er sich im zweiten Gutachten des Zusatzes »minimus« bediente. Hansen geht offenbar davon aus, dass den Fälschern der zweiten Unterschrift ein augenscheinlich grober Fehler unterlief, da die anderen drei Professoren, die wie Schermer auch das erste und zweite Gutachten unterzeichneten, jeweils übereinstimmend dasselbe Höflichkeits-Epitheton führten.[125] Ein Erklärungsversuch von Paulus gestaltet sich insofern dürftig, als dass er auf die Verwendung der Bedeutung von »novissimus« als »der Jüngste« in der Vulgata verweist,[126] was Hansen damit aushebelt, dass in anderen Gutachten der Zeit ein solch synonymer Gebrauch nirgendwo begegnen würde.[127] Eine mögliche Erklärung könnte sich allerdings in den von Hansen falsch verstandenen Entstehungsumständen finden: Wenn der Pedell, wie Paulus annimmt,[128] die Unterschriften der Professoren einzeln einsammelte, diese folglich nicht wussten, ob und wer nach ihnen abzeichnen würde und sich dementsprechend am

---

121 »Liber, qui Malleus maleficarum dicitur, falso facultati inscriptus. Examinandus traditur uni magistrorum cum relatione ad facultatem«; zitiert nach Hansen: Malleus (Anm. 6), S. 165.
122 Schnyder: Malleus (Anm. 10), S. 425.
123 Institoris/Sprenger: Malleus (Anm. 4), Bd. 1, S. 132–133. Ob diese Erklärung so stehen bleiben kann, bedürfte einer separaten Untersuchung.
124 Hansen: Hexenhammer (Anm. 119), S. 400, Anm. 42.
125 Joseph Hansen: Die Kontroverse über den Hexenhammer und seine Kölner Approbation vom Jahre 1487, in: Westdeutsche Zeitschrift für Geschichte und Kunst 27 (1908), S. 366–372, hier S. 372.
126 Paulus: Kontroverse (Anm. 112), S. 562.
127 Hansen: Kontroverse (Anm. 125), S. 372.
128 »[…], der die Unterschriften bei den einzelnen Professoren gesammelt hatte […]«; Paulus: Approbation (Anm. 99), S. 873.

Status des Vorherigen orientierten, so erscheint es im Falle von Ulrich Kreidweiss nicht auffällig, dass er sein Epitheton änderte: Er unterzeichnete nach Lambertus de Monte und Jacobus de Stralen als Dritter und damit zugleich jüngster unter ihnen, da er unter Lambertus de Monte Inzeptor[129] war und zuvor schon (1464) von diesem als seinem gewählten Magister der Montanerburse seinen Titel »magister artium« verliehen bekommen hatte.[130] Keussen führt Jacobus de Stralen schon seit 1456 als Professor und damit 14 Jahre länger als Kreidweiss.[131]

5. Fazit

Was bleibt am Ende dieser intensiven Auseinandersetzung mit dem Notariatsinstrument und dem Vorwurf der Fälschung zu sagen? Zunächst ist deutlich zu differenzieren, dass im Grunde genommen nur das zweite, von acht Professoren unterschriebene Gutachten jenem Vorwurf unterliegt, woraus sich aber zwangsweise Probleme für das Verständnis der Ausstellungsumstände des Instruments an sich ergeben: Für die erste und zweite Stellungnahme sind laut Aussage Arnold Kolichs die gleichen Beglaubigungsumstände zu erwarten, weswegen entweder beide Gutachten echt oder gefälscht sein können; sie lagen ihm nämlich beide physisch vor. Die Authentizität der beiden anderen im Notariatsinstrument erwähnten Dokumente wurde hingegen nie in Zweifel gezogen.

Das Notariatsinstrument als Ganzes ist – wie auch in der Forschung unbestritten – als echt einzustufen, da eine Komplizenschaft zwischen dem Notar, Lambertus de Monte, dem Pedell Johannes Voerde, den beiden geladenen Zeugen, Heinrich Kramer und weiteren für die Durchführung des Aktes einer Fälschung notwendigen Personen nicht angenommen werden kann. Zudem waren – entgegen der von Hansen vermuteten üblichen Praxis der Zeit – Amtsverfehlungen von Notaren kaum üblich. Ein solcher garantierte mit seiner Unterschrift auch nicht die materielle Richtigkeit der Urkunde, sondern vielmehr, dass durch seine Mitwirkung der Beurkundungsvorgang als real und damit authentisch

---

129 Hierbei handelt es sich um einen universitären Spezialterminus. Der Lizentiat bekam mit dem Akt der Inzeption »unter dem von ihm erwählten Magister den Grad ›Magister Artium‹ verliehen«; Tewes: Bursen (Anm. 31), S. 16. Ein »Inzeptor« ist also als »Magister-Vater« zu verstehen; Götz-Rüdiger Tewes: Frühhumanismus in Köln. Neue Beobachtungen zu dem thomistischen Theologen Johannes Tinctoris von Tournai, in: Johannes Helmrath/Heribert Müller (Hg.): Studien zum 15. Jahrhundert. Festschrift für Erich Meuthen, Bd. 1, München 1994, S. 667–695, hier 668. Der Name des Inzeptors weise meist auf den prägenden Artes-Lehrer des Magistranden hin und damit zugleich auf den erteilten Unterricht.
130 Tewes: Bursen (Anm. 31), S. 37.
131 Keussen: Universität (Anm. 23), S. 425.

gelten konnte. Ebenso wenig können die undurchsichtigen Formulierungen, derer sich der Notar Arnold Kolich im Notariatsinstrument angeblich absichtlich bediente, als Beweis für eine Fälschung herangezogen werden, da er sämtliche gängigen Floskeln berücksichtigte und das Instrument rechtmäßig mit seiner eigenen bekannten Hand unterschrieb. Er setzte mit dieser Urkunde kein Rechtsgeschäft in Kraft, beglaubigte er doch lediglich vier Dokumente, die ihm vorgelegt worden waren im Beisein von zwei dafür eigens hinzugezogenen Zeugen sowie zwei weiterer Personen, welche die Echtheit zumindest zwei der vier Dokumente zu verifizieren im Stande waren.

Die Kölner theologische Fakultät als Repräsentantin der scholastischen Theologie, hier insbesondere der Kombination aus Realismus, Thomismus und Aristotelismus, auf die sich auch die Argumentation im Hexenhammer stützte, sowie ein Kreis angesehener Vertreter derselbigen, lassen auch die Universität als Ausstellungsort der beiden Stellungnahmen folgerichtig erscheinen. Die in ihrer Form einmalige Bursenstruktur, welche die Bedingungen für eine weitgehend Geschlossenheit der zeitgenössischen theologischen Lehrmeinung schuf, trug dazu bei, eine schnelle und vor allem reibungslose Begutachtung des Malleus Maleficarum zu ermöglichen – wird doch immer wieder angenommen, dass Kramer unter großem Zeitdruck stand, sein Werk öffentlich zu machen und damit seiner Auffassung eine allgemeine Anerkennung zu verschaffen.

Der Kreis der Gutachter setzte sich aus einem durch persönliche Beziehungen eng verwobenen Professorengremium zusammen, das nicht nur durch langjährige Tätigkeit an der Fakultät miteinander vertraut war, sondern darüber hinaus über Jahre hinweg jeweils abwechselnd leitende Positionen bekleidete. Weder die Gutachtertätigkeit im Allgemeinen noch die Auswahl der Personen im Besonderen stellen also etwas Außergewöhnliches dar. Auch der als Augenzeuge angeführte Pedell bewegte sich zum Zeitpunkt der Ausstellung schon mehr als zwei Jahrzehnte in besagtem Kreis und fungierte in dieser Position öfters als Universitätsnotar oder notarieller Zeuge von Rechtsgeschäften.

Ein endgültiger Beweis für oder gegen den Fälschungsvorwurf kann zwar niemals erbracht werden, doch erscheint es aus heutiger Sicht schlichtweg konstruiert, sowohl ein Komplott zu vermuten als auch die Echtheit des zweiten Gutachtens anzuzweifeln, wenn das erste und inhaltlich weitaus brisantere über die Übereinstimmung der Aussagen zur Hexenlehre mit den Glaubensinhalten der katholischen Kirche von denselben Personen bereits unterschrieben worden war. Es waren unter anderem essentielle Fehler im Verständnis der Abläufe, wie insbesondere die Annahme, das zweite Gutachten habe dem Notar gar nicht vorgelegen, die in Kombination mit weiteren (angeblichen) Auffälligkeiten oder Ungereimtheiten innerhalb des Instrumententextes den

Gedanken an eine Fälschung immer wahrscheinlicher erschienen ließen. Die Frage, ob die Kölner Approbation des Hexenhammers nun eine Fälschung ist oder nicht, kann tendenziell verneint werden: Die Existenz der beiden Gutachten und die Echtheit des Notariatsinstruments sind nicht von der Hand zu weisen, liefert uns doch der Notar selbst den Beweis, indem er erklärt, die Unterschriften unter beiden am 19. Mai 1487 miteinander verglichen zu haben. Die einzige tatsächliche Verfälschung der Gutachten könnte darin liegen, dass deren Charakter einer privaten Examinierung des Hexenhammers als fakultative Lehrmeinung verkauft worden wäre – wenn man die von Hartzheim notierten Proteste des Pedells und des Theologieprofessors de Scotia aus dem Jahre 1491 dahingehend auslegt, dass die Veröffentlichung beider Stellungnahmen nicht von vorne herein als offizielle Approbation geplant oder zumindest nicht als solche kommuniziert worden war.

Insgesamt konnte der Hexenhammer mit seinen fast 30 Auflagen zwischen 1486 und 1669[132] eine nicht zu unterschätzende Wirksamkeit entfalten, wofür die beiden Gutachten gewiss nicht entscheidend waren, aber zumindest zusätzliche Autorität verliehen.

---

132 »Insgesamt sind achtundzwanzig bzw. neunundzwanzig Ausgaben seit der Erstausgabe 1486 nachweisbar; die letzte erschien 1669 bei Claude Bourgeat in Lyon.« Tschacher: Malleus Maleficarum (Anm. 5).

Ein Amtsträger im Spannungsfeld kurkölnischer und Osnabrücker Interessen: Ferdinand von Kerssenbrock als Statthalter des Kurfürsten Clemens August im Fürstbistum Osnabrück

von Philipp Gatzen

»Es geschiehet oft, daß bei Eroefnung eines geistlichen Staats ein ganz Fremder, bisweilen gar Auslaender [...] zum Regentem gewaehlet wird: Er kan der weiseste gerechteste billigste, kluegste, und vollkommste Regent seyn: er kommt aber dennoch als ein Fremder in eine ganz fremde Welt [...]. Er muß dahero sich von eingebohrnen verstaendigen Maennern belehren lassen«.[1]

Mit dieser von Jacob Friedrich Doehler 1787 skizzierten Problematik sahen sich auch die Kurfürsten von Köln konfrontiert. In der Zeit vom 16. bis zum 18. Jahrhundert regieren sie in Personalunion nicht nur im Kurfürstentum Köln selbst, das aus dem Rheinischen Erzstift, dem Herzogtum Westfalen sowie dem Vest Recklinghausen bestand,[2] sondern ebenfalls in den Fürstbistümern Hildesheim, Münster, Paderborn und Osnabrück, im Hochstift Lüttich sowie der Reichsabtei Stablo-Malmedy und einigen bayerischen Territorien, in denen sie zu Fürstbischöfen beziehungsweise -äbten gewählt wurden. Diese Doppelstellung als (Kur-)Fürst und (Erz-)Bischof führte dazu, dass sie neben der weltlichen Macht in den einzelnen Ländern zudem die geistliche Macht im deutlich größeren Bistum innehatten.[3] Aufgrund dieses Charakteristikums war das Kurfürstentum

---

1 Jacob Friedrich Doehler: Auch Etwas Ueber die Regierung Der Geistlichen Staaten in Deutschland. Nach der Preis-Aufgabe in dem Journal von und für Deutschland Seite 552. des Jahrgangs 1785, Frankfurt am Main/Leipzig 1787, S. 21 f. – Der Aufsatz präsentiert Ergebnisse einer Masterarbeit, die unter dem Titel »Die kurkölnischen Statthalter von der Regierungszeit Ernsts von Bayern bis zum Ende des Alten Reiches« im Sommersemester 2018 an der Rheinischen Friedrich-Wilhelms-Universität Bonn vom Verfasser eingereicht wurde.
2 Monika Storm: Das Herzogtum Westfalen, das Vest Recklinghausen und das rheinische Erzstift Köln: Kurköln in seinen Teilen, in: Harm Klueting (Hg.): Das Herzogtum Westfalen. Band 1. Das kurkölnische Herzogtum Westfalen von den Anfängen der kurkölnischen Herrschaft im südlichen Westfalen bis zur Säkularisation 1803, Münster 2009, S. 343–362.
3 Zwischen den Begriffen »Fürstbistum« und »Hochstift« besteht kein wesentliche Bedeutungsunterschied, da beide Begriffe den weltlichen Herrschaftsbereich eines Bischofs bezeichnen. Allerdings wird von der Geschichtswissenschaft der Terminus »Fürstbistum« bevorzugt, da hierdurch moderne Assoziationen, die mit dem heutigen Gebrauch des Wortes »Hochstift« verbunden sind, vermieden werden können. Im Gegensatz zu den beiden genannten Begriffen bezeichnete das »Bistum« denjenigen Bereich, in dem einem Bischof die geistliche Leitung oblag. Vgl. Thomas M. Krüger: Art. »Hochstift«, in: HRG II, 2. Aufl. Berlin 2012, Sp. 1062–1063.

Köln – wie sämtliche geistlichen Territorien – im Zuge der Aufklärung großer Kritik ausgesetzt und wurde im 19. sowie in weiten Teilen des 20. Jahrhunderts als ein in seiner gesamten Entwicklung rückständiges Staatswesen beurteilt. Seitdem in den 1990er Jahren jedoch eine positivere Rezeption und Bewertung des Alten Reichs insgesamt einsetzte, wuchs auch das Interesse an den Ländern geistlicher Herren. So werden die vormals als »verrottet« diskreditierten Strukturen dieser Territorien heute als spezifische Wege der Modernisierung betrachtet und die geistlichen Herrschaften als alternatives Staatsmodell im Gegensatz zum expansiven Machtstaat preußischer Prägung gesehen.[4]

Zwar geriet auch das Kurfürstentum Köln in den letzten 20 Jahren wieder in den Fokus historischer Studien, aber eine vergleichende beziehungsweise territorienübergreifende sowie an aktuellen geschichtswissenschaftlichen Fragen und Methoden ausgerichtete Erforschung des Länderkomplexes der Kölner Kurfürsten erfolgte in diesem Rahmen leider nicht. Das ist umso bedauerlicher, da diese Territorienkumulation durch den gemeinsamen kurfürstlichen Landesherrn einen Machtfaktor im Reich darstellte und in wechselnder Zusammensetzung über 200 Jahre lang Bestand hatte.[5] So warten auch die von den Kölner Kurfürsten entwickelten Lösungen für die Herausforderungen, die sich ihnen bei der Regierung eines von der Ahr bis weit in den Niedersächsischen Reichskreis hinein reichenden Herrschaftsraumes stellten, vielfach noch auf ihre Erforschung. Ein von den meist in Bonn oder Brühl weilenden Kölner Kurfürsten häufig verwendetes Mittel zur landesherrlichen Durchdringung und Repräsentation der eigenen Person in den einzelnen Territorien war die Einsetzung von Statthaltern. Hierunter sind Amtsträger zu verstehen, die den Landesherrn in einem seiner Nebenländer oder Landesteile dauerhaft und sachlich umfassend vertraten.[6]

---

4 Vgl. Bettina Braun: Princeps et episcopus. Studien zur Funktion und zum Selbstverständnis der nordwestdeutschen Fürstbischöfe nach dem Westfälischen Frieden, Göttingen 2013, S. 15 ff. Bei dem oben verwendeten Begriff »Staat« ist jedoch eine anachronistische Projizierung eines modernen Verständnisses dieses Worts zu vermeiden, weshalb hinsichtlich der Verfassungsverhältnisse in der Frühen Neuzeit eher von »Staatlichkeit« und »Herrschaften« die Rede sein sollte. Vgl. Michael Hochedlinger: Verfassungs-, Verwaltungs- und Behördengeschichte der Frühen Neuzeit. Vorbemerkungen zur Begriffs- und Aufgabenbestimmung, in: Ders./Thomas Winkelbauer (Hg.): Herrschaftsverdichtung, Staatsbildung, Bürokratisierung. Verfassungs-, Verwaltungs- und Behördengeschichte der Frühen Neuzeit, Wien/München 2010, S. 21–85, hier S. 38.
5 Die Kurfürsten waren gemäß der Goldenen Bulle von 1356 eine Gruppe von sieben (seit 1648 mehr) Reichsfürsten, die das alleinige Recht besaßen, den römisch-deutschen König zu wählen. Sie waren die einflussreichsten Reichsstände und bestimmten als Kurfürstenrat auch das Geschehen auf dem Reichstag maßgeblich. Vgl. Axel Gotthard: Säulen des Reiches. Die Kurfürsten im frühneuzeitlichen Reichsverband, Husum 1998.
6 Vgl. Johann Heinrich Zedler: Art. »Statthalter«, in: Ders. (Hg.): Grosses vollstaendiges Universallexikon Aller Wissenschaften und Kuenste […]. Band 39, Halle/Leipzig 1744, Sp. 1297–1304. Vgl. auch Ronald G. Asch: Art. »Statthalter/in«, in: Enzyklopädie der Neuzeit Online, 2005–2012, www.dx.doi.org/10.1163/2352-0248_edn_a4129000 [Stand: 1.4.2019].

Die kurkölnischen Statthalter sind als Gesamtphänomen schlecht untersucht. Zu einzelnen Territorien, wie zum Beispiel dem Herzogtum Westfalen oder dem Vest Recklinghausen, gibt es zwar Studien. Sie stammen jedoch schon vom Anfang des 20. Jahrhunderts, und auch die einzelnen Amtsträger werden hier nur schemenhaft behandelt.[7] Eine Ausnahme dazu stellt Ferdinand von Kerssenbrock (* 1676) dar, der von 1747 bis zu seinem Tod im Jahr 1754 Statthalter des Kölner Kurfürsten Clemens August von Bayern (1700–1761) im Fürstbistum Osnabrück war. Zu Kerssenbrock hat Johannes Rhotert einen Beitrag in der Westfälischen Zeitung veröffentlicht,[8] und auch einige ältere und neuere Publikationen gehen auf sein Wirken im Hochstift ein.[9] Jenseits dieses kurzen Lebensbildes finden sich einige Nennungen Kerssenbrocks in verschiedenen Schriften zur Geschichte von Bistum und Stadt Osnabrück. Sie zeigen Facetten der jahrzehntelangen Tätigkeiten in Spitzenämtern des Hochstifts, ohne sein Wirken jedoch genauer zu erforschen. Ziel dieser Studie ist es daher, die in der Literatur vorhandenen Informationen zu diesem Statthalter zu einem Gesamtbild zu vereinen und bisher ungeklärte Fragen sowie Forschungsdesiderate herauszuarbeiten. Dazu soll zunächst (1.) das globalhistorische Phänomen der Herrschaftsdelegation kurz erläutert und dann die Praxis der Kölner Kurfürsten, Statthalter einzusetzen, dargestellt werden. Im Anschluss daran wird (2.) der Werdegang Ferdinands von Kerssenbrock bis zu seiner Ernennung als Statthalter kurz erläutert und (3.) sein Wirken in diesem Amt nachgezeichnet.

1. Die Territorien der Kölner Kurfürsten und ihre Statthalter

Die Delegation von Herrschaft ist spätestens seit der Antike ein Phänomen, das politische Organisationsformen begleitet. Schon damals entstanden Großreiche, deren Ausdehnung den jeweiligen Herrscher daran hinderte, überall und

---

7 Vgl. Johannes Rathje: Die Behördenorganisation im ehemals kurkölnischen Herzogtum Westfalen, Kiel 1905; Ludwig Bette: Geschichte der Statthalterei im Vest Recklinghausen, in: Gladbecker Blätter für Orts- und Heimatkunde 6 (1917), S. 121–124.
8 Vgl. Johannes Rhotert: Ferdinand von Kerssenbrock, Dompropst und Statthalter im alten Hochstift Osnabrück, † 1754, in: Westfälische Zeitschrift 77 (1919), S. 190–196.
9 Vgl. Margret Däuper: Untersuchungen zum Kerssenbrock-Epitaph im Dom zum Osnabrück, in: Osnabrücker Mitteilungen 88 (1982), S. 157–187; Rolf Fritz: Die Gemäldesammlung des Dompropstes Ferdinand von Kerssenbrock, in: Osnabrücker Mitteilungen 65 (1952), S. 146–151; Josef Herrmann: Die Eversburg unter Ferdinand von Kerssenbrock, in: Susanne Tauss (Hg.): Herrschen – Leben – Repräsentieren: Residenzen im Fürstentum Osnabrück 1600–1800; Beiträge der wissenschaftlichen Tagung vom 13. bis 15. September 2012 im Schloss Osnabrück, Regensburg, 2014, S. 285–301; Christine van den Heuvel: Art. »von Kerssenbrock, Ferdinand« in: Rainer Hehemann (Bearb.): Biographisches Handbuch zur Geschichte der Region Osnabrück, Bramsche 1990, S. 158.

jederzeit seine Regierungsgewalt selbstständig ausüben zu können, das heißt er war oft dauerhaft abwesend. Zur Lösung der hieraus resultierenden Probleme bestand, neben der Durchführung von Regentenreisen, die Möglichkeit, Herrschaftsrechte an Stellvertreter in den einzelnen Provinzen zu delegieren, die im Namen und als Alter Ego des Souveräns die Regierung führten. Zu nennen sind hier unter anderem die im persischen Achämenidenreich seit Großkönig Dareios I. (549–486 v. Chr.) ernannten Satrapen.[10] Die Einsetzung solcher Statthalter ist vor allem auch in frühneuzeitlichen Mehrfachherrschaften beziehungsweise »composite monarchies«, also Herrschaftskomplexen, die sich aus mehreren und zum Teil weit auseinander liegenden Territorien zusammensetzten, zu beobachten.[11] Sie wurden zusammengehalten in der Person des Monarchen, der sämtliche Länder gleichzeitig in Personalunion regierte. Ein Beispiel hierfür sind die seit 1524 von der spanischen Krone in ihren amerikanischen Kolonien eingesetzten Vizekönige.[12]

Jenseits dieser globalhistorischen Perspektive weist auch das Heilige Römische Reich Deutscher Nation ähnliche Herrschaftsgebilde auf. So regierten die Kölner Erzbischöfe schon seit dem Hochmittelalter als weltliche Herrscher mit dem Kurfürstentum Köln eine composite monarchy, deren Bestandteile über keinerlei territoriale Verbindung zueinander verfügten. Zur landesherrlichen Durchdringung und als lokale Repräsentanten setzten die Kölner Kurfürsten, die selbst zumeist im Erzstift residierten, schon während des Mittelalters im Herzogtum Westfalen einen sogenannten Marschall und im Vest Recklinghausen einen officiatus, der später auch als Amtmann bezeichnet wird, ein. Infolge der Herausbildung des Kurfürstenkollegiums im 14. Jahrhundert und

---

10 Vgl. Hilmar Klinkott: Der Satrap. Ein achaimenidischer Amtsträger und seine Handlungsspielräume, Frankfurt am Main 2005. Zur Delegation von Herrschaft aus historischer Sicht insgesamt vgl. Helmut Stubbe da Luz: Gouverneure, Prokonsuln, Satrapen, Vizekönige. Bemerkungen zur politischen Top-down-Substitution und -Delegation. Einführung, in: Ders. (Hg.): Statthalterregimes – Napoleons Generalgouvernements in Italien, Holland und Deutschland (1808–1814). Mit Blicken auf Generalgouverneure im Zarenreich und das NS-Generalgouvernement Polen (1939–1945), Frankfurt am Main/Bern/Wien 2016, S. 9–33.
11 Zu diesem Konzept vgl. unter anderem Franz Bosbach: Mehrfachherrschaften im 17. Jahrhundert, in: Uta Lindgren (Hg.): Naturwissenschaft und Technik im Barock. Innovation, Repräsentation, Diffusion, Köln/Weimar/Wien 1997, S. 19–35; Ders.: Mehrfachherrschaft – eine Organisationsform frühmoderner Herrschaft, in: Michael Kaiser/Michael Rohrschneider (Hg.): Membra unius capitis. Studien zu Herrschaftsauffassungen und Regierungspraxis in Kurbrandenburg (1640–1688), Berlin 2005, S. 19–34; John H. Elliott: A Europe of Composite Monarchies, in: Past and Present 137 (1992), S. 48–71; Helmut G. Koenigsberger: Dominium Regale or Dominium Politicum et Regale: Monarchies and Parliaments in Early Modern Europe, in: Ders.: Politicians and Virtuosi. Essays in Early Modern History, London/Ronceverte 1986, S. 1–25; Ders.: Zusammengesetzte Staaten, Repräsentativversammlungen und der Amerikanische Unabhängigkeitskrieg, in: ZHF 18 (1991), S. 399–423.
12 Alejandro Cañeque: The King's Living Image. The Culture and Politics of Viceregal Power in Colonial Mexico, New York/London 2004, S. 17 f.

der damit verbundenen Privilegien erlangten die Kölner Erzbischöfe zudem eine exponierte Stellung innerhalb des verfassungspolitischen Gefüges des Reichs und konnten großen Einfluss im Westen desselben gewinnen. So verwundert es nicht, dass im 16. Jahrhundert mehrere Kölner Kurfürsten auch in anderen Fürstbistümern zum Bischof gewählt wurden und diese dann, neben den oben genannten kurkölnischen Kernlanden, als Landesherren regierten. Besonders für kleinere Territorien, die im Zuge der Reformation Gefahr liefen, ähnlich wie das Fürstbistum Brandenburg, säkularisiert zu werden, war die Verbindung mit dem mächtigeren Kurfürstentum attraktiv. Für die Kölner Landesherren bedeutete die Anhäufung geistlicher Würden vor allen Dingen erhöhte finanzielle Mittel und gesteigertes Prestige, hatte jedoch ebenso zahlreiche innen- und außenpolitische Komplikationen und Spannungen zur Folge.

Eine große Territorienkumulation erreichte der 1583 zum Kölner Erzbischof gewählte Ernst von Bayern (1554–1612),[13] der neben den Kernlanden zudem die Fürstbistümer Freising, Hildesheim, Lüttich, Münster sowie die Reichsabtei Stablo-Malmedy regierte. Ernst stand damit am Anfang einer Reihe von bayerischen Wittelsbachern auf dem Kölner Erzstuhl, die bis 1761 das Kurfürstentum regierten und die sich stets um den Erwerb weiterer Bistümer bemühten.[14] Hierdurch konnten seine Nachfolger in wechselnden Konstellationen neben den oben genannten Territorien zeitweise auch die Fürstpropstei Berchtesgaden sowie die Fürstbistümer Osnabrück, Paderborn und Regensburg unter ihre Herrschaft bringen. In diesem Streben nach Territorien erwarb sich Clemens August von Bayern den Namen des Monsieur de cinq églises. Denn er besaß nicht nur die Kölner Kurwürde, sondern war ebenfalls Fürstbischof von Hildesheim, Münster, Paderborn sowie Osnabrück (Abb. 1) und hatte darüber hinaus weitere Ämter inne, wie beispielsweise das des Hoch- und Deutschmeisters.[15]

---

13 Zu Ernst von Bayern vgl. Ernst Bosbach: Ernst, Herzog von Bayern, in: Erwin Gatz (Hg.): Die Bischöfe des Heiligen Römischen Reiches 1448 bis 1648. Ein biographisches Lexikon, Berlin 1996, S. 163–171; Günther von Lojewski: Bayerns Weg nach Köln. Geschichte der bayerischen Bistumspolitik in der zweiten Hälfte des 16. Jahrhunderts, Bonn 1962.
14 Zu diesem Streben allgemein vgl. Konrad Algermissen: Wittelsbacher Prinzen als Bischöfe von Hildesheim, in: Unsere Diözese in Vergangenheit und Gegenwart 30 (1961), S. 37–64; Rudolf Lill: Wittelsbacher am Rhein, in: Kurfürst Clemens August. Landesherr und Mäzen des 18. Jahrhunderts, Köln 1961, S. 57–61, hier S. 59 ff.; Josef Johannes Schmid: Wittelsbacher als geistliche Fürsten am Rhein in der Frühen Neuzeit – dynastische Ambition, europäische Politik und kulturelles Erbe, in: Franz J. Felten (Hg.): Preußen und Bayern am Rhein, Stuttgart 2014, S. 81–106.
15 Zu Kurfürst Clemens August und Kurköln unter seiner Regierung gibt es eine Fülle von Publikationen, deshalb hier nur einige exemplarische Hinweise, jenseits der bereits und weiter unten genannten: Max Braubach: Die vier letzten Kurfürsten von Köln. Ein Bild rheinischer Kultur im 18. Jahrhundert, Bonn 1931; Andreas Rutz: Clemens August von Bayern. Erzbischof und Kurfürst von Köln (1700–1761), www.rheinische-geschichte.lvr.de/Persoenlichkeiten/clemens-august-von-bayern/DE-2086/lido/57c68cffb4d68 4.72106626#to

Mit seinem Tod endete nicht nur die wittelsbachische Herrschaft in Kurköln, sondern auch die Zeit der enormen Länderkumulationen der Kölner Kurfürsten. Die Nachfolger Clemens Augusts auf dem Kölner Erzstuhl, Maximilian Friedrich von Königsegg-Rothenfels (1708–1784) und Maximilian Franz von Österreich (1756–1801), konnten außer dem Fürstbistum Münster keine weiteren Territorien mehr erwerben. 1803 fiel das Kurfürstentum dann schließlich dem Reichsdeputationshauptschluss zum Opfer.[16]

Zwar hatte das Konzil von Trient ein Verbot der Kumulation von Bistümern beschlossen, allerdings wurde sie in den oben genannten Fällen durch die Einholung päpstlicher Dispensen umgangen.[17] Denn besonders bis zum Ende des Dreißigjährigen Krieges waren die bayerischen Fürsten wichtige Verbündete des Papstes bei der Zurückdrängung des Protestantismus in Nordwestdeutschland. Dennoch darf nicht der Eindruck entstehen, es habe sich bei der 1583 begründeten Linie von Wittelsbacher Kurfürsten und ihren Territorienkumulationen um eine automatisch oder zwangsläufig erfolgte Entwicklung gehandelt: Vor jeder einzelnen Wahl zum Koadjutor und dann zum Bischof wurden Verhandlungen mit den jeweiligen Domkapiteln geführt, die teilweise scheiterten und die Wahl eines anderen Kandidaten zur Folge hatten.[18] So konnten die Domkapitel, die im Kurfürstentum und den übrigen Fürstbistümern jeweils den ersten Landstand bildeten,[19] durch die Verhandlung von Wahlkapitulationen oftmals eine große Selbstständigkeit erhalten. Dazu wurden sie in die Regierung der einzelnen Fürstbistümer einbezogen, was den spezifischen Gegebenheiten der einzelnen Fürstbistümer Rechnung trug und die Beibehaltung älterer Rechts- und Verwaltungsverhältnisse gewährleistete.[20]

---

c18 [Stand: 1.4.2019]; Frank Günter Zehnder/Werner Schäfke (Hg.): Der Riss im Himmel. Clemens August und seine Epoche. 8 Bde., Köln 1999.
16 Vgl. Eduard Hegel: Geschichte des Erzbistums Köln. Vierter Band: Das Erzbistum Köln zwischen Barock und Aufklärung. Vom Pfälzischen Krieg bis zum Ende der französischen Zeit (1688–1814), Köln 1979, S. 75 und 482 ff.
17 Vgl. Barbara Stollberg-Rilinger (Hg.)/André Krischer (Bearb.): Das Hofreisejournal des Kurfürsten Clemens August von Köln. 1719–1745, Siegburg 2000, S. 6.
18 So zum Beispiel in Lüttich bei der versuchten Wahl Joseph Clemens zum Fürstbischof 1694. Vgl. Braun: Princeps (Anm. 4), S. 355.
19 Zu Gemeinsamkeiten und Unterschieden der landständischen Verfassung der einzelnen hier genannten Territorien vgl. Rudolfine Freiin von Oer: Landständische Verfassungen in den geistlichen Fürstentümern Nordwestdeutschlands, in: Dietrich Gerhard (Hg.): Ständische Vertretungen in Europa im 17. und 18. Jahrhundert, Göttingen 1969, S. 94–119.
20 Franz Brendle: Die Domkapitel als Conregentes der Fürstbischöfe in den geistlichen Staaten, in: Wolfgang Wüst u. a. (Hg.): Höfe und Residenzen geistlicher Fürsten. Strukturen, Regionen und Salzburgs Beispiel in Mittelalter und Neuzeit, Ostfildern 2010, S. 93–107, hier S. 95–99. Für die Inhalte der einzelnen Wahlkapitulationen der Kölner Kurfürsten vgl. Michael Kißener: Ständemacht und Kirchenreform. Bischöfliche Wahlkapitulationen im Nordwesten des Alten Reiches 1265–1803, Paderborn 1993.

Ein Amtsträger im Spannungsfeld 145

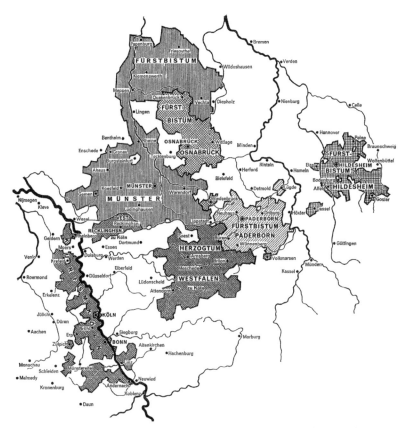

Abb. 1: Die Territorien des Kurfürsten Clemens August von Bayern (aus: Kurfürst Clemens August. Landesherr und Mäzen des 18. Jahrhunderts. Ausstellung in Schloss Augustusburg zu Brühl 1961, Köln 1961, S. 39)

Die Bedeutung der Kooperation zwischen Landesherrn und Domkapitel wird auch an der Regierung der nordwestdeutschen Fürstbistümer durch Clemens August deutlich, denn die in diesen Territorien von ihm eingesetzten Statthalter waren meist hochrangige und in der Landesverwaltung erfahrene Domherren, die sich bereits in kurfürstlichen Diensten bewährt hatten.[21] Allerdings besaß diese

---

21 Vgl. Wencke Hinz: »Le monsieur de cinq églises« Clemens August von Bayern. Herrschaft durch Repräsentation, in: Susanne Tauss (Hg.): Herrschen – Leben – Repräsentieren. Residenzen im Fürstbistum Osnabrück 1600–1800, Regensburg 2014, S. 273–284, hier S. 276. Im Fall des Fürstbistums Osnabrück ist dies der im Folgenden porträtierte Ferdinand von Kerssenbrock. Für das Fürstbistum Hildesheim vgl. Manfred Hamann: Das Staatswesen

Zusammenarbeit eine lange Genese: Ernst von Bayern hatte – voller Misstrauen gegenüber den jeweiligen Landständen seiner Territorien – in der Regel langjährige Vertraute sowie verlässliche Parteigänger als Statthalter eingesetzt, ohne Rücksicht auf deren Herkunft oder Konfession zu nehmen. So wurden zum Beispiel die domkapitularischen Statthalter im Fürstbistum Hildesheim von 1577 bis 1581 durch Dr. Ludwig Roemer, der an Ernst' Statt die Regierung im Fürstbistum Freising führte, unterstützt, bevor ab 1585 der Lutheraner Asche von Holle († 1594) die Vertretung des Wittelsbachers übernahm.[22] Im Vest Recklinghausen setzte Ernst den 1590 von ihm ernannten Statthalter Conrad von Boenen (1530–1608) aufgrund dessen protestantischer Überzeugung 1591 wieder ab und verlor danach wohl das Vertrauen in die vestische Ritterschaft. Denn an die Stelle des alten Statthalters trat zunächst der Kölner Domherr Dr. Gottfried Gropper († 1598) und nach dessen Tod der ebenfalls bürgerliche Vincenz Rensing (1555–1626). Mit einigen seiner Maßnahmen verstieß der Wittelsbacher gegen das mancherorts geltende Indigenatsprinzip, welches besagte, dass bestimmte Ämter nur mit Landeskindern – meist Angehörigen der landsässigen Ritterschaft – besetzt werden durften. Dies alles tat Ernst, da vor dem Hintergrund des Kölner Krieges, aber auch im Rahmen der von dem Haus Wittelsbach getragenen Katholischen Reform, die Loyalität zahlreicher Untertanen zweifelhaft erschien.[23]

Nachdem diese Personalpolitik mehrfach gescheitert war,[24] experimentierte er mit Rotationssystemen, in denen die Amtsträger in festen Perioden wechseln

    der Fürstbischöfe von Hildesheim im 18. Jahrhundert, in: Niedersächsisches Jahrbuch für Landesgeschichte 34 (1962), S. 157–193; Justus Lücke: Die landständische Verfassung im Hochstift Hildesheim 1643–1802. Ein Beitrag zur territorialen Verfassungsgeschichte, Hildesheim 1968; Alexander Dylong: Das Hildesheimer Domkapitel im 18. Jahrhundert, Hannover 1997. Im Falle des Fürstbistums Münster vgl. Wilhelm Kohl: Das Bistum Münster 4,2. Das Domstift Paulus zu Münster, Berlin/New York 1982; Hans-Georg Schmitz-Eckert: Die hochstift-münsterische Regierung von 1574–1803 (Zuständigkeit und Organisation), in: Westfälische Zeitschrift 116 (1966), S. 27–100. Für das Fürstbistum Paderborn vgl. Joseph Böhmer: Das Geheime Ratskollegium, die oberste Landesbehörde des Hochstifts Paderborn. 1723–1802. Ein Beitrag zur Verwaltungsgeschichte des Fürstbistums, Hildesheim 1910; Norbert Andernach: Friedrich Christian von Fürstenberg, in: Ders. u. a. (Bearb.): Fürstenbergsche Geschichte. Vierter Band. Die Geschichte des Geschlechtes von Fürstenberg im 18. Jahrhundert, Münster 1979, S. 54–74.

22 Vgl. Adolf Bertram: Geschichte des Bistums Hildesheim. Zweiter Band, Hildesheim/Leipzig 1916, S. 437.
23 Vgl. unter anderem Bette: Statthalterei (Anm. 7), S. 122; Heinrich Dieckhöfer: Das Vest Recklinghausen unter der Regierung der Kurfürsten Ernst und Ferdinand von Bayern (1583–1650), in: Vestische Zeitschrift 38 (1931), S. 114–235, hier S. 133–146; Heinz Pardun: Die truchsessischen Wirren, in: Heimatblätter. Zeitschrift des Arnsberger Heimatbundes e. V. 4 (1983), S. 11–24. Zum Kölner Krieg vgl. zuletzt Eva-Maria Schnurr: Religionskonflikt und Öffentlichkeit. Eine Mediengeschichte des Kölner Kriegs (1582 bis 1590), Köln/Weimar/Wien 2009.
24 So zum Beispiel im Rheinischen Erzstift, wo der Statthalter Adolf von Schwarzenberg (1551–1600) im Juli 1590 sein Amt niederlegte oder im Fürstbistum Hildesheim, wo Ernst

sollten, setzte schließlich die Statthalterschaften in der Mehrzahl seiner Territorien allerdings aus.[25] Ernsts Nachfolger Ferdinand von Bayern (1577–1650) fand allerdings zu einer Kooperation mit den Landständen des Herzogtums Westfalen und des Vests Recklinghausen, in denen jeweils landsässige Ritter als Statthalter eingesetzt wurden; eine Tradition, die bis zum Ende des Ancien Régime Bestand haben sollte. Die Regierung von Ferdinands nordwestdeutschen Territorien – Hildesheim, Münster und Paderborn – gestaltete sich infolge des Dreißigjährigen Krieges schwierig, da die Länder teilweise über Jahre hinweg von feindlichen Truppen besetzt waren.[26] In Hildesheim und Paderborn setzte er explizit keine Statthalter, sondern in Zusammenarbeit mit den dortigen Domkapiteln Regierungsbehörden ein, die jedoch mit einem eindeutigen Vertretungscharakter versehen und somit einem Statthalter nicht nachstehen sollten; hinsichtlich des Fürstbistums Münster bedarf diese Frage nach der möglichen Einsetzung eines oder mehrerer Stellvertreter noch einer genauen Klärung durch zukünftige Forschungen.[27]

Unter Maximilian Heinrich von Bayern und seinem Nachfolger Joseph Clemens von Bayern wurden dann allmählich auch im Rheinischen Erzstift und im Fürstbistum Hildesheim wieder Statthalter verwendet.[28] Diese Praxis führte Clemens

---

von Bayern im selben Jahr Asche von Holle, der bereits seit geraumer Zeit unter dem Druck der dortigen Regierung sowie des ortsansässigen Domkapitels stand, aus dem Dienst entlassen musste. Vgl. Bertram: Hildesheim (Anm. 22), S. 295; Wolf-Dietrich Penning: Die weltlichen Zentralbehörden im Erzstift Köln von der ersten Hälfte des 15. bis zum Beginn des 17. Jahrhunderts, Bonn 1977, S. 106 ff. Im Gegensatz dazu blieb der von Ernst im Vest Recklinghausen als Statthalter eingesetzte Vincenz Rensing – größter Widerstände zum Trotz – von 1598 bis 1620 im Amt. Vgl. Dieckhöfer: Regierung (Anm. 23), S. 186 ff.; Franz Rensing: Der Statthalter Vincenz Rensing (1555–1626), seine Familie und das Vest Recklinghausen zu seiner Zeit, in: Vestische Zeitschrift 34 (1927), S. 1–43.

25 Das tat er zum Beispiel im Rheinischen Erzstift und im Fürstbistum Hildesheim. Vgl. Bertram: Hildesheim (Anm. 22), S. 294 ff; Penning: Zentralbehörden (Anm. 24), S. 107 ff. Eine durchgängige Kontinuität dieses Amtes ist daher nach momentanem Stand der Forschung für die Territorien der Kölner Kurfürsten aus dem Hause Wittelsbach nur im Vest Recklinghausen und in dem zum Fürstbistum Lüttich gehörenden Herzogtum Bouillon feststellbar. Interessanterweise sind in beiden Fällen die Statthalterschaften fest in der Hand einer bestimmten Familie. Vgl. Bette: Statthalterei (Anm. 7), S. 123; Édouard Poncelet: Les droits souverains de la principauté de Liège sur le duché de Bouillon, in: Bulletin de la Commission royale d'Histoire 108 (1943), S. 127–267, hier S. 263–267.

26 So zum Beispiel das Fürstbistum Hildesheim. Vgl. Manfred Hamann: Die Hildesheimer Bischofsresidenz, in: Niedersächsisches Jahrbuch für Landesgeschichte 36 (1964), S. 28–65, hier S. 51.

27 Vgl. Lücke: Verfassung (Anm. 21), S. 19; Thorsten Süß: Die Paderborner Kanzleiordnungen Ferdinands von Bayern, in: Westfälische Zeitschrift 162 (2012), S. 329–339, hier S. 334.

28 Vgl. Adolf Bertram: Die Bischöfe von Hildesheim, Hildesheim/Leipzig 1896, S. 236; Rainer Egon Blacha: Johann Friedrich Karg von Bebenburg. Ein Diplomat der Kurfürsten Joseph Clemens von Köln und Max Emmanuel von Bayern 1688–1694, Univ. Diss., Bonn 1983, S. 195 f.; Thomas Klingebiel (Bearb.): Die Landtagsabschiede des Hochstifts Hildesheim 1573–1688, Hannover 2006, S. 52 und 107.

August nach seinem Regierungsantritt fort. Allerdings setzte er darüber hinaus auch in Münster, Osnabrück und Paderborn Statthalter ein. Im Rahmen seiner Personalpolitik stechen einige Merkmale hervor: Wie bereits erwähnt, beauftragte Clemens August zumeist bewährte Domherren mit der Regierung seiner Territorien. So wurden in den nordwestdeutschen Fürstbistümern in der Regel die Dignitäten, also die hochrangigen Würdenträger der jeweiligen Domkapitel als Regierungspräsidenten eingesetzt und ihnen somit auch die Oberaufsicht über die Landesverwaltung anvertraut. Unter Clemens Augusts Herrschaft entwickelten die vorher schon bestehenden beziehungsweise von ihm eingesetzten Geheimen Räte[29] in seinen Fürstbistümern den Charakter einer Abwesenheitsregierung, wobei den jeweiligen Statthaltern der Vorsitz oblag. Zwar zählte die innere und äußere Territorialverwaltung zu den Aufgabenbereichen des kurfürstlichen Geheimen Rates, doch oftmals versuchte das kurfürstliche Kabinett in Bonn beziehungsweise die später dort eingerichtete und für sämtliche Territorien zuständige Geheime Konferenz maßgebliche Entscheidungskompetenzen für sich zu beanspruchen.[30] Für den wittelsbachischen Landesherrn stellte diese Einbindung der höchsten Vertreter des ersten Landstandes eine willkommene Maßnahme dar, da er hiermit den in den Wahlkapitulationen verbrieften Anspruch auf eine Regierungsbeteiligung der Domkapitel erfüllen und zugleich weitergehende Einflussnahmen limitieren konnte.[31] Zudem wurden die Statthalter in eine Position gebracht, in der sie als Vermittlungsinstanz zwischen landesherrlicher Durchdringung und landständischer Privilegiensicherung fungierten. Aufgrund ihrer eigenen Stellung innerhalb der jeweiligen Territorien konnten sie dieser Aufgabe oftmals mit wesentlich höherer Legitimation nachgehen, als es zum Beispiel landfremde Amtsträger gekonnt hätten, wenngleich diese Position natürlich ebenso ein gewisses Spannungsverhältnis erzeugte, auf das unten noch eingegangen wird.

Eine kennzeichnende Auswirkung von Clemens Augusts Personalpolitik war, dass die Regierungspräsidenten und Statthalter einem festen Personenkreis

---

29 Der Geheime Rat hatte sich als fürstliches Beratungsorgan entwickelt und war zu Zeiten Clemens Augusts in der Regel aus Vertretern des Domkapitels und der landsässigen Ritterschaft sowie gelehrten Räten zusammengesetzt. Bei seinem Regierungsantritt bestanden in den Fürstbistümern Münster und Osnabrück bereits solche Institutionen. In den Fürstbistümern Hildesheim (1725) und Paderborn (1723) begründete der Wittelsbacher sie nach seiner Regierungsübernahme beziehungsweise etablierte sie als eigenständige Behörden. Vgl. Böhmer: Ratskollegium (Anm. 21), S. 12; Lücke: Verfassung (Anm. 21), S. 22.

30 So zum Beispiel gegenüber dem Geheimen Rat des Fürstbistums Münster, wo dies zeitweise auch gelang. Vgl. Marcus Weidner: Landadel in Münster 1600–1760. Stadtverfassung, Standesbehauptung und Fürstenhof, Münster 2000, S. 270.

31 Dies ist vor allem im Rheinischen Erzstift gut zu beobachten. Vgl. Willi Paetzer: Das Verhältnis des Kölner Domkapitels zu den beiden letzten Kurfürsten aus dem Hause Wittelsbach, Josef Clemens und Clemens August, vornehmlich nach den Protokollen des Kapitels, Univ. Diss., Bonn 2000, S. 206 und 211.

Ein Amtsträger im Spannungsfeld 149

entstammten, da sich die nordwestdeutschen Domkapitel zu einem nicht unerheblichen Teil aus Mitgliedern des ritterbürtigen Adels des Herzogtums Westfalen zusammensetzten.[32] Die bedeutenden Familien dieses Territoriums trugen in den Domkapiteln – und damit auch vor dem Hintergrund von Statthalterschaften – Streitigkeiten aus, die ihren Ursprung eigentlich in Kurköln hatten und an denen zuweilen auch auswärtige Mächte beteiligt waren.[33] Somit bestand auch das Domkapitel des Fürstbistums Osnabrück nur zu einem kleinen Teil aus einheimischen Adeligen. Es stellte jedoch insofern einen Sonderfall dar, da gemäß Artikel 20 der Capitulatio perpetua[34] von den 25 Domherren drei evangelisch sein mussten.[35] Zudem stand es infolge der Alternativen Sukzession unter dem starken Einfluss des Hauses Braunschweig und hatte im Territorienkomplex des Wittelsbachers ohnehin nur eine periphere Bedeutung. So verwundert es kaum, dass Clemens August dem Fürstbistum Osnabrück – im Gegensatz zu anderen Nebenländern – nur selten einen Besuch abstattete.[36] Welche Folgen diese Sonderstellung nach sich zog und ob sie dem Statthalter eigene Gestaltungsmöglichkeiten bei der Regierung des Territoriums eröffnete, gilt es im Folgenden zu überprüfen.

2. Der Werdegang Ferdinand von Kerssenbrocks bis zu seiner Ernennung als Statthalter des Fürstbistums Osnabrück

Ferdinand von Kerssenbrock (Tafel 30), am 22. März 1676 auf Gut Brinke in der Grafschaft Ravensberg geboren, wurde bereits 1696 Domherr in Osnabrück. Das Geschlecht von Kerssenbrock besetzte ähnlich wie die Familie von Fürstenberg schon seit langer Zeit Präbenden in den Domkapiteln der nordwestdeutschen Germania Sacra. Zur Vorbereitung seiner Karriere im Domkapitel studierte Ferdinand von 1692 bis 1694 in Würzburg Jura. Am 14. April 1698 nahm er an

---

32 Vgl. Harm Klueting: Reichsgrafen – Stiftsadel – Landadel. Adel und Adelsgruppen im niederrheinisch-westfälischen Raum im 17. und 18. Jahrhundert, in: Rudolf Endres (Hg.): Adel in der Frühneuzeit. Ein regionaler Vergleich, Köln/Wien 1991, S. 17–53, hier S. 21–24.
33 So zum Beispiel im Fürstbistum Münster, wo in den 1740er Jahren eine Plettenbergische und eine Fürstenbergische Partei um politischen Einfluss rangen und die Generalstaaten in diesem Streit mitwirkten. Vgl. Friedrich Keinemann: Das Domkapitel zu Münster im 18. Jahrhundert. Verfassung, persönliche Zusammensetzung, Parteiverhältnisse, Münster 1967, S. 154–158.
34 Im Fürstbistum Osnabrück galt seit dem Westfälischen Friedensschluss sowie der 1650 beschlossenen »Capitulatio perpetua osnabrugensis«, einer ständigen Wahlkapitulation, die sogenannte »Alternative Sukzession«, die eine abwechselnde Wahl eines katholischen und evangelischen Bischofs vorschrieb. Vgl. Mark Alexander Steinert: Die alternative Sukzession im Hochstift Osnabrück. Bischofswechsel und das Herrschaftsrecht des Hauses Braunschweig-Lüneburg in Osnabrück. 1648–1802, Osnabrück 2003.
35 Vgl. Oer: Landständische Verfassungen (Anm. 19), S. 95 f.
36 Vgl. Hinz: Monsieur (Anm. 21), S. 281.

der Wahl Karls von Lothringen (1680–1715) zum Bischof von Osnabrück teil und hielt sich danach im Rahmen einer Bildungsreise in Italien auf, wo er 1701 einen Studienaufenthalt in Siena einlegte. Nach seiner Rückkehr scheint Kerssenbrock in der Gunst Karls aufgestiegen zu sein und wurde am 10. August 1707 zum »Canonicus a latere«[37] sowie 1715 zum Geheimen Rat ernannt.[38] Nach dem Tod des Bischofs wurde gemäß der Alternativen Sukzession mit Ernst August II. von Hannover (1674–1728) ein Vertreter des lutherischen Hauses Braunschweig gewählt. Zwischen ihm und dem 1719 zum Dompropst und Generalvikar ernannten Kerssenbrock entwickelte sich schnell ein konfessionell aufgeladenes Kräftemessen, dem Ernst Augusts Abneigung gegen den großen Einfluss der Domdignitäten auf die Politik des Hochstiftes zu Grunde lag.[39]

Nach dem Tod des Welfen setzte sich Kerssenbrock, der durch seine Münsteraner Präbende bestens mit dem Favoriten und Premierminister des Kölner Kurfürsten, Ferdinand von Plettenberg (1690–1737), vertraut war, erfolgreich für die Wahl Clemens Augusts zum Osnabrücker Fürstbischof ein. Durch den neuen wittelsbachischen Bischof wurde das Domkapitel wieder maßgebende Kraft im Hochstift: Clemens August ernannte Dompropst Kerssenbrock, den Domdechanten Goswin Conradt von Ketteler (1677–1747) und den Domscholaster Carl Franz von Wachtendonk (1668–1731) zu Geheimen Räten und vertraute ihnen »sambt und sonders die Führung der allerdortigen Regierung in Unserer Abwesenheit« an.[40] Gemeinsam mit den weltlichen Räten Simon Heinrich von Wendt († 1738) und Albert Wilhelm von der Linde († 1732) begann die Behörde kurze Zeit später, die Innenpolitik des Fürstbistums zu leiten. Der Geheime Rat, dem die Wahrnehmung der anfallenden Regierungsgeschäfte oblag, wurde 1680 von dem damaligen protestantischen Fürstbischof Ernst August I. (1629–1698) gegründet, nachdem dieser seine Residenz nach

---

37 Sogenannte »Canonici a latere« wurden im 18. Jahrhundert in vielen geistlichen Staaten bestallt. Meist waren es zwei erfahrene und in der Gunst des Landesherrn stehende Domherren, die von ihrer Residenzpflicht entbunden waren und oftmals Gesandtschaften durchführten. Das Phänomen selbst ist bis auf einen Aufsatz von Keinemann, der sich dem Thema widmet, kaum erforscht. Vgl. Friedrich Keinemann: Ernennungen von Canonici a latere in den westfälischen Hochstiften nach der preußischen Okkupation, in: Westfälische Zeitschrift 118 (1968), S. 135–140; Andreas Müller: Die Ritterschaft im Herzogtum Westfalen 1651–1803: Aufschwörung, innere Struktur und Prosopographie, Münster 2017, S. 595 f.
38 Vgl. Johannes Freiherr von Boeselager: Die Osnabrücker Domherren des 18. Jahrhunderts, Osnabrück 1990, S. 268 ff. Seit 1706 war er ebenfalls Domherr in Münster und besaß von 1711 bis 1729 eine Präbende in Trier.
39 Ein Beispiel dafür verzeichnet Bär. Vgl. Max Bär: Abriß einer Verwaltungsgeschichte des Regierungsbezirks Osnabrück, Hannover/Leipzig 1901, S. 33 f.
40 Zitiert nach: Christine van den Heuvel: Beamtenschaft und Territorialstaat. Behördenentwicklung und Sozialstruktur der Beamtenschaft im Hochstift Osnabrück 1550–1800, Osnabrück 1984, S. 136. Zu den Domherren Ketteler und Wachtendonk vgl. Boeselager: Osnabrücker Domherren (Anm. 38), S. 273 f. und 329 ff.

Ein Amtsträger im Spannungsfeld 151

Hannover verlegt hatte.⁴¹ Zwar war der Geheime Rat nominell eine Mittelinstanz und sollte sämtliche Vorgänge nach Bonn melden, de facto besaß er jedoch einen großen Handlungsspielraum, da die Entscheidungen aus Bonn oft lange auf sich warten ließen beziehungsweise ganz ausblieben.⁴²
Auch Clemens Augusts erster Besuch in Osnabrück, der vom 1. November bis 2. Dezember 1730 stattfand, änderte nichts am Desinteresse des Kurfürsten an seinem Nebenland Osnabrück.⁴³ Immerhin wurde in diesem Rahmen Kerssenbrock am 26. November »in ansehung derer Uns von ihm [Kerssenbrock] geleisteten und ferner erwartenden treuen und guten diensten [...] zu Unserm hiesigen geheimen Raths Präsidenten«⁴⁴ ernannt. Aufgrund des landesherrlichen Desinteresses ist es aber kaum verwunderlich, dass, als aus Bonn seit 1730 mehrfach die Direktive erging, statt den üblichen zwei Geheimratssitzungen in Zukunft wöchentlich drei Treffen abzuhalten, kein ernsthafter Druck auf die Osnabrücker Würdenträger ausgeübt wurde, dieser Forderung nachzukommen. Kerssenbrock, der sich vermutlich noch an die täglichen Sitzungen des Geheimen Rats unter Ernst August II. erinnern konnte, wies die Instruktionen noch 1743 deutlich zurück und schrieb dem Kurfürsten:

»Es werde Dero [Clemens August] Willens-Meinung gnädigst nicht seyn, daß wir ohnnöthiger Dingen, zumahlen da so wol Dero höchstes Interesse, als auch die Regierungs Angelegenheiten dadurch im geringsten nicht leiden, mit überflüßigen Sessionen Unß belästigen, mithin [wir] dadurch Zeit und unsere anderweitigen Obliegenheiten verabsäumen sollen«.⁴⁵

Kerssenbrock konnte darüber hinaus eine Verlegung der Sitzungen erwirken, um sich auf diese Weise unnötige Wege zu ersparen. Hatte der Geheime Rat anfänglich in seinen Geschäftsräumen im Osnabrücker Schloss, das Clemens August für die Dauer seiner Regierung vom Haus Hannover überlassen bekam,⁴⁶ getagt, wechselte er seit 1738 komplett in Kerssenbrocks Domherrenkurie in der Stadt beziehungsweise in die außerhalb der Stadt gelegene Eversburg, die als sein

---

41 Vgl. Reinhard Renger: Landesherr und Landstände im Hochstift Osnabrück in der Mitte des 18. Jahrhunderts. Untersuchungen zur Institutionsgeschichte des Ständestaates im 17. und 18. Jahrhundert, Göttingen 1968, S. 145. Zu den genauen Aufgaben des Geheimen Rates vgl. Bär: Verwaltungsgeschichte (Anm. 39), S. 20 ff.
42 Vgl. Wolfgang Seegrün: Das Bistum Osnabrück im Bischofsreich des Clemens August von Bayern, in: Landkreis Emsland (Hg.): Clemens August. Fürstbischof, Jagdherr, Mäzen. Katalog zu einer kulturhistorischen Ausstellung aus Anlaß des 250jährigen Jubiläums von Schloß Clemenswerth, Meppen/Sögel 1987, S. 31–78, hier S. 67 f.
43 Vgl. Däuper: Kerssenbrock-Epitaph (Anm. 9), S. 169.
44 Zitiert nach: Ebd.
45 Zit. nach Heuvel: Beamtenschaft (Anm. 40), S. 138.
46 Vgl. Hinz: Monsieur (Anm. 21), S. 281; Christine van den Heuvel: Das Osnabrücker Schloß. Quellen zur Baugeschichte, Hofhaltung und Gartenanlage im Hauptstaatsarchiv Hannover, in: Osnabrücker Mitteilungen 98 (1993), S. 87–113, hier S. 101 ff.

eigentlicher Wohnsitz fungierte.[47] An vielen Sitzungen nahmen die Domherren Kerssenbrock und Ketteler indes überhaupt nicht Teil, was zu Beschwerden seitens der übrigen Mitglieder an Clemens August führte. Als 1743 ganz zum Missfallen des Kurfürsten immer deutlicher wurde, dass der bürgerliche Jurist und Geheime Referendar Schelver – also ein subalterner Mitarbeiter – den Hauptteil der Arbeit alleine machte, verteidigte sich Kerssenbrock, es sei nicht seine oder der übrigen Domherren Aufgabe, dass sie »allerley acta mühesamb durchsehen und daraus, was in den Sachen zu thun oder zu erkennen seye, unß entschließen sollten«.[48]

Hieran wird der – in einer Vielzahl von deutschen Territorien zu beobachtende – fortschreitende Wandel im Charakter des Geheimen Rates deutlich: Beriet er ursprünglich den Landesherrn persönlich, wobei sich seine Mitglieder durch »eine den Adel auszeichnende Gemeinsamkeit von traditionellem empirisch erlernbarem Herrschaftswissen« qualifizierten,[49] wurde er im Laufe der Zeit zu einer Behörde, die sich auf Spezialisierung und Fachwissen gründete. Der Geheime Rat dokumentierte zwar noch die Präsenz des Landesherren in einer statthalterähnlichen Art und Weise, war jedoch gleichzeitig – besonders nach seinem Rückzug aus dem bischöflichen Schloss – oberste Behörde des sich entwickelnden frühmodernen Staates.[50] Im Rahmen dieser Entwicklung konnte es nicht im Interesse der Domherren, die sich ja als »Erbherren« des Fürstbistums sahen, liegen, der Forderung nach regelmäßiger Arbeit zu entsprechen. Die Domdignitäten hätten damit ihre persönliche Rolle als Mitglieder des Herrschaftsstandes, aber auch die Position des Domkapitels als erstem Landstand verleugnet.[51] Zumal die oben zitierte Aussage Kerssenbrocks, eine regelmäßige Teilnahme an den Sitzungen würde ihm zu viel Zeit für seine sonstigen Verpflichtungen rauben, einen wahren Kern birgt: Als Dompropst war er Archidiakon in den vier sogenannten Stadtkirchspielen, das heißt er besaß hier eine umfassende, auch jurisdiktionelle Kompetenzen beinhaltende Amtsgewalt.[52] Zudem war er von 1732 bis 1754 Propst von St. Johann und stand damit 15 der insgesamt 53 Pfarreien des Fürstbistums vor.[53] Diese hohe Anzahl an Ämtern und die damit verbundene Aufgabenfülle zeigt augenfällig das Spannungsverhältnis,

---

47 Vgl. Dies.: Beamtenschaft (Anm. 40), S. 138. Zur Eversburg vgl. Rudolf vom Bruch: Die Rittersitze des Fürstentums Osnabrück, Osnabrück 1930, ND Osnabrück 2004, S. 70–73.
48 Zitiert nach: Ebd., S. 189.
49 Ebd., S. 188 f.
50 Vgl. Frank Göttmann: Der Hof und die Stadt und der staatlich-gesellschaftliche Transformationsprozeß im geistlichen Fürstentum. Das Beispiel des frühneuzeitlichen Paderborn, in: Wolfgang Wüst u. a. (Hg.): Höfe und Residenzen geistlicher Fürsten: Strukturen, Regionen und Salzburgs Beispiel in Mittelalter und Neuzeit, Ostfildern 2010, S. 359–379, hier S. 378.
51 Vgl. Heuvel: Beamtenschaft (Anm. 40), S. 188 f.
52 Vgl. Manfred Groten: Art. »Archidiakon«, in: LThK, Bd. 1, 3. Aufl. Freiburg 1993, Sp. 947 f.
53 Vgl. Boesalager: Osnabrücker Domherren (Anm. 38), S. 63–67.

Ein Amtsträger im Spannungsfeld 153

in dem sich der Statthalter bewegte: Er führte ein Amt zwischen Landesherr und Landständen aus und agierte in den Diensten des Kurfürsten von Köln vor dem Hintergrund zahlreicher, teils widerstreitender Verpflichtungen.

Als Dompropst hatte Kerssenbrock – wie oben zu sehen war – den Einfluss des Domkapitels im Hochstift zu verteidigen. So kam es zwischen ihm und der Bonner Zentrale vor allem um die Besetzung von Geheimratsstellen mit Landesfremden zu Auseinandersetzungen. Domscholaster Wachtendonk war 1731 gestorben, sein Posten innerhalb der Behörde jedoch nicht neubesetzt worden. Die weltlichen Räte von Wendt und von Linde waren 1738 beziehungsweise 1732 gestorben und erst 1743 durch Peter Ignaz von Warnesius ersetzt worden, der anders als seine Vorgänger keiner der landsässigen Ritterfamilien angehörte.[54] Nachdem 1746 mit Anton Hermann von Ellerts der zweite landfremde Geheime Rat ernannt worden war und kurz darauf Domdechant Ketteler und Kerssenbrocks Geschäftsführer Schelver verstarben, blieb Kerssenbrock als einziger Domherr in der Behörde zurück und konnte jederzeit überstimmt werden. Dieses Vorgehen der Zentrale in Bonn rief den schärfsten Protest des Domkapitels hervor, das sich um sein in Artikel 34 der Capitulatio perpetua verbrieftes Mitspracherecht bei der Regierung des Hochstiftes betrogen sah.[55] Die Auseinandersetzungen wurden jedoch nicht mit Kurfürst Clemens August direkt geführt, sondern mit August Wilhelm Wolff-Metternich zu Wehrden (1705–1764), dem für Osnabrück zuständigen Minister, und Ferdinand Leopold Anton von Hohenzollern (1692–1750).[56] Als das Domkapitel schließlich damit drohte, den Streit vor dem Reichskammergericht in Wetzlar auszutragen, lenkten Wolff-Metternich und Hohenzollern ein und bemühten sich um eine Versöhnung.

Kerssenbrock wurde daraufhin am 16. November 1747 zum Statthalter des Fürstbistums Osnabrück ernannt.[57] Margret Däuper meint, damit sei Kerssenbrocks ohnehin schon seit der Ernennung zum Geheimratspräsidenten bestehende Position als führende Persönlichkeit im Fürstbistum lediglich verbrieft beziehungsweise offiziell bestätigt worden.[58] Ob sie mit dieser Einschätzung richtig liegt oder ob Kerssenbrock doch eine Kompetenzerweiterung erfahren hat, lässt sich anhand der Literatur nicht abschließend klären.

---

54 Vgl. Seegrün: Bistum Osnabrück (Anm. 42), S. 67 f.
55 Vgl. Boeselager: Osnabrücker Domherren (Anm. 38), S. 11.
56 Vgl. Heuvel: Beamtenschaft (Anm. 40), S. 141 f.
57 Vgl. Rhotert: Kerssenbrock (Anm. 8), S. 192. Die von Wolff-Metternich gegengezeichnete Ernennungsurkunde bezeichnet ihn, ebenso wie seine spätere Grabinschrift als »proprinceps«. Rudolph gibt dahingegen 1748 als Ernennungsdatum an. Vgl. Harriet Rudolph: »Eine gelinde Regierungsart«. Peinliche Strafjustiz im geistlichen Territorium. Das Hochstift Osnabrück (1716–1803), Konstanz 2000, S. 55.
58 Vgl. Däuper: Kerssenbrock-Epitaph (Anm. 9), S. 171.

Ebenfalls unklar bleibt, inwiefern er durch das neue Amt finanziell profitiert hat. Laut Christine van den Heuvel lag das durchschnittliche Einkommen der Geheimen Räte unter Clemens August zwischen 500 und 1.000 Reichstalern. Kerssenbrock habe als Statthalter ab 1747 insgesamt 1.000 Reichstaler erhalten, bis seine Besoldung 1752 auf 1.100 Reichstaler angehoben wurde.[59] Unbestritten ist, dass die Ernennung zum Statthalter für ihn einen großen Prestigegewinn bedeutete. Einer Würdigung seiner Person konnte sich selbst die Stadt Osnabrück, die mehrheitlich protestantisch war und stets ein angespanntes Verhältnis zum Domkapitel und katholischen Landesherrn besaß,[60] nicht entziehen:

»R[everendissi]mus D[omi]nus Präpositus de Kerssenbrock referirte, daß als Ihr Churfürst Durchlaucht gnädigst geruhet ihro aus eignem gnädigstem bewegnus zu Ihren Stadthalter zu erklähren, der h. obrister des hiesigen Regiments sich geäußert und erbothen hätte ergebenster massen zwei grenadiere zur Schildwache für ihm her morgen zu stellen«.[61]

3. Kerssenbrocks Amtszeit: Selbstverständnis und Wirken als Statthalter

Allerdings war Kerssenbrock nicht der erste Statthalter des Fürstbistums Osnabrück. Nach seiner Wahl zum Bischof hatte Karl von Lothringen, da er noch minderjährig war und in Wien residierte, gemäß seiner Wahlkapitulation aus den Reihen des Domkapitels einen Statthalter ernannt, wobei die Wahl auf Dompropst Franz Arnold Wolff-Metternich zur Gracht (1658–1718) fiel. Er führte das Amt aus, bis er 1703 in Paderborn zum Koadjutor gewählt wurde, erhielt in Osnabrück jedoch keinen Nachfolger. Kerssenbrock hingegen wurde nicht sofort nach Clemens Augusts Regierungsantritt Statthalter, sondern war bereits 19 Jahre Dompropst unter dem Kölner Kurfürsten. Zwar sind die genauen Gründe für seine Ernennung nicht bekannt, doch vermutet Johannes Freiherr von Boeselager, Clemens August konnte »angesichts der Verdienste des mittlerweile einundsiebzigjährigen Propstes von Kerssenbrock auf die Dauer nicht an dieser

---

59 Vgl. Heuvel: Beamtenschaft (Anm. 40), S. 193. Däuper spricht ebenso von 1.000 Reichstalern als Jahresgehalt des Präsident des Geheimen Rates. Vgl. Däuper: Kerssenbrock-Epitaph (Anm. 9), S. 184.
60 Das resultierte laut Asch vorwiegend aus den gegenreformatorischen Bemühungen des Bischofs Franz Wilhelm von Wartenberg (1593–1661). So wurde auch anfänglich gegen Clemens August, in dem ein »neuer Wartenberg« gesehen wurde, zum Widerstand aufgerufen. Vgl. Ronald G. Asch: Osnabrück zwischen Westfälischem Frieden und Siebenjährigem Krieg. 1648 bis 1763, in: Gerd Steinwascher (Hg.): Geschichte der Stadt Osnabrück, Belm 2006, S. 229–266, hier S. 232 und 255.
61 Zitiert nach: Däuper: Kerssenbrock-Epitaph (Anm. 9), S. 171.

Ein Amtsträger im Spannungsfeld 155

Persönlichkeit vorbeisehen«.[62] Er hatte die Interessen des Domkapitels mehrfach verteidigt, sich bei der Verwaltung der eigenen Propstei als guter Finanzmann ausgezeichnet und war standhaft für die Belange des Bistums eingetreten. Zudem leitete er schon seit fast zwanzig Jahren die oberste Landesbehörde. Kurzum: »In dieser Zeit war er der mächtigste Mann im Hochstift«.[63] Zudem spielte wohl bei der Ernennung eine Rolle, dass er damals seit geraumer Zeit hoch in der Gunst des Kurfürsten Clemens August stand und diesem als »persona gratissima«[64] galt.

In der Forschungsliteratur wird sein Wirken im Fürstbistum zumeist lediglich im Rahmen der innenpolitischen Auseinandersetzungen jener Zeit beleuchtet. In der damaligen Gerichtsorganisation des Fürstbistums konkurrierten mehrere Akteure um Jurisdiktionskompetenzen: Zunächst einmal standen sich weltliche und geistliche Gerichtsbarkeit gegenüber. Bischof Ernst August II. wollte die – im Gegensatz zu anderen Hochstiften – weitreichenden Gerichtskompetenzen der Osnabrücker Archidiakone beschneiden. Er nahm von diesem Vorhaben jedoch schnell Abstand, da die geistliche Gerichtsbarkeit die schwachen staatlichen Zugriffsmöglichkeiten im Fürstbistum kompensieren konnte.[65] Neben der weltlichen und geistlichen Jurisdiktion bestanden noch die Amtskompetenzen adeliger Grundherren, die jedoch nur die niedere Gerichtsbarkeit, also lediglich kleinere Vergehen, richten und dabei meist nicht einmal körperliche Strafen verhängen durften. Allein die Familie von Hammerstein, Besitzer des Gutes Gesmold, nahm für sich die hohe Gerichtsbarkeit in Anspruch und bestritt somit das Recht des Landesherrn, als einziger über Leib und Leben der Untertanen zu entscheiden.[66]

Bischof Ernst August I. hatte seinem Geheimen Rat und Hofmarschall Georg Christoph von Hammerstein (1624–1687) Gut Gesmold (Tafel 31), bis dahin bischöflicher Tafelbesitz, 1664 im Zuge eines Immobilientauschs übertragen.[67] Damit erhielt er auch die Grundherrschaft über den sogenannten Freien Hagen, einen Distrikt, der das Dorf Gesmold und einige kleinere Bauernschaften umfasste. Die Bewohner waren zwar frei von zahlreichen Pflichten gegenüber dem Landesherrn, unterstanden aber unter anderem in großen Teilen der Jurisdiktion und Polizeigewalt dem Schlossherrn.[68] Die Familie von Hammerstein versuchte unter

---

62 Boeselager: Osnabrücker Domherren (Anm. 38), S. 54 f.
63 Ebd., S. 55.
64 Johannes Rhotert: Die Dompröpste und Domdechanten des vormaligen Osnabrücker Kapitels, Osnabrück 1920, S. 29. Boeselager äußert sich ebenso. Vgl. Boeselager: Osnabrücker Domherren (Anm. 38), S. 270.
65 Vgl. Rudolph: Regierungsart (Anm. 58), S. 60.
66 Vgl. ebd., S. 61. Zu Gut Gesmold vgl. Bruch: Rittersitze (Anm. 47), S. 187–200.
67 Vgl. ebd., S. 194.
68 Vgl. Friedrich Lodtmann: Der freie Hagen, in: Osnabrücker Mitteilungen 10 (1875), S. 355–388, hier S. 355 f. Zu den Privilegien der Herrn von Gesmold vgl. ebenso Bruch: Rittersitze (Anm. 47), S. 200.

der Herrschaft Clemens Augusts, auf vielfältige Weise ihre Justizkompetenzen im Freien Hagen auszubauen und eiferte dabei – wie Rudolph meint – dem Vorbild ostelbischer Gutsherrschaft nach, was insofern nicht verwundert, als die Familie dorthin verwandtschaftliche Beziehungen besaß.[69] Zwar zogen sich die Streitigkeiten zwischen dem Geschlecht von Hammerstein und der Osnabrücker Zentralregierung über viele Jahre hin,[70] allerdings kam es unter dem Pontifikat von Clemens August zu einer Intensivierung und Eskalation dieses Konflikts, was nicht zuletzt an den Kontrahenten Kerssenbrock und Philipp Maximilian von Hammerstein (1697–1763), seit 1735 Titularreichshofrat und 1747 kaiserlicher Kammerherr, lag. Letzter hatte 1728 Schloss Gesmold geerbt und war somit als Protestant Herr über die vorwiegend katholische Bevölkerung. Kerssenbrock besaß als Archidiakon im Bezirk des Freien Hagens geistliche Jurisdiktionskompetenzen, sodass sich der Konflikt um Herrschaftsbefugnisse zwischen Landes- und Grundherr noch um eine konfessionelle Komponente verschärfte.[71]

Nach 1728 traten zahlreiche Auseinandersetzungen auf, bei denen Kerssenbrock kaum eine Möglichkeit unterließ, »gegen die Gesmolder Privilegien vorzugehen, allerdings in […] Hammerstein einen streitbaren und prozessfreudigen Gegner fand, der keinen Millimeter zurückwich und weder Kosten noch Mühen scheute«,[72] seine Position zu verteidigen. Die anfänglich oft geringfügigen Streitigkeiten, bei denen es sich zum Beispiel um Vergehen wie das Arbeiten an einem kirchlichen Feiertag handelte, eskalierten 1736, als Hammerstein einen fürstbischöflichen Beamten zwei Tage auf Schloss Gesmold eingesperrt hatte. Im folgenden Jahr wurde dem Herrn von Gesmold daraufhin durch die Regierung das Recht auf Jurisdiktionsausübung und Strafvollzug wegen der Misshandlung von Untertanen entzogen. Hammerstein ließ sich das nicht gefallen und ging vor das Reichskammergericht.[73] Als er dann im nächsten Jahr versuchte, den Bezirk des Hagens durch das eigenhändige Versetzen eines Grenzsteins selber zu erweitern und einen im Auftrag der fürstbischöflichen Regierung handelnden Amtsdiener für drei Tag einsperrte, empfahl Kurfürst Clemens August, in Zukunft mit Gewaltmaßnahmen gegen den Herren von Gesmold vorzugehen.[74]

---

69 Vgl. Rudolph: Regierungsart (Anm. 58), S. 61 f.
70 So sind aus dem Zeitraum 1700 bis 1806 53 Verfahren vor dem Reichskammergericht überliefert, die sich mit dem Freien Hagen beschäftigten. In 17 Verfahren handelte es sich um Auseinandersetzungen zwischen den Herren von Gesmold und der fürstbischöflichen Regierung. Vgl. Gerd van den Heuvel: Adelige Herrschaft, bäuerlicher Widerstand und territorialstaatliche Souveränität. Die »Hoch- und Freiheit Gesmold« (Hochstift Osnabrück) im 18. und frühen 19. Jahrhundert, Hannover 2011, S. 87.
71 Vgl. ebd., S. 39–43.
72 Ebd., S. 91.
73 Vgl. ebd., S. 90.
74 Vgl. Lodtmann: Freie Hagen (Anm. 69), S. 368.

Im Frühjahr 1749 nahm die Osnabrücker Regierung unter dem Statthalter Kerssenbrock den Vorschlag des Kurfürsten gleich mehrfach in Anspruch: Zunächst hatte Hammerstein ohne Genehmigung einen Weg verlegt, der anschließend auf fürstbischöflichen Befehl von einer Truppe, bestehend aus Bauern und im Auftrag des Landesherrn agierenden stiftmünsterischen Soldaten, zerstört wurde.[75] Im Mai desselben Jahres schrieb Kerssenbrock als Archidiakon eine Steuer aus, um den Wiederaufbau der abgebrannten Gesmolder Kirche zu finanzieren. Hammerstein sah seine Hoheitsrechte verletzt und verbot daraufhin seinen Untertanen, das geforderte Geld zu bezahlen. Offenbar war die Geduld Kerssenbrocks zu diesem Zeitpunkt überstrapaziert, sodass er Clemens August eine militärische Exekution in Gesmold anordnen ließ.[76] 100 stiftmünsterische Soldaten versuchten daraufhin, das Geld einzutreiben, wurden jedoch abgewehrt und konnten erst bei einem erneuten Anlauf Schloss Gesmold besetzen.[77] Hammerstein versuchte, sich auf zwei Wegen Abhilfe aus dieser misslichen Lage zu verschaffen: Zum einen wandte er sich an das Reichskammergericht, das schon im November 1749 ein Urteil zu seinen Gunsten fällte und Clemens August aufforderte, seine Truppen abzuziehen sowie Schadenersatz zu zahlen. Letztere Forderung zog einen noch 1794 laufenden Rechtsstreit nach sich, der 1752 zu einer Kreisexekution gegen Kurköln führte.[78] Hammersteins Anwalt, der später als aufgeklärter Staatsmann bekannt gewordene Justus Möser (1720–1794), trug im Rahmen des Prozesses eine Vielzahl von Anschuldigungen gegen Kerssenbrock vor und bezichtigte ihn sogar, die militärischen Exekutionen im Namen des Kurfürsten nur veranlasst zu haben, um sich selbst zu bereichern.[79]

Zum anderen beschwerte sich Hammerstein bei Georg II. (1693–1760), Kurfürst von Hannover und König von England, über die Behandlung durch Kerssenbrock. Dieser forderte Clemens August auf, die Truppen abzuziehen und seinen Statthalter zu maßregeln, zumal ohnehin nicht klar sei, ob Kerssenbrock in seiner Eigenschaft als fürstbischöflicher Vertreter oder Archidiakon gehandelt habe.[80] Hier wird deutlich, dass Georg II. die konfessionelle Komponente betonte. Ebenso sah Hammerstein in den zahlreichen Sanktionen gegen sein Verhalten lediglich einen anmaßenden Archidiakon am Werk, ignorierte dessen weltlich-geistliche Doppelfunktion und erklärte, dass er seine Privilegien »gegen den neidischen

---

75 Vgl. ebd., S. 368 f.
76 Vgl. Heuvel: Adelige Herrschaft (Anm. 71), S. 92 f.
77 Vgl. Lodtmann: Freie Hagen (Anm. 69), S. 369.
78 Vgl. Heuvel: Adelige Herrschaft (Anm. 71), S. 93 f.
79 Vgl. Peter Schmidt: Studien über Justus Möser als Historiker. Zur Genesis und Struktur der historischen Methode Justus Mösers, Göppingen 1975, S. 25.
80 Vgl. Lodtmann: Freie Hagen (Anm. 69), S. 369.

Archidiaconum, herrn von Kerssenbrock bis auf seinen letzten Blutstropfen zu vertheidigen bereit«[81] sei. Heuvel stellt fest, dass diese Argumentation Hammersteins de facto eine Nichtanerkennung der landesherrlichen Gewalt bedeutete. Sie verweist dazu auf seine Versuche, den Freien Hagen als exemtes Territorium zu etablieren.[82] Gleichzeitig wird dadurch auch das oben genannte Spannungsverhältnis deutlich, in dem sich Kerssenbrock infolge seiner Ämterfülle bewegte. Für Georg II. hatte die Argumentation Hammersteins einen weiteren Vorteil. Seit 1722 besaß er mit Ludwig August von Schele (1693–1767) einen in Osnabrück ansässigen Residenten, der für die Belange der Protestanten im Fürstbistum eintreten sollte und erst 1740 offiziell als Gesandter akkreditiert wurde. Gemeinsam mit Schele war es für Georg II. wichtig, konfessionelle Streitigkeiten während des Pontifikats von Clemens August aufrechtzuerhalten beziehungsweise zu befeuern, weil er auf diese Weise dem Haus Hannover einen Einfluss im Hochstift zu sichern vermochte.[83]

Auch wenn Kerssenbrock also im Einklang mit dem Fürstbischof gegen einen Grundherrn vorging, der sich gegen den territorialen Verdichtungsprozess stellte, war das in der Literatur des 19. Jahrhunderts von ihm gezeichnete Bild ein anderes: Kerssenbrock wurde als Statthalter mit eiserner Hand dargestellt, gegen dessen despotische und willkürliche Politik einzig der bürgerliche Jurist Möser opponierte.[84] Dass Möser zugunsten seiner Karriere in Staatsdiensten den Statthalter selbst um Protektion gebeten hatte und nach seinen Diensten für Hammerstein auf die landesherrliche Seite wechselte, wurde dabei meist außer Acht gelassen, da es dem Narrativ bürgerlicher Autoren des 19. Jahrhunderts widersprach.[85] Bis heute vorherrschend ist die Charakterisierung Kerssenbrocks als Widerschein seines Fürstbischofs Clemens August. Schon bevor er offiziell zum Statthalter ernannt wurde, galten er und die von ihm organisierten Veranstaltungen als Mittelpunkt des gesellschaftlichen Treibens im Fürstbistum.[86] Dass er als Kapitelsdignität und Regierungspräsident um eine standesgemäße Repräsentation bemüht war, zeigen seine Aktivitäten auf der Eversburg. Sie galt als katholisches Machtzentrum im Hochstift und war traditionelle Sommerresidenz des Dompropstes. Kerssenbrock residierte dort allerdings nach seiner Ernennung zum Statthalter dauerhaft und ließ die Eversburg den Vorlieben

---

81 Zitiert nach Heuvel: Adelige Herrschaft (Anm. 71), S. 95.
82 Vgl. ebd., S. 95 ff.
83 Vgl. Seegrün: Bistum Osnabrück (Anm. 42), S. 62 und 73.
84 Vgl. Karl H. L. Welker: Rechtsgeschichte als Rechtspolitik. Justus Möser als Jurist und Staatsmann. Band 1, Osnabrück 1996, S. 606.
85 Vgl. Bruno Krusch: Justus Möser und die Osnabrücker Gesellschaft, in: Osnabrücker Mitteilungen 34 (1909), S. 244–373, hier S. 280 f.
86 Vgl. Rhotert: Dompröpste (Anm. 65), S. 29.

seiner Zeit entsprechend sowie dem Vorbild der Residenzbauten des Hochadels folgend umbauen und ausstatten: Den Garten von circa 25.000 Quadratmetern ließ er nach französischer Art gestalten und dort einen Springbrunnen sowie eine Orangerie errichten, die im Winter etwa 200 Orangenbäume beherbergte.[87] Zudem wurde der Weg von Osnabrück zur Eversburg durch eine fast einen Kilometer lange Allee gestaltet. Hinter der Stadtmauer markierte eine 1737 von Kerssenbrock gestiftete Statue des hl. Petrus, seines Zeichens Patron des Bistums Osnabrück, ihren Anfang und das Ende führte auf den reich gestalteten Garten.[88]

Das Herrenhaus der Eversburg, das über keinen repräsentativen Saal verfügte, ließ er wahrscheinlich nicht umbauen, allerdings durch seine Gemäldesammlung, die etwa 150 Bilder renommierter Künstler wie Dürer, Rembrandt oder Rubens umfasste,[89] erlesene Silberstücke, teures Porzellan und Möbel sowie andere kostbare Kleinodien dekorieren, um somit seine Stellung zu unterstreichen.[90] Darüber hinaus verfügte die Eversburg über eine Reihe von Wirtschaftsgebäuden. Neben einer Schmiede, einer Bäckerei und weiteren Handwerksbetrieben fand sich hier wohl auch ein Wagenhaus, das eine große silberbeschlagene Kutsche und eine ebenso silberbeschlagene Sänfte beherbergte. Zudem befand sich auf dem Gut eine Privatkapelle, die Kerssenbrock mit edlen Messgeräten und Paramenten ausstattete. Joseph Herrmann legt den Ausnahmecharakter dieser Einrichtung wie folgt dar: »Monstranz und Weihrauchutensilien sind für Privatkapellen, zumindest im ehemaligen Fürstbistum Osnabrück, ein singuläres Phänomen. Die Privatkapelle diente ganz offenbar als Bühne für ein aufwendiges liturgisches Schauspiel, das Kerssenbrocks Ambitionen als Dompropst und Statthalter entsprochen haben dürfte«.[91] In all dem sind die Parallelen zu den Bautätigkeiten und dem Repräsentationsbedürfnis Clemens Augusts – wenn auch in wesentlich bescheideneren Maßstäben – unübersehbar. Gemäß seinen Möglichkeiten schuf er sich eine Kulisse, vor der er sich und seine Position im Fürstbistum darstellen konnte. Seine Ämterkumulation, bestehend aus Dompropst, Präsident des Geheimen Rates und Statthalter, war in diesem Territorium einzigartig. Er war zwar nicht selbst Landesherr, sondern nur dessen Stellvertreter, jedoch eröffnete ihm die Ferne des Herrschers sowie dessen Glanz, der Kerssenbrocks Stellung umso bedeutender machte, und seine eigenen zahlreichen und unterschiedlichen Ämter, mittels derer er die Grenzen seines Einflusses ständig erweitern konnte, eine Machtfülle, die nicht auf die einzelnen Ämter beschränkt war. Diesem

---

87 Vgl. Herrmann: Eversburg (Anm. 9), S. 286, 299.
88 Vgl. ebd., S. 300; Bruch: Rittersitze (Anm. 47), S. 71.
89 Vgl. Fritz: Gemäldesammlung (Anm. 9), S. 146–151.
90 Vgl. Herrmann: Eversburg (Anm. 9), S. 294 ff.
91 Ebd., S. 299.

Selbstbewusstsein versuchte Kerssenbrock mit der Eversburg als Wahlresidenz Ausdruck zu verleihen.[92] Auch durch die Unterhaltung einer Art Hofstaat auf der Eversburg bemühte sich Kerssenbrock, seiner beanspruchten Stellung zu entsprechen. Im Herrenhaus ließ er einen kostbar ausgestatteten Saal von neun mal sieben Metern für festliche Veranstaltungen herrichten. Zwar sind keine Details bekannt, jedoch lassen die häufige Anwesenheit der Äbtissin des Stifts Schildesche, Kerssenbrocks Schwester Sybille Gertrud (1672–1755), Ausgaben für teure Delikatessen und Weine[93] sowie das Repräsentationsbedürfnis des Statthalters vermuten, dass hier Festlichkeiten stattfanden, die ebenso dem Vorbild des Hochadels zu folgen versuchten wie seine baulichen Maßnahmen. Zudem soll Kerssenbrock – wieder analog zu den großen Herrschaften seiner Zeit – viel Zeit auf Jagden verbracht haben. So ist es kaum verwunderlich, dass Däuper über den Statthalter schreibt: »In seiner gesamten Lebensführung eiferte Kerssenbrock dem Vorbild der absolutistischen Fürsten seiner Zeit nach«.[94] Gleichzeitig grenzte er sich auf diese Weise deutlich von der adeligen Oberschicht des Fürstbistums Osnabrück und weiten Teilen des stiftsmäßigen und ritterbürtigen Adels ab. Finanzieren konnte er diesen Lebensstil durch die Einnahmen aus seinen zahlreichen Ämtern und nach 1746 durch eine Belastung des väterlichen Erbes.[95] Im Gegensatz zur Eversburg verfiel das fürstliche Schloss in Osnabrück zusehends. Clemens August schenkte ihm – außer im Rahmen eines kleinen Umbaus der Reithalle zu einem Theater – wenig Beachtung und verringerte gegen Ende seiner Herrschaft sogar die erforderlichen Reparaturmaßnahmen, um das Gebäude instand zu halten.[96] Vor diesem Hintergrund muss die Prachtentfaltung auf der Eversburg nochmal einen besonderen Eindruck gemacht haben.

92 Vgl. ebd., S. 301. Herrmann weist an dieser Stelle (wie auch auf S. 286) auf das enorme Forschungspotenzial hin, das Statthalter geistlicher Fürsten und ihre Beziehungen zu einer Residenz bieten.
93 Vgl. ebd., S. 296 ff.
94 Däuper: Kerssenbrock-Epitaph (Anm. 9), S. 168. Während der Begriff *Absolutismus* in den 1980er Jahren und somit auch im Kontext der Publikation von Däupers Aufsatz (1982) noch eine gängige Epochenbezeichnung der Geschichtswissenschaft darstellte, wird er heute – wie oben schon verdeutlicht – kritisch gesehen. Dass zu Clemens Augusts Zeiten ein gewisses Fürstenideal bestand, an dem sich Kerssenbrock offenbar orientierte, ist jedoch kaum zu leugnen. Zum Begriff allgemein und der Auseinandersetzung mit dem Konzept des Absolutismus in der Geschichtswissenschaft vgl. Lothar Schilling (Hg.): Absolutismus, ein unersetzliches Forschungskonzept? Eine deutsch-französische Bilanz/L'absolutisme, un concept irremplaçable? Une mise au point franco-allemande, München 2008; Martin Faber: Absolutismus ist doch ein Quellenbegriff! Zum Auftauchen des Wortes im 18. Jahrhundert in Polen und zu den Konsequenzen für die Absolutismus-Debatte, in: ZHF 44 (2017), S. 635–659.
95 Vgl. Herrmann: Eversburg (Anm. 9), S. 293.
96 Vgl. Heinrich Schepers: Fürstliche Prachtentfaltung in Abwesenheit des Herrschers. Bedeutung von Schloss und Hofstaat im Fürstbistum Osnabrück zur Regierungszeit Friedrichs von York 1764–1802, Münster 2018, S. 112 ff. Schepers spricht an dieser Stelle sogar von einem baulichen Niedergang, der unter dem Wittelsbacher einsetzte.

Einen weiteren Beleg für Kerssenbrocks Selbstbewusstsein, das dem eines Fürsten sehr ähnelte, sieht Däuper in dem Epitaph (Tafel 32), dessen Bau der Statthalter in seinem Testament von 1750 in Auftrag gegeben hatte.[97] Nach seinem Tod wurde es gemäß den Plänen von Johann Conrad Schlaun (1695–1773), der bereits zahlreiche Bauprojekte für Clemens August realisiert hatte, angefertigt und folgte – dem Wunsch Kerssenbrocks entsprechend – dem Grabmal des Papstes Alexander VII. (1599–1667).[98] Kerssenbrock hatte für seine Errichtung 1.000 Reichstaler veranschlagt; eine Summe, die gemeinsam mit den übrigen Beerdigungskosten, welche von Herrmann mit weiteren 2.000 beziffert werden,[99] sein oben genanntes Jahresgehalt als Statthalter mehrfach überstieg. Doch nicht nur die Kosten, sondern auch die Platzierung des Epitaphs im Südquerhaus des Doms zu Osnabrück führen erneut das Repräsentationsbedürfnis Kerssenbrocks vor Augen. Insgesamt reiht sich das Epitaph in die großzügige Neugestaltung des Dominnenraums ein, die – vermutlich auf Betreiben Kerssenbrocks – ab 1751 durch Clemens August finanziert wurde.[100]

Nachdem der Statthalter Ferdinand von Kerssenbrock am 23. Oktober 1754 gestorben war, stiftete er in seinem Testament zwei Choralvikarien am Dom samt Häusern und dem Domkapitel 20.000 Reichstaler, mit deren Zinsen die Rechtsstreitigkeiten der Domherren bezahlt und die Armenfürsorge bezuschusst werden sollten. Generell galt er bei aller Freigiebig- und Geselligkeit und trotz zahlreicher Ausgaben als guter Finanzfachmann, wurde er doch nicht als über seine Verhältnisse lebend beziehungsweise die Angelegenheiten der Kirche oder des Hochstiftes vernachlässigend angesehen.[101] Nach Kerssenbrocks Ableben wählte das Domkapitel Wilhelm Anton von der Asseburg (1707–1782) zum Dompropst. 1751 bis 1761 war der spätere Fürstbischof von Paderborn Geheimer Rat und zuletzt auch Präsident des Osnabrücker Appellationsgerichtes.[102] Die Nachfolge im Amt des Regierungspräsidenten übernahm er anscheinend nicht.

Sobald Asseburg die Eversburg bezogen hatte, wurde Kerssenbrocks Gemäldesammlung veräußert,[103] und auch die Orangerie, deren Erhalt Kerssenbrock

---

97 Vgl. Däuper: Kerssenbrock-Epitaph (Anm. 9), S. 174.
98 Vgl. Herrmann: Eversburg (Anm. 9), S. 293.
99 Vgl. ebd., S. 292.
100 Vgl. Rhotert: Kerssenbrock (Anm. 8), S. 192. Generell fokussierte sich der Wittelsbacher als Kunstmäzen im Fürstbistum Osnabrück eher auf geistliche Gebäude und sakrale Kunst. Hinz sieht dahinter eine Strategie Clemens Augusts, sich in diesem Territorium vorwiegend als geistlicher Fürst darzustellen, weil seine Präsentation als weltlicher Fürst durch den Einfluss des Hauses Braunschweig im Hochstift limitiert war. Vgl. Hinz: Monsieur (Anm. 21), S. 283 f. Interessanterweise war sein Statthalter im Gegenzug um eine weltliche Repräsentation bemüht.
101 Vgl. Boeselager: Osnabrücker Domherren (Anm. 38), S. 270.
102 Vgl. ebd. S. 208.
103 Vgl. Fritz: Gemäldesammlung (Anm. 9), S. 146–151.

mit einem Legat von 1.200 Reichstalern bedacht hatte, verfiel.[104] Die gesamte Eversburg verlor sukzessive an Bedeutung, bevor ihr Abriss im 19. Jahrhundert begann.[105] So ist es kaum verwunderlich, dass Kerssenbrock auch heute noch als Glanzpunkt in der Kunstgeschichte des Fürstbistums und Musterbeispiel eines spätbarocken Würdenträgers gilt. Er hatte seit 1719 an der Leitung des Hochstifts mitgewirkt und nach Clemens Augusts Wahl zum Fürstbischof 24 Jahre lang die Regierungsgeschäfte geleitet, davon die letzten sieben als Statthalter. Diese Jahre waren hauptsächlich geprägt von den Auseinandersetzungen um das Gut Gesmold, wohinter sich letztlich das Ringen des Hauses Hannover um Einfluss im Fürstbistum verbarg. Ob diese Streitigkeiten die einzigen markanten Ereignisse während seiner Statthalterschaft waren und ob Kerssenbrock trotz seines hohen Alters noch eigene Akzente in der Politik des Hochstiftes setzte, kann im Rahmen dieses Beitrags nicht beantwortet werden. Eine weitere Untersuchung seiner Amtsführung sollte zudem die Umstände seiner Ernennung näher beleuchten. Ebenso hat Herrmann auf zahlreiche Forschungspotenziale hingewiesen, die bislang noch auf ihre Entfaltung warten.

Trotz dieser noch zu klärenden Fragen kann Kerssenbrocks Bedeutung für die Regierung Clemens Augusts im Fürstbistum Osnabrück als sehr hoch angesehen werden. Mit ihm besaß der Wittelsbacher im weit entfernten und selten besuchten Nebenland einen erfahrenen Amtsträger, der konsequent katholische Interessen verfolgte, die oftmals mit den kurkölnischen zusammenfielen. Dennoch verlor Kerssenbrock dabei die Anliegen des Fürstbistums und des Osnabrücker Domkapitels nicht aus den Augen, die er zuweilen gegen eine allzu große Kontrolle aus Bonn verteidigte. Schließlich war der zum einflussreichsten Mann im Hochstift avancierte Statthalter auch durch seine Lebensführung ein würdiger Vertreter Clemens Augusts. Das einem Fürsten ähnliche Repräsentationsbedürfnis Kerssenbrocks dürfte dem Wittelsbacher nicht nur in ästhetischer Hinsicht gefallen haben, da es seinen eigenen Ruhm in die Peripherie hinaustrug und gleichzeitig im Akt der Vertretung seine quasi körperliche Realpräsenz trotz offenkundiger Abwesenheit bezeugte. Der Statthalter war eben ein Abglanz des Sonnenfürsten in Niedersachsen.

104 Vgl. Boeselager: Osnabrücker Domherren (Anm. 38), S. 270.
105 Vgl. Herrmann: Eversburg (Anm. 9), S. 292.

Die Stadt Köln, das Reich und der Immerwährende Reichstag im 18. Jahrhundert

Stand und Perspektiven der Forschung

von Michael Rohrschneider

Glaubt man der zeitgenössischen Publizistik, dann ereignete sich im September des Jahres 1688 in der Stadt Köln und ihrer Umgebung etwas Außergewöhnliches, das für großes Aufsehen sorgte. Im Rhein wurde ein verirrter Wal gesichtet, der zunächst stromaufwärts schwamm, im Frühjahr 1689 aber wieder am Mittel- und Niederrhein auftauchte.[1] Nachdem man wohl mehrfach auf ihn geschossen hatte, wurde er dort schließlich tot angeschwemmt und anschließend in die Stadt Köln gebracht.[2] In der Frühen Neuzeit wurden derart außergewöhnliche Erscheinungen, wie zum Beispiel missgebildete Föten oder auch besondere astronomische Konstellationen, als Menetekel angesehen.[3] In einer liedhaften Kölner Flugschrift aus dem Jahre 1689 mit den Titel »Warhafftige und gründliche Relations-Zeitung/ Welche uns Meldung thut von einem grausamen grossen Wunder-Fisch« heißt es dementsprechend warnend: »Darum ihr Christen Frau und Mann/ laßt euch die Geschicht zu Hertzen gahn/ die ihr von mir vernommen/ ich bitt thut Buß steht ab von Sünd/ eh die Straffen kommen.«[4] In der Tat dauerte es nicht lange nach dem ersten Erscheinen des Wals, bis die Strafen kamen, vor denen hier liedhaft gewarnt wurde, nämlich in Gestalt des Neunjährigen Krieges beziehungsweise des Pfälzischen Erbfolgekrieges, mit dem der Krieg den Weg zurück in die Rheinlande fand.[5]

---

1 Erweiterter und um die notwendigen Belege ergänzter Vortrag vom 15. Juni 2018, den der Verfasser im Rahmen der Tagung »Finsterste Stadt Deutschlands? Köln im 18. Jahrhundert und darüber hinaus« in Köln gehalten hat. Der Vortragsstil wurde im Wesentlichen beibehalten.
2 Vgl. das Flugblatt aus dem Jahre 1689 über das »Wunderliche Wasser-Thier« in: Franz Petri/ Georg Droege (Hg.): Rheinische Geschichte. Bild- und Dokumentarband. Bildredaktion und Texte Klaus Ring, 2., durchgesehene Aufl. Düsseldorf 1984, S. 370.
3 Vgl. jüngst Andreas Bähr: Der Grausame Komet. Himmelszeichen und Weltgeschehen im Dreißigjährigen Krieg, Reinbek bei Hamburg 2017.
4 Warhafftige und gründliche Relations-Zeitung/ Welche uns Meldung thut von einem grausamen grossen Wunder-Fisch […], Köln 1689, ohne Seitenangabe (VD17 75:703248H).
5 Zum Gesamtkontext vgl. Andreas Rutz (Hg.): Krieg und Kriegserfahrung im Westen des Reiches 1568–1714. Unter redaktioneller Mitarbeit von Marlene Tomczyk, Göttingen 2016.

Etwa zu dieser Zeit, in der zweiten Hälfte der 1680er Jahre, setzt Gerd Schwerhoffs Band der mehrteiligen Kölner Stadtgeschichte des Greven Verlags ein, der die Lücke zwischen den bereits erschienenen Bänden zum 17. Jahrhundert und zur sogenannten Franzosenzeit schließt.[6] Schwerhoffs Opus magnum führt auf rund 550 Seiten eindrucksvoll vor Augen, dass Kriege auch im späten 17. und im 18. Jahrhundert ein zentraler Bestimmungsfaktor der Politik der Reichsstadt Köln waren. Zwar gelangt er zu der Gesamtbilanz, die Stadt habe angesichts der Kriegsintensität jenes Zeitalters aufs Ganze gesehen noch Glück im Unglück gehabt.[7] Dies belegt zum Beispiel der vergleichende Blick auf die kurkölnische Residenzstadt Bonn, die um 1700 sehr viel stärker als Köln von unmittelbaren kriegsbedingten Zerstörungen betroffen war.[8] Dennoch: Obwohl Köln derartige Verheerungen erspart blieben, bildeten die großen kriegerischen Konflikte, die das Heilige Römische Reich deutscher Nation und Europa im späten 17. und im 18. Jahrhundert nahezu kontinuierlich erschütterten, die maßgebliche äußere Rahmenbedingung der Politik der Stadt. Erinnert sei insbesondere an die dichte Aufeinanderfolge des Neunjährigen Krieges (1688–1697), des Spanischen Erbfolgekrieges (1701–1713/14), des Polnischen Thronfolgekrieges (1733–1738), des Österreichischen Erbfolgekrieges (1740–1748) und nicht zuletzt des Siebenjährigen Krieges (1756–1763), der den österreichisch-preußischen Dualismus im Reich erneut auf das Kriegsterrain verlagerte.

Ziel der folgenden Ausführungen ist es, die Politik Kölns innerhalb dieser bellizitären makropolitischen Kontexte zu verorten, wobei ein Schwerpunkt auf die Reichspolitik der Stadt gelegt wird, die aber, wie deutlich werden wird, von der europäischen Mächtepolitik nicht trennscharf zu differenzieren ist. Die Studie ist in zwei Teile untergliedert. In einem ersten Schritt erfolgt eine kritische Würdigung der Ausführungen Gerd Schwerhoffs zur Reichspolitik der Stadt Köln in der erwähnten Monographie »Köln im Ancien Régime«. In einem zweiten Teil wird ein Aspekt detaillierter vorgestellt, der in Schwerhoffs Darstellung nur en passant eine Rolle spielt. Das Augenmerk gilt hierbei der neben dem Kaisertum wichtigsten politischen Institution des Alten Reiches: dem Immerwährenden Reichstag (1663–1806). Weshalb der Immerwährende Reichstag in Schwerhoffs Stadtgeschichte nur punktuell in Erscheinung tritt, obwohl Regensburg neben dem Kaiserhof ohne Zweifel der institutionelle Schnittpunkt der damaligen Reichspolitik war, wird im Verlauf der Untersuchung deutlich werden.

---

6 Vgl. Hans-Wolfgang Bergerhausen: Köln in einem eisernen Zeitalter 1610–1686, Köln 2010; Gerd Schwerhoff: Köln im Ancien Régime 1686–1794, Köln 2017; Klaus Müller: Köln von der französischen zur preußischen Herrschaft 1794–1815, Köln 2005.
7 Vgl. Schwerhoff: Köln (Anm. 6), S. 456.
8 Vgl. beispielsweise Norbert Flörken: Die Belagerung und Zerstörung Bonns 1689. Ein Lesebuch, URL: http://kups.ub.uni-koeln.de/id/eprint/6292 [Stand: 23.02.2019].

1. Die Reichspolitik der Stadt Köln im ausgehenden 17. und im 18. Jahrhundert

Ausgangspunkt der Ausführungen Schwerhoffs zum Heiligen Römischen Reich und der Verortung der Reichsstadt Köln innerhalb des sehr komplexen politischen und sozialen Gefüges des Reichssystems ist der generelle Befund, dass die jüngere Forschung ein neues, vertieftes Verständnis des Reiches und seiner Strukturen erarbeitet hat, das uns die Fremdheit seiner Rituale und seiner symbolischen Inszenierungen näherbringt. So haben, um hier ein konkretes Beispiel zu nennen, Barbara Stollberg-Rilinger und ihre Schülerinnen und Schüler in den letzten beiden Jahrzehnten wesentliche Impulse des »cultural turn« für die Reichsgeschichte nutzbar gemacht.[9] Dies hat nicht nur dazu beigetragen, der Erforschung des Reiches zusätzliche Themenareale zu erschließen, sondern zugleich wurde damit auch ein neuerlicher, energischer Schlussstrich gegenüber den Tendenzen der älteren Historiographie gezogen, welche die Symbolsprache und Inszenierungen des Reiches einseitig als Ausdruck eines verkrusteten, überkommenen und letztlich nicht lebensfähigen politischen Gebildes gedeutet haben. Zwar wurde die Erforschung des Reiches schon seit den 1970er Jahren von einer regelrechten »Take off«-Phase erfasst;[10] die »kulturalistische Wende« hat aber weitere innovative Impulse für die Forschung gegeben, die das politischsoziale Gefüge des Reiches in einem neuen Licht erscheinen lassen.[11]

Auf dem Fundament dieses allgemeinen Forschungshintergrunds vermag die Darstellung Schwerhoffs wichtige Akzente zu setzen. Sie hilft, die Spezifika der Kölner Reichspolitik in einem größeren Ganzen zu analysieren und dabei auch und gerade die Eigentümlichkeit und Fremdartigkeit des zeitgenössischen Prozederes besser zu verstehen.

---

9 Vgl. exemplarisch Barbara Stollberg-Rilinger: Des Kaisers alte Kleider. Verfassungsgeschichte und Symbolsprache des Alten Reiches, München 2008. Von den Schülerinnen und Schülern Stollberg-Rilingers sei hier stellvertretend André Krischer genannt, der in seiner Dissertation und begleitenden Studien eine präzise Verortung der reichsstädtischen Reichspolitik vorgenommen hat; vgl. André Krischer: Reichsstädte in der Fürstengesellschaft. Politischer Zeichengebrauch in der Frühen Neuzeit, Darmstadt 2006; Ders.: Das diplomatische Zeremoniell der Reichsstädte, oder: Was heißt Stadtfreiheit in der Fürstengesellschaft, in: HZ 284 (2007), S. 1–30.

10 Etliche Anregungen entstammten dem programmatischen Aufsatz von Peter Moraw/Volker Press: Probleme der Sozial- und Verfassungsgeschichte des Heiligen Römischen Reiches im späten Mittelalter und in der frühen Neuzeit (13.–18. Jahrhundert). Zu einem Forschungsschwerpunkt, in: ZHF 2 (1975), S. 95–108.

11 Schwerhoff hebt explizit die »produktive Entzifferung der Symbol- und Ritualwelt des Heiligen Römischen Reiches deutscher Nation« durch die kulturwissenschaftliche Forschung hervor; Schwerhoff: Köln (Anm. 6), S. 3. Eine entsprechende Bilanz zu den Leistungen der kulturalistisch geprägten Forschung, die speziell das Alte Reich behandelt, fehlt noch; vgl. aber insgesamt Barbara Stollberg-Rilinger/Tim Neu/Christina Brauner (Hg.): Alles nur symbolisch? Bilanz und Perspektiven der Erforschung symbolischer Kommunikation, Köln/Weimar/Wien 2013.

Versucht man anhand von Schwerhoffs Ausführungen die determinierenden Aspekte der Reichspolitik Kölns herauszuarbeiten, dann kristallisieren sich drei zentrale Faktoren heraus, welche die Haltung der Stadt gegenüber Kaiser und Reich im Untersuchungszeitraum maßgeblich prägten: Erstens die Beziehungen zum Kurfürstentum Köln, zweitens das Verhältnis zum Reichsoberhaupt und drittens die zahlreichen (Reichs-)Kriege jenes Zeitalters.

Blicken wir zunächst näher auf die Beziehungen der Stadt zum Kurfürstentum Köln. Die vergleichsweise gut erforschte Causa »Köln contra Köln« bildete im Untersuchungszeitraum ein Dauerthema für die stadtkölnische Politik, das immer wieder punktuell zu eskalieren drohte und auch und gerade auf dem Terrain symbolischer Kommunikation ausgetragen wurde. So kam es im Vorfeld des Holländischen Krieges (1672–1678/79) zu einer neuerlichen Zuspitzung der traditionellen Spannungen zwischen der Stadt und dem Kurfürsten von Köln.[12] Dies war gerade deshalb weit über den engeren Kölner Raum hinaus von Relevanz, da sich Kurfürst Maximilian Heinrich anschickte, als französischer Parteigänger die expansiv ausgerichtete Politik Ludwigs XIV. gegenüber der Republik der Vereinigten Niederlande politisch und militärisch zu unterstützen.[13]

Eine ähnliche Konstellation ergab sich in den späten 1680er Jahren, als mit Wilhelm Egon von Fürstenberg ein Protegé des französischen Monarchen kurz davor stand, auf den Kölner Kurstuhl zu gelangen.[14] Die Erklärung des Reichskriegs gegenüber Ludwig XIV. im Jahre 1689[15] gab in diesem Konflikt die Richtung vor, an die sich die Stadt Köln reichsrechtlich zu halten hatte – mit zum Teil unerwarteten Folgen, wie Schwerhoff sehr zu Recht ausführt: »Dass sich viele Stände des Reiches, die es bisher gegen den Kaiser mit dem französischen König gehalten hatten, nun hinter dem Reichsoberhaupt sammelten, hatte für die Reichsstadt paradoxerweise negative Auswirkungen. Sie verlor damit endgültig ihre strategische Funktion als phasenweise einziger Brückenkopf des Reiches am Niederrhein und sank auf den Status eines kleinen, ›nicht armierten‹

---

12 Vgl. Karl Junkers: Der Streit zwischen Kurstaat und Stadt Köln am Vorabend des Holländischen Krieges (1667–1672), Düsseldorf 1935; Bergerhausen: Köln in einem eisernen Zeitalter (Anm. 6), S. 320–330.
13 Zur Entstehungsgeschichte des sogenannten Holländischen Krieges ist nach wie vor grundlegend: Paul Sonnino: Louis XIV and the origins of the Dutch War, Cambridge u. a. 1988; zu den französisch-kurkölnischen Allianzverträgen von 1671/72 vgl. Max Braubach: Wilhelm von Fürstenberg (1629–1704) und die französische Politik im Zeitalter Ludwigs XIV., Bonn 1972, S. 199f. und 217–224.
14 Zur umstrittenen Kölner Kurwahl des Jahres 1688 vgl. ausführlich Max Braubach: Der Kampf um Kurstaat und Stadt Köln in den Jahren 1688/89, in: AHVN 124 (1934), S. 25–94.
15 Vgl. Christoph Kampmann: Reichstag und Reichskriegserklärung im Zeitalter Ludwigs XIV., in: Historisches Jahrbuch 113 (1993), S. 41–59, hier S. 55–58; Adolf Hieronymi: Die Haltung der Reichsstadt Köln zu Beginn des sog. Pfälzisch-Orléans'schen Krieges 1688–1689, in: JKGV 49 (1978), S. 115–172.

Reichsstandes herab, auf dessen Partikularinteressen die großen Mächte kaum mehr Rücksicht nahmen.«[16]

Dass die Stadt Köln aus kurkölnischer Perspektive dennoch ein »bedrohlicher reichstreuer Stachel im Fleisch«[17] blieb, galt auch im Spanischen Erbfolgekrieg, der nur wenige Jahre nach dem Frieden von Rijswijk Europa in seinen politischen Grundfesten erschütterte. Wiederum positionierte sich der Kurfürst von Köln eindeutig auf ludovizianischer Seite, diesmal mit noch fataleren Folgen als im Holländischen Krieg. Kaiser und Reich sanktionierten nämlich das Engagement Kurfürst Joseph Clemens' im Jahre 1706 mit der Verhängung der Reichsacht.[18] Auch in diesem Krieg war der Reichsstadt »die Göttin Fortuna hold gewesen«,[19] denn das Kriegsgeschehen spielte sich eher am Mittel- und Oberrhein ab.

Dies änderte aber nichts daran, dass diese auswärtigen Konflikte aus Sicht Kölns stets auch die damoklesschwertartige Bedrohung bereithielten, der Kölner Kurfürst könne im Verbund mit der Hegemonialmacht Frankreich auf eine Unterwerfung der Stadt abzielen. Dieses Leitmotiv in den Beziehungen zum Kurfürstentum bildete eine schier unverrückbare Konstante, die selbst noch im 18. Jahrhundert während der Regierungszeit Kurfürst Clemens Augusts erneut in den Vordergrund drängte.[20] Erst unter den Nachfolgern des Wittelsbachers, den Kurfürsten Maximilian Friedrich und Maximilian Franz, entspannte sich die Lage spürbar.

Blicken wir nun auf den zweiten wichtigen Bestimmungsfaktor: den Kaiser. Für das Reichsoberhaupt bildete die Stadt Köln über den gesamten Untersuchungszeitraum hinweg als »Auge und Ohr […] in der nordwestlichen Randlage des Reiches«[21] eine wichtige Koordinate der Reichspolitik. Dies äußerte sich zum Beispiel darin, dass der Kaiser in der Schildergasse eine ständige Residentur unterhielt.[22]

Die Stadt ihrerseits war darauf bedacht, an den Schlüsselpositionen im Reich präsent zu sein. So führt Schwerhoff die besondere Bedeutung des Reichskammergerichts, des Reichshofrats und auch des Niederrheinisch-Westfälischen

---

16 Schwerhoff: Köln (Anm. 6), S. 69.
17 Ebd., S. 72.
18 Vgl. hierzu Siegrid Westphal: Frieden in Grenzen. Landesgeschichtliche Perspektiven der historischen Friedensforschung, in: Michael Rohrschneider (Hg.): Frühneuzeitliche Friedensstiftung in landesgeschichtlicher Perspektive. Unter redaktioneller Mitarbeit von Leonard Dorn, Köln/Weimar/Wien 2019 [im Druck].
19 Schwerhoff: Köln (Anm. 6), S. 88.
20 Vgl. Hans Höhne: Die Streitigkeiten zwischen Stadt und Kurstaat Köln zur Zeit des Kurfürsten Klemens August (1723–1761), in: AHVN 137 (1940), S. 98–134 und ebd. 138 (1941) S. 79–114.
21 Schwerhoff: Köln (Anm. 6), S. 125; Lutz Sartor: Die letzten kaiserlichen Residenten in Köln und die Flucht Franz Josephs von Bossart 1794, in: GiK 21 (1987), S. 79–96.
22 Vgl. Schwerhoff: Köln (Anm. 6), S. 124 f.

Reichskreises für die Reichsstadt aus.²³ Der Immerwährende Reichstag wird dagegen nur kurz erwähnt.

Im Hinblick auf die Beilegung der Spannungen innerhalb der Stadt nahm die Bedeutung des Reichsoberhauptes im Verlauf des 18. Jahrhunderts zu, zumal der kaisernahe Reichshofrat als zentrales Reichsorgan zur Eindämmung innerstädtischer Unruhen anzusehen ist.²⁴ Die Beziehungen zum Kaiser waren zudem auch deshalb von herausragender Bedeutung für die Kölner Politik, da es dem protestantischen Preußen im Verlauf des 18. Jahrhunderts gelang, auf reichspolitischer Ebene eine umfangreiche Klientel um sich zu scharen, die den politischen Kurs des Hohenzollernstaates zu unterstützen pflegte – und zwar bei Bedarf auch gegen das Reichsoberhaupt.²⁵ Besonders zu beachten gilt es in diesem Zusammenhang, dass sowohl die Stadt Köln als auch die ambitionierten Hohenzollern als Landesherrn in Kleve und Mark Kreisstände des Niederrheinisch-Westfälischen Reichskreises waren, dessen Kreistage oftmals in Köln abgehalten wurden und der im Kriegsfall für die Aufstellung von Truppen beziehungsweise die Aufbringung der entsprechenden Gelder zuständig war.²⁶

Damit sind wir bereits beim dritten maßgeblichen Faktor der Reichspolitik der Stadt Köln angelangt: den zahlreichen Kriegen des 17. und 18. Jahrhunderts. Die bereits erwähnte Bellizität²⁷ jenes Zeitalters stellte aus Perspektive der Stadt Köln nicht nur eine nahezu perpetuierte politische und militärische Belastung dar, sondern auch eine ökonomische Herausforderung. Als eine der führenden Handelsstädte im Reich, die ihren Reichtum und ihre Bedeutung in erster Linie wirtschaftlichen Faktoren zu verdanken hatte, musste Köln ein geradezu natürliches Interesse daran haben, dass die Bellona gezähmt wurde. Probate politisch-diplomatische Mittel, welche die Stadt im Konfliktfall fast schon gewohnheitsmäßig einzusetzen pflegte, waren, wie Schwerhoff sehr zu

---

23 Vgl. ebd., S. 126–130.
24 Vgl. ebd., S. 128.
25 Vgl. insgesamt Michael Rohrschneider: Österreich und der Immerwährende Reichstag. Studien zu Klientelpolitik und Parteibildung (1745–1763), Göttingen 2014, sowie Ders.: Schwierige Beziehungen! Friedrich der Große und der Immerwährende Reichstag (1745–1763), in: Stiftung Preußische Schlösser und Gärten Berlin-Brandenburg (Hg.): Friedrich300 – Studien und Vorträge. Studien und Vorträge zur preußischen Geschichte des 18. Jahrhunderts der Stiftung Preußische Schlösser und Gärten, URL: https://www.perspectivia.net/receive/ploneimport_mods_00010372 [Stand: 23.02.2019].
26 Vgl. Schwerhoff: Köln (Anm. 6), S. 128. Zur preußischen Präsenz in Köln vgl. zuletzt Mathis Leibetseder: Ein umstrittener sozialer Raum. Der herzoglich-klevische Stadthof als brandenburgisch-preußische Residentur in der Reichsstadt Köln, in: RhVjbll 76 (2012), S. 176–204.
27 In Anlehnung an Johannes Burkhardt: Die Friedlosigkeit der Frühen Neuzeit. Grundlegung einer Theorie der Bellizität Europas, in: ZHF 24 (1997), S. 509–574.

Recht hervorhebt, Neutralität sowie eine ausgeprägte Schaukeldiplomatie.[28] Dies bildete eine erkennbare Kontinuität zum Dreißigjährigen Krieg, in dem Köln lange Zeit versucht hatte, die unmittelbaren Bedrohungen durch die Einnahme einer neutralen Haltung abzuwenden.[29] Köln war zudem im Verlauf des 17. Jahrhunderts gleich zwei Mal Schauplatz eines, wenn auch letztlich jedes Mal gescheiterten europäischen Friedenskongresses.[30] Noch um die Mitte des 18. Jahrhunderts, als der Österreichische Erbfolgekrieg auf einem Friedenskongress in Aachen beigelegt wurde, gab es Avancen von Kölner Seite, erneut als Stätte internationaler Friedensverhandlungen zu fungieren.[31]

Die Themen Krieg und Frieden sind insgesamt gesehen bestens geeignet, das Kernproblem der Kölner Politik im Reich und in Europa zu verdeutlichen: Die Reichsstadt Köln war und blieb – trotz ihrer großen wirtschaftlichen Potenz und ihres überregionalen Ansehens – nach europäischen Maßstäben ein mindermächtiger Reichsstand, dessen politische und militärische Ressourcen nicht ausreichten, um sich der Machtpolitik der sogenannten Armierten widersetzen zu können. Damit teilte Köln das Schicksal vieler Reichsstände, die aufgrund fehlender Machtmittel nicht in der Lage waren, sich im Konfliktfall den Ambitionen der sogenannten »Potentiores« im Reich mit Erfolg entgegenzusetzen.

Zudem hatte die zunehmende Polarisierung des Reichsverbandes mit Österreich und Preußen als Antipoden für fast alle Reichsstände die unangenehme Konsequenz, sich gegebenenfalls auf der einen oder anderen Seite positionieren zu müssen. Gerade für die traditionelle Klientel der beiden Vormächte, deren Territorien sich in der direkten Einflusssphäre der Höfe von Wien und Berlin befanden, war dies oftmals keine gänzlich freie Entscheidung.[32] Dass ähnliche Befunde auch für die Machtpolitik auf europäischer Ebene Gültigkeit beanspruchen können, muss an dieser Stelle nicht weiter ausgeführt werden.

Das Beispiel des Siebenjährigen Krieges vermag dies exemplarisch zu verdeutlichen. Nachdem im Januar 1757 der Reichskrieg erklärt und Österreich im Zuge des »renversement des alliances« Bündnispartner Frankreichs geworden war, fand sich die Stadt Köln auf der französischen Seite wieder. Die Folge waren fortgesetzte französische Versorgungsforderungen und Einquartierungslasten,

---

28 Vgl. etwa die Ausführungen zum Neunjährigen Krieg in Schwerhoff: Köln (Anm. 6), S. 68–80.
29 Vgl. Christian Bartz: Köln im Dreißigjährigen Krieg. Die Politik des Rates der Stadt (1618–1635). Vorwiegend anhand der Ratsprotokolle im Historischen Archiv der Stadt Köln, Frankfurt am Main u. a. 2005.
30 Vgl. Michael Rohrschneider: Die verhinderte Friedensstadt: Köln als Kongressort im 17. Jahrhundert, in: Ders. (Hg.): Frühneuzeitliche Friedensstiftung (Anm. 18) [im Druck].
31 Vgl. Thomas R. Kraus: Aachen und der Aachener Friede von 1748, in: Heinz Duchhardt (Hg.): Städte und Friedenskongresse, Köln/Weimar/Wien 1999, S. 117–133, hier S. 130.
32 Vgl. Rohrschneider: Österreich (Anm. 25), S. 46 f.

denen sich die Stadt fünfeinhalb Jahre lang ausgesetzt sah und die, so Schwerhoff, »die Grenze zwischen feindlicher Okkupation und freundlicher Einquartierung schnell verschwimmen«[33] ließen. Eigentlich kämpften die Franzosen als Verbündete Wiens auf der Seite von Kaiser und Reich. De facto kam diese »erste Franzosenzeit«[34] aber einer Vorwegnahme der späteren Okkupation Kölns durch die Franzosen in der Folge der Französischen Revolution gleich. »Es war also in gewisser Weise ein vertrauter Feind, mit dem man es 1794 zu tun bekam, auch wenn sich dessen Physiognomie im Zuge der Revolution stark verändert hatte.«[35]

Für eine Gesamtbewertung des politischen Systems des Alten Reiches im 18. Jahrhundert ist das Beispiel Köln aufschlussreich. Bei aller Berechtigung, einerseits die friedenswahrenden und rechtsgarantierenden Potenziale der Reichsverfassung zu akzentuieren, auf die die neuere Forschung mit guten Gründen aufmerksam gemacht hat, ist andererseits nicht zu übersehen, dass sich die Mindermächtigen im Reich immer wieder mit der erfolgreichen Umsetzung des Prinzips »Macht vor Recht« konfrontiert sahen. Dies galt sowohl im Hinblick auf die beiden Vormächte im Reich des 18. Jahrhunderts, Österreich und Preußen, als auch hinsichtlich der Möglichkeiten reichsstädtischer Politik, die eigenen Rechte und Interessen in den Außenbeziehungen zu behaupten. Daran vermochte auch die Integrationskraft des Immerwährenden Reichstags nichts zu ändern, der nun im zweiten Teil in den Fokus rückt.

2. Der Immerwährende Reichstag

Für die Geschichte der frühneuzeitlichen Reichstage bedeutete das Jahr 1663 aus der Ex-post-Perspektive eine erhebliche Zäsur.[36] Der damals nach Regensburg einberufene Reichstag entwickelte ein Eigenleben, das sich im Laufe der Zeit von dem herkömmlichen Prozedere früherer Reichstage in drei wesentlichen Punkten unterschied: Zum einen tagte der Reichstag seit 1663 (bis auf wenige Unterbrechungen) an einem festen Ort, eben in Regensburg, während der institutionelle Vorgänger, der sogenannte periodische oder »ad hoc«-Reichstag, an

---

33 Schwerhoff: Köln (Anm. 6), S. 231.
34 Ebd., S. 252.
35 Ebd., S. 457.
36 Vgl. Johannes Burkhardt: Seit wann ist der Immerwährende Reichstag immerwährend? Bedeutung und Wahrnehmung der Permanenz einer Reichsinstitution, in: Harriet Rudolph/Astrid von Schlachta (Hg.): Reichsstadt – Reich – Europa. Neue Perspektiven auf den Immerwährenden Reichstag zu Regensburg (1663–1806), Regensburg 2015, S. 85–104.

wechselnden Orten beraten hatte. Die zweite Neuerung bestand darin, dass der Reichstag – entgegen den ursprünglichen Absichten und anders als der periodische Reichstag – nicht mehr auseinanderging, sondern mit wenigen Ausnahmen bis ans Ende des Alten Reiches permanent tagte; daher auch der Name »Immerwährender« Reichstag, der schon in Quellen der 1740er Jahre nachweisbar ist.[37] Und drittens veränderte sich die Praxis dahingehend, dass die Reichsstände nur noch durch Gesandte und nicht mehr durch die jeweiligen Herrscher selbst vertreten waren. Dies galt auch für den Kaiser, der nicht mehr dauerhaft in persona in Regensburg anwesend sein konnte. Er wurde vielmehr durch den sogenannten Prinzipalkommissar repräsentiert, der vor Ort als Alter Ego des Reichsoberhauptes fungierte. Der Augsburger Historiker Johannes Burkhardt hat diese drei fundamentalen Neuentwicklungen treffend als »Verstetigungsdreieck«[38] (Ortsfestigkeit, Tagungskontinuität, Gesandtenakteure) bezeichnet.

Der Immerwährende Reichstag ist in der Historiographie lange Zeit eindeutig negativ beurteilt worden.[39] An national-, macht- und anstaltsstaatlichen Vorstellungen orientiert, ließ gerade die preußisch-kleindeutsch ausgerichtete Forschung im 19. und frühen 20. Jahrhundert oftmals kein gutes Haar am Geschehen in Regensburg. Sie glaubte im Immerwährenden Reichstag eine institutionelle Verkörperung der vermeintlichen Schwäche, Ohnmacht und Ineffizienz des Heiligen Römischen Reiches zu erkennen.[40]

Die neuere Forschung hat die Akzente deutlich anders gesetzt.[41] Communis opinio ist inzwischen, dass der Immerwährende Reichstag ein »Kristallisationspunkt frühneuzeitlicher Reichsgeschichte«[42] sowie ein »institutioneller Knotenpunkt«[43] war, dem nicht nur in zahlreichen zentralen Fragen der Reichspolitik, wie zum Beispiel der Entscheidung über Krieg und Frieden, große Bedeutung

---

37 Vgl. ebd., S. 96.
38 Ebd., S. 86.
39 Vgl. die umfassende Bilanz von Karl Härter: Der Immerwährende Reichstag (1663–1806) in der historischen Forschung, in: Michael Rohrschneider (Hg.): Der Immerwährende Reichstag im 18. Jahrhundert. Bilanz, Neuansätze und Perspektiven der Forschung. Redaktion: Michael Kaiser unter Mitarbeit von Florian Schönfuß und Julia Rosenfeld, URL: http://www.zeitenblicke.de/2012/2 [Stand: 23.02.2019].
40 Vgl. Rohrschneider: Österreich (Anm. 25), S. 9–15 (mit weiterführender Literatur).
41 Siehe hierzu die Bestandsaufnahmen von Maximilian Lanzinner: Arbeitsfelder und Forschungsfragen zum Immerwährenden Reichstag, in: Rohrschneider (Hg.): Der Immerwährende Reichstag im 18. Jahrhundert (Anm. 39); Härter: Der Immerwährende Reichstag (Anm. 3); Harriet Rudolph: Einleitung, in: Dies./von Schlachta (Hg.): Reichsstadt (Anm. 36), S. 11–33.
42 Helmut Neuhaus: Der Reichstag als Zentrum eines »handelnden« Reiches, in: Heinz Schilling/Werner Heun/Jutta Götzmann (Hg.): Heiliges Römisches Reich Deutscher Nation 962 bis 1806. Altes Reich und neue Staaten 1495 bis 1806, Dresden 2006, S. 43–52, hier S. 43.
43 Karl Härter: Reichstag und Revolution 1789–1806. Die Auseinandersetzung des Immerwährenden Reichstags zu Regensburg mit den Auswirkungen der Französischen Revolution auf das Alte Reich, Göttingen 1992, S. 20.

zukam, sondern der nicht zuletzt auch den Charakter einer Informationszentrale und »Clearing-Stelle«[44] der Reichspolitik hatte. Hierfür hat Susanne Friedrich das anschauliche Bild der »Drehscheibe Regensburg« geprägt.[45] Im Urteil Karl Otmar von Aretins war Regensburg sogar für 143 Jahre die »heimliche Hauptstadt«[46] des Alten Reiches.

Wie kommt es nun, dass dieser neben dem Kaisertum wichtigsten politischen Institution des Reiches in Gerd Schwerhoffs Kölner Stadtgeschichte nur vergleichsweise marginale Bedeutung zukommt? Zwei Gründe können für diesen auffälligen Sachverhalt angeführt werden: ein relativ banaler und ein inhaltlich wichtiger Grund. Zunächst der banale Grund: Die Reichstagspolitik der Stadt im 18. Jahrhundert ist kaum erforscht. Zwar liegt mit der Dissertation von Hans-Wolfgang Bergerhausen über die Politik Kölns auf den Reichsversammlungen im konfessionellen Zeitalter ein Grundlagenwerk zur zweiten Hälfte des 16. und den Anfangsjahren des 17. Jahrhunderts vor.[47] Auch hat Hans-Joachim Deeters eine Detailstudie über die Instruktionen für die Abgesandten Kölns zu den Reichstagen des 16. Jahrhunderts vorgelegt.[48] Vergleichbare monographische Studien und Spezialuntersuchungen fehlen jedoch für die nachfolgenden Jahrhunderte. Insofern zählt die Reichstagspolitik Kölns im 18. Jahrhundert zu den nicht wenigen Forschungsdesideraten, die Gerd Schwerhoff vollständig neu hätte erarbeiten müssen, wenn er sie in seine Darstellung hätte integrieren wollen. Dass derartige Vorhaben im Rahmen einer solch großen Syntheseleistung, wie sie der vorliegende Band von Schwerhoffs Stadtgeschichte zweifellos darstellt, aus pragmatischen Gründen faktisch kaum zu leisten sind, muss nicht eigens erläutert werden.

Es gibt jedoch auch einen inhaltlichen Grund, der die Kölner Reichstagspolitik im Untersuchungszeitraum in den Hintergrund treten lässt. In seiner 2006 erschienenen Dissertation »Reichsstädte in der Fürstengesellschaft. Politischer Zeichengebrauch in der Frühen Neuzeit« hat André Krischer überzeugend darauf

---

44 Walter Fürnrohr: Kurbaierns Gesandte auf dem Immerwährenden Reichstag. Zur baierischen Außenpolitik 1663 bis 1806, Göttingen 1971, S. 11.
45 Susanne Friedrich: Drehscheibe Regensburg. Das Informations- und Kommunikationssystem des Immerwährenden Reichstags um 1700, Berlin 2007.
46 Karl Otmar von Aretin: Das Reich kommt zur Ruhe. Der Immerwährende Reichstag in Regensburg, in: Uwe Schultz (Hg.): Die Hauptstädte der Deutschen. Von der Kaiserpfalz in Aachen zum Regierungssitz Berlin, München 1993, S. 123–135, hier S. 127.
47 Vgl. Hans-Wolfgang Bergerhausen: Die Stadt Köln und die Reichsversammlungen im konfessionellen Zeitalter. Ein Beitrag zur korporativen reichsständischen Politik 1555–1616, Köln 1990.
48 Vgl. Joachim Deeters: Die Instruktionen der Abgesandten der Reichsstadt Köln zu den Reichstagen des 16. Jahrhunderts, in: Manfred Groten (Hg.): Die Rheinlande und das Reich. Vorträge gehalten auf dem Symposium anlässlich des 125-jährigen Bestehens der Gesellschaft für Rheinische Geschichtskunde am 12. und 13. Mai 2006 im Universitätsclub in Bonn, Düsseldorf 2007, S. 71–92.

Die Stadt Köln, das Reich und der Immerwährende Reichstag 173

hingewiesen, dass der Reichstag im 18. Jahrhundert nicht mehr zu den bevorzugten Schauplätzen der Artikulation reichsstädtischer Interessen zählte: »Für die reichsstädtische Statuspolitik, die darauf zielte, als adelsgleich anerkannt zu werden, konnte der Reichstag [...] kein geeignetes Forum bieten. Die so mühselig und teuer erkämpfte Repräsentation auf dem Reichstag erwies sich für die Reichsstädte [...] langfristig als nutzlos. Sie waren nämlich kaum in der Lage, das ihnen 1648 auf dem Papier konzedierte votum decisivum auch praktisch umzusetzen, weil dies eine sichtbare, zeremonielle Auszeichnung im Verfahren zur Folge gehabt hätte, die die Reichs- und Kurfürsten als völlig unangemessen betrachteten.«[49] Und weiter heißt es bei Krischer angesichts der vielfach zum Ausdruck gebrachten Missachtung der Reichsstädte durch die höheren Stände: »Die Zuschreibung mangelhafter sozialer Würde der Reichsstädte kam symbolisch zum Ausdruck in Form einer Schranke, hinter die ihre Vertreter von den anderen Reichstagsgesandten abgegrenzt wurden. Die soziale Geringschätzung der Reichsstädte durch die übrigen adligen Reichsstände konnte auf diese Weise im Verfahren immer wieder reproduziert und sichtbar gemacht werden. Es war also keineswegs ein prinzipielles Desinteresse an den Reichsangelegenheiten oder gar ein ›negatives Reichsbewußtsein‹ (Karl Siegfried Bader), das die Reichsstädte im 18. Jahrhundert zunehmend von Regensburg fernhielt. Vielmehr waren die symbolischen Kosten, die die Reichsstädte für ihre formale ›Mitgliedschaft‹ auf dem Reichstag im untertänigen Zeremoniell gegenüber Fürsten und Reichsfürsten zu entrichten hatten, derart enorm, daß sie jeden anderen politischen Nutzen wie die Mitwirkung an der Gestaltung von Reichsgesetzen überwogen.«[50]

Krischer wurde an dieser Stelle deshalb so ausführlich zitiert, da seine generellen Befunde auch im Hinblick auf die Reichsstadt Köln Geltung beanspruchen können. So blieben die Relationen, welche die Stadt Köln von ihren Vertretern aus Regensburg erhielt, offenbar zum Teil ungeöffnet und damit ungelesen, so jedenfalls ein Hinweis des langjährigen Archivars des Kölner Stadtarchivs Joachim Deeters, den Krischer in seiner Dissertation anführt.[51] Auch ist unbestritten, dass die politische Bedeutung der Reichsstädte in den Regensburger Beratungen und Entscheidungen deutlich gegenüber dem Kurfürsten- und Fürstenrat zurücktrat. Davon, welch geringen Spielraum man den Reichsstädten am Reichstag letztlich zuzugestehen bereit war, zeugt eine symptomatische kaiserliche Weisung an die Prinzipalkommission aus dem August 1755. In diesem Schreiben heißt es, man solle den reichsstädtischen Gesandten klar und

---

49 Krischer: Reichsstädte in der Fürstengesellschaft (Anm. 9), S. 59.
50 Ebd., S. 370 f.
51 Ebd., S. 58.

deutlich zu erkennen geben, dass sie »nur in der art stummer zeugen die zahl bey der session ausfülleten«.[52] So sah also die Realität reichsstädtischer Partizipation an den politischen Entscheidungen des Reichstags um die Mitte des 18. Jahrhunderts aus.

Nun gibt es aber einen auffälligen Befund, der das gerade Geschilderte zu konterkarieren scheint. Eine Durchsicht des »Repertorium der diplomatischen Vertreter aller Länder seit dem Westfälischen Frieden (1648)« zeigt klar und deutlich, dass die Reichsstadt Köln keineswegs darauf verzichtete, Abgesandte am Reichstag zu unterhalten. Obwohl Köln und andere Reichsstädte im Verlauf des 18. Jahrhunderts mehr und mehr dazu übergingen, ihre diplomatischen Ressourcen an anderen Orten und Höfen im Reich einzusetzen und gerade nicht in Regensburg, zeigt eine Auswertung der Angaben des genannten Repertoriums, dass die Stadt im Untersuchungszeitraum Schwerhoffs sehr wohl vor Ort am Reichstag Vertreter unterhielt.[53]

Die Stadt Köln folgte hierbei der gängigen Praxis anderer Reichsstädte. Sie verzichtete aus Kostengründen darauf, einen eigenen Vertreter zu entsenden, und übertrug ihr Votum im Reichsstädterat zumeist einem Regensburger Ratsherren oder Ratskonsulenten. Damit trug sie zu dem aus Loyalitätsgründen nicht unproblematischen Phänomen der Mehrfachstimmführung bei, das am Regensburger Reichstag besonders ausgeprägt war. Der langjährige kurkölnische Reichstagsgesandte Friedrich Karl Karg Freiherr von Bebenburg, um hier ein konkretes rheinisches Beispiel zu nennen, führte am Reichstag zumeist 15 bis 18 reichsständische Voten gleichzeitig.[54]

Eine zweite Beobachtung kommt hinzu. Schon eine kursorische Durchsicht einschlägiger zeitgenössischer Quellenwerke zum Immerwährenden Reichstag ergibt, dass die Stadt Köln im Untersuchungszeitraum sehr wohl im Reichstagskontext agierte, zum Beispiel wenn um es um Römermonate, Matrikularanschläge oder Reichskammergerichtsangelegenheiten ging.[55] Alles andere wäre

---

52 Weisung an die kaiserliche Prinzipalkommission, Wien 30. August 1755, zitiert nach Rohrschneider: Österreich (Anm. 25), S. 48.
53 Vgl. Ludwig Bittner/Lothar Groß (Hg.): Repertorium der diplomatischen Vertreter aller Länder seit dem Westfälischen Frieden (1648), Bd. 1 (1648–1715), Oldenburg/Berlin 1936, S. 280; Friedrich Hausmann (Hg.): Repertorium der diplomatischen Vertreter aller Länder seit dem Westfälischen Frieden (1648), Bd. 2 (1716–1763), Zürich 1950, S. 202; Otto Friedrich Winter (Hg.): Repertorium der diplomatischen Vertreter aller Länder seit dem Westfälischen Frieden (1648), Bd. 3 (1764–1815), Graz/Köln 1965, S. 220.
54 Vgl. Michael Rohrschneider: Friedrich Karl Karg Freiherr von Bebenburg (1709–1773): Ein kurkölnischer Reichstagsgesandter im Spannungsfeld von Region, Reich und internationaler Politik, in: RhVjbll 81 (2017), S. 118–138, hier S. 126 f.
55 Vgl. als Beispiele Johann Joseph Pachner von Eggenstoff (Hg.): Vollständige Sammlung Aller Von Anfang des noch fürwährenden Teutschen Reichs-Tags de Anno 1663. biß anhero abgefaßten Reichs-Schlüsse […], 4 Bde. und ein Registerband, Regensburg 1740–1777, hier Bd. 2,

auch angesichts der engen reichspolitischen und wirtschaftlichen Verflechtungen der Stadt überraschend gewesen.

Wie ist nun mit diesem scheinbaren Widerspruch der fortgesetzten Präsenz Kölns in Regensburg einerseits und der geringen politischen Handlungsspielräume der Stadt auf dem Forum des Reichstags andererseits umzugehen? Eine Bewertung der Kölner Reichstagspolitik im 18. Jahrhundert sollte in hohem Maße Kosten-Nutzen-Relationen zum Ausgangspunkt nehmen. Viel zu gewinnen gab es in Regensburg aus Sicht der Stadt offenbar nicht – weder ökonomisch, noch im Hinblick auf das Streben nach sozialer Schätzung und schon gar nicht in puncto unmittelbarer politischer Entscheidungskraft.

Von Vorteil war dagegen zweifellos die fortgesetzte Partizipation an der Funktion des Reichstags als Nachrichtenbörse. Regensburg war ein regelrechter Umschlagplatz für Informationen aller Art und als Sitz des Hauses Thurn und Taxis, das im 18. Jahrhundert nicht nur den Generalerbpostmeister, sondern auch den kaiserlichen Prinzipalkommissar stellte,[56] ein wichtiger Knotenpunkt politischer Kommunikation im Reich und in Europa. Hier wurden die Interessen von Kaiser und Reich austariert, hier agierten Vertreter auswärtiger Mächte, hier wurde über Kriegserklärungen und Friedensschlüsse des Reiches beraten, und auch für Fragen der Wirtschafts- und Münzpolitik bot der Regensburger Reichstag eine geeignete Plattform – die Liste wichtiger Aktivitäten ließe sich noch problemlos fortführen.

Dass die Stadt Köln vor Ort in Regensburg präsent blieb, könnte aber auch damit zusammenhängen – dies sei an dieser Stelle thesenartig formuliert –, dass man das Regensburger Forum als Handlungsoption ansah, die man nicht leichtfertig aus der Hand geben wollte. Ob die Kölner, die traditionell den Anspruch erhoben, ihre Stadt habe als älteste und vornehmste Stadt des Reiches zu gelten, im Verlauf des 18. Jahrhunderts je ernsthaft daran dachten, ihre Präsenz in Regensburg dauerhaft einzustellen, wissen wir beim gegenwärtigen Stand der Forschung nicht. Vieles spricht dafür, dass man zumindest versuchte, das Regensburger Standbein aufrechtzuerhalten, um die dortigen Mechanismen bei Bedarf und im Falle aussichtsreicher Perspektiven zugunsten der eigenen Interessen instrumentalisieren zu können. Und in der Tat: Wie schon die Forschungen von Karl Härter gezeigt haben, erlebte der Reichstag im Zeitalter der Französischen Revolution aus reichsstädtischer Perspektive insofern eine Art

---

S. 699 f., ebd., Bd. 3, S. 255 f. und ebd., Bd. 4, S. 462 f.; siehe darüber hinaus auch Clemens Graf von Looz-Corswarem: Das Finanzwesen der Stadt Kön im 18. Jahrhundert. Beitrag zur Verwaltungsgeschichte einer Reichsstadt, Köln 1978, S. 254 f.

56 Vgl. hierzu jüngst Alexandra Stöckl, Der Principalkommissar. Formen und Bedeutung soziopolitischer Repräsentation im Hause Thurn und Taxis, Regensburg 2018.

von Renaissance, als man sich angesichts der drohenden Mediatisierung darauf besann, das traditionelle Regensburger Forum wieder verstärkt zu nutzen, um sich angesichts der existenziellen politischen, militärischen und gesellschaftlichen Herausforderungen, die sich nun stellten, zu wappnen.[57] Den Regelfall stellte dieses reichsstädtische Vorgehen in den vorangegangenen Jahrzehnten des 18. Jahrhundert aber zweifellos nicht dar.

3. Fazit

Gerd Schwerhoff hat in seiner Kölner Stadtgeschichte in überzeugender Weise demonstriert, dass man die Geschichte einer Reichsstadt auf makropolitischer Ebene in ihren vielfältigen Verflechtungen mit der Ebene der obersten Reichsinstitutionen, den Reichskreisen, den Höfen, den Außenbeziehungen oder auch mit Blick auf einzelne, herausragende Persönlichkeiten beschreiben und analysieren muss. Hier besteht aber zweifellos noch erheblicher Forschungsbedarf, sowohl in diachroner als auch in komparatistischer Hinsicht. Gleiches gilt für die Ebene der Mikropolitik. So ist in jüngerer Zeit mit guten Gründen gefordert worden, sich verstärkt den mikropolitischen Praktiken reichsstädtischen Handelns im Reich zu widmen.[58] Zu erwähnen wären in diesem Kontext zum Beispiel der Aufbau von Klientel- und Patronagenetzwerken, der Einsatz unterschiedlicher Ressourcen nach dem Prinzip des »do ut des« bis hin zu Korruptionsphänomenen.

Kein Zweifel besteht jedenfalls daran, dass die Rahmenbedingungen der Politik der Stadt Köln im 18. Jahrhundert in ähnlich massiver Weise wie im »eisernen« 17. Jahrhundert[59] maßgeblich durch eine vielgliedrige Kette militärischer Konflikte innerhalb und außerhalb des Reiches geprägt war. Insofern hatte die eingangs erwähnte sorgenvolle Deutung des verirrten Wals durch die Zeitgenossen des Jahres 1689 tatsächlich nahezu prophetischen Charakter.

57 Vgl. insgesamt Härter: Reichstag und Revolution (Anm. 43).
58 Vgl. zum Beispiel André Krischer: Reichsstädte und Reichstag im 18. Jahrhundert. Überlegungen zu Reichspolitik und Politik im Alten Reich anhand Bremer und Hamburger Praktiken, in: Rohrschneider (Hg.): Der Immerwährende Reichstag im 18. Jahrhundert (Anm. 39).
59 In Anlehnung an Bergerhausen: Köln in einem eisernen Zeitalter (Anm. 12).

Der Besuch Napoleons in Köln 1804 im Spiegel der Inschriften Ferdinand Franz Wallrafs

von Henrike Stein

»O! der Du nun allein in Dir aller großen Kaiser Triumphe, Glück und Herrschergaben vereinigst, Held! Staaten- und Epochenschöpfer Napoleon!«[1]
Derartige Huldigungen an Napoleon – einer lateinischen Inschrift nach ins Deutsche übersetzt – waren im September 1804 beim Besuch des designierten Kaisers in Köln allgegenwärtig. Die Ehrerweisungen wurden mittels Sprache, Schrift, Bildern und formellen Handlungen gezeigt. In diesem Aufsatz soll die Reise Napoleon Bonapartes und seiner ersten Frau Joséphine de Beauharnais nach Köln sowohl historisch, philologisch als auch inszenatorisch untersucht werden. Ausgangspunkt dieser Betrachtung ist der spätere Kölner Erzbürger Ferdinand Franz Wallraf (1748–1824), der beim Besuch des Kaiserpaares für die Illumination der Stadt und die Ausstattung mit Inschriften zuständig war. Diese öffentliche Dekoration wurde von verschiedenen Faktoren bestimmt. Zum einen gab es Vorgaben an das Zeremoniell von französischer Seite. Schließlich befand Napoleon sich 1804 gewissermaßen auf seiner Antrittsreise durch die linksrheinischen Gebiete und besuchte in dem Zuge auch andere Städte des Roer-Departements. Zum anderen standen hinter der Dekoration verschiedene Interessen auf Kölner Seite. Die Stadt Köln, die durch die französische Besatzung einen Statusverlust erlitten hatte,[2] und vor allem die lokale Kaufmannschaft versuchten, Napoleon von Köln als überregionalem Handelszentrum zu überzeugen und dem schlechten Ruf der Rheinstadt entgegenzuwirken. Die ehemalige freie Reichsstadt sollte zu einer der »premières villes« des Reiches aufsteigen.[3] Wallraf erhoffte sich durch den

---

1 Ferdinand Franz Wallraf: Abdruck und freie Übersetzung der lateinischen Inschriften, welche beym freudenvollen Empfange Ihrer Kaiserlichen Majestäten Napoleon und Joséphine in der, von der Kaufmannschaft in Köln veranstalteten feyerlichen Beleuchtung des Rheinhafens, den Thurm im Mittelpunkte desselben umgaben, Köln 1804, S. 16. – Dieser Aufsatz basiert auf der Bachelorarbeit »Der Besuch Napoleons in Köln 1804 im Spiegel der Inschriften Ferdinand Franz Wallrafs« bei Prof. Dr. Gudrun Gersmann, Lehrstuhl für die Geschichte der Frühen Neuzeit am Historischen Institut, Universität zu Köln, 2018.
2 Vgl. dazu: Michael Rowe: A Tale of Two Cities: Aachen and Cologne in Napoleonic Europe, in: Michael Broers/Peter Hicks/Augustin Guimerá (Hg.): The Napoleonic Empire and the New European Political Culture (War, Culture and Society 1750–1850), Basingstoke 2012, S. 123–131.
3 Vgl. Klaus Müller: Köln von der französischen zur preußischen Herrschaft. 1794–1815, Köln 2005, S. 71.

Besuch des Kaisers, dass die 1798 geschlossene Universität in Köln wiedereröffnet werde.⁴ Außerdem wollte auch er das Ansehen seiner geliebten Heimatstadt überregional verbessern.⁵

Als Mittel dazu entwarf Wallraf im Auftrag der Stadt und für die Kaufmannschaft ein umfangreiches Inschriftenprogramm, das über die gesamte Stadt verteilt war und sowohl an Gebäuden als auch an eigens errichteten Denkmalen zu finden war. Während des Besuchs passierten Napoleon und Joséphine die wichtigsten Stationen Kölns. Die Inschriften waren auf Latein und im beliebten Lapidarstil⁶ verfasst. Ihr Inhalt ist vor allem panegyrisch geprägt und hat sowohl inhaltlich, formal als auch sprachlich vielfältige Antikenbezüge. Dies zeigt die umfangreiche antike Bildung des Klassizisten Wallraf und auch den Anspruch, mit dem Napoleon begegnet wurde.⁷

1. Ferdinand Franz Wallraf als Epigraphiker

Ferdinand Franz Wallraf gilt als Universalgelehrter und Tausendsassa. Heute ist er in der Kölner Stadtgeschichte vor allem durch seine Sammeltätigkeit bekannt, durch die der Grundstock für die Kölner Museumslandschaft gelegt worden ist. Neben einer bedeutenden Sammlerpersönlichkeit war er jedoch auch ein umtriebiger Professor, kluger Stadthistoriker, wegweisender Stadtreformer und vielseitig interessierter und versierter Literat. Bei Letzterem ist wichtig, dass seine Schriften immer im Kontext ihrer Entstehungszeit gesehen werden müssen, da sie meist unmittelbar mit politischen Maßnahmen oder persönlichen Motiven und auch mit seiner Heimatstadt Köln zusammenhängen.

Wallrafs literarisches Œuvre ist sowohl formal als auch inhaltlich sehr verschieden. Neben seinen politischen Denkschriften zu den von den Franzosen geraubten Kunstgegenständen (1814) oder über die Studienreform (1786) veröffentlichte er auch thematische Aufsätze in lokalen Zeitschriften, verfasste feierliche Gedichte, schrieb Reiseberichte und repräsentative Inschriften.

---

4 Vgl. Hermann Krüssel: Napoleon Bonaparte in lateinischen Dichtungen vom Ende des 18. Jahrhunderts bis zum Beginn des 20. Jahrhunderts. Bd. 2. Von der Rheinreise und Kaiserkrönung bis zum Preußenfeldzug (1804–1806), Hildesheim 2015, S. 209.
5 Vgl. Klaus Müller: Ferdinand Franz Wallraf: Gelehrter, Sammler, Kölner Ehrenbürger (1748–1824), Köln 2017, S. 57–59.
6 Siehe dazu: Andreas Hettiger: s. v. »Lapidarstil«, in: Gert Ueding (Hg.): Historisches Wörterbuch der Rhetorik 5, Tübingen 2001, Sp. 28–31. Prägend für den Lapidarstil sind knappe, aber prägnant formulierte Texte. Er eignet sich vor allem für Inschriften auf Portalen oder Epitaphen. Typische Textsorten sind das Epigramm und der Aphorismus.
7 Vgl. Müller: Wallraf (Anm. 5), S. 35–37.

Die Quelle Wallrafs literarischen Könnens liegt in seiner umfassenden Bildung und literarischen Fähigkeit sowie in seiner Vernetzung zu anderen Literaturschaffenden in Köln und vor allem Bonn. Den Grundstein für seine allgemeine und philologische Bildung legte er in seiner Studienzeit. Seine künstlerischen und literarischen Kenntnisse erwarb Wallraf jedoch besonders durch seine enge Freundschaft mit Johann Georg Menn und dessen Frau Dorothea Menn-Schauberg, in deren Haus er spätestens seit 1773 lebte. Der Medizinprofessor ermunterte Wallraf, an der medizinischen Fakultät zu studieren, in der er letztlich bis zum Professor aufstieg. Dorothea Menn-Schauberg leitete als Erbin die ansässige Universitätsbuchdruckerei Schauberg und war künstlerisch und musikalisch besonders interessiert. Sie war »eine Frau von Talent, Witz und Weltkenntniß [sic!]«,[8] eine Frau eines neuen emanzipierten Typs, die ihrem Mann in Bildung wie sozialem Status in Nichts nachstand. Das Ehepaar Menn kann einem Kreis von progressiv und modern denkenden Personen zugeordnet werden, die aufklärerische Ideen in das konservative Köln bringen wollten. Sie waren in der Domstadt und den umliegenden Städten sehr gut vernetzt und brachten den jungen Wallraf in Kontakt mit aufklärerischem Gedankengut und Gleichgesinnten. In Bezug auf seine literarischen Tätigkeiten wurde Wallraf in Köln durch seine Mitgliedschaft in der kleinen »Gesellschaft Literaturfreunde« geformt, die von dem Literaten und Sammler Jean Guillaume Adolphe Fiacre Honvlez alias Baron von Hüpsch[9] gegründet worden war. Durch Dorothea Menn-Schauberg knüpfte Wallraf schon in den 1770er Jahren zudem Beziehungen zur literarischen Szene im benachbarten Bonn.[10] Bonn avancierte in der zweiten Hälfte des 18. Jahrhunderts geradezu zu einem Mittelpunkt der Aufklärung am Rhein. 1786 wurde Wallraf Professor für Botanik, Naturgeschichte und Ästhetik in Köln und zeigte sich in seiner Antrittsvorlesung verhältnismäßig progressiv. Mit seiner nicht einfachen Wahl zum Rektor 1793 war Wallraf auf dem Höhepunkt seiner akademischen Karriere, kurz bevor die Franzosen an den Rhein kamen und sich die Situation Kölns und auch Wallrafs veränderte.[11]

---

8 Johann Heinrich Richartz (Hg.): Ausgewählte Schriften von Ferdinand Franz Wallraf. Festgabe zur Einweihungsfeier des Museums Wallraf-Richartz, Köln 1861, S. 368.
9 Zu den frühen literarischen Tätigkeiten des Barons von Hüpsch und der Gesellschaft Literaturfreunde siehe zum Beispiel: Gertrud Wegener: Literarisches Leben in Köln 1750–1850. 1. Teil 1750–1814, Köln 2000, S. 57–75.
10 Vgl. Bianca Thierhoff: Ferdinand Franz Wallraf (1748–1824). Eine Gemäldesammlung für Köln, Köln 1997, S. 17.
11 Vgl. Klaus Pabst: Franz Ferdinand Wallraf. Opportunist oder Kölner Lokalpatriot?, in: GiK 24 (1988), S. 159–177, hier S. 164 f.; Joachim Deeters (Bearb.): Ferdinand Franz Wallraf. Ausstellung des Historischen Archivs der Stadt Köln vom 5. Dezember 1974 bis 31. Januar 1975, Köln 1974, S. 29.

1798 wurde die alte Universität geschlossen und durch die Zentralschule ersetzt. Obwohl Wallraf als Rektor zunächst den Treueeid auf die Französische Republik verweigert hatte, lehrte er nach der Schließung an der neuen Zentralschule und leistete den Eid. Er unterrichtete Geschichte, dann aber die »belles lettres«, die schönen Wissenschaften Literatur und Ästhetik der bildenden Künste, sein wirkliches »Lieblingsfach«.[12]

Wallraf erhielt 1804 von der Stadt den Auftrag, die Inschriften für den Besuch Napoleons zu verfassen und die Stadt feierlich zu illuminieren. Im selben Jahr hatte Wallraf bereits das Rathaus von Düsseldorf anlässlich des Besuchs des Herzogs Wilhelm von Bayern in der Rheinstadt mit Inschriften ausgestattet. Auch in Aachen hat er Inschriften für den Besuch Napoleons erarbeitet.[13] Diese Aufträge außerhalb Kölns zeigen Wallrafs regionale Stellung als Literat und Epigraphiker. Auch später war er für seine Heimatstadt tätig, so versah er 1809 den neuen Friedhof Melaten mit einem umfangreichen antiken Inschriftenprogramm und verfasste Grabinschriften für bedeutende Kölner Bürger.[14] Wallraf setzte sich ebenso mit der (antiken) Theorie der Epigraphik auseinander, was die 65 Werke starke Rubrik »Epigraphia« in seiner Bibliothek zeigt.[15] Ein gar nicht zu unterschätzender Faktor bei den epigraphischen Arbeiten Wallrafs ist, dass es allesamt Auftragsarbeiten meist von städtischer oder privater Seite waren. Für den wegen seiner Sammelleidenschaft dauernd am finanziellen Limit lebenden Professor waren dies wichtige Einnahmequellen.[16]

2. Napoleons Besuch in Köln 1804

Im Sommer des Jahres 1804 reiste der gerade proklamierte Kaiser Napoleon[17] mit seiner Frau Joséphine in die linksrheinischen Gebiete, die seit 1792 sukzessive

---

12 Pabst: Wallraf (Anm. 11), S. 168.
13 Vgl. Krüssel: Napoleon (Anm. 4), S. 198–201.
14 Vgl. Joachim Deeters: Der Nachlaß Ferdinand Franz Wallraf (Best. 1105), Köln 1987, S. 280–283. Für detaillierte Informationen siehe: Josef Abt/Wolfgang Vomm: Der Kölner Friedhof Melaten. Begegnung mit Vergangenem und Vergessenem aus rheinischer Geschichte und Kunst, Köln 1980.
15 Vgl. Sophie Löwenstein: Epigraphik, in: Anne Bonnermann u. a.: Zwischen antiquarischer Gelehrsamkeit und Aufklärung. Die Bibliothek des Kölner Universitätsrektors Ferdinand Franz Wallraf (1748–1824), Köln 2006, S. 160–166, hier S. 163–166.
16 Vgl. Deeters: Wallraf (Anm. 11), S. 70; Wilhelm Smets: Ferdinand Franz Wallraf. Ein biographisch-panegyrischer Entwurf, Köln 1825, S. 12. Smets berichtet sogar, Wallraf habe Anfragen für die Gestaltung von Inschriften aus Deutschland, England, Frankreich und Italien erhalten.
17 Vgl. Guido Braun: Zwischen Tradition und Innovation. Napoleons Kaiserkrönung 1804, in: Willi Jung (Hg.): Napoléon Bonaparte oder der entfesselte Prometheus, Göttingen 2015, S. 39–66, hier S. 48 f.

von den Franzosen erobert worden waren. Am 3. September 1804 erreichte Napoleon Aachen, die Hauptstadt des neu geschaffenen Roer-Departements. Er sollte dann weiter über Jülich, Krefeld, Venlo und Rheinberg bis nach Köln reisen. Am 13. September betrat er schließlich die Domstadt von Norden aus durch das Eigelsteintor.[18] Die Reise an den Rhein war als klassische Herrscherreise inszeniert und geplant. Sie diente Napoleon dazu, sich vor Ort kundig zu machen und als Kaiser zu präsentieren und auch zu legitimieren. Den Untertanen wurde eine Chance der Huldigung und Ehrung des Herrschers und Friedensbringers gegeben, die durch Dekoration, Feiern und zeremonielle Handlungen ausgedrückt wurden. Für den Ablauf des Besuchs wurde ein striktes Protokoll vorgegeben, das auf der Tradition der Herrscherempfänge beruhte, die von der Antike über das Mittelalter bis ins 19. Jahrhundert unter leichten Modifikationen praktiziert wurden.[19]

Eine derartige Inszenierung und Ehrung eines »fremden« Herrschers fand nun auch in der ehemaligen freien Reichsstadt Köln statt – wie hatte es so weit kommen können?

a) Vorgeschichte – Historische Entwicklungen bis Dezember 1804

Durch das westliche Hahnentor marschierten die französischen Revolutionstruppen am 6. Oktober 1794 in Köln ein. Die Domstadt wurde wie andere linksrheinische Städte von den Franzosen eingenommen. Die politischen Entwicklungen im Zuge der Französischen Revolution hatten dazu geführt, dass das Mächteverhältnis in Europa zu wanken begann. Ein Versuch der Großmächte im ersten Koalitionskrieg, die französische Annexion der linken Rheingebiete rückgängig zu machen, gelang nicht. Nachdem sich Preußen bereits 1795 entzogen hatte, erlitt Österreich 1797 in Oberitalien eine schwere Niederlage.[20] Im nachfolgenden

---

18 Vgl. Jean Tulard/Louis Garros: Itinéraire de Napoléon au jour le jour: 1769–1821, 2. Aufl. Paris 2002, S. 263 f.; Gudrun Gersmann: Einleitung, in: Dies./Hans-Werner Langbrandtner/Ulrike Schmitz (Hg.): Im Banne Napoleons. Rheinischer Adel unter französischer Herrschaft. Ein Quellenlesebuch, Essen 2013, S. 11–22, hier S. 19 f. Siehe auch: Mario Kramp: »Jauchzet, Uferbewohner!« Napoleon am Eigelstein, in: Mario Kramp/Marcus Trier (Hg.): Drunter und Drüber: Der Eigelstein, Köln 2014, S. 103 f., hier S. 103.
19 Vgl. Ulrike Schmitz: Adlige Strategien gegenüber Napoleon – Annähern oder Abstand halten? Napoleon zu Gast beim Adel, in: Gudrun Gersmann/Hans-Werner Langbrandtner/Dies. (Hg.): Im Banne Napoleons. Rheinischer Adel unter französischer Herrschaft. Ein Quellenlesebuch, Essen 2013, S. 83–88, hier S. 83 f. Ein facettenreicher Sammelband zu verschiedenen Formen von Triumphzügen: Harald Kimpel/Johanna Werckmeister (Hg.): Triumphzüge: Paraden durch Raum und Zeit, Marburg 2001. Neue Ansätze bei: Karl-Joachim Hölkeskamp: »Performative turn« meets »spatial turn«. Prozessionen und andere Rituale in der neueren Forschung, in: Dietrich Boschung/Ders./Claudia Sode (Hg.): Raum und Performanz. Rituale in Residenzen von der Antike bis 1815, Stuttgart 2015, S. 15–74.
20 Vgl. Markus Jansen: Ereignisgeschichte der französischen Zeit 1794–1814, in: Gudrun Gersmann/Stefan Grohé (Hg.): Ferdinand Franz Wallraf (1748–1824) – Eine Spurensuche in

Friedensschluss von Campo Formio wurde die linksrheinische Annexion durch Frankreich schließlich gebilligt. Köln gehörte zum Roer-Departement, dessen Hauptstadt allerdings Aachen war. Weil vier Jahre später auch das Erzbistum von Köln nach Aachen verlegt wurde, litt Köln an einem besonderen Bedeutungs- und auch Identitätsverlust, hatte sich die ehemalige Freie Reichsstadt doch stets als Handels- und vor allem Glaubensstadt und Hochburg des Katholizismus verstanden.[21] In der Folge kam es zu enormen Veränderungen in Köln. Die städtische Verwaltung und Rechtsprechung wurden neu organisiert, obwohl überwiegend die alten Eliten die neu geschaffenen Ämter übernahmen.[22] Die Gewerbefreiheit wurde eingeführt, der Rhein fungierte als neue Zollgrenze. Der französische Revolutionskalender wurde übernommen. Die alte Universität musste schließen.[23] Eine der einschneidenden Erfahrungen für die Kölner war die Säkularisation. Ab 1802 wurden alle geistlichen Institutionen bis auf die Bistümer, Pfarreien und das Domkapitel aufgehoben. Schon ab 1794 kam es zur großflächigen Beschlagnahmung und Enteignung von Kirchenmobilien und Immobilien. Der sogenannte »französische Kunstraub« hat sich in das kulturelle Gedächtnis der Stadt eingebrannt.[24] Neben den negativen Folgen der französischen Besatzung vollzog sich während der 20-jährigen französischen Zeit doch eine enorme Modernisierung in fast allen Bereichen, auch wenn diese von den Zeitgenossen unterschiedlich bewertet worden ist.[25] Was Wallraf betrifft, so bezeichnet Joachim Deeters die französischen Jahre Kölns als den »Höhepunkt seines Wirkens«.[26]

Mit dem Frieden von Lunéville vom 9. Februar 1801 wurden die Reformen in Köln endgültig rechtskräftig. Im Mai des Jahres 1804 proklamierte der französische Senat Napoleon Bonaparte zum Kaiser der Franzosen und »vertraute« ihm die gesamte Republik an.[27] In Köln hatte sich die Situation Anfang des neuen Jahrhunderts vor allem wegen Napoleons Kompromiss mit der

---

Köln (DOI: http://dx.doi.org/10.18716/map/00001), in: mapublishing-lab, 2016, URL: http://wallraf.mapublishing-lab.uni-koeln.de/wallraf-in-koeln/historischer-kontext/ereignisgeschichte-der-franzoesischen-zeit/ [Stand: 26.04.2019].
21 Vgl. Müller: Köln (Anm. 3), S. 50f., 288f.
22 Vgl. Gabriele B. Clemens: Verwaltungseliten und die napoleonische Amalgampolitik in den linksrheinischen Departements, in: Willi Jung (Hg.): Napoléon Bonaparte oder der entfesselte Prometheus, Göttingen 2015, S. 67–94, hier S. 68 f.; Müller: Köln (Anm. 3), S. 1.
23 Vgl. Clemens: Verwaltungseliten (Anm. 22), S. 68.
24 Zum französischen Kunstraub siehe: Bénédicte Savoy: Kunstraub. Napoleons Konfiszierungen in Deutschland und die europäischen Folgen, Wien/Köln/Weimar 2011.
25 Vgl. Joachim Deeters: Köln – une bonne ville de la France? Die französischen Jahre, in: GiK 45 (1999), S. 58–70, hier S. 58. »Nach den zwanzig Jahren befand man sich aber nicht nur in der Neuzeit, die Kölner waren vielmehr an die Spitze der Moderne geradezu katapultiert worden.« Vgl. Müller: Köln (Anm. 3), S. 1, 3.
26 Deeters: Wallraf (Anm. 11), S. 52.
27 Deutsche Übersetzung zitiert nach: Deeters: Köln (Anm. 25), S. 60.

katholischen Kirche beruhigt. Im Konkordat zwischen Napoleon und Papst Pius VII. vom 5. Juli 1801 wurde geregelt, dass Frankreich die katholische Religion seiner gläubigen Bürger anerkannte. Im Gegenzug war die Organisation der Kirchen dem französischen Staat vorbehalten.[28] Durch das Konkordat eröffnete sich die Möglichkeit, dass der Papst zur Krönung und Salbung des neuen Kaisers nach Paris reiste. Napoleon I. benötigte eine förmliche Krönungszeremonie, um sich – nach dem Vorbild Karls des Großen – nicht nur verfassungsrechtlich, sondern auch zeremoniell und ideologisch zu legitimieren.[29] Bei der Erhebung zum Kaiser am 2. Dezember 1804 salbte Pius VII. schließlich Kaiser und Kaiserin. Die Krönung allerdings nahm Napoleon bekanntlich selbst vor, was dem Akt einen »revolutionären Charakter«[30] verlieh. Die Reise in die linksrheinischen Departements war somit ein Teil einer »medialen Inszenierung, die [...] von Napoleon methodisch wie eine große Schlacht geplant wurde«.[31]

b) Motivlage Wallrafs vor dem Besuch Napoleons

Mit seinem Geburtsjahr 1748 gehörte Ferdinand Franz Wallraf jener Generation an, die Köln als freie und stolze Reichsstadt erfahren, sich mit der Zeit der französischen Besatzung arrangiert und die Einbindung in das Königreich Preußen erlebt hatte. Sein Leben und Wirken wurde von der wechselvollen Stadtgeschichte maßgeblich geprägt, doch prägte und bestimmte auch er durch sein Schaffen die Geschichte der Stadt. Ein Beispiel dafür sind seine Planungen und die dazugehörigen Inschriften für den für Köln so wichtigen Besuch Napoleons im September 1804.

Wallraf war ein mehr als fähiger Organisator repräsentativer Feste, Fachmann der Stadtgeschichte und in der antiken und zeitgenössischen lateinischen wie deutschen Dichtung und Epigraphik versiert, was ihn »unumstritten [zur] maßgebliche[n] Instanz«[32] für öffentliche Dekorationen innerhalb der

---

28 Vgl. Deeters: Köln (Anm. 25), S. 60; Müller: Köln (Anm. 3), S. 60f.
29 Für weitere Informationen zu den Vorbereitungen auf die Kaiserkrönung und die Zeremonie in Notre Dame selbst siehe: Braun: Napoleons Kaiserkrönung (Anm. 17), S. 50–61. Weil die Kathedrale von Reims auch die Krönungskirche der Bourbonen gewesen war, entschied sich Napoleon für die Kirche Notre Dame in Paris.
30 Barbara Stollberg-Rilinger: Rituale, Frankfurt am Main 2013, S. 93. »Wie so oft versuchte man hier mangelnde dynastische Legitimität durch rituelle Traditionsstiftung zu kompensieren. Napoleon kombinierte alle erdenklichen rituellen Elemente und bediente sich dabei völlig frei aus dem gesamten historischen Repertoire von der Antike über das Christentum bis zu seiner Gegenwart, was allerdings den revolutionären Charakter des Aktes nicht verdecken konnte.«
31 Braun: Tradition (Anm. 17), S. 52.
32 Deeters: Napoleon I. (Anm. 14), S. 37.

Stadtgesellschaft machte. Neben der epigraphischen Ausstattung gehörten die Illuminierung der Stadt, die Dekoration der Gebäude und der Bau temporärer Denkmale zu Wallrafs Aufgaben. Dabei spielten Symbole und Allegorien eine große Rolle, die im Stadtraum gezeigt wurden. Sie fanden Platz an den (hölzernen) Denkmalen und Häusern oder wurden auf transparenten Stoffen oder Papier abgebildet. Zudem wird von Gemälden berichtet, die mythologische oder antike Szenen zeigten und Napoleon darin verherrlichten. Inwieweit Wallraf die Maler bei der ikonographischen Gestaltung derselben beeinflusst hat, ist unklar.[33] Da die Inschriften inhaltlich mit den anderen dekorativen Maßnahmen zusammenhängen, kann von einem engen Austausch zwischen den Akteuren bei der Planung und Herstellung der Objekte ausgegangen werden. Vor der Analyse der Inschriften und ihrer Inszenierung im Raum gilt es, die verschiedenen Interessengruppen im Vorfeld des Besuchs und ihre Motive und vor allem Wallrafs Rolle darin herauszuarbeiten.

In erster Linie erhofften sich die städtischen Akteure, das Ansehen der Domstadt nachhaltig zu verbessern. Dazu wurden Vorkehrungen getroffen. Bürgermeister von Wittgenstein informierte sich über die Planungen zum Besuch Napoleons in Aachen. Die Bürger wurden mit der Straßenreinigung beauftragt, es gab ein Bettelverbot. Wallraf gestaltete die Vorgaben aus dem kaiserlichen Dekret aus.[34] Neben der fehlenden Wertschätzung gegenüber der Domstadt hatte Köln auch einen schlechten Ruf zu beklagen,[35] dem während des Besuchs entgegengewirkt werden sollte.

Eine weitere Interessensgruppe war die Kölner Handelskammer, die einen eigenen Auftrag zur Beleuchtung und Dekoration des Hafens an Wallraf übermittelt hatte. Sie warb durch die Inszenierung um besondere Förderung des Kölner Handels. Das alte Stapelrecht von 1259 sollte von Napoleon erneuert werden, was den Kaufleuten eine Zunahme des Handels quasi garantierte, weil jedes Rheinschiff im Kölner Hafen anlegen und seine Waren drei Tage lang anbieten musste.[36]

Ferdinand Franz Wallrafs Motive gründen auf seinem starken Patriotismus. Er erzählte in seinen Inschriften im Lapidarstil, den Napoleon sehr gemocht haben soll, eine (teilweise fiktive) ruhmreiche Geschichte der Stadt Köln nach und verweist auf ihre Bedeutung in Handel und Kultur. Wallrafs Motivation bei den Inschriften an der Zentralschule war es, für eine höhere Bildungsanstalt

33 Vgl. ebd., S. 52.
34 Vgl. Müller: Köln (Anm. 3), S. 68 f; Deeters: Wallraf (Anm. 11), S. 64.
35 Vgl. Müller: Köln (Anm. 3), S. 71. Angeblich hielt Napoleon die Rheinländer für eine »Nation ungebildeter und roher Menschen.« Zitiert nach: Ebd.
36 Vgl. Deeters: Wallraf (Anm. 11), S. 64 f.

für Köln zu werben. Die unter der französischen Verwaltung 1798 eröffnete Zentralschule sollte am 17. September 1804 durch eine zentralistische Bildungsreform Napoleons wieder geschlossen werden. Das neue System von Primär- und Sekundärschulen wurde eingeführt. Eine höhere Bildungsanstalt in Form eines Lyzeums, das mit dem Anspruch der Zentralschule vergleichbar war, bekam nicht Köln, sondern die Nachbarstadt Bonn. Seit Mitte des Jahres 1804 bemühte man sich in Köln um die Erlaubnis zur Gründung eines Lyzeums. Die agierende Verwaltungskommission nutzte auch den Besuch Napoleons im Herbst des Jahres, um bei einer Audienz am 14. September über die Möglichkeit einer höheren Schule zu verhandeln.[37]

Wallraf hatte eine Schlüsselrolle bei dem Kaiserbesuch im September 1804. Als verantwortlicher Organisator der zeremoniellen Inszenierung lag der Erfolg oder Misserfolg des Besuchs maßgeblich in seinen Händen.

3. Die Inschriften im Stadtraum

»Mit einem Netz huldigender Inschriften«[38] überzog Ferdinand Franz Wallraf seine Heimatstadt im September 1804. Die Hauptquelle für seine epigraphischen Arbeiten und deren Inszenierung im Stadtraum ist die Veröffentlichung »Sammlung der Inschriften, welche bei den Beleuchtungen der Stadt Köln am Tage der Ankunft Sr. Majestät des Kaisers Napoleon und Sr. Maj. der Kaiserin Joséphine angebracht waren«,[39] die nach dem Kaiserbesuch noch 1804 mit deutscher Übersetzung in Köln veröffentlicht wurde. Die Analyse fokussiert sich auf die temporär angebrachten Inschriften an den öffentlichen Bauten und Orten. Sie befanden sich auf ephemeren Denkmalen oder Bildern und waren somit auf Holz, Gips oder Leinen angebracht. Keine der Inschriften ist im Original erhalten geblieben. Im Folgenden sollen die wichtigsten Inschriften inhaltlich und räumlich analysiert werden. Dabei wird der Besuchsablauf beschrieben und die Stationen mit Inschriften in der Reihenfolge vorgestellt, in der das Kaiserpaar sie vermutlich gesehen hat.[40]

---

37 Vgl. Nathalie Monique Damesme: Öffentliche Schulverwaltung in der Stadt Köln von 1794–1814, Köln 2003, S. 113–124; 125–128.
38 Wegener: Leben (Anm. 9), S. 113.
39 Ferdinand Franz Wallraf: Sammlung der Inschriften, welche bei den Beleuchtungen der Stadt Köln am Tage der Ankunft Sr. Majestät des Kaisers Napoleon und Sr. Maj. der Kaiserin Joséphine angebracht waren, Köln 1804.
40 Vgl. Tulard/Garros: Itinéraire (Anm. 18), S. 264; Der Beobachter, 16. September 1804.

a) Napoleons »Adventus«

Die Ankunft Napoleons am Donnerstag, den 13. September, in Köln erfolgte aus nördlicher Richtung, da er aus Rheinberg anreiste. An der Kölner Stadt- und Verwaltungsgrenze empfingen städtische Beamte unter Führung des Bürgermeisters den Kaiser. Die Ehrengarde begleitete den Empfang. Napoleon traf am Abend gegen 20 Uhr in Köln ein. Es folgte ein feierlicher Einzug in die Stadt angelehnt an historische Traditionen.[41] Die Stadtschlüssel wurden Napoleon demütig überreicht[42] und seinerseits als Zeichen der Großzügigkeit an die Kölner zurückgegeben. Der Maire hielt eine herzliche Ansprache, Glocken läuteten und Salutschüsse wurden abgefeuert. Die Kölner zogen Napoleon eigenhändig in die Stadt. Es folgte eine Prozession über den Eigelstein, die Marzellenstraße hin zum Neumarkt, der »Place d'Armes«. Dort war das Kaiserpaar im ehemaligen Blankenheimer Hof untergebracht. Auf dem Weg hielt man an wichtigen Kirchen der Stadt. Napoleon inszenierte seinen herrschaftlichen »Adventus« in der Tradition des antiken Triumphzugs eines erfolgreichen römischen Feldherrn. Mit diesem Rückgriff auf traditionelle Zeremonien demonstrierte er seinen Herrschaftsanspruch und sein imperiales Selbstverständnis.[43]

Am Eigelsteintor war ein Triumphbogen[44] aufgebaut, der tags zuvor am Hahnentor gestanden hatte, als die Kaiserin Joséphine verfrüht von Aachen aus angereist war.[45] Die Säulen des ephemeren Festbogens waren mit Allegorien gestaltet, die an den kraftvollen Herrscher erinnern sollten.[46] Das Ziel

---

41 Vgl. Tulard/Garros: Itinéraire (Anm. 18), S. 264. Zu Napoleons »Adventus« siehe besonders: Martin Knauer: Napoleons Adventus. Zur Verstaatlichung eines vormodernen Herrschaftssymbols in Frankreich und im napoleonischen Deutschland, in: Rüdiger Schmidt/Hans-Ulrich Thamer (Hg.): Die Konstruktion von Tradition. Inszenierung und Propaganda napoleonischer Herrschaft (1799–1815), Münster 2010, S. 63–88. »Herrschereinzüge sind ›zeremonielle Handlungen‹, die ein Konzept ›politischer Sichtbarkeit‹ verfolgen. Hinter der Idee der ›Visibilität‹ beziehungsweise ›Visualisierung von Macht‹ verbirgt sich das Ziel, Gehorsams- und Gefolgschaftspflichten rechtsverbindlich ›abzubilden‹. Jener Zusammenhang verdeutlicht zugleich, dass die Gültigkeit des Einzugs von der Akklamation und Partizipation der Untertanen abhing. In seiner originären Form glich der ›Adventus domini‹ somit einem Vertragsschluss, der eine gegenseitige Anerkennung zwar erst begründen will, sie aber bereits voraussetzt.« Ebd., S. 64.
42 Eine kurze Schilderung in: Der Beobachter, 14. September 1804. Vgl. Knauer: Napoleons Adventus (Anm. 40), S. 78–88.
43 Vgl. Knauer: Adventus (Anm. 40), S. 66–68; Stollberg-Rilinger: Rituale (Anm. 30), S. 107–111.
44 Zur Funktion der Triumphbogen in der Neuzeit siehe zum Beispiel: Uwe Westfehling: Triumphbogen im 19. und 20. Jahrhundert, Köln 1977.
45 Vgl. Der Beobachter, 14. September 1804; Josef Bayer: Die Franzosen in Köln, Köln 1925, S. 118. Napoleon hatte einen »Umweg« über Krefeld, Neuss und Rheinberg gemacht.
46 Vgl. Ferdinand Franz Wallraf: Description des Emblèmes, inscriptions et monuments allégoriques qui decoroient les places et les édifices publics de la ville de Cologne, a l'occasion du séjour de leurs Majestés impériales Napoléon et Joséphine. Du 24 au 29 Fructidor, an XII., Köln 1804, S. 3; Müller: Köln (Anm. 3), S. 69.

dieser Triumpharchitektur war die prunkvolle Repräsentation des Herrschers, womit an eine Tradition aus dem Ancien Régime angeknüpft wurde.[47] Obwohl Napoleons Ägyptenfeldzug vor der Jahrhundertwende militärisch gescheitert war,[48] rekurrierte die eigens für seinen Besuch erbaute Architektur in der Stadt sowohl auf antike als auch auf ägyptische Formen.[49] Die Kultur des alten Ägyptens war bereits während der Renaissance in Europa vor allem in den Zentren Rom und Paris wiederentdeckt worden. Ägyptischer Kunst, Architektur und Symbolik wurde mehr und mehr Interesse gewidmet. Napoleon nutzte das allgemeine Interesse an der Kultur aus, um seine – kurze – (militärische) Präsenz in Ägypten propagandistisch auszureizen.[50]

Im Gewölbe des Triumphbogens befanden sich Heldendarstellungen und militärische Trophäen. An den äußeren Teilen des Monuments waren Symbole der Flüsse Rhein und Rur angebracht. Dazu gab es figurative Darstellungen der Regierung und des Militärs. Der Kopf Napoleons wurde mit mythologischen Symbolen geschmückt. Die »Willkommensinschrift«, die den Leser auch in den Druckwerken begrüßt, vollendete den Triumphbogen. Sie übermittelte zur Ankunft des Kaisers öffentliche Wünsche (»Adventui Augusti et Augustae [...] Vota Publ.«).[51] Der Sender dieser Wünsche ist die ergebene Stadt Köln (»Devota [...] Col.«), auf deren römischen Ursprung Wallraf schon bei der Ankunft hinweist: »Sidus antiqui Limit. Agrippina«. Der folgende Imperativ »Renascere« ist eine Aufforderung, dass Köln zu altem Glanz wiederaufleben möge. Der Adressat sowohl der Wünsche als auch der Aufforderung ist Napoleon, der in antiker Tradition, in einer Medaille dargestellt, als »Imp. P. F. Aug.« formelhaft gewürdigt wird.[52] In dem die Inschrift abschließenden Halbsatz verweist Wallraf mit dem »Schicksal der Welt, das in Frankreichs Händen liege«, auf den Herrschaftsanspruch des noch jungen Kaisers Napoleon I.[53]

b) Die »Place d'Armes«

Der Neumarkt war im Laufe der französischen Herrschaft in Köln mehrmals umbenannt worden. Nach der Eroberung im Oktober 1794 hieß er im

---

47 Vgl. Knauer: Adventus (Anm. 40), S. 69f.
48 Vgl. Braun: Tradition (Anm. 17), S. 45.
49 Zur allgemeinen Ägyptenbegeisterung im Klassizismus siehe: Dirk Syndram: Ägypten – Faszinationen. Untersuchungen zum Ägyptenbild im europäischen Klassizismus bis 1800, Frankfurt am Main 1990.
50 Ebd., S. 297.
51 Vgl. Wallraf: Description (Anm. 46), S. 3.
52 Vgl. ebd., S. 3f.
53 Wallraf: Sammlung (Anm. 39), S. 1.

revolutionären Sinne »Place de la Liberté«, ab 1798 »Place d'Armes«. Nach Napoleons Kaiserkrönung sollte er »Place de l'Empereur« genannt werden. Der prächtige Blankenheimer Hof fungierte als kaiserliches Hotel. An seiner Fassade war das Datum »Le XVIII. Brumaire« in Rückgriff auf Napoleons Staatsstreich angebracht. Außerdem schmückten die Namen wichtiger Orte der Eroberung und des Sieges die Fenster des Gebäudes: »Arcole, Mantua, Campo Formio, Les Piramides, Mont St. Bernhard, Marengo«. Von einem Balkon aus zeigte sich das Kaiserpaar während des Besuchs der jubelnden Menge.[54] Von dort aus konnten sie die aufwendige Dekoration und (Licht-)Gestaltung des Platzes überblicken. Neben bereits vorhandenen 470 Bäumen war ein Wäldchen neu angelegt worden. Die wohl geordnete Grünanlage, die an die Felder an den Champs-Elysées erinnern sollte,[55] wurde am 13. und 14. September durch 12.000 Lampen und Lampions erleuchtet, deren »Feuer einen jeden in Erstaunen setzte«.[56]

In der Mitte des Platzes stand schon seit 1803 ein Obelisk, den Bürgermeister von Wittgenstein für einen geplanten Besuch Napoleons in Köln hatte errichten lassen.[57] Der circa 25 Meter hohe hölzerne Obelisk war nach ägyptischem Vorbild entstanden. Er stand auf einer Erhöhung, auf der vier panegyrische Inschriften auf Latein, Deutsch und Französisch in goldenen Buchstaben angebracht waren.[58] Der Obelisk war bereits in der ägyptischen Antike ein Symbol für den Sonnengott gewesen. Auch in der abendländischen Tradition galten Obelisken als Zeichen der Sonne und der siegreichen Herrschaft.[59] Der Inhalt der Inschriften passte zu der Sonnen- und Lichtsymbolik: Napoleon wurde dort als Sieger und Friedensstifter gelobt. »Aus Trümmern« habe er »einen lichtbringenden Koloss« hervorgebracht. Und dieses »lichttragende Bild seiner Schöpfung«[60] – das wieder erstarkte Frankreich – war dabei visuell und räumlich durch den Obelisken und die Beleuchtung wahrnehmbar.

Neben dem Obelisken waren zwei transparente Gemälde aufgestellt. Das eine zeigte die Schlacht bei Marengo und war von »einem der fähigsten Maler«,[61] M. Manskirsch dem Jüngeren, gemalt worden. Auf dem Bild stand eine Inschrift, die Napoleon als Sieger der Schlacht von Marengo mit Lorbeerkranz herausstellte

---

54 Vgl. Der Beobachter, 14. September 1804.
55 Vgl. ebd.
56 Wallraf: Sammlung (Anm. 39), S. 6. Eine ausschweifende Beschreibung der Lichtinszenierung bei: Wallraf: Description des Emblèmes (Anm. 45), S. 6.
57 Vgl. Müller: Köln (Anm. 3), S. 66.
58 Vgl. Krüssel: Napoleon (Anm. 4), S. 221 f.
59 Vgl. Syndram: Ägypten (Anm. 49), S. 142–145; Hildegard Kretschmer: Lexikon der Symbole und Attribute in der Kunst, 2. Aufl. Stuttgart 2011, S. 302.
60 Wallraf: Sammlung (Anm. 39), S. 10 f.
61 Wallraf: Description (Anm. 45), S. 7.

und ihn als ewigen Helden bezeichnete. Wallraf zitierte hier aus einer Ode des Horaz an den siegreichen Feldherren und Politiker Pollio und tauschte die antike Ortsbezeichnung »Dalmatico« gegen »Marenico«.[62] Das zweite Gemälde stellte die Landung Napoleons im französischen Küstenort Fréjus nach seinem Ägyptenfeldzug dar. Die abgebildete Inschrift aus zwei Versen zitierte zum einen wiederum aus Horaz' Oden und wandelte das Original leicht ab zu »Alles muss unter dem Heerführer, unter dem Beschützer gelingen«.[63] Zum anderen griff Wallraf auf einen Vers aus Vergils »Aeneis« zurück.[64] Ein drittes Gemälde stand im Osten des Neumarktes und muss sich somit gegenüber dem Balkon befunden haben. Dargestellt war Napoleon als der mythologische Held Theseus, der den Minotaurus besiegt. Nach Wallrafs Beschreibung befanden sich im gemalten Himmel weitere antike Persönlichkeiten, die über die römische Geschichte mit Köln verbunden waren: Caesar, Trajan, Agrippina und Constantin. Agrippina wurde jubelnd über den Besuch Napoleons in ihrer Kolonie gezeigt. In den Wolken waren drei Worte abgebildet: »Virum conspexere silent« – »Beim Anblick des Mannes schweigen sie.« Der durchscheinende Charakter des Transparentes verstärkte die Überzeitlichkeit des Motivs, indem sich die dargestellten Personen von ihrem geschichtlichen Kontext lösten und in einen neuen Vergleich mit Napoleon gesetzt wurden. An dieser Stelle gab es eine interessante Abweichung zwischen den gedruckten Editionen der Inschriften. »On voit dans le airs César, Trajan, Agrippine, Constantin et Rubens étonnés.«[65] In der französischen Version reihte sich der Barockmaler Peter Paul Rubens unter die antiken Persönlichkeiten ein, jedenfalls ließ die Übersetzung keine Abweichung zu. In der deutschen Darstellung hingegen wurde »Rubens« (mit großem Anfangsbuchstaben geschrieben) in den Vers der Inschrift »Virum conspexere silent« gezogen und als »Sie, sie haben den Mann gesehen, sie schweigen, sie erröten«[66] übersetzt, was jedoch grammatikalisch nicht haltbar ist. Im »Kölner Tageblatt« von 1892 wird berichtet,

---

62 Vgl. ebd. Wallraf zitiert aus: Hor. carm. 2, 1. [...] »insigne maestis praesidium reis et consulenti, Pollio, curiae, cui laurus aeternos honores Dalmatico peperit triumpho.« Angesprochen wird hier Gaius Asinius Pollio, ein Politiker und Schriftsteller der späten römischen Republik. Als Konsul kämpfte er erfolgreich und siegreich in Dalmatien. Napoleon wird hier also indirekt mit Pollio verglichen, der nicht nur ein siegreicher Feldherr, sondern auch selbst Schriftsteller und ein Förderer Horaz' und Vergils war.
63 Vgl. Wallraf: Description (Anm. 45), S. 7. Wallraf zitiert aus Hor. carm. 1, 7. »Nil desperandum Teucro duce et auspice Teucro: certus enim promisit Apollo ambiguam tellure noua Salamina futuram.«
64 Vgl. Verg. Aen. 3, 117. Im dritten Buch der »Aeneis« schildert Vergil die Irrfahrten des Aeneas. Auch seine Reise nach Kreta sollte letzten Endes eine Irrfahrt werden. Wallraf setzt dies mit Napoleons Ambitionen in England in Verbindung. Er bezeichnet den Vers als »Allusion ingénieuse à la prochaine descente en Angleterre«. Wallraf: Description (Anm. 45), S. 7.
65 Wallraf: Description (Anm. 45), S. 7.
66 Wallraf: Sammlung (Anm. 39), S. 7.

Rubens habe sich unter den antiken Personen befunden.[67] Eine malerische Abbildung des Künstlers eröffnet eine spannende Deutungsmöglichkeit. Vor dem Hintergrund des Kunstraubes der »Kreuzigung Petri«, jenes berühmten Kölner Altarbildes, das noch im Jahr 1794 von den Franzosen entwendet und nach Paris gebracht worden war, wäre die Darstellung des Malers erklärbar. Außerdem galt Rubens damals noch als wahrer »Sohn Kölns«. Es ist denkbar, dass Wallraf hier die enorme Bedeutung des Barockmalers für die Stadt Köln aufzeigen wollte, um die Verhandlungen über den Rückerhalt des »Rubensbildes« anzukurbeln. Warum Wallraf den Namen nicht in die deutsche Version aufnahm, ist unklar. Vielleicht sollten die Kölner Bürger nicht an den herben Verlust erinnert, sondern hoffnungsvoll auf die Wirkungen des napoleonischen Besuchs gestimmt werden.

Weitere eigens für den Besuch errichtete Kleinbauten schmückten den Neumarkt: Die vier Ecken des Paradeplatzes wurden von vier großen Pyramiden betont. Das ägyptische Symbol war als Zeichen von Unsterblichkeit, Ewigkeit und Standhaftigkeit zu lesen.[68]

Im Westen des Platzes an der Kirche St. Aposteln befand sich eine große leuchtende Sonne, in der die Namen des Kaiserpaares zu lesen waren. Vor der Sonne stand ein leuchtender Halbmond, auf dem man die Wörter »Lumen. Da. Phoebe! Sorori!« lesen konnte. »Sonne gib deiner Schwester Licht.« Die Schwester steht hier metaphorisch für die Stadt Köln, deren topographische Lage durch den Rhein formal an einen Halbmond erinnert. Zu lesen ist also eine Aufforderung an Napoleon – die Sonne –, der Schwesterstadt Anteil am eigenen Ruhm und der Herrschaft zu gewähren.[69]

c) Die »Mairie«

Nach dem feierlichen Einzug in die Stadt standen an den folgenden Tagen Inspektionen, Audienzen und weitere Feierlichkeiten auf dem Programm. Am Morgen des 14. Septembers inspizierte Napoleon zusammen mit städtischen Vertretern zu Pferd die Stadtbefestigung. Es folgte eine Begutachtung der Kölner Garnison auf dem Neumarkt. Außerdem fanden Audienzen mit hochrangigen Kölner Bürgern, Kaufleuten und städtischen Beamten statt.[70] Der Abend schloss

---

67 Vgl. Bertram Hermann: Das Kaiserpaar Napoleon und Josephine in Köln. 13.–17. September 1804, in: Kölner Tageblatt, Nr. 279, 2. Dezember 1892.
68 Vgl. Kretschmer: Lexikon (Anm. 59), S. 332; Syndram: Ägypten (Anm. 49), S. 142–145.
69 Vgl. Wallraf: Description (Anm. 45), S. 7.
70 Vgl. Bayer: Franzosen (Anm. 45), S. 115–118. Bayer berichtet von Unterhaltungen Napoleons mit dem ehemaligen reichsstädtischen Bürgermeister Nikolaus DuMont und Abraham Schaaffhausen.

mit einem »Highlight«: dem Besuch des Hafens. Wahrscheinlich sind Napoleon und Joséphine auf dem Weg zum Fischmarkt an der ebenfalls geschmückten Fassade des Rathauses vorbeigekommen. Wallraf hatte auch dieses für den Besuch ausgestattet. In der französischen Übersetzung der Inschriften wurde zudem auf die aufwendige historische Portalarchitektur hingewiesen. Sie war »aufs prächtigste bis in die Spitze des Dachs, gleich einem brillantenen Feuer beleuchtet, Gemählde und Inschriften. Ein durchscheinendes Gemählde, der Adler mit einem Donnerkeil«.[71] Unter dem Gemälde mit dem Wappentier des Kaisers verwies eine Inschrift auf den Adressaten der Dekoration: »Dem Kaiser, dem Rächer, dem Schützer, dem Vater der Republik, unbesiegt und unsterblich.« Ein weiteres Bild zeigte einen Pfau, seit der römischen Kaiserzeit Symbol für die Apotheose der Kaiserinnen. Es war Joséphine gewidmet, der »Erlauchten, der Majestätischen, der Weisen, der Heilbringenden«.[72] In der Mitte der beiden Inschriften wurde dem ewigen Reich und dem Kaiserhaus gehuldigt. Der Sender, die Stadt Köln, beschrieb sich dabei als »Antiquissima Francorum Soboles. Ubiorum Colonia«, als uralter Abkomme der Franken, als Pflanzstadt der Ubier. Damit wurde sowohl auf Kölns vorrömische Zeit als auch auf seine mittelalterliche Bedeutung im Frankenreich verwiesen. Das restliche Inschriftenprogramm am Rathaus bestand aus sechs weiteren Epigrammen, die Wallraf aus Werken des Horaz und des spätantiken Dichters Claudian zitierte, sie dabei jedoch abänderte und um den Kölner Kontext erweiterte.[73]

d) Der Hafen

Die Beleuchtung und Dekoration des Kölner Hafens war eine der größten und aufwendigsten Inszenierungen des Kaiserbesuchs. Die führenden Mitglieder der Handelskammer hatten Wallraf den Auftrag der Illumination erteilt und waren später sehr zufrieden mit der Ausführung.[74] Das restliche Inschriftenprogramm am Rathaus bestand aus sechs weiteren Epigrammen, die Wallraf aus Werken

---

71 Wallraf: Sammlung (Anm. 39), S. 2.
72 Ebd.
73 Ein Beispiel aus Horaz' Oden lautet: »Te multa prece, te prosequitur mero defuso pateris et Laribus tuum. Miscet numen, uti Graecia Castoris et magni memor Herculis.« Hor. carm. 4, 5, 33–36. Dabei ersetzte Wallraf den letzten Nebensatz (ab »uti«) durch »in hac longius altera Felix matre Colonia«. Wallraf: Sammlung (Anm. 39), S. 4. Daneben zitierte und ergänzte Wallraf auf den S. 2–5 aus: Hor. carm. 1, 6, 13–16; darüber hinaus aus Claudians Panegyrik auf Stilicho: Claud. Stil. 2, 134–140; 2, 487–90; 3, 108–112; 3, 139–141, 144, 149.
74 Vgl. Deeters: Wallraf (Anm. 11), S. 64 f. In einem Brief vom 20. September 1804 danken die Herren Wallraf für sein Engagement.

des Horaz und des spätantiken Dichters Claudian zitierte, sie dabei jedoch abänderte und um den Kölner Kontext erweiterte.

Das Kaiserpaar sollte von dem ehemaligen Zunfthaus der Fischhändler am Fischmarkt Nummer 1471 aus die Hafenbeleuchtung bestaunen. Die Handelskammer hatte in dem Turmhaus einen Saal mit Möbeln errichtet, von dem ein Balkon mit Baldachindach ausging, sodass Napoleon und Joséphine mit Komfort und Ruhe, wie von einem Thron aus,[75] das Spektakel überblicken konnten. Der bereitete Aussichtspunkt wurde zudem mit Bildern und Inschriften geschmückt. Ein Kölner Kaufmann hatte seine »fünf berühmte[n] grosse[n] Kupferstiche und Gläser, die Heldenthaten und Schlachten Alexander des Grossen vorstellend«[76] zur Verfügung gestellt. Dabei handelte es sich um fünf Kupferstiche aus dem berühmten Alexander-Zyklus des französischen Hofmalers Ludwigs XIV., Charles Le Brun. Dieser hatte zwischen 1661 und 1673 gemäß königlichem Auftrag eine fünfteilige monumentale Serie von Historienbildern gemalt, in denen er Geschichten aus dem Leben Alexander des Großen darstellte. In den Bildern sollte Ludwig XIV. als neuer Alexander, als Eroberer der Welt inszeniert und gehuldigt werden.[77] Diese Funktion kam nun auch den Kupferstichen in Köln zu, Napoleon sollte mit Alexander verglichen werden. Die Methode entsprach also der des Ancien Régime.

Überdies war »[d]er ganze Freihaven […] auf das glänzenste beleuchtet, und mit Ehrenpforten, Sinnbildern, Trophäen, Guirlanden und Denkmälern auf das geschmackvollste ausgeschmückt«.[78] Auch Schiffskräne und Kanonen waren illuminiert und verziert. Auf dem Rhein lag eine Vielzahl an Schiffen, die allesamt mit Flaggen und Fahnen geschmückt worden waren. Auf dem zentralen Schiff stand eine Pyramide, auf der ein goldener Adler zu sehen war. Ein weiteres beleuchtetes Schiff des Kapitän Everts präsentierte eine Büste Napoleons geschmückt mit einem Lorbeerkranz. Diese wurde von Büsten der Minerva und des Herkules gerahmt. Minerva als Göttin der Weisheit und Strategie sowie Herkules als starker Heros demonstrierten die idealen Tugenden des Herrschers Napoleon in ihrer Mitte. Im Norden vor der romanischen Kirche St. Kunibert und im Süden beim Bayenturm standen ebenfalls Pyramiden und rahmten das Spektakel ein.[79]

---

75 Vgl. Wallraf: Description (Anm. 45), S. 12.
76 Wallraf: Sammlung (Anm. 39), S. 19.
77 Vgl. Louis Marchesano/Christian Michel (Hg.): Printing the grand manner: Charles Le Brun and the monumental prints in the age of Louis XIV., Ausstellung des Getty Research Institute Los Angeles vom 18. Mai bis 17. Oktober 2010, Los Angeles 2010.
78 Ebd., S. 12.
79 Vgl. Bayer: Franzosen (Anm. 45), S. 119–121; Wallraf: Sammlung (Anm. 39), S. 26 f.

Zusätzlich gab es eine Vielzahl an Inschriften im Hafen. Am Zunfthaus waren vier sehr aufwendige Schriften angebracht, die die Geschichte Kölns von den römischen Ursprüngen bis zu Karl dem Großen beschrieben. Wallraf erzählte eine Geschichte großer Persönlichkeiten und Kaiser, die jeweils in acht verzierten Medaillons abgebildet waren.[80] Die historische Realität wurde dabei ausgeschmückt.[81] Wallraf begann mit Julius Caesar, der an eben jenem Ort, an dem Napoleon stand, eine Brücke über den Rhein gebaut und die Germanen besiegt habe. Tatsächlich ist der Ort der Brücke nicht identifizierbar. Erst im vierten nachchristlichen Jahrhundert unter Kaiser Konstantin wurde eine feste Brücke als Verlängerung der (heutigen) Salzgasse errichtet.[82] Marcus Agrippa habe das römische Stadtlager gegründet und die Ubier als treue Bundesgenossen gewonnen. Durch Agrippina, der »Göttin ihrer Zeit«, und die unzähligen gestifteten Bauten und »unendlichen Ehren« sei die römische Kolonie zum Abbild der römischen Hauptstadt geworden.[83] Die zweite Inschrift beschrieb den Aufstieg der römischen Kolonie zur Mutterstadt der Rheingrenze, zur »Matrem Finium«.[84] In der dritten Inschrift schilderte Wallraf die Geschichte des fränkischen Köln. Die Rheinstadt sei die »Wiege des fränkischen Namens«, der »Grundstein [Napoleons] Thrones«. Napoleon wird mehrfach direkt oder indirekt durch Personalpronomen angesprochen. Imperative forderten ihn auf, die Bedeutung Kölns für seine Macht und die Begründung seiner Herrschaft zu erkennen. Die Wichtigkeit des Handels und der Schifffahrt für Köln hob Wallraf in der letzten Inschrift noch einmal besonders hervor. Der Hafen sei »durch Zeit, Natur und Fleiß [ein] bestimmte[r] Sicherheitsort für Handel und Schiffahrt« geworden. Napoleon wurde darin unvermittelt aufgefordert,

> »diese ehemalige Fürstin der Handelsstädte am väterlichen Rheine, aus ihrem Dunkel wieder hervor[zu]heb[en]. [...] Erwecke wieder hier Geschäftigkeit und Kraft durch jede gedeihliche Anordnung von Hilfsquellen und Vortheilen, durch Begünstigung der Anstalten für Gewerbe, Wissenschaft, Sitten und Kunst [...] Gib, der Du es kannst, der Schöpfung so großer Kaiser ihre Würde zurück. Hebe Köln wieder empor zum Gestirne des Ufers an der Gränze des neuen Kaiserthums, dessen Dauer so ewig als der Ruhm des Stifters ist«.[85]

Der das Quartett abschließende lateinische Vers »Caesarum opus restaura« fasst die wesentlichen Punkte zusammen. Napoleon solle das Werk der ruhmreichen

---

80 Vgl. Wallraf: Description (Anm. 45), S. 12.
81 Vgl. Krüssel: Napoleon (Anm. 4), S. 214–220.
82 Vgl. Deeters: Napoleon I. (Anm. 14), S. 41.
83 Vgl. Wallraf: Sammlung (Anm. 39), S. 12 f.
84 Vgl. ebd., S. 14–16.
85 Ebd., S. 18 f.

Kaiser am Rhein erneuern. Damit spannte Wallraf Traditionslinien, indem er auf bedeutende historische Persönlichkeiten verwies und ihre (vermeintlichen) Verdienste für Köln aufzeigte. Napoleon stellte sich und seine Herrschaft bewusst in die Tradition der ehemaligen römischen und fränkischen Kaiser und stand damit in der Handlungsposition. Darüber hinaus wies Wallraf ganz konkret auf die »gedeihliche Anordnung von Hilfsquellen und Vortheilen« hin, mit denen die Wiederherstellung des Kölner Stapelrechts gemeint war. Das Inschriftenquartett ist eindeutig als Zentrum der epigraphischen Inszenierung am Hafen zu werten. Die Kaufmannschaft ließ die vier Schriften nach dem Besuch eigens in Französisch veröffentlichen und separat an den kaiserlichen Hof schicken, um ihre wirtschaftlichen Forderungen in Erinnerung zu rufen und zu bekräftigen.[86] Neben diesem zusammenhängenden Inschriftenprogramm am Haus der Fischerzunft war der Freihafen mit mehreren kurzen Epigrammen versehen worden. An einem Triumphbogen am Hauptkran an der Mühlengasse präsentierten sich die Stifter der Hafendekorationen: »Der öffentlichen Freude, dem öffentlichen Wohl. Die Handelsgesellschaft«.[87]

Auf der gesamten Fläche des Hafens, Rheinufers und des Flusses selbst zeigte Wallraf stellvertretend für die Handelskammer, welchen Anspruch und welches Selbstverständnis Köln als Hafen- und Handelsstadt hatte. Außerdem verdeutlichte er die großen Hoffnungen und Bedarfe der hiesigen Wirtschaft. Das enorme Engagement der Kaufmannschaft zeigte sich in der Dimension der prachtvollen Inszenierung.[88] Das Kaiserpaar soll die leuchtende Szenerie mit Staunen und Bewunderung betrachtet haben.[89]

e) Die Zentralschule

Das Gebäude der Zentralschule wurde für den Besuch des Kaisers ebenfalls besonders geschmückt. Die Fassade und die Säulen waren mit Efeu, Lorbeer und Blumen bedeckt und zudem beleuchtet. Im Zentrum waren Zeichen der Harmonie, der Künste und der Wissenschaften symbolisch abgebildet. Das Portal fungierte als Rahmen für die Begrüßungsinschrift. Wallraf widmete sie im Namen der Schule den »praesentibus Augustis« und übergibt »laetitiam, fidem, vota publ. suprema« – Freude, Treue und die höchsten Wünsche. Er setzte den Kaiser und die Kaiserin mit Herkules und Minerva gleich, denen alle Musen

---

86 Vgl. Wallraf: Abdruck (Anm. 1); Krüssel: Napoleon (Anm. 4), S. 201 f.; Deeters: Napoleon I. (Anm. 14), S. 38.
87 Wallraf: Sammlung (Anm. 39), S. 23.
88 Vgl. ebd., S. 24 f.
89 Vgl. Bayer: Franzosen (Anm. 45), S. 120.

ein »aevum novae lucis« verdankten. Wie die römischen Figuren förderten Napoleon und Joséphine die musischen und künstlerischen Bereiche. Was sich Wallraf konkret unter dem Zeitalter eines neuen Lichts vorstellte, führte er im abschließenden Vers an: Die Zentralschule möge »dank der Güte des Kaisers zu einer Akademie der Stadt wiedererstehen]«.[90] Das Motiv des Wiederbelebens (»renascere«) fand bereits am Eigelsteintor Verwendung. Es steht im Zusammenhang mit den Bemühungen der Kölner Verwaltungskommission, die Einführung einer höheren Lehranstalt in Köln zu erwirken.[91]

Neben der Portalinschrift hatte Wallraf das Lobgedicht »Herculi Musagetae« auf den Kaiser verfasst, das sowohl formal durch die Verwendung sapphischer Strophen als auch inhaltlich auf Horaz' Dichtungen basierte. Napoleon wird in Rückgriff auf Horaz' Panegyrik auf Octavian Augustus mit dem Musenführer Herkules verglichen. »Doch wenn gnädig er Agrippinas Stadt sieht, mag der Kaiser Werk er am Fluss der Väter glücklich weiterführen für lange, immer bessere Zeiten«.[92] Wie schon im »Carmen saeculare« des Horaz wurde die neue bevorstehende Kaiserzeit mit der Vorstellung einer goldenen Zeit, verglichen und so die Herrschaft Octavians geehrt und legitimiert.[93] Wallraf nahm das Motiv auf und stellte Napoleon so auf eine Ebene mit Kaiser Augustus.[94] Ebenfalls interessant ist der Vergleich mit Herkules. Der mythologische Held steht nicht nur symbolisch für Stärke und Tugendhaftigkeit, sondern ist aufgrund seiner Bildung auch ein Anführer der Musen und Beschützer der Künste, ähnlich wie Apoll. Herkules vereint also Macht und Kraft, aber auch kulturellen Feinsinn und Bildung, womit Wallraf den Bogen zu Napoleons herrschaftlichen Fähigkeiten schlug.[95] Zur Zeit der Jakobinerherrschaft war Herkules noch als Emblem der neuen Republik, als Sinnbild des französischen Volkes propagiert worden. Unter Napoleon stand die Herkulesfigur ikonographisch wieder für einen tugendreichen Herrscher.[96] Napoleon ging aber über die tradierte Herkules-Ikonographie hinaus, indem

---

90 Krüssel: Napoleon (Anm. 4), S. 209.
91 Vgl. ebd., S. 204; Damesme: Schulverwaltung (Anm. 37), S. 125–128.
92 Ferdinand Franz Wallraf, »Herculi Musagetae«, V. 25–28, in Übersetzung zitiert nach: Krüssel: Napoleon Bonaparte (Anm. 4), S. 206 f.
93 Zur horazischen Panegyrik auf Octavian im »carmen saeculare« siehe: Karl Galinsky: Augustus. Sein Leben als Kaiser, Darmstadt/Mainz 2013. Zum hochinteressanten Motiv des Goldenen Zeitalters in der antiken Literatur, vor allem bei den sogenannten augusteischen Dichtern, siehe: Klaus Kubusch: »Aurea Saecula«: Mythos und Geschichte. Untersuchung eines Motivs in der antiken Literatur bis Ovid, Frankfurt am Main 1986.
94 Vgl. Krüssel: Napoleon Bonaparte (Anm. 4), S. 204–209. Hermann Krüssel unterzieht das zehn Strophen lange Gedicht einer ausführlichen philologischen Untersuchung.
95 Vgl. Krüssel: Napoleon Bonaparte (Anm. 4), S. 204.
96 Vgl. Lynn Hunt: Hercules and the Radical Image in the French Revolution, in: Representations 1, 2 (1983), S. 95–117, hier S. 99–102; 104–111.

er sich selbst vor allem in der bildenden Kunst zunehmend als neuer Held respektive neuer Herkules inszenieren ließ.[97]

Es war geplant, das Lobgedicht »Herculi Musagetae« beim Empfang des Kaisers in der Zentralschule zu singen, während ein als Apoll verkleideter Schüler Napoleon einen Lorbeerkranz und das Gedicht als Schriftstück überreichte. Diese Idee der symbolischen Übergabe an den Kaiser nahm Wallraf im Titelbild seiner »Sammlung der Inschriften« wieder auf. Es zeigt einen Knaben mit Lyra auf einem Untergrund mit Pflanzen sitzend, der mit seiner Linken einen Lorbeerkranz emporhebt. Ob Napoleon jedoch die Zentralschule überhaupt betreten hat, ist zu bezweifeln. Weder die Quellen noch die Sekundärliteratur berichten über Napoleons Inspektion. Auch im Itinéraire kommt ein Schulbesuch nicht vor.[98]

4. Die Gesamtinszenierung des Kaiserbesuchs

Die Inschriften bildeten nicht nur ein räumliches, sondern auch ein dichtes inhaltliches Netz,[99] das sich aus unzähligen Bezügen und Motiven aus Geschichte und Gegenwart zusammenstellte. Dabei spielte Wallraf geschickt mit antiken und mittelalterlichen Verweisen, betonte aber auch das Neue der napoleonischen Herrschaft. In Bezug auf die Darstellung der Stadt Köln zeigt sich eine Fokussierung auf die ruhmreiche römische Geschichte und die karolingische Phase. Vor allem das Motiv der (ehemals) bedeutenden Handelsstadt wurde propagiert, die mit Hilfe Napoleons wiederaufleben sollte (»renascere«).[100] Der Gebrauch und die kreative Umgestaltung direkter Zitate der römischen Autoren Vergil und Horaz zeigt Wallrafs versierten Umgang mit lateinischen Originaltexten. Durch die Darstellung der vielschichtigen Inschriften im Stadtraum wurde deren Inhalt auf einer visuellen Ebene an das Kaiserpaar und auch die Kölner selbst kommuniziert. Die epigraphische Ausgestaltung war jedoch nur ein Teil des inszenatorischen Gesamtplans.

---

97 Vgl. Werner Telesko: Napoleon Bonaparte: Der »moderne Held« und die bildende Kunst (1799–1815), Wien 1998, S. 116–118.
98 Vgl. Damesme: Schulverwaltung (Anm. 37), S. 127; Tulard/Garros: Itinéraire (Anm. 18), S. 264.
99 Wegener: Literarisches Leben in Köln (Anm. 9), S. 113.
100 Vgl. Lisa Kröger: Die Feierlichkeiten zum Besuch Napoleons, in: Gudrun Gersmann/Stefan Grohé (Hg.): Ferdinand Franz Wallraf (1748–1824) – Eine Spurensuche in Köln (DOI: http://dx.doi.org/10.18716/map/00001), in: mapublishing-lab, 2016, URL: http://wallraf.mapublishing-lab.uni-koeln.de/wallraf-in-koeln/wirken-und-nachwirkung/die-feierlichkeiten-zum-besuch-napoleons/ [Stand: 26.04.2019].

Weitere gestaltende Elemente waren die beschriebenen ephemeren Bauten, die (Sinn-)Bilder und die Beleuchtungen, die die Aussagen der Epigramme veranschaulichten. Über diese Dekoration wurde wiederum auf einer visuellen Ebene kommuniziert, aber nicht im Medium der Sprache, sondern durch Bilder und (tradierte) Symbole. Dadurch wurden die Inschriften auch für den Teil der Bevölkerung verständlich und *lesbar*, der nicht der lateinischen Sprache mächtig war. Die Stadt bildete dabei einen übergeordneten Kommunikationsraum zwischen dem Sender – den städtischen Vertretern – und dem empfangenen Kaiser(paar). Hier wurden soziale Ordnungen und repräsentative Motive *sichtbar* gemacht.[101]

Ein weiterer konstituierender Bestandteil der Inszenierung waren die Akteure selbst und ihre öffentlichen symbolischen Handlungen.[102] Auch die Bevölkerung wurde in die Gesamtinszenierung einbezogen.

Auf einer Metaebene kann ein komplexer Handlungsraum ausgemacht werden, in dem sich der Kaiserbesuch in Köln 1804 abgespielt hat. In diesem städtischen Aktionsraum wurden kulturelle Rituale[103] und Zeremonien praktiziert, die wiederum einen politisch-sozialen Handlungsraum generierten. Nach Barbara Stollberg-Rilinger wird ein Ritual als »eine menschliche Handlungsabfolge bezeichnet, die durch Standardisierung der äußeren Form, Wiederholung, Aufführungscharakter, Performativität und Symbolizität gekennzeichnet ist und eine elementare sozial strukturbildende Wirkung besitzt«.[104]

Die Gesamtinszenierung in Köln setzt sich sowohl aus zeremoniellen als auch rituellen Elementen zusammen.[105] Die beschriebenen multimedialen und visuellen Komponenten sind den Zeremonien und Ritualen inhärent. Auch auf der Handlungsebene sind die repräsentativen Auftritte des Kaiserpaares als rituell und zeremoniell zu kennzeichnen: der »Adventus«, der Triumphzug, die Inspektionen, die Audienzen, die Festivitäten. Die gesamte Inszenierung dient der »performativen ›Vergegenwärtigung von unsichtbaren Realitäten‹, indem diese sichtbar, hörbar und vor allem miterlebbar gemacht werden«.[106] In diesem Handlungsraum konstituieren und festigen sich soziale Ordnungen und Hierarchien, die Protagonisten (inter)agieren in ihren symbolischen Rollen. Zusätzlich bedarf es eines

---

101 Vgl. Hölkeskamp: Prozessionen und andere Rituale (Anm. 19), S. 29 f.; Stollberg-Rilinger: Rituale (Anm. 30), S. 110.
102 Zur Öffentlichkeit im städtischen Raum siehe: Rudolf Schlögl: Politik beobachten: Öffentlichkeit und Medien in der Frühen Neuzeit, in: ZHF 35 (2008), S. 581–616.
103 Für eine Übersicht der Rituale im historischen Kontext siehe: Stollberg-Rilinger: Rituale (Anm. 30), S. 44–175.
104 Ebd., S. 9.
105 Zum Unterschied zwischen Ritual und Zeremonie siehe: Hölkeskamp: Prozessionen (Anm. 19), S. 27 f.
106 Ebd., S. 29.

Publikums, »wenn [Inszenierungen] als performative Strategien der Selbstdarstellung und Selbstverständigung von sozialen Gruppen, politischen Einheiten und anderen Kollektiven ihre fundamentale Funktion der Konstitution, Reproduktion oder Transformation dieser Gemeinschaft erfolgreich erfüllen sollen«.[107]

Der fünftägige Besuch Napoleons im Herbst 1804 kann per se bereits als rituelle Handlung bezeichnet werden, geht er doch auf eine Tradition von Herrscherreisen zurück.[108] Die Stadt Köln demonstrierte durch den rituellen Akt (symbolisch) den Willen, ein gehorsamer Part im neuen napoleonischen Kaiserreich zu werden. Napoleons Rolle wurde legitimierend anerkannt. Der »Adventus« bildete somit rechtsverbindliche Verpflichtungen ab und bekräftigte diese zudem im besonders repräsentativen Maße.

Eine wesentliche Änderung gegenüber dem tradierten Herrschereinzug war die Abkehr von religiösen Motiven und Stationen. Wenngleich Napoleon während des Einzugs Weihrauch gespendet wurde und es eine private Messe im Blankenheimer Hof gegeben haben soll, hat er keine der Kölner Kirchen betreten oder besichtigt. Nur die Kaiserin besuchte den Dom.[109] Diese bewusste Entscheidung gegen ein religiöses Zeremoniell konstituierte auch Napoleons Selbstverständnis.[110] Dennoch erwies sich für Napoleons Herrschaft

> »[…] der traditionsreiche Adventus [sic!] als unverzichtbar. Dies galt besonders für jene Gebiete, die erst nach der Revolution an Frankreich gelangten. Als Element des modernen Staatskultes, der die Widersprüche zwischen absolutistischer Herrschaftspraxis und konstitutionellen Garanten überbrücken sollte, verpflichtete er Beamtentum und Militär auf Ziele der Monarchie. Den alten und neuen Eliten von Kaufleuten, Zünften und Notabeln bot er zugleich eine Plattform, ihre Interessen zu artikulieren und sich dem Staatswesen anzudienen«.[111]

Stollberg-Rilinger weist darüber hinaus darauf hin, dass aufwendige zeremoniellrituelle und auch visuelle Inszenierungen eine enorme »legitimitätserzeugende Wirkung«[112] entfalteten. Dieser bedurfte Napoleon, der sich anschickte, ein neues Kaiserhaus zu gründen und sein Frankenreich stetig zu erweitern. »Sic Orbi sufficit Unus« – Wallraf übersetzte mit »So einer ist für die Welt hinreichend«.[113] Mit dieser huldigenden Inschrift an der Dompropstei fasste Wallraf treffend den symbolischen Inhalt der Gesamtinszenierung zusammen.

---

107 Ebd., S. 29 f.
108 Vgl. Schmitz: Strategien (Anm. 19), S. 83; Stollberg-Rilinger: Rituale (Anm. 30), S. 107 f.
109 Vgl. ebd.
110 Vgl. Knauer: Adventus (Anm. 40), S. 67.
111 Ebd., S. 66 f.
112 Stollberg-Rilinger: Rituale (Anm. 30), S. 204.
113 Wallraf: Sammlung (Anm. 39), S. 46.

Der Besuch Napoleons in Köln

5. Fazit

»Cologne contentement.« So soll sich Napoleon bei der feierlichen Ausreise durch das südliche Stadttor über Köln geäußert haben.[114] Der Kaiser reiste durch das Severinstor zu seiner nächsten Station nach Bonn. Während des Auszugs verlas von Wittgenstein die Gnadenbeweise, die Napoleon der Stadt übergeben hatte. Darunter fiel die Anerkennung als eine der »premières villes« des Reiches, womit man sich Aachen im Status immerhin wieder annäherte. Der Kaiser schien zufrieden mit dem Besuch in Köln gewesen zu sein. Sein Bild der Domstadt wurde sicherlich gegenüber dem negativen Ruf, den Köln verbreitet hatte, deutlich verbessert.[115]

Die Organisatoren und Akteure der Kölner Seite, allen voran Ferdinand Franz Wallraf, hatten durch das Gesamtkonzept einen prunkvollen und vielschichtigen Eindruck erzielt. Die Auftraggeber der Stadt und der Handelskammer sprachen Wallraf nach dem Besuch ihren Dank aus. Auch sie waren demnach mit den Inschriften und Dekorationen zufrieden.[116] Die Wirkung auf die Kölner Bürger, deren Haltungen vor der Ankunft Napoleons teilweise ambivalent[117] gegenüber dem Kaiser waren, war vermutlich beträchtlich. Die Kölner maßen ihn an seinen Taten. Diesbezüglich kann zusammengefasst werden, dass viele der genannten Kölner Erwartungen erfüllt wurden. Napoleon veranlasste in der Folge die Erneuerung des Stapelrechts und des Freihafenprivilegs. Der Stadt wurden Staats- und ehemalige Kirchengebäude überstellt, darunter die Dompropstei Wallrafs, die ihm auf Lebenszeit überlassen wurde.[118] Diese Maßnahmen beanspruchten zum Teil einen langen Zeitraum, was die bis Oktober 1805 andauernden Verhandlungen über eine höhere Bildungsanstalt in Köln zeigten. Nach enormer Eigeninitiative der Kölner Verwaltungskommission konnte die Genehmigung einer kommunalen Sekundarschule zweiten Grades erwirkt werden.[119] Deren Eröffnung ist jedoch als Leistung der engagierten städtischen Akteure und nicht als eine direkte Folge des Kaiserbesuchs zu bewerten.

Obwohl die Stadt Köln nicht die erhoffte Akademie zurückerhielt, konnte auch Wallraf zufrieden sein. Er lehrte ab 1805 an der neuen Sekundarschule zweiten Grades. Überdies war es ihm gelungen, ein klug konstruiertes Bild

---

114 Vgl. Müller: Köln (Anm. 3), S. 73.
115 Vgl. ebd., S. 73 f.
116 Vgl. Deeters: Wallraf (Anm. 11), S. 64 f.
117 Vgl. Müller: Köln (Anm. 3), S. 71. Müller berichtet, dass Jubelrufer im Vorfeld bezahlt worden seien.
118 Vgl. ebd., S. 73–75.
119 Vgl. Damesme: Schulverwaltung (Anm. 37), S. 125–128.

Kölns als geschichtsträchtige Handels- und traditionsreiche Römer- und Frankenstadt zu generieren, in das er die Forderungen an Napoleon geschickt einbaute und durch den Verweis auf historische Vorbilder als legitime Wünsche auslegte. Auch wenn in Bezug auf die formalen Vorgaben der französischen Seite keine Gestaltungsfreiheit bestand, wusste Wallraf vor allem in den Inschriften die Besonderheiten Kölns herauszuarbeiten. Sie waren der (inhaltliche) Kern des Gesamtkonzepts. Daneben wurde die performative Ebene herausgestellt. Auch wenn Napoleon faktisch schon vor dem Besuch in der Rheinstadt proklamierter Kaiser der Franzosen war, wurde er für die Kölner Bevölkerung vor Ort erst durch den rituellen und zeremoniellen Akt des »Adventus« als Kaiser gegenwärtig. In der multimedialen Darstellung Kölns als stolze Stadt konnte zudem ein identitätsstiftender Moment erkannt werden. Die ehemalige Glorie und Größe der Stadt präsentierte Wallraf nicht nur dem neuen Kaiser, sondern auch den Kölnern selbst, deren kölnische Lebenswelt sich in der letzten Dekade radikal gewandelt hatte. Somit ist Wallrafs Engagement für Napoleon in erster Linie als patriotischer Akt zu werten. Für die Planung der Gesamtinszenierung – Inschriften, symbolische Bilder, Denkmale, formelle Handlungen – bedurfte es eines »rituellen Wissens«,[120] was Ferdinand Franz Wallraf bei diesem Besuch, bei der »Krone all seiner derartigen Leistungen«[121] außerordentlich unter Beweis stellte.

---

120 Hölkeskamp: Prozessionen (Anm. 19), S. 30.
121 Leonard Ennen: Zeitbilder aus der neueren Geschichte der Stadt Köln, mit besonderer Rücksicht auf Ferdinand Franz Wallraf, Köln 1857, S. 222.

»Werde politisch oder stirb!«

Krisendiskurs, Mobilisierung und Gewalt in der Kölner Studentenschaft (1928–1934)[1]

von Lukas Doil

»Ihr jungen Männer Deutschlands! Viele von euch sind bewußt deutsch gesinnt, können sich aber nicht entschließen, an der Politik tätigen Anteil zu nehmen! Warum? Weil ihr Parlamentspolitik satt habt!! So kommt und hört unsere Meinung: ›Werde politisch oder stirb!‹«[2]

Im Juni 1929 ließ die Kölner Hochschulgruppe des Nationalsozialistischen Deutschen Studentenbundes (NSDStB) Flugzettel mit diesen wuchtigen Worten verteilen. Drei Jahre später wählten die »jungen Männer Deutschlands« – und ebenso die Frauen, die bewusst nicht adressiert waren – zum ersten Mal seit 1925 eine neue Allgemeine Studentenschaft, in der der NSDStB Köln die Hälfte der Sitze stellte.[3] Wiederum ein Jahr später übergaben auch in Köln nationalsozialistische Studenten und Professoren »undeutsche« Bücher dem Feuer. Diese lediglich aus der bloßen Aufzählung historischer Fakten generierte »Fatalität« wird schon fragwürdig, wenn man sich die Mitgliederzahlen des NS-Studentenbund vor Augen hält: Bis zur »Machtergreifung« war der Kölner NSDStB, im Gegensatz zu NS-Hochschulgruppen andernorts, weit davon entfernt eine Massenbewegung zu sein.[4] Dennoch brachten sie durch

---

1 Dieser Aufsatz beruht auf einer Abschlussarbeit, die im Kontext meiner Arbeit als wissenschaftliche Hilfskraft im Verbundprojekt »Geschichte der Universität zu Köln seit 1919« am Historischen Institut entstanden ist. Ich danke Andreas Freitäger und Habbo Knoch für anregende Hinweise und Kritik.
2 Universitätsarchiv Köln (UAK), 28/372, Bl. 15. Aufgerufen wurde zu einer politischen Diskussion. »Juden« wurde der Eintritt verboten.
3 Die aber wegen mangelnder Zustimmung des Rektorats illegalen Wahlen erreichten nur eine Wahlbeteiligung von knapp 20 Prozent. Bernd Heimbüchel: Die neue Universität. Selbstverständnis – Idee und Verwirklichung, in: Ders. (Hg.): Das 19. und 20. Jahrhundert, Köln u. a. 1988, S. 101–692, S. 383; Studentenschaft, Studierende und Studenten sind im Folgenden synonym und inklusiv benutzt, was nicht darüber hinwegtäuschen sollte, dass die Universität der Weimarer Republik ein männlich dominierter Raum war.
4 Die Mitgliederzahl dümpelte im mittleren zweistelligen Bereich und erreichte vor der Gleichschaltung mit 94 Studenten nur 1932 ein Hoch. Bis Mitte 1933 fiel die Mitgliedschaft wieder auf etwa 60. UAK (28/373), Nationalsozialistischer-Deutscher Studentenbund Hochschulgruppe Köln Band 2, Bl. 34.

geschickte Agitation und aufsehenerregende Vorfälle den selbsterklärten »Hochschulkampf« an die Kölner Universität, die Mitte der zwanziger Jahre noch als eine der wenigen liberalen Hochburgen der deutschen Hochschullandschaft gegolten hatte.[5] Von der Studentenschaft war der Einfluss des Nationalsozialismus nicht etwa, wie man im Hinblick auf die hohen »akademischen Ideale« eigentlich vermuten müsste, bekämpft, sondern in der Mehrheit begrüßt oder zumindest gebilligt worden. Die Deutsche Studentenschaft, der Zentralverband der Studierenden im Reich, wurde bereits 1931 durch nationalsozialistische Studenten übernommen und gleichgeschaltet. Nach der »Machtergreifung« blieb jeder studentische Widerstand auch an der Universität Köln folgerichtig aus. Die Universitäten erwiesen sich nicht als Räume demokratischer Resistenz, sondern als Reservoire nationalistischer Aktivisten. Krisenbewusstsein, illiberale Tradierungen und enttäuschte Erwartungen mischten sich, sodass sie von der Propaganda des Nationalsozialismus konstruiert, aufgegriffen und bedient werden konnten. Wie gingen die Kölner NS-Studenten dabei vor? Tritt man einen Schritt zurück – oder besser gesagt nach vorne –, muss es verwundern, wie wenig zur Kölner Universitätsgeschichte am Ende der Weimarer Demokratie und im Nationalsozialismus konkret bekannt und erforscht ist. Das diesjährige hundertste Jubiläum der neugegründeten Universität bietet also mehr denn je Anlass, Kenntnislücken zu beheben. Abseits feierlicher Anlässe bietet die Universität Köln als Gegenstand auch Besonderheiten, die die Frage nach der Durchdringung der Hochschulen durch den Nationalsozialismus inhaltlich ausdifferenzieren. Zu nennen wären hier die Stärke des katholischen Verbandswesens in Stadt und Universität, die Mehrzahl an sogenannten Werkstudenten aus dem rheinischen Umland, die neben dem Studium der Lohnarbeit nachgehen mussten, und dem selbstzugeschriebenen »liberalen« und »modernen« Charakter der neugegründeten Hochschule, die bereits zehn Jahre nach ihrer Eröffnung die zweitgrößte in Preußen war.[6] Wie wurde das Politische in der

---

5 Golczewski hält die Universität Köln gar für die »vielleicht liberalste Universität der Weimarer Zeit«. Frank Golczewski: Die »Gleichschaltung« der Universität Köln im Frühjahr 1933, in: Leo Haupts (Hg.): Aspekte des nationalsozialistischen Herrschaft in Köln und im Rheinland. Beiträge und Quellen, Köln 1983, S. 49–72, S. 68.
6 Die konfessionelle Verteilung stellen Peter Lauf: Jüdische Studierende an der Universität zu Köln 1919–1934, Köln u. a. 1991, Bl. 62, und Nicola Wenge: Integration und Ausgrenzung in der städtischen Gesellschaft. Eine jüdisch-nichtjüdische Beziehungsgeschichte Kölns 1918–1933, Mainz 2005, S. 237 dar. Zur Sozialstruktur der Studierenden siehe Heimbüchel: Die neue Universität (Anm. 3), S. 365 und Erich Meuthen: Kleine Kölner Universitätsgeschichte, Köln 1988, S. 32. – Knapp 79 Prozent entstammten dem Mittelstand, rund 18 Prozent dem Bildungs- oder Besitzbürgertum. Etwas weniger als vier Prozent gehörten zum »Proletariat«. Zum Wachstum der Universität siehe Heimbüchel: Die neue Universität. (Anm. 3), Bl. 364; Friedrich-Wilhelm Henning/Peter Lauf/Hannelore Ludwig: Statistik der

Universität hier ausgehandelt, wie wurden Vorstellungen einer »akademischen Ordnung« durchgesetzt oder bekämpft, und welche Rolle spielten politische Gewalt und Selbstmobilisierung schließlich bei der Etablierung eines neuen Typus von Studentenschaft und Universität? Die historische Forschung hat sich dem Komplex der Nazifizierung der Universitäten, nach langem Desinteresse und wegen der Mittäterschaft mancher Fachgenossen, in den letzten Jahrzehnten intensiv gewidmet. Die Rolle der Studierenden als Erkenntnisinteresse tritt dabei jedoch immer weiter hinter der Universität als nationalsozialistischer Ressource zurück.[7] Für Köln liegt wie erwähnt in doppelter Hinsicht ein Defizit vor: Weder die Universität als solche, noch die Studentenschaft ist ausreichend für die NS-Zeit erforscht.[8] Bezeichnenderweise blieb es in weiten Teilen Studierenden und Nachwuchswissenschaftlern und -wissenschaftlerinnen überlassen, zum Universitätsjubiläum 1988 mit einer »Nachhilfe zur Erinnerung« auf die nationalsozialistische Vergangenheit an der Hochschule und ihre Kontinuitäten bis weit in die Bundesrepublik hinzuweisen.[9] Mit Ausnahme eines umfangreichen Aufsatzes von Berit Schallner zur Geschlechtergeschichte der Universität im Krieg, eines Kapitels von Nicolas Wenges Dissertation über das jüdische Leben im Köln der Zwischenkriegszeit, eines knappen Artikels von Andreas Freitäger zum Disziplinargericht der Universität im Nationalsozialismus und eines Bandes von Margit Szöllösi-Janze, der sich auf den studentischen Alltag in den letzten Kriegsjahren und der Nachkriegszeit beschränkt, ist vom Verhältnis der Kölner Studierenden zum Nationalsozialismus, vor allem zwischen 1929 und 1939, kaum etwas bekannt.[10] Michael Wortmanns Aufsatz über den

---

Studentenschaft, des Lehrkörpers und der Promotionen, in: Erich Meuthen (Hg.): Die neue Universität. Daten und Fakten, Köln u. a. 1988, S. 287–376, S. 293 (Tabelle).
7 Die zentralen Veröffentlichungen liegen dementsprechend recht weit zurück. Zu nennen sind vor allem die Arbeiten von Anselm Faust: Der Nationalsozialistische Deutsche Studentenbund. Studenten und Nationalsozialismus in der Weimarer Republik. Bd. 1, Düsseldorf 1973; Hans Peter Bleuel/Ernst Klinnert: Deutsche Studenten auf dem Weg ins Dritte Reich. Ideologien – Programme – Aktionen 1918–1935, Gütersloh 1967; Geoffrey J. Giles: Students and National Socialism in Germany, Princeton 1985; Michael H. Kater: Studentenschaft und Rechtsradikalismus in Deutschland 1918–1933. Eine sozialgeschichtliche Studie zur Bildungskrise in der Weimarer Republik, Hamburg 1975, und insbesondere Michael Grüttner: Studenten im Dritten Reich, Paderborn 1995.
8 Die Veröffentlichungen aus der Jubiläumsschriftenreihe von 1988 zu Studierenden sind mangelhaft: Peter Lauf: Jüdische Studierende an der Universität zu Köln 1919–1934, Köln 1991; Margaret Asmuth: Die Studentenschaft der Handelshochschule Köln 1901 bis 1919, Köln 1985. Die Arbeiten von Bernd Heimbüchel und Golczewski sind ertragreich, aber widmen sich nur selten der Studentenschaft. Heimbüchel: Die neue Universität (Anm. 3); Golczewski: Kölner Universitätslehrer und der Nationalsozialismus. Personengeschichtliche Ansätze, Köln 1988; Golczewski: Die »Gleichschaltung« (Anm. 5).
9 Wolfgang Blaschke u. a. (Hg.): Nachhilfe zur Erinnerung. 600 Jahre Universität zu Köln, 1988.
10 Berit Schallner: Kameradinnen im Dienste der Volksgemeinschaft? Studentinnen an der Kölner Universität in Kriegs- und Nachkriegszeit, in: JKGV 81 (2011/2012), S. 297–356;

Kölner NSDStB, der bereits 1980 in dieser Zeitschrift erschien, ist hierbei eine verdienstvolle Ausnahme.[11]

Die geringe Zahl der Veröffentlichungen, insbesondere zum NS-Studentenbund, verwundert umso mehr, hält man sich vor Augen, dass im Universitätsarchiv Köln ein umfangreicher Bestand zum NSDStB erhalten ist, der von damaligen Universitätsangehörigen zur Dokumentation angelegt wurde. Hierin lassen sich neben Mitschriften, Verordnungen und Briefwechseln der Universitätsleitung auch eine erstaunliche Anzahl nationalsozialistischer Flugblätter und Zeitungsausschnitte der Kölner Tageszeitungen finden. Die Verwaltung legte offenbar Wert darauf, über die Tätigkeiten der braunen Studenten informiert zu bleiben. Das Verbot des NSDStB bot ebenfalls eine Gelegenheit, um Material zu sammeln, das als Zeugnis politischer Umtriebe genutzt werden konnte. Damit lassen sich zentrale Inhalte der NS-Politisierung und deren Praxis an der Universität rekonstruieren. Es fehlen allerdings Quellen zu wichtigen Aspekten, beispielsweise organisationsinterne Dokumente des NSDStB oder Zeugnisse aus der Kölner Parteizentrale. Das Bild ist jedoch für die Frühphase des NS-Studentenbundes wesentlich multiperspektivischer als für die Jahre 1933 bis 1945 an der Universität, für die zentrale Quellen im Universitätsarchiv fast durchweg fehlen. Ebenso sind alle relevanten Kölner Tageszeitungen erhalten, die mit wechselndem Interesse die zunehmenden Konflikte an der Universität beobachteten und die Hochschulleitung durch ihre Berichterstattung nicht selten zum Handeln zwangen. Insbesondere der Westdeutsche Beobachter, das Parteiorgan der NSDAP Köln-Aachen, räumte dem »Kampf an den Universitäten« den gebotenen Platz in der Propaganda ein und hatte mit dem Jurastudenten Toni Winkelnkemper, dem Bruder des späteren Vorsitzenden des Kuratoriums der Universität und Oberbürgermeisters Peter Winkelnkemper, zwischenzeitlich einen Mann beim NSDStB.[12] Um der politischen Mobilisierung des NSDStB nachzuspüren, macht es inhaltlich und quellentechnisch Sinn, sich auf die Jahre 1928 bis 1934 zu beschränken. 1927 gegründet, entfalteten die Kölner NS-Studenten erst Ende des folgenden

---

Wenge: Integration und Ausgrenzung (Anm. 6); Andreas Freitäger: Gleichschaltung durch das Disziplinarrecht. Universitätsrat und Disziplinargericht 1928-1936, in: Ders. (Hg.): »1933« – Hochschularchive und die Erforschung des Nationalsozialismus. Beiträge des Kolloquiums aus Anlass des 40jährigen Bestehens des Universitätsarchivs Köln am 8. April 2008, Köln 2010, S. 109-136; Margit Szöllösi-Janze (Hg.): Zwischen »Endsieg« und Examen. Studieren an der Universität Köln 1943-1948. Brüche und Kontinuitäten, Nümbrecht 2007.

11 Michael Wortmann: Der Nationalsozialistische Deutsche Studentenbund an der Universität Köln 1927-1933, in: GiK 8 (1980), S. 101-118.

12 Birgit Bernard: »… in manchen wilden Saalschlachten« – Toni Winkelnkemper und die Sprengung der Zentrumsversammlung in Köln-Braunsfeld am 6. März 1931, in: JKGV 81 (2011/2012), S. 275-295.

Jahres eine effektive Politik um Aufmerksamkeit. Die Geschichte des Nationalsozialismus unter den Studierenden lässt sich – so eine erste These –, auch ohne unkritisch ihrem Selbstverständnis zu folgen, als eine Geschichte der Zerstörung der republikanischen Hochschulordnung und der Etablierung eines aktivistischen Systems auf Grundlage nationalsozialistischer Anschauungen verstehen und schreiben. Diese Entwicklung, und damit der Beitrag, enden 1934 mit der vorläufigen Institutionalisierung permanenter studentischer Mobilisierung. Unter Mobilisierung verstehe ich diskursive und soziale Praktiken mit der Intention, Bewusstsein und Handeln bei sich selbst und bei anderen im Sinne einer politischen Ordnung zu aktivieren oder zu verändern.[13] In drei Abschnitten werden im Folgenden drei Momente der nationalsozialistischen Politisierung konkret gemacht: die Konstruktion einer akademischen »Krise« im universitären Diskurs, die Überwindung der »unpolitischen« Universität durch Mobilisierung und die Zerstörung der akademischen Ordnung durch Gewalt sowie schließlich ihre Ersetzung durch ein nationalsozialistisches System »neuer Studenten«.

1. Die Studentenschaft und die »Krise« der akademischen Ordnung

Mit Blick auf die Situation in Köln, wo konfessionelle Verbindungen und Burschenschaften trotz mangelnder »Tradition« klar die organisierte Studentenschaft dominierten, lässt sich die Frage nach der Akzeptanz nationalsozialistischer Politisierung thesenhaft beantworten. Die Nationalsozialisten fügten sich mit ihrer Krisendiagnose über Universität und Gesellschaft in einen antidemokratischen Diskurs ein, der auch in Köln längst von anderen Gruppen gepflegt wurde. Auf drei Merkmale ist dabei genauer einzugehen: die Stärke des rechten Spektrums innerhalb der organisierten Studierendenschaft, die Allgegenwärtigkeit eines dezidiert politischen Krisendiskurses und die daraus abgeleiteten politischen Formeln, die bereits aus der widersprüchlichen »akademischen Ordnung« herauswiesen.

---

13 Zum Mobilisierungsbegriff siehe Oliver Werner: Mobilisierung im Nationalsozialismus – eine Einführung, in: Ders. (Hg.): Mobilisierung im Nationalsozialismus. Institutionen und Regionen in der Kriegswirtschaft und der Verwaltung des »Dritten Reiches« 1936 bis 1945, Paderborn 2013, S. 9–28; Horst Matzerath: Öffentliche Mobilisierung in Köln. Nationalsozialistische Propaganda als Herrschaftsinstrument, in: Jost Dülffer/Margit Szöllösi-Janze (Hg.): Schlagschatten auf das »braune Köln«. Die NS-Zeit und danach, Greifswald 2010, S. 27–42; Kerstin Thieler: »Volksgemeinschaft« unter Vorbehalt. Gesinnungskontrolle und politische Mobilisierung in der Herrschaftspraxis der NSDAP-Kreisleitung Göttingen, Göttingen 2014.

a) Die organisierte Studentenschaft

Obwohl ein Großteil der Studierendenschaft von außerhalb Kölns anreiste und kaum am tradierten Studentenleben teilnahm, war ein beträchtlicher Teil der Studentenschaft in einer Korporation oder einer Hochschulgruppe organisiert.[14] Eine verfasste Studentenschaft existierte in Köln im Wintersemester 1927/28 bereits nicht mehr. 1927 war ein jahrelanger Verfassungsstreit zwischen der Deutschen Studentenschaft (DSt) und dem preußischen Kultusminister Becker eskaliert, nachdem die DSt sich geweigert hatte, die österreichischen und sudetendeutschen Studentenschaften, die Juden den Zugang verwehrten, auszuschließen. Becker stellte seinen Verfassungsentwurf, der statt eines völkischen ein staatsbürgerliches Prinzip vorschrieb, per Urabstimmung zur Disposition und musste eine empfindliche Niederlage einstecken: 77 Prozent der preußischen Studenten entschieden sich gegen die Verfassung und damit für einen Arierparagraphen. In Köln, wo die Allgemeine Studentenschaft zu Beginn der Weimarer Republik zu den vehementesten Unterstützern des Becker'schen Reformkurses gezählt hatte, stimmten bei einer Wahlbeteiligung von nur 56 Prozent nur 20 Prozent für die nicht-rassistische Verfassung. Kultusminister Becker entzog dem DSt die Anerkennung, woraufhin die lokalen Studentenschaften sich auflösten und in Köln bis 1932 keine weitere Studentenwahl stattfand.[15]

Der Kölner Universitätskalender listet im Jahr 1930 94 an der Universität tätige Verbindungen und Vereine auf. Die Bandbreite reichte von Burschenschaften bis hin zu akademischen Ruderclubs. Beinahe alle Waffenkorporationen betonten in dem knappen Vorstellungstext ihre arische Exklusivität.[16] Der Anteil der Korporierten an der Studentenschaft war 1929/30 mit 33 Prozent jedoch deutlich unter dem Reichsschnitt.[17] Legt man als Grundlage des Anteils die »Korporationsfähigkeit«, also die männliche und nicht-jüdische Identität zu Grunde, sind immerhin 19 Prozent dieser Gruppe Waffenstudenten und

---

14 Wenge: Integration und Ausgrenzung (Anm. 6), S. 236.
15 Golczewski: Kölner Universitätslehrer (Anm. 8), S. 40f.; Wenge: Integration und Ausgrenzung (Anm. 6), S. 256–266; Heimbüchel: Die neue Universität (Anm. 3), S. 349f., S. 362f. Köln steht verglichen mit den anderen rheinischen Universitäten schlechter da. Von den »liberalen« Universitäten Berlin und Frankfurt, wo fast 40 Prozent für die neue Verfassung stimmten, ganz zu schweigen.
16 KUK 1930–1931: Kölner Universitätskalender, Köln 1930, S. 62–73.
17 Im Reich waren im Verlauf der Weimarer Zeit zwischen 50 und 60 Prozent der Studenten korporiert, Anselm Faust: »Überwindung des jüdischen Intellektualismus und der damit verbundenen Verfallserscheinungen im deutschen Geistesleben« – Der Nationalsozialistische Deutsche Studentenbund, in: Joachim Scholtyseck (Hg.): Universitäten und Studenten im Dritten Reich. Bejahung, Anpassung, Widerstand. XIX. Königswinterer Tagung vom 17.–19. Februar 2006, Münster 2008, S. 107–115, hier S. 108.

knapp 40 Prozent Verbindungsstudenten. Die These einer bedeutungslosen Waffenstudentenschaft, wie sie Bernd Heimbüchel vertritt, kann sich so nicht halten.[18] Dass die Burschenschaften mit ihrer zur Charakternorm verstetigten konservativ-autoritären Mentalität und ihrem zur »Gemeinschaft« oder »Solidarität« verklärten Standesdünkel und Protektionswesen ein Reservoir rechter Politisierung sein konnten, hat Wolfgang Kreutzberger pointiert gezeigt.[19] Immerhin ein Drittel der katholischen Studenten Kölns waren in einer konfessionellen Verbindung. Den Verbindungsstudenten des Kartellverbands der katholischen Studentenvereine Deutschlands (KV) war bis 1933 die Mitgliedschaft in einer NS-Organisation zwar ausdrücklich verboten.[20] Die katholische Mehrheit in der Kölner Studentenschaft war aber nicht das verzögernde Moment der Radikalisierung und Politisierung.[21] Auch wenn die katholischen Verbindungen der völkischen Ortsgruppe des Zentrums nicht nacheiferten, bildeten sie auch keine republikanische Front gegen die nationalistische Agitation. Unter den protestantischen Waffenstudenten war die Distanz zum Nationalsozialismus deutlich weniger ausgeprägt.[22] Lange bevor die Nationalsozialisten an der Universität Köln auftraten, gerierte sich der Kölner Waffenring als »Avantgarde des Antisemitismus«.[23] Dessen Weigerung, der jüdischen Korporation Rheno-Guestphalia, die sich selbst als »deutsch-vaterländisch« verstand und den Kampf gegen Antisemitismus mit ihrer Anerkennung in der Ehrgemeinschaft verband, das Satisfaktionsrecht zuzugestehen, löste bereits 1919 einen Eklat aus.[24] In der Folge waren die jüdischen Studenten weitgehend vom politischen, sozialen und kulturellen Leben der Hochschule isoliert.[25] Aus einer Aufstellung des Rektorats im Rahmen der AStA-Wahl 1932 gehen folgende Mitgliedszahlen hervor: Der Waffenring zählte 777 Mitglieder, der Ring der katholischen Korporationen 1.322, sonstigen Korporationen gehörten 250 Studenten an. 350 Studenten gehörten einer »politischen Vereinigung« an, 63 der Freistudentenschaft.[26] Die

---

18 Wenge: Integration und Ausgrenzung (Anm. 6), S. 241.
19 Wolfgang Kreutzberger: Studenten und Politik 1918–1933. Der Fall Freiburg im Breisgau, Göttingen 2011, S. 81 f.
20 Hans Schlömer: Die Gleichschaltung des KV im Frühjahr 1933, in: Friedhelm Golücke (Hg.): Korporationen und Nationalsozialismus, Schernfeld 1989, S. 13–72, hier S. 15.
21 Wenge: Integration und Ausgrenzung (Anm. 6), S. 266, 273, 278.
22 Hans Peter Bleuel/Ernst Klinnert: Deutsche Studenten (Anm. 7), S. 205–215.
23 Ebd., S. 144–146.
24 KUZ 1930-33: Kölner Universitäts-Zeitung, Jg. 12, Nr. 3, 6; Miriam Rürup: Ehrensache. Jüdische Studentenverbindungen an deutschen Universitäten 1886–1937, Göttingen 2008, S. 94; Wenge: Integration und Ausgrenzung (Anm. 6), S. 243–256; Golczewski: Kölner Universitätslehrer (Anm. 8), S. 31–38.
25 Wenge: Integration und Ausgrenzung (Anm. 6), S. 296.
26 UAK (28/309), Studentenvertretung und Studentenschaftswahlen, Bl. 69. Mehrfachmitgliedschaften waren zwischen Korporationen und rechten Hochschulgruppen natürlich

Universitätsleitung blieb mit den politischen Studentengruppen im Dialog und ermittelte mehrmals ihre Größe.[27] Insbesondere zu den republikanisch gesinnten Gruppen lässt sich aber wenig Substantielles sagen. Zudem bestand eine hohe Fluktuation und viele Hochschulgruppen gingen wieder ein.[28] Vom Kölner Stahlhelm, dessen »Langemarck«-Studentenverbände dem Nationalsozialismus um einiges näherstanden als dem Hauptverband, ist bezeichnenderweise bekannt, dass sie gegenüber dem Rektorat ab 1927 die NSDAP-Kneipe »Zur Rübe« als Stammlokal angaben.[29] Vergleichbar spät traten in Köln die nationalsozialistischen Studenten in die Hochschulöffentlichkeit. Am 27. Juli 1927 genehmigte Rektor Schneider die Zulassung der Kölner Sektion des NSDStB. Vorschriftsgemäß wies der Bund eine Mitgliederzahl von 12 aktiven und 17 inaktiven Mitgliedern aus. Erster »Hogruf« (Hochschulgruppenführer) war der im Corps Friso-Luneburgia korporierte Werner Brasselmann.[30] In seiner Satzung bekannte der Bund sich zum Führerprinzip, legte der Mitgliedschaft ein vergleichsweise milde formuliertes völkisches Prinzip (»deutsche Abstammung und Muttersprache«)

möglich. Das Bild der politischen Hochschulgruppen bleibt dennoch, abgesehen vom NSDStB, in den Quellen und der Forschung blass. Einerseits fehlen für die politischen Gruppen spezifische Akten im UAK, wie sie für den NSDStB vorliegen. Andererseits wurden die entsprechenden Vereinsmatrikelakten, nachdem man die Namen der Mitglieder zum Zwecke ihres Ausschlusses entnommen hatte, nach der »Machtergreifung« vernichtet. UAK (28/128), Ausschließung Kommunistischer u. marxistischer Studenten vom Studium, Bl. 23 f.

27 Aus der Teilnehmerliste einer Besprechung der Hochschulgruppen mit dem Rektor im Sommersemester 1932, zu der alle bei den Universitätsbehörden akkreditierten Gruppen eingeladen waren, lassen sich folgende eindeutig politischen Vereinigungen entnehmen: Windthorst-Bund, Deutschnationale Studentengruppe, Akademisch-politischer Klub, Hochschulgruppe der Deutschen Volkspartei, Vereinigung sozialistischer Studenten, Jungdeutsche Studentengemeinschaft, Stahlhelm-Hochschulbund Langemarck, NSDStB, Wirtschaftsvertretung Sozialistischer Studenten, Sozialistische Hochschulgruppe und Marxistisch-Leninistische Vereinigung. UAK (28/374), Besprechungen und Vereinbarungen mit den stud. Korporationen und Vereinen, Bl. 62.

28 Stellten sich nur ein Jahr zuvor in der Kölner Universitäts-Zeitung die »Vereinigung Deutscher Demokratischer Studenten« als parteipolitisch neutrale und großdeutsche Vereinigung der Republikaner und die linkssozialistische »Vereinigung Sozialistischer Studenten« vor, existierten beide bereits ein Jahr später nicht mehr. Dank ihres bekannten Mitglieds Hans Mayer ist zumindest das Schicksal der letzteren bekannt: Die immerhin fast 100 Mitglieder zählende, seit 1926 bestehende Vereinigung zerbrach an Meinungsverschiedenheiten zur Tolerierungspolitik der SPD. Hans Mayer: Ein Deutscher auf Widerruf. Erinnerungen, Frankfurt am Main 1988, S. 93–151; Heimbüchel: Die neue Universität (Anm. 3), S. 370–373. Die sozialdemokratische oder kommunistische Presse Kölns wurde nicht in Augenschein genommen, was das Bild über die linken Gruppen sicherlich erhellt hätte. Die sozialistische Wirtschaftsvertretung zählte ebenfalls eine Mitgliederzahl von um die 100. Heinz Kühn: Widerstand und Emigration. Die Jahre 1928–1945, Hamburg 1980, S. 33.

29 Wenge: Integration und Ausgrenzung (Anm. 6), S. 280. Zum Langemarck-Verband siehe Bleul/Klinnert: Deutsche Studenten (Anm. 7), S. 191–195.

30 UAK (28/372), National-Sozialistischer-Deutscher-Studentenbund Sektion Köln Band 1, Bl. 6 f.

zugrunde und betonte, »den Charakter einer Korporation« abzulehnen.[31] In Köln verhielt es sich damit nicht anders als im restlichen Land, wo der NSDStB seit seiner Gründung 1926 durch den Münchner Studenten Wilhelm Tempel einen den akademischen »Kastengeist« ablehnenden, deutlich an den »linken« Parteiflügel der NSDAP angelehnten Kurs verfolgte. Erst mit der Übernahme der Reichsleitung durch den Korporationsstudenten Baldur von Schirach im Juni 1928 wurde der als »proletarisch« verschmähte Hochschulbund der konservativen Universitätskultur angeglichen. Fortan würdigte man die Korporationen als Vorkämpfer einer studentischen »Auslese« und begann, sich in die Werteordnung der Studentenkultur einzuschreiben.[32] Der Kölner NSDStB darbte derweil bis 1929 vor sich hin, was sich auch in einer spärlichen Quellenlage wahrnehmen lässt. Offenbar nahm man an der Universität wenig Notiz von den Kölner Kameraden. Inzwischen hatten sich Ferdinand Bohlmann und Erwin Prinz an der Führung abgewechselt und die Mitgliederzahl war auf zehn gefallen.[33] Vieles spricht für die These Michael Wortmanns, der Kölner NSDStB sei durch Machtkämpfe gelähmt gewesen.[34] Bohlmann verhöhnte die Kölner NSDAP als »total verspießert und verbürgert«. Ende 1928 denunzierte Prinz den Gauleiter Robert Ley als »Halbjuden«.[35] Schirach musste von München aus eingreifen und Prinz aus dem Amt entfernen.

Erst 1929 konnte sich der NSDStB in Köln unter Fritz Averbeck mit rund 20 aktiven Mitgliedern stabilisieren und mit einer großangelegten Propagandatätigkeit beginnen.[36] Im Wintersemester übernahm Ferdinand Bohlmann wieder die Führung, die er bis 1931 innehatte.[37] Doch bereits Anfang 1930 kam es zum erneuten Rückschlag, als die gesamte Hochschulgruppe am 14. Februar infolge einer eskalierten Agitationsveranstaltung in einem Hörsaal durch den Senat für ein Jahr verboten wurde.[38] Baldur von Schirach zeigte sich erbost, sei doch »die Tatsache, dass in Köln der Rektor der Universität dem NSDStB einen Hörsaal zur Verfügung stellte« ein Beweis, »daß dort Möglichkeiten bestanden, die nur an ganz wenigen anderen Hochschulen zu finden sind«. Die Kölner Sektion sei

---

31 Ebd., Bl. 2f.
32 Grüttner: Studenten (Anm. 7), 20f. Dies bildete sich auch in der sozialen Zusammensetzung der Gruppe ab, in der zwar nach dem Kurswechsel merklich vermehrt Angehörige der Oberschicht eintraten, die untere Mittelschicht aber durchweg überrepräsentiert blieb. Konrad H. Jarausch: Deutsche Studenten 1800–1970, Frankfurt am Main 1984, S. 156; Kater: Studentenschaft (Anm. 7), S. 215.
33 UAK (28/372) (Anm. 30), Bl. 11.
34 Wortmann: Der NSDStB (Anm. 11), S. 105f.
35 Zitiert nach Kater: Studentenschaft (Anm. 7), S. 178, 180.
36 UAK (28/372) (Anm. 30), Bl. 16.
37 Ebd., Bl. 34.
38 Wortmann: Der NSDStB (Anm. 11), S. 108f. Der Vorfall wird weiter unten geschildert.

die schwächste im gesamten Reich.[39] Dies lässt sich kaum von der Hand weisen. War auch insgesamt der Organisationsgrad mit gerade einmal fünf Prozent aller Studenten im Reich noch schwach, so hatte der NSDStB jedoch an fast allen anderen Hochschulen bis 1931 eine AStA-Mehrheit errungen und letztlich auch die Führung der Deutschen Studentenschaft übernommen.[40] Währenddessen waren die Kölner Nationalsozialisten zum Operieren in der Illegalität gezwungen. Erst Rektor Bruno Kuske ließ den Bund Ende 1931 wieder zu, nachdem es den Rektoren Hans Planitz und Josef Kroll nicht gelungen war, die Aktivitäten der »Sektion Universität der NSDAP Köln«, wie sich die Gruppe seit dem Verbot nannte, einzudämmen.[41] Kuske erhoffte sich, den NSDStB durch formale Verhandlungen in die Universität zu integrieren, ermöglichte ihnen aber stattdessen das nachzuholen, was an anderen Universitäten längst geschehen war. In einer neuen Satzung orientierte man sich nun an drei zentralen Aufgaben: der Ausdeutung der nationalsozialistischen Weltanschauung in der Wissenschaft, der propagandistischen Verbreitung des Nationalsozialismus an der Hochschule und der Erziehung des »Führernachwuchses für die NSDAP«. Fortan war außerdem ein »Ariernachweis« bei der Aufnahme zur erbringen.[42]

b) Die Beschwörung der Krise

Nicht nur unter den Nationalsozialisten gehörte es zum guten Ton, die Universität als Ort der Krise aufzufassen. Dabei überschrieben sich verschiedene Deutungsmuster von »Überfüllung«, »Vermassung«, »Verjudung« oder »Berufsnot«. Anstatt den Zeitgenossen in dieser Diagnose zu folgen, lohnt es sich, Krisen als diskursive Konstrukte aufzufassen, die durch gemeinschaftliches Handeln in die Realität zurückwirken.[43] Die Prägnanz der »Krise« der akademischen Ordnung bestand nämlich vor allem darin, dass sie nicht zuletzt durch ihre ständige Beschwörung zur Realität an der Hochschule wurde. An der Konstruktion dieser Krisenwahrnehmung beteiligten sich Akteure jeder Ausrichtung und Statusgruppe. Kurzum, die pathetische Rede von der »Not der geistigen Arbeiter« strukturierte für die Mehrzahl der Universitätsbürger Selbstwahrnehmung

---

39 Ebd., S. 110; Wortmann: Baldur von Schirach, Hitlers Jugendführer, Köln 1982, S. 71f.
40 Grüttner: Studenten (Anm. 7), S. 19f.
41 Wortmann: Der NSDStB (Anm. 11), S. 114f.; UAK (28/372) (Anm. 30), Bl. 120–123, 126f., 140f.
42 UAK (28/373) (Anm. 4), Bl. 20–23. Rektor Kuske erhob gegen die rassistische Mitgliedsbeschränkung keinen Einwand und erklärte sich mit der Satzung einverstanden.
43 Grundlegend: Moritz Föllmer/Rüdiger Graf/Per Leo: Einleitung: Die Kultur der Krise in der Weimarer Republik, in: Moritz Föllmer/Rüdiger Graf (Hg.): Die »Krise« der Weimarer Republik. Zur Kritik eines Deutungsmusters, Frankfurt am Main 2005, S. 9–41.

und Erwartung. Die »Krise« als eine produktive Vorstellung schrieb sich durch Praxis und Diskurs in den Alltag der Universität ein, und mit ihr wurde eine neue politische Ordnung begründbar. Der Befund der wirtschaftlichen Not der Studentenschaft ist zunächst unbestreitbar. Mehr als jede andere soziale Gruppe waren die Studenten in der Weimarer Republik von wirtschaftlicher Not betroffen. Da auch der relative Aufschwung in der Mitte der zwanziger Jahre an den Studenten größtenteils vorbeiging, lebten sie in einer »Permanenz des wirtschaftlichen Notstandes«.[44] Gleichzeitig, und dies befeuernd, waren die Berufschancen für Akademiker durch strukturellen Wandel und die krisenhafte Wirtschaftslage schlecht. Für manche schien gar die bürgerliche Lebensform an sich in Auflösung begriffen. Das Versprechen des Aufstiegs durch Bildung wurde fraglich, Begriffe wie »Proletarisierung« und »Vermassung« markierten ein Bewusstsein des Statusverlustes.[45] Dieser Zustand war allerdings kein Novum. Die Abfolge von Wirtschaftskrisen und Strukturwandel lässt sich vielmehr als Zyklus beschreiben, der eine periodische Wiederkehr von Überfüllungs- und Mangelsituationen in der Wissenschaft hervorruft.[46] Statt einer nüchternen Analyse dieses Wissenschaftsumbruchs nach dem Ersten Weltkrieg, entwickelte sich die Debatte zu einer regelrechten Hysterie, die zwischen 1927 und 1933 ihren Höhepunkt erreichte.[47] Als Verursacher war für viele Zeitgenossen stattdessen schnell die junge Republik ausgemacht.[48] In den publizistischen Organen der Kölner Studentenschaft herrschte, wie auch sonst überall, eine Krisenstimmung, die sich in regelrechten Warnungen vor Neueinschreibungen äußerte.[49] Auch für

---

44 Kater: Studentenschaft (Anm. 7), S. 43-56. Vgl. Fenja Britt Mens: Zur »Not der geistigen Arbeiter«. Die soziale und wirtschaftliche Lage von Studierenden in der Weimarer Republik am Beispiel Hamburgs, Schernfeld 2001, S. 142.
45 Bernd Weisbrod: The Crisis of Bourgeois Society in Interwar Germany, in: Richard Bessel (Hg.): Fascist Italy and Nazi Germany. Comparisons and contrasts, Cambridge 1998, S. 23-39, hier S. 32f.; Kater: Studentenschaft (Anm. 7), S. 12; Kreutzberger: Studenten (Anm. 19), S. 65-67. Sonja Levsen spricht von einer »Distinktionskrise«, Norbert Giovannini von einem »mittelständischen Erwartungshorizont«, dessen an das Studium geknüpfte Prestige- und Aufstiegserwartungen zunehmend in Frage gestellt wurden, Sonja Levsen: Elite, Männlichkeit und Krieg. Tübinger und Cambridger Studenten 1900-1929, Göttingen 2006, S. 191-197; Norbert Giovannini: Zwischen Republik und Faschismus. Heidelberger Studentinnen und Studenten 1918-1945, Weinheim 1990, S. 40f.
46 Hartmut Titze: Der Akademikerzyklus. Historische Untersuchungen über die Wiederkehr von Überfüllung und Mangel in akademischen Karrieren, Göttingen 1990, S. 106. Zur Erklärung dieses komplexen Vorgangs siehe ebd., S. 458-491.
47 Jürgen John: »Not deutscher« Wissenschaft«? Hochschulwandel, Universitätsidee und akademischer Krisendiskurs in der Weimarer Republik, in: Michael Grüttner u.a.: (Hg.): Gebrochene Wissenschaftskulturen. Universität und Politik im 20. Jahrhundert, Göttingen 2010, S. 23-28, S. 116-122; Hartmut Titze: Der Akademikerzyklus (Anm. 46), S. 263.
48 Giovannini: Zwischen Republik (Anm. 45), S. 44f.; Kater: Studentenschaft (Anm. 7), S. 73-75.
49 KUK 1927-1928: Kölner Universitätskalender, Köln 1927, S. 31-40; Exemplarisch KUZ 1927-30: Kölner Universitäts-Zeitung, Jg. 10, Nr. 2, S. 7f. In buchstäblich jeder Ausgabe

den NSDStB war es ein Leichtes, die Kommilitonen mit Signalwörter der »Not« oder der »Krise« in ihrer Propaganda anzusprechen.[50] Das Reden von der Krise wurde zu einem Modus der vergemeinschaftenden Selbstthematisierung, Stichwörter wie »Generation« und »Jugend« wurden zu Argumentationsressourcen für einen radikalen Bruch mit der politischen und gesellschaftlichen Ordnung.[51]

c) Von der Krise zur Politik

In dieser Form der Krisendiagnose waren politische Inhalte schon angelegt. Nationalideologien wie die Dolchstoßlegende, die Topoi der »Kriegsschuldlüge«, des »Schanddiktats« und des »Parteiensystems« prägten die Gedankenwelt deutscher Studierender.[52] Auch an der Kölner Universität wurden zum Ende der zwanziger Jahre zunehmend völkische Forderungen konsensfähig.

Zentrale Inhalte dieses Konsenses unter rechtsstehenden Gruppen waren vor allem ein Arbeitsdienst, Wehrsport und Vorstellungen einer geführten »Volksgemeinschaft«. Obwohl die Lebenswelt des Proletariats für die absolute Mehrheit der Studenten einen gesellschaftlichen Gegenpol darstellte, äußerte sich aus allen Teilen der Studentenschaft die Hoffnung, diese Kluft zu schließen. Begründet wurde dieser Wunsch mit der kollektiven Erinnerung des Fronterlebnisses und den Vorbildern der Jugendbewegung, die sich insgesamt in die Gedankenwelt der alle Klassen- und Bildungsunterschiede nivellierenden »Volksgemeinschaft« einordneten.[53] Ambivalenterweise war mit der Leugnung von Klassenunterschieden und dem Aufgehen der sozialen Distinktion in der »Volksgemeinschaft« die Axt an das Hierarchie- und Eliteverständnis der Studenten gelegt. Die vermeintliche Vergemeinschaftung der »geistigen Arbeiter« mit den Lohnarbeitern war daher natürlich nicht im Sinne einer politischen Solidaritätsbekundung mit den proletarischen Klassenkämpfern gemeint. Ganz im Gegenteil sollte die Arbeiterschaft mit der geistigen Führung versöhnt und in die Nation integriert werden. Wo das nicht klappte, machten sich Studenten auch in Zeitfreiwilligenorganisationen und der Technischen Nothilfe nützlich, um die Interessendurchsetzung der Arbeiterschaft zu verhindern.[54] Um sich in

---

der KUZ findet sich eine Spalte zu »Berufsaussichten«, in denen der Wasserstand der »Überfüllungskrise« besprochen wurde.
50 UAK (28/372) (Anm. 30), Bl. 112.
51 Ulrike Jureit: Generationenforschung, Göttingen 2006, S. 9; Bernd Weisbrod: Generation und Generationalität in der Neueren Geschichte, in: Aus Politik und Zeitgeschichte 8 (2005), S. 3–9.
52 Bleuel/Klinnert: Deutsche Studenten (Anm. 7), S. 106–111.
53 Kater: Studentenschaft (Anm. 7), S. 36–38.
54 Kreutzberger: Studenten (Anm. 19), S. 166.

»Werde politisch oder stirb!«

die Lage der »Arbeiter der Faust« einzufühlen, aber auch um die brachliegende Arbeitskraft der Studenten für die Nation zu funktionalisieren und die vermeintlich erzieherischen Potentiale der Arbeit für die Jugend auszunutzen, forderten weite Teile der Studentenschaft ab Mitte der zwanziger Jahre einen freiwilligen studentischen Arbeitsdienst.[55] Es galt außerdem den Kontakt zum »deutschen Volkstum im Ausland« aufrechtzuerhalten, weswegen sich rasch eine studentische Kultur der »Grenzlandarbeit« ausbreitete.[56] Korporationen und rechtsgerichtete Studentengruppen sahen sich daher in der Pflicht, durch die »Pflege des Wehrgedankens« an der »Wehrhaftmachung« der Nation im Stillen mitzuarbeiten.[57] Von der paramilitärischen Wehrsportausbildung erhoffte man sich nicht zuletzt auch eine autoritäre, vergemeinschaftende und vitalistische Erziehung im Sinne der Jugendbewegung.[58]

War die von der Studentenburse herausgegebene Kölner Universitätszeitung 1928 noch deutlich republikanisch gesinnt, wurde sie ab 1930 zunehmend zum Forum völkischer Gedanken, in denen Akademiker wie Martin Spahn, Kleo Pleyer oder Rudolf Neumann ihre Postulate der studentischen Leserschaft vorstellen konnten.[59] Auf Spahns Artikel »Volk im Raum« von 1931 folgten Analysen des »deutschen Volkstums im Ausland«, die sich im Wesentlichen darauf beschränkten, Autonomiebestrebungen der deutschen Minderheiten zu loben und zur verstärkten Grenzlandarbeit der Studentenschaften zu ermahnen.[60] Die Einrichtung eines freiwilligen Arbeitsdienstes wurde diskutiert und zunehmend zur Gründung von Arbeitslagern aufgerufen, zuletzt 1932 in einer Kooperation der Wahlgemeinschaft aus »Nationalem Block« und NSDStB.[61] Im Kölner Universitätskalender wurde der Auftrag der DSt bereits 1928 wie folgt charakterisiert: »Wesentliche Punkte bilden die Kriegsschuldfrage, die Friedensverträge, die Kolonialfrage, Geschichte und Kultur des Grenz- und Auslanddeutschtums. [...]

---

55 Zum zeitgenössischen Konzept der »Erziehung durch Arbeit« und der Arbeitslagerbewegung siehe Peter Dudek: Erziehung durch Arbeit. Arbeitslagerbewegung und freiwilliger Arbeitsdienst 1920–1935, Wiesbaden 1988; Michael Steinberg: Sabres, Books and Brown Shirts. The Radicalization of the German Student, 1918–35, Baltimore 1971, S. 679–686; Kreutzberger: Studenten (Anm. 19), S. 167f; Mens: »Not der geistigen Arbeiter« (Anm. 44), S. 48f.
56 Kater: Studentenschaft (Anm. 7), S. 22f.
57 Bleuel/Klinnert: Deutsche Studenten (Anm. 7), S. 117f.; Steinberg: Sabres, Books and Brown Shirts (Anm. 55), S. 662–671.
58 Kreutzberger: Studenten (Anm. 19), S. 169.
59 KUZ 1927–30 (Anm. 49), Jg. 10, Nr. 2, S. 13; Wenge: Integration und Ausgrenzung (Anm. 6), S. 289.
60 KUZ 1930–33 (Anm. 24), Jg. 13, Nr. 10, S. 3–14. Artikel »Die elsässische Autonomiebewegung«, »Das Saargebiet«, »Die deutsche Studentenbewegung in den Niederen Landen«, »Eupen-Malmedy«.
61 Ebd., Jg. 12, Nr. 6, S. 13f. und Nr. 10, S. 6–8; KUK 1927–1928: Kölner Universitätskalender (Anm. 49), S. 132; KUZ 1930–33 (Anm. 24), Jg. 14, Nr. 5, S. 3f. Zu dem Bündnis aus »Nationaler Block« und NSDStB siehe weiter unten.

Das Studium des Grenz- und Auslanddeutschtums verbunden mit Grenzlandwanderungen und Unterstützung der Auslanddeutschen zur Erhaltung ihrer kulturellen Einrichtungen [...] tragen somit dazu bei, die Studenten zu Vorkämpfern für diese Ideen zu machen«.[62]

Ein Numerus Clausus für jüdische Studierende, der wahlweise mit der »Überfüllung« oder der »Verjudung« der Universität begründet wurde, wurde vom Kölner Waffenring bis zum Stahlhelm von fast allen rechtsstehenden Gruppierungen gefordert. Dass diese Form des Antisemitismus an der Universität Köln bis an die obersten Stellen salonfähig geworden war, dokumentiert eine Verfügung Rektor Ebers': Am 2. Januar 1933 verkündete dieser ohne äußeren Druck die Einführung eines NC für ausländische Juden.[63]

2. Mobilisierung: Das Politische in der »unpolitischen« Universität

»Es muss aber unter allen Umständen vermieden werden, daß die Universität zur politischen Arena wird«, schrieb Rektor Kroll im März 1931 an Polizeipräsident Bauknecht.[64] Schutzvorstellungen wie diese, dass die Universitäten mit ihrem eigenen Recht und ihren Ansprüchen an Tradition ein politikfreier Raum seien, passten jedoch längst nicht mehr zur Realität. Ohnehin war die Universität des 19. Jahrhunderts als Institution voller Statuskonflikte, Weltanschauungen und konservativer oder nationalliberaler Tradierungen nie unpolitisch gewesen. Die nun vor die Tore und in die Hörsäle drängende Politisierung signalisierte aber eine neue Qualität des Konfliktes, und mit den Nationalsozialisten profilierten sich nun auch Kölner Aktivisten als Widersacher der als veraltet und undeutsch geschmähten Universitätsordnung. Wie brachten sie ihr Programm in die Universität?

Die bewusste Überschreitung studentischer Normen und die Konfrontation mit der Institution selbst standen dabei im Mittelpunkt. In der Praxis sollte der Raum der Universität zum Ort des Politischen werden und die »Krise«, von der man sprach, sollte durch Provokation und Gewalt im Hochschulraum nun für alle sichtbar wahr gemacht werden.

---

62 KUK 1927–1928: Kölner Universitätskalender (Anm. 49), S. 60.
63 Wenge: Integration und Ausgrenzung (Anm. 6), S. 294 f.
64 UAK (28/372) (Anm. 30), Bl. 183.

»Werde politisch oder stirb!«   215

a) Agitation und Provokation

Für die Kölner NS-Studenten war die politische Aktivität in der Universität stets ein Changieren zwischen schroffer Ablehnung akademischer Gepflogenheiten und dem strategischen Einschreiben in die universitäre Kultur. Diese ambivalente Haltung wird exemplarisch anhand von zwei Quellen deutlich. Im Januar 1928 lud der Kölner NSDStB zu einer Mitglieder- und Interessentenbesprechung auf die Kölner Gaugeschäftsstelle, zu der 34 Studenten der Universität Köln erschienen. Die ebenfalls anwesenden Parteigenossen Robert Ley und Josef Grohé hielten Reden. Ley betonte seine Biographie als Korpsstudent und griff Kultusminister Becker für dessen Einmischung in die »heiligen Rechte und Traditionen« der Studentenschaft an. Ziel müsse es sein, als »Volksstudenten« die »Arbeiter der Stirn und der Faust« zu versöhnen. Zum Abschluss wurde das Studentenlied »Gaudeamus igitur« angestimmt.[65] Im Mai 1929 verteilten Nationalsozialisten hingegen einen ganz anders gearteten Programmbrief des »Akademischen Beobachters« auf Flugblättern vor der Universität. Unter dem Titel »100.000 Studenten lesen heute diesen Brief« war Folgendes zu lesen:

> »Sie sind Student und haben sich darum wohl das Schlagwort der Hochschule ›Objektivität‹ zu eigen gemacht. Sie sind stolz darauf, Wissenschaftler zu sein, sich unparteilich und unpolitisch zu fühlen. [...] Und doch hat sich diese Bewegung um Ihretwillen kein wissenschaftliches Mäntelchen umgehängt, wie das so viele andere taten: Die Nationalsozialistische Bewegung macht dem Akademiker keine Zugeständnisse, weil sie eine Bewegung des gesamten Volkes ist«.[66]

Trotz des ständigen Bezugs auf akademische »Vorkämpfer« aus den Reihen der populären Antisemiten, mit denen man vor allem im rechten Umfeld um Zustimmung warb, gerierte sich die »Bewegung« als gegen das universitäre und gesellschaftliche Establishment gerichtet. Passend dazu imaginierte man sich als Opfer institutioneller Repression und provozierte Vorfälle, die sich in diesem Sinne beklagen ließen. In der Mensa und am Schwarzen Brett brachte man verbotenerweise Propagandamaterial unter die Studenten.[67] Über Nacht plakatierte

---

65 Ebd., Bl. 8f.
66 Ebd., Bl. 24. Auf der Rückseite wurde dem interessierten Leser noch ein Abonnement beim »Akademischen Beobachter« sowie die »Bücher für den deutschen Studenten«, unter anderem zur Rassenlehre Hans F. K. Günthers, »Der nationale Goethe. Ein Wegweiser unserer Tage« und »Der ewige Jude« ans Herz gelegt.
67 UAK (28/372) (Anm. 30), Bl. 158. Kölnische Zeitung vom 15. November 1930, »Nazis in der Mensa«; Wortmann: Der NSDStB (Anm. 11), S. 104.

man unerlaubt an den Außenwänden eines Instituts.[68] Im Winter 1929 kam es dann schließlich zum ersten größeren Eklat. Der NSDStB bezichtigte die Studentenburse und die Hochschulleitung der Repression.[69] Überschrieben mit »Vivat academia!! Vivat professores!! Es lebe die akademische Freiheit!!! Und deshalb Terror gegen deutsche Studenten«, hieß es:

> »*Riecht das nicht nach Terror?* [...] Wird durch diese Tatsachen nicht der Glaube an eine Objektivität der Universitätsbehörde den deutschen Studenten gegenüber schwer erschüttert? Können Sie, Herr Kommilitone, diese Dinge begreifen, wenn Sie wissen, daß von 4 Dekanen der Universität 2 Dekane jüdischer Rasse (Prof. Stier-Somlo, Prof. Aschaffenburg) sind? Glauben Sie Herr Kommilitone, daß man mit ähnlichen Schikanen gegen den Sozialistischen Studentenbund vorgeht? Erkennen Sie Zusammenhänge zwischen schwarz-roter Stadtverwaltung und Universität? Wissen Sie jetzt, warum der jüdische Bankier Hagen-Levy eine namhafte Spende zum Universitäts-Neubau gab? Erkennen Sie eine Verbindung zwischen Universität und internationalem jüdischen Finanzkapital? Ist bei diesen Tatsachen noch eine objektive Lehrtätigkeit aller Lehrenden an der Universität gewährleistet? Urteilen Sie selbst, Herr Kommilitone!«[70]

Der Geschäftsführer der Studentenburse erkannte den »wahlagitatorische[n] Zweck« dieses Eklats und wies die Anschuldigungen überzeugend zurück.[71] Der NSDStB erklärte in einem weiteren Flugblatt den »Kampf um akademische Freiheit und unser Recht« fortzuführen und jeden »Bruch der Objektivität« schonungslos anzuprangern.[72] Der Senat sah sich wegen der »relativ geringen Bedeutung für Köln« zu keiner Stellungnahme veranlasst, wodurch der antisemitische Vorfall neue Sagbarkeitsräume eröffnete.[73] Auch für die Vereinigung Sozialistischer Studenten war die Universität »kein neutraler Ort, keine Pflegestätte einer objektiven Wissenschaft«.[74] Anders als die Sozialisten, deren Gesellschaftskritik zwar ebenso im akademischen Betrieb verankert war und in Köln auch durchaus ihren Platz hatte, drängte die nationalsozialistische Politisierung dezidierter in den Raum der Hochschule, als aus ihm hinaus.[75] Vor allem in

---

68 UAK (28/372) (Anm. 30), Bl. 19–22. Der NSDStB behauptete, die Plakate seien »von Gegnern angeklebt worden«, um ein Disziplinarverfahren zu provozieren.
69 Es ging um die Weigerung der Universitätsbehörden, dem NSDStB mehr Platz auf dem Schwarzen Brett zuzugestehen, und die Tatsache, dass im Lesesaal der Studentenburse keine nationalsozialistischen Zeitungen auslagen, während selbst kommunistische Zeitschriften dort zu finden seien.
70 UAK (28/372) (Anm. 30), Bl. 39. Am 24. November 1929 in gleicher Form im Westdeutschen Beobachter abgedruckt, ebd., Bl. 43.
71 Ebd., Bl. 40.
72 Ebd., Bl. 42, 43a (Umschlag).
73 Ebd., Bl 46, 49.
74 KUZ 1930–33 (Anm. 24), Jg. 12, Nr. 3, S. 14 f.
75 Historisches Archiv der Stadt Köln: Literarische Welt. Dokumente zum Leben und Werk von Hans Mayer, Köln 1985, S. 34–36. Dem VSS gelang es 1930/31, Übungen zum Marxismus

Form politischer Vortragsabende fügte man sich in der Studentenschaft ein. Die NS-Studenten organisierten zwischen 1929 und 1933 Vorträge zu Themen wie »Ist wahrer Sozialismus national oder international?« mit dem Reichswehr-Oberleutnant a. D. Beyer, »Die weltanschauliche Grundlage des Nationalsozialismus« mit »Alt-Akademiker« Dr. Robert Ley, »Rasse und Politik«, »Die Justiz als Dirne des Juden«, »Der Kampf der Jugend« mit Baldur von Schirach, »Student u. Arbeiter« mit dem Münchner Gauleiter Adolf Wagner oder »Student und Freiheitskampf. Germanisches Blutserbe« mit dem Düsseldorfer Regierungsrat von dem Knesebeck, der daraufhin wegen Agitation »im nationalsozialistischen Sinne« vom Dienst suspendiert wurde.[76] Die Vorträge, deren Inhalt durch Polizei- oder Disziplinargerichtsprotokolle bekannt sind, vereinten hauptsächlich skurrile Ausführungen und tumultartige Diskussionen. Eine sozialistische Studentin kritisierte beispielsweise die Unwissenschaftlichkeit eines Vortrages über den »Marxismus«, woraufhin Gruppenführer Bohlmann ihr schlicht mit der Erklärung, »mit Hilfe der Wissenschaft [ließe sich] alles beweisen«, das Wort entzog. In der Folge artete die Diskussion in Beleidigungen aus, woraufhin die Veranstaltung ohne offiziellen Schluss ihr Ende fand.[77] Symptomatisch für die Reaktionen aus der republikanischen Studentenschaft ist ein Artikel der demokratischen Studentin Magda Mazerath in der Kölnischen Zeitung, die die Hetze der verbotenen Hochschulgruppe beklagte und ihr demokratisches Engagement entgegensetzte, den Nationalsozialisten allerdings bescheinigte, »nur das Beste für Deutschland zu wollen«.[78]

Eine weitere Bühne im wahrsten Sinne des Wortes boten auch die repräsentativen Universitätsfeiern, an denen traditionell die korporierte Studentenschaft zeremoniell teilnahm. Einen ersten Anlass bot die Reichsgründungsfeier am 18. Januar 1930. Den Hochschulfeiertag (gemeint ist die Kaiserproklamation in Versailles) beging man bezeichnenderweise erst seit der Kriegsniederlage und er war von Beginn an dazu gedacht, den patriotischen, antidemokratischen Geist der Hochschulen unter Beweis zu stellen. Vielfältige Rituale des Korporationswesens wie das Chargieren in Couleur, Fackelzüge und Studentenlieder prägten die wenig subtil militaristisch ausgetragenen Feierlichkeiten.[79] Neben den Abordnungen der Korporationen, die mit Fahne und Rapier prozessierten, war

---

unter Prof. Beckerath und im folgenden Semester unter Prof. Kelsen im Lehrplan unterzubringen, welche sich natürlich als wissenschaftliches Forum anboten.
76 UAK (28/372) (Anm. 30), Bl. 186, 165, 187f., 14, 23, 142f.; UAK (28/373) (Anm. 2), Bl. 31.
77 UAK (28/372) (Anm. 30), Bl. 129f.
78 Ebd., Bl. 162. Kölnische Zeitung vom 14. Dezember 1930, »Die Nationalsozialisten an den Universitäten«.
79 Kreutzberger: Studenten (Anm. 19), S. 40–42; Bleuel/Klinnert: Deutsche Studenten (Anm. 7), S. 111–114.

diesmal auch eine Truppe des NSDStB mit Parteiuniform und Hakenkreuzfahne erschienen und hatte neben den Chargen Aufstellung genommen. Weder von den Korporationen noch von der Universitätsleitung wurden die Nationalsozialisten an ihrer Teilnahme gehindert. Rektor Planitz erklärte später, die katholischen Korporationen hätten ihr Missfallen bekundet, aber er habe, »um die Feier nicht zu stören«, auf Sofortmaßnahmen verzichtet. Im Nachgang ließ er sich vom NSDStB lediglich versichern, nicht mehr mit Parteisymbolen in der Universität aufzutreten.[80] Im Mai 1930 provozierten nationalsozialistische Studenten erneut bei einer offiziellen Feier, als sie bei Verlesung der Ehrendoktoren die Namen der jüdischen Mäzene scharrend ihren Unmut bekundeten, woraufhin dutzende Waffenstudenten es ihnen gleichtaten.[81]

b) Gewalt als Zerstörung der Ordnung

Ein weiterer Vorfall, der zum einjährigen Verbot der Organisation führte, brachte die nationalsozialistische Gewalt ein erstes Mal in den Hörsaal. Zu dem Vortrag »Student, Staat und Volk« fanden sich am 7. Februar 1930 um die 200 Personen in Hörsaal VIII ein. Als der Redner der Hochschullehrerschaft apodiktisch prophezeite, nach der bevorstehenden Machtübernahme wie nach dem »Novemberverbrechen« erneut charakterlos die Seite zu wechseln, brachen rege Tumulte aus. Ein nach Einschätzung »Hogruf« Bohlmanns »nicht-arischer« Student wurde unter Handgreiflichkeiten aus dem Saal entfernt. Nachdem schließlich in der angekündigten »freien Aussprache« die Thesen des Redners zurückgewiesen wurden und der »Genosse« cand. rer. pol. Bernd Hoffman, der Geschäftsführer der Studentischen Vereinigung für Völkerbundsarbeit, das Wort ergreifen wollte, wurde die Diskussion abgebrochen. Mit »Heil!« und »Deutschland erwache!« wurde die Versammlung beendet. Der Ereignisbericht resümiert: »von akademischer Würde und Disziplin verschwand auch das letzte Restchen«. Die Kölnische Zeitung nahm die Universitätsleitung in die Pflicht, im Namen der »akademischen Würde und Tradition«, die die Universität so häufig betone, dem »politischen Primitivismus« keinen Platz unter dem »akademische[n] Dach« einzuräumen und den »Hetzern das Gastrecht zu versagen«.[82] Der Senat reagierte und

---

80 UAK (28/372) (Anm. 30), Bl. 53, 51, 52. Kölnische Zeitung vom 21. Januar 1930, »Nationalsozialisten chargieren!«; bei dem Eklat hatte es sich um eine landesweit an weiteren Universitäten durchgeführte Aktion gehandelt. Lediglich in Göttingen hatte die Professorenschaft durch den gemeinsamen Auszug protestiert, ebd., Bl. 55–57.
81 Wenge: Integration und Ausgrenzung (Anm. 6), S. 283.
82 UAK (28/372) (Anm. 30), Bl. 57a, 58 f. Kölnische Zeitung vom 8. Februar 1930, »Simon, nicht der Galiläer, sondern Cherusker. Das Hakenkreuz in der Kölner Universität. Wüste

lies sich in Berichten des anwesenden Oberstadtsekretärs Bechem und in einem Bericht demokratischer Studenten über den Vorfall aufklären. Am 17. Februar erließ er das Verbot des NSDStB für ein Jahr wegen der wiederholten Störung der akademischen Ordnung, während man betonte, dass die »politische Auffassung [...] nicht zum Vorwurf angerechnet werden kann«.[83] Für den Westdeutschen Beobachter waren unlängst »jüdische und marxistische Studenten« für die Unruhen verantwortlich, denen eine »gehörige Tracht Prügel« in Aussicht gestellt wurde. Unter einer unverhohlenen Drohung, die Bewegung kenne nun »ihre Pappenheimer und werde sich danach einzurichten verstehen«, bekräftigten die Kameraden: »Wir kämpfen weiter!«, bis »die traditionslose Kölner Universität zu einem Hort deutschen Geistes« geworden sei.[84] Auch nach dem Verbot wurden weiter Propagandaflugblätter verteilt. Die Gründung der »Sektion Universität«, in die man sich zwecks Umgehung umbenannte, gab man auf einem Flugblatt mit gleichen Formulierungen wie in dem WB-Artikel zum Simon-Zwischenfall ganze zwei Tage nach dem Verbot bekannt.[85] Rektor Planitz fiel die offensichtliche Urheberschaft Bohlmanns nicht auf, vielmehr erklärte er dem Kultusminister am 5. Mai: »die Angaben des Bohlmanns (sic!) erscheinen bis auf weiteres glaubhaft«.[86] In den nächsten Monaten erreichten das Rektorat weitere Flugblätter, in denen die »Sektion« die Wahlerfolge an anderen Hochschulen präsentierte und den »laissez-faire Standpunkt«, die »liberal-demokratische Ideologie« und den »undeutschen Geist« an der Universität beklagte.[87] Auch »Gummiknüppelattacken« und Schikane, so meinten die Kameraden, können den Aufstieg der Bewegung nicht verhindern.[88] Um die »Eroberung der Kölner Universität« ins Werk zu setzen und »im Gedenken an den Frontgeist des Weltkrieges, an die Helden von Langemark (sic!)« ergehe daher der Ruf: »Hinein in die braunen Sturmbataillone Adolf Hitlers!«.[89]

Schimpfkanonade eines Ley-Apostels gegen Staat, Minister, Professoren. Sind dazu akademische Räumlichkeiten da?«.
83 Hans Falk für Rheno-Guestfalia, Berndt Hoffmann für die Völkerbundsvereinigung und Paul Hilzinger für die Vereinigung Sozialistischer Studenten; UAK (28/372) (Anm. 30), Bl. 57b-c, 60f., 83a–86.
84 Ebd., Bl. 65. Da der Artikel im Namen des NSDStB gezeichnet war, waren Gruppenführer Bohlmann und der Hauptschriftleiter des Beobachters Walter Grohé in der Folge bemüht, gegenüber Rektor und Senat eine Urheberschaft Bohlmanns zu bestreiten. Ebd., Bl. 69–75.
85 Ebd., Bl. 109-111, 114–117.
86 Ebd., Bl. 120-123.
87 Ebd., Bl. 161.
88 Ebd., Bl. 163. Das Flugblatt war wohlgemerkt vor den gewalttätigen Zusammenstößen mit der Polizei in Köln verfasst.
89 Ebd., Bl. 138. Westdeutscher Beobachter vom 11. Mai 1930, »Die Eroberung der Kölner Universität«; Ebd., Bl. 159.

Da die Gummiknüppelattacken und Polizeieinsätze, die in der Berliner Universität bereits für Furore gesorgt hatten, in Köln aber auf sich warten ließen, beschloss der NS-Studentenbund bald offenbar durch direktere Methoden Fakten zu schaffen. Um endlich auch in Köln für Aufregung zu sorgen, kündigte die »Sektion Universität« für den 25. Februar 1931 eine Kundgebung mit Dr. Peter Winkelnkemper unter dem Titel »Gewalt zwingt keinen Geist« am Ehrenmal vor der Universität an.[90] Zuvor hatte Polizeipräsident Bauknecht wegen Ausschreitungen ein generelles Demonstrationsverbot für Nationalsozialisten unter freiem Himmel erlassen, eine Eskalation war also vorauszusehen.[91] Circa 600 Menschen, darunter Gegendemonstranten und Schaulustige, fanden sich mittags am Kriegerdenkmal an der Claudiusstraße ein. Wie es zur Eskalation vor den Toren der Universität kam, wird aus den verschiedenen Darstellungen nicht eindeutig klar. Das Tageblatt beschuldigte »studentische Redner [, die] anti-faschistische Rufe ausgebracht hatten«, woraufhin Schlägereien zwischen Sozialisten und SA-Männern entstanden.[92] Um der Räumung des Platzes zu entgehen, seien die Studenten in das Universitätsgebäude geflüchtet, das Rektor Kroll zuvor durch Aushänge für politische Kundgebungen gesperrt hatte. Die Rheinische Zeitung widersprach dieser Darstellung, die Zwischenfälle in der Menge seien eine »planmäßig hervorgerufene Herausforderung der nationalsozialistischen Studenten und ihrer SA-Helfer« gewesen.[93] Wenig erstaunlich ist die Darstellung des Westdeutschen Beobachters, der den Terror des »marxistische[n] Kölner Polizeipräsident[en]« und seiner »Bauknechtkosacken«, die ohne Anlass mit Knüppeln auf die nationalen Demonstranten losgegangen seien, für die Krawalle verantwortlich machte.[94] Damit, so das Propagandablatt, habe sich die Anmaßung der Polizei »auf akademischem Boden [...] zu einer gelungenen Propaganda für die Kundgebung« erwiesen. Unter den Verhafteten sei zudem kein Nationalsozialist, sondern nur »Waffenstudenten und Freistudierende [gewesen], ein Beweis dafür, daß gestern die Studentenschaft geschlossen gegen den Willkürakt des Marxisten Bauknecht stand«. Dem Rektor sei die Frage zu stellen, ob »der akademische Boden für das Abhalten von Gummiknüppelorgien [ein] geeigneter Platz«

---

90 Ebd., Bl. 166. Auf dem Flugzettel heißt es: »Die Front des Nationalsozialismus rückt vor in gewaltigen Ausmaßen. Trotz schwarz-roten Terrors, trotz Gummiknüppel und Diktatur. Die deutsche Freiheitsbewegung marschiert auch in die geheiligten Hallen unserer Universität«.
91 Ebd., Bl. 169. Rheinische Zeitung vom 26. Februar 1931, »Demonstrationsverbot für Nationalsozialisten«.
92 Ebd., Bl. 170, Kölner Tageblatt vom 25. Februar 1931.
93 Ebd., Bl. 172b, Rheinische Zeitung vom 26. Februar 1931.
94 Ebd., Bl. 172, Westdeutscher Beobachter vom 26. Februar 1931 (Morgenausgabe).

sei.[95] In seinem Bericht an das Wissenschaftsministerium bestritt Rektor Kroll, dass es zu einem Polizeieinsatz in der Universität gekommen sei. Die Kundgebung sei von »nennenswerten Kreisen der Studentenschaft nicht getragen« worden und obwohl, wie Kroll beiläufig zugab, »gewiß weite Kreise der Studentenschaft nationalsozialistische Tendenzen haben«, sehe er der Zukunft mit Ruhe entgegen. Da es keine Wahlen zur verfassten Studentenschaft gebe, sei den Nationalsozialisten keine Gelegenheit zur Mobilisierung gegeben. Die Wiederzulassung der NS-Hochschulgruppe könne man schlicht ablehnen. Die Korporationen verhielten sich, trotz vieler »nationalsozialistische[r] Elemente […] gegen jeden demonstrativen Rummel ablehnend«.[96]

Der nächste Anlass kam nicht mal ein halbes Jahr später: Rektor Kroll erfuhr von den Plänen der »radikalen Elemente«, den Jahrestag der Unterzeichnung des Versailler Vertrages mit einer nationalen Kundgebung zu begehen. Sein Versuch, die rechtsradikalen Kräfte in eine offizielle Feier einzubinden, scheiterte, nachdem die Reichsregierung bat, die Ruhe am Rhein nicht während der Verhandlungen zum Hoover-Moratorium zu gefährden. Kroll teilte die Entscheidung den Korporationen und Vereinigungen schriftlich mit und appellierte angesichts der Krise an ihre »nationale Disziplin, die bis zu entsagender Opferbereitschaft im Dienste eines höheren Zieles zu gehen« habe.[97] Am 2. und 3. Juli kam es dennoch zu schweren Unruhen vor und in der Universität, die in ihrer Intensität die Vorkommnisse zu Jahresbeginn deutlich in den Schatten stellten.[98] Die nationalsozialistische Presse hatte in den Tagen nach der Anordnung des Rektors, eine gemeinsame Kundgebung innerhalb der Universitätsmauern zu unterlassen, alles darangesetzt, die Studentenschaft zu den Opfern einer Verschwörung von Staat und Hochschule zu erklären. Das Ziel war, ihre patriotischen Gefühle zu »entflammen«, so Rektor Kroll in seinem Bericht an Kultusminister und Rheinprovinzoberpräsidenten fast verständnisvoll. Wie Kroll erst später bekannt wurde, gab die NSDAP am Vorabend des 2. Juli die Weisung aus, dass »Leute mit guten Anzügen am nächsten Morgen um 10 Uhr in [der] Universität« zu erscheinen haben. Verstärkt wurden sie durch SA-Männer, die sich als Studenten getarnt in der Menge aufhielten. Pünktlich, um den Vollbetrieb vor dem Portal in der Claudiusstraße auszunutzen, hielt ein Unbekannter eine Hetzrede, die sofort in wilden Schlägereien ausartete. Während vor den Toren auf jüdische Studierende Jagd gemacht wurde, gelang es anderen

---

95 Ebd., Bl. 170–173.
96 Ebd., Bl. 175–182. Bericht Rektor Krolls an Kuratoriumsvorsitzenden Eckert.
97 UAK (28/361), Studenten-Unruhen, Bl. 2–13.
98 Ebd., Bl. 54–63.

SA-Schlägern, in die Universität einzudringen, wobei ein Universitätsbeamter niedergeschlagen wurde. Kroll blieb nichts anderes übrig, als die Polizei in die Universität zu rufen, womit das Propagandavorhaben der Nationalsozialisten gelungen war. Erst am Nachmittag kehrte wieder Ruhe ein. In einer gemeinsamen Erklärung äußerten die »besonnenen Elemente« (Kroll) ihr Bestürzen und ihre Ablehnung der Vorkommnisse.[99]

Am nächsten Tag kam es erneut zu Ausschreitungen, da die NSDAP scheinbar weiter Potential sah, die Lage zu eskalieren. Wieder fanden sich morgens um 10 Uhr getarnte SA-Männer vor dem Hauptgebäude zusammen, um in einer Kundgebung die Menge aufzustacheln. Diesmal war die Polizei vorbereitet, ergriff den Redner und verhinderte ein Eindringen in das Hauptgebäude. Bei dem Agitator handelte es sich um Reichsstudentenführer Baldur von Schirach, der den Studentenausweis eines Kölner Nationalsozialisten bei sich trug. Für ihn endete die Inszenierung im Kölner Klingelpütz, den er allerdings nach acht Tagen und nach einer für die damalige Justiz symptomatischen Bewährungsstrafe wieder verlassen konnte.[100] Die Bilanz der zwei Tage waren ein halbes Dutzend Festnahmen, die sich alle als universitätsfremd herausstellten, und mehrere eingeleitete Disziplinarverfahren gegen beteiligte Studenten.[101] Der Kölner Waffenring und die »nationalen Verbände an der Universität zu Köln« holten ihre geplante Kundgebung gegen Versailles am 9. Juli in den Deutzer Messehallen nach. Dass ursprünglich Baldur von Schirach, der nun allerdings im Gefängnis saß, als Redner geladen war, zeigt unmissverständlich, wie nah sich die rechte Studentenschaft und die Nationalsozialisten inzwischen gekommen waren.[102]

Durch diese bewusste Gewaltperformanz, die einerseits bei Sympathisanten Stärke ausstrahlen, andererseits vor allem jüdische und linksstehende Studierende einschüchtern sollte, war es dem NSDStB gelungen, die Aufmerksamkeit an der Universität Stück für Stück auf sich zu ziehen. Damit diktierten die NS-Studenten die Reaktionen der Behörden, die sie wiederum agitatorisch

---

99 Einzelne Korporationen des Waffenrings, Ring katholischer Korporationen, Rheno-Guestphalia, Wingolf, Ring der interkonfessionellen nicht-schlagenden Verbindungen, Jugendbewegung, Kath. Freistudenten, Görresring, Freistudentenschaft, Vereinigung sozialistischer Studenten, ebd., Bl. 20. Bemerkenswert ist dies insoweit, als dass es sich hier um die *einzige* dokumentierte Zusammenarbeit von katholischen Korporationen und Waffenring mit einer jüdischen Verbindung handelt. Wenge: Integration und Ausgrenzung (Anm. 6), S. 268.
100 Wortmann: Baldur von Schirach (Anm. 39), S. 81f. Der Westdeutsche Beobachter pries die Aktion, insbesondere die Gewalt gegen »Judenbengels« noch zehn Jahre später in einer Rückschau: Westdeutscher Beobachter vom 11. August 1940, »Baldur von Schirach machte Revolution«.
101 Freitäger: Gleichschaltung (Anm. 10), S. 118f.
102 UAK (28/361) (Anm. 97), Bl. 28.

»Werde politisch oder stirb!«   223

als Belege ihres Opferstatus verwerten konnten. So erzeugten sie durch die Zerstörung der akademischen Rechtsordnung gezielt eine neue Situation, die, wie Kroll zugab, den Rechten Zulauf verschaffte. Ihr Mittel war der gezielte Einsatz von Gewalt, die den »akademischen Frieden« praktisch negierte, den Außenstehenden unmissverständlich den Ernst ihrer politischen »Bewegung« klar machte und innerhalb der nationalsozialistischen Hochschulgruppe den Anschluss an die Ebene des Straßenkampfes herstellte.[103] Aus dem Verhalten der nicht-nationalsozialistischen rechten Hochschulgruppen lässt sich eine zunehmende Toleranz gegenüber gewalttätiger Politik erkennen, die auf Recht basierte Ordnung der Hochschule wurde immer seltener als schützenswert anerkannt.

c) Die letzte Hochschulwahl

Vorläufiger Höhepunkt vor der »Machtergreifung« wurde die illegale Studentenschaftswahl, in der das Einvernehmen der rechten Gruppen weiter deutlich wurde. Rektor Kuske, der für seine Amtszeit die Befriedung des Hochschulkonflikts ins Auge gefasst hatte, ließ den NSDStB wieder zu und stellte eine vom DSt unabhängige neue Studierendenvertretung in Aussicht.[104] Die Lage änderte sich, als Kuske davon in Kenntnis gesetzt wurde, dass die Wortführer des Wahlbegehrens in Köln, namentlich die Korporationen des Waffenrings und der NSDStB, mit der DSt in Kontakt getreten waren und keine unabhängige »Zweckeinrichtung« an der Kölner Hochschule mehr wünschten. Dem NSDStB war es gelungen, den Stahlhelm, die DVP-Hochschulgruppe und den interkonfessionellen Ring auf seinen Kurs zu bringen.[105] Den damit provozierten Abbruch der Verhandlungen durch Kuske nahmen NSDStB und Waffenring zum Anlass, eine »private« Wahl außerhalb der Universität anzukündigen, die die Universitätsleitung als illegitim betrachten musste.[106] Da die Mehrzahl der Kölner katholischen Korporationen und Verbindungen es ablehnte, an der Wahl der »Nationalen Arbeitsgemeinschaft« teilzunehmen, war die Wahl von vornherein darauf festgelegt, eine Veranstaltung der radikalen Rechten zu werden, die entsprechend auch einseitig Wahlkampf betrieb.[107] Die am 3. und 4. Februar in Kölner Gasthäusern durchgeführte

---

103 Vgl. Michael Wildt: Volksgemeinschaft als Selbstermächtigung. Gewalt gegen Juden in der deutschen Provinz 1919 bis 1939, Hamburg 2007, Bl. 96–100.
104 UAK (28/374) (Anm. 27), Bl. 50, S. 133 f.; UAK (28/309) (Anm. 26), Bl. 15–18. UAK (28/373) (Anm. 4), Bl. 15.
105 Lediglich die Freistudentenschaft und der starke Ring der katholischen Korporationen lehnte eine Angliederung an die DSt ab, UAK (28/309) (Anm. 26), Bl. 45.
106 UAK (27/156), Vertretung der Studentenschaft, Bl. 86–91.
107 UAK (28/309) (Anm. 26), Bl. 93. Auf den 56 Listenplätzen der beiden großen Listen, dem »Nationalen Block« und der nationalsozialistischen Studentenschaft, befanden sie ganze zwei

Abstimmung konnte mit einer Wahlbeteiligung von 1.299 Wählern (von 5.896 Wahlberechtigten) nur 22,13 % der Studentenschaft für die Wahl mobilisieren. Die nur vier antretenden Listen wurden von dem »Nationalen Block« des Waffenrings und sympathisierender Gruppen und der »Nationalsozialistischen Studentenschaft« dominiert, die mit 633 und 621 Stimmen die 16 Mandate gerecht unter sich aufteilten. Rektor Kuske gab sich in einem Bericht für den Kultusminister dementsprechend zufrieden.[108] Der NSDStB hatte seine Ziele dennoch erreicht, auch wenn der Westdeutsche Beobachter die Wahl nur zu einem »Achtungserfolg« erklärte.[109] Da der Waffenring allein mehr als 700 Mitglieder zählte, muss davon ausgegangen werden, dass eine nicht geringe Zahl der Waffenstudenten ihr Kreuz bei den Nationalsozialisten machte. Zudem war Kuskes Kurs, die Studentenschaft durch Besprechungen und Wahlen zur konstruktiven Zusammenarbeit anzuhalten, nach kürzester Zeit gescheitert. Die rechten Gruppen torpedierten das Einheitsbestreben und führten die Studentenschaft in eine Spaltung. Rund 20 Prozent der Studentenschaft – den Umständen entsprechend ein durchaus repräsentativer Anteil – hatte sich klar zur Linie der DSt, die seit 1931 unter Kontrolle der NSDAP stand, bekannt. Die rechtsradikale Studentenschaft ging gestärkt aus der Wahlepisode hervor, antisemitische Vorfälle und Schubsereien nahmen 1932 merklich zu.[110] Im Sommer verhinderte ein anonymer, antisemitischer Drohbrief die Rektoren-Kandidatur Gustav Aschaffenburgs, dem kein Kollege schützend zur Seite sprang.[111] In einem Arbeitsplan im Mai 1932 wusste sich die Hochschulgruppe nach der Preußenwahl bereits im »letzten Kampfabschnitt«.[112]

3. Etablierung einer neuen Ordnung

Die Gleichschaltung und die Durchsetzung der neuen, aktivistischen Studentenordnung an der Universität lassen sich vor diesem Hintergrund der bereits angerissenen Vorstellungen im Krisendiskurs verstehen. Es lässt sich zeigen, dass die Umgestaltung des studentischen Alltags in ein System mobilisierender Maßnahmen als Kernelement früher nationalsozialistischer Universitätsvorstellungen gelesen werden kann.

Frauen, UAK (28/309) (Anm. 26), Bl. 103.
108 UAK (27/156) (Anm. 106), Bl. 79–83.
109 UAK (28/309) (Anm. 26), Bl. 113.
110 Kühn: Widerstand und Emigration (Anm. 28), S. 43.
111 Golczewski: Kölner Universitätslehrer (Anm. 8), S. 47 f. Schwer persönlich getroffen, zog Aschaffenburg seine Kandidatur zurück.
112 UAK (28/373) (Anm. 4), Bl. 33.

a) Bücherverbrennung und Gleichschaltung

Mit der »Machtergreifung« im Reich änderte sich erst einmal nichts an der Universität Köln. Um die Initiative zu ergreifen, kündigte der NSDStB für den 17. Februar eine Fahnenweihe vor dem Hauptgebäude an, die den Beginn der NS-Herrschaft und die Gründung des ersten Kölner Studenten-Sturmbannes feiern sollte. Die Hochschulleitung verhielt sich abwartend und erteilte erst nach Vermittlung durch den nationalsozialistischen Chirurg Hermann Haberland die Erlaubnis. Beamte und Lehrpersonal blieben der Veranstaltung, wie durch den Senat angeordnet, weitestgehend fern, was der Westdeutsche Beobachter mit Missfallen registrierte.[113] Der Führer des Kölner Stahlhelmhochschulbunds beschwor in seiner Rede unter anderem die Einheit des »Frontsoldatengeschlecht[s]« und der »nationale[n] Jugend«.[114] Erst nach dem Sturz Adenauers im März und der Übernahme der Stadtgeschäfte durch die NSDAP war nun die städtische Universität an der Reihe. Der Medizinprofessor und ehemalige Freikorpskämpfer Ernst Leupold drängte Rektor Ebers auf Absprache mit dem neuen Oberbürgermeister Günther Riesen zum Rücktritt und wurde dafür mit dem Rektorat belohnt. Am 11. April legten Rektor, Dekane und Senat ihre Ämter nieder, womit Köln als erste Universität noch vor dem Berufsbeamtengesetz die Selbstgleichschaltung vollzog.[115] Drei Tage später veröffentlichte die Deutsche Studentenschaft die »Zwölf Thesen«, ein antisemitisches Programm, das den Auftakt der studentischen Inszenierung der »Machtergreifung« darstellte.[116] Bei der »Aktion wider des undeutschen Geistes« wurden schließlich in fast jeder Hochschule am 10. Mai und kurz danach missliebige Bücher zeremoniell verbrannt, wenn auch in lokal unterschiedlicher Intensität. War Köln eben in der »Kampfzeit« nur ein Nebenschauplatz der studentischen NS-Bewegung gewesen, so hatten es die Kölner Nationalsozialisten nun eilig, sich durch Aktionismus hervorzutun. Ein minutiöser Plan sollte die »spontane« Bekundung deutschen Lebenswillens in geordnete Bahnen lenken. Zudem fertigte man eine Schwarze Liste mit verfemter Literatur an, die unter tätiger Beihilfe der Polizei aus Bibliotheken und Leihbüchereien entfernt wurde.[117] Rektor Leupold düpierte die

---

113 UAK (28/362), Studentische Kundgebungen, Bl. 1-14; Golczewski: Die »Gleichschaltung« (Anm. 5), S. 52-54.
114 UAK (28/362) (Anm. 113), Bl. 15
115 Golczewski: Kölner Universitätslehrer (Anm. 8), S. 55-69.
116 Bei der DSt führte man die Aktion, die in die »Auslese« der Hochschullehrerschaft und Wissenschaft mündete, nach antisemitischen und nationalsozialistischen Vorstellungen nicht zuletzt im Geltungskampf mit dem NSDStB, ein früher Konfliktfall in der NS-Polykratie.
117 UAK (28/362) (Anm. 113), Bl. 20-25. 334 Bücher und 1.200 periodische Druckschriften wurden konfisziert, Golczewski: Die »Gleichschaltung« (Anm. 5), S. 58. Siehe auch: Klaus

Nationalsozialisten, als er wegen Regens kurzfristig entschied, die Professoren würden nur bei trockenem Wetter beiwohnen. Während in Berlin die Bücherverbrennung im strömenden Regen stattfand, blieb dem Kölner NSDStB nichts anderes übrig, als die »Aktion« um eine Woche zu verschieben. Dass es sich hierbei um eine »Kölsche Obstruktion« gehandelt habe, wie Frank Golczewski anerkennend annahm, darf bezweifelt werden.[118] Am 17. Mai konnte die Bücherverbrennung schließlich als eine der letzten im Land stattfinden.[119] In einem Artikel des Westdeutschen Beobachters vom folgenden Tag war von mehreren Tausend Zuschauern die Rede, ebenfalls seien der Stahlhelm und »sämtliche Vereinigungen und Korporationen mit ihren Fahnen und Bannern« anwesend gewesen.[120]. Der in Köln dominante KV, dem fast alle katholischen Korporationen angehörten, war bereits unter Vermittlung des Kölner Erzbischofs Ende April gleichgeschaltet worden.[121] Bei dem bald eingeführten »Heldengedenktag« im Gürzenich am 9. November nahmen die Chargen brav hinter der Parteiabordnung Platz.[122] Der Kölner Waffenring schwor zudem bei seiner öffentlichen »Weihestunde« für den Führer, die an sie »vom Volk und Staat gestellten Aufgaben restlos zu erfüllen«.[123] Alle Parteimitglieder mussten ab sofort dem NSDStB angehören, weswegen die Mitgliederzahl im Sommersemester 1933 auf 1.002 schoss.[124] Schon am 1. Mai hatte Rektor Leupold das neue Studentenrecht verkündet. Dadurch wurden die örtlichen AStAs aufgelöst und durch einen »Studentenführer« ersetzt.[125] Jüdische Studierende waren nun kein Teil der verfassten Studentenschaft mehr.[126] Die im Sommersemester 1933 noch verbliebenen 120 jüdischen Studierenden wurden, sofern sie nicht im Examen waren, zum Abbruch gezwungen und »nicht-arische« Neueinschreibungen durch das »Überfüllungsgesetz« verboten.[127] Ende Mai 1933, also einen Monat, bevor das Rust-Ministerium in dieser Sache tätig wurde, legte das Rektorat eine Liste

Oettinger: »Der Anfang ist gemacht.« Die Bücherverbrennung 1933 in Köln, in: Blaschke u. a. (Hg.): Nachhilfe zu Erinnerung (Anm. 9), S. 71–75.
118 Golczewski: Die »Gleichschaltung« (Anm. 5), S. 60–66; Vgl. Oettinger: »Der Anfang ist gemacht« (Anm. 117), S. 73 f.
119 UAK (28/362) (Anm. 113), Bl. 45–47.
120 Ebd., Bl. 48 f.
121 Hans Schlömer: Die Gleichschaltung (Anm. 20), S. 27–32.
122 Gedacht wurde den Gefallenen des Hitler-Putsches, den »Helden von Langemarck« und Albert Leo Schlageter, dem hingerichteten Studenten und Freikorpssaboteur; UAK (28/310), Deutsche Studentenschaft, Bl. 198; UAK 28/362 Bl. 59, 62.
123 UAK (28/362) (Anm. 113), Bl. 72.
124 UAK (28/373) (Anm. 4), Bl. 39, 42. Bis Ende des Jahres waren es 2.412 Mitglieder.
125 Zum Text des Studentenrechts siehe UAK (28/311), Studentenrecht, Bl. 85–90; Ernst Leupold: Ansprache zur Verkündung des neuen Studentenrechts, in: Kölner Universitätsreden 32, Köln 1933, S. 1–16, hier S. 4 f.
126 Grüttner: Studenten (Anm. 7), S. 63.
127 Golczewski: Kölner Universitätslehrer (Anm. 8), S. 94–97.

mit vier kommunistischen Studierenden an, die der Universitätsleitung als Vorstandsmitglieder der mittlerweile aufgelösten marxistischen Hochschulgruppen bekannt waren, und schloss sie vom Studium aus.[128] Die Universitätszeitung wurde auf Anweisung der Gauleitung zum Sommersemester 1933 eingestellt und in die »Westdeutsche Akademische Rundschau« überführt.[129] Damit konnte nun der Fokus auf die politische Durchherrschung gelegt werden.

b) Politische Erziehung als permanente Mobilisierung

Umgehend wurde mit dem neuen Studentenrecht auch der Wehr- und Arbeitsdienst für Studierende eingeführt.[130] Die Reichsleitung der Deutschen Studentenschaft diktierte detaillierte Vorgaben zur »Kameradschaftserziehung« in den Wohnhäusern, der politischen Schulung und dem Arbeitsdienst. Als Ansprechpartner fungierten, neben den teils um Geltung konkurrierenden neugeschaffenen Hochschulämtern, auch die »Waffenringführer«.[131] Ab dem Sommersemester 1933 wurde die »wehrpraktische Ausbildung« zentral durch den neu ernannten Wehrsportleiter der Universität Köln organisiert. Alle Studenten des ersten und zweiten Semesters wurden zu Geländesport, Leibes- und Schießübungen in Ausbildungsgruppen eingeteilt. Der anschließenden obligatorischen Prüfung folgte – bei vorausgesetzter Eignung – eine freiwillige Teilnahme an einem Wehrseminar, das, nach einführenden Grundvorlesungen wie Kriegsgeschichte oder Waffenkunde, die militärische Spezialausbildung durchführte.[132] Die Korporationen sollten wegen ihrer langjährigen Erfahrung eingebunden werden, was bereits nach kurzer Zeit zu Kompetenzgerangel führte.[133] Die Einführung der Wehrwissenschaften, für die der Stahlhelm-Hochschulbund mit aufwendigen Broschüren im Namen der »totalen Wehrhaftmachung« noch 1932 und 1933 beim Rektorat Lobbyismus betrieben hatte, komplettierte die »wehrpolitische Erziehung«.[134] Der Arbeitsdienst, der durch Mitgliedschaft in der studentischen SA abzuleisten

---

128 UAK (28/128) (Anm. 26), Bl. 2–26. Zur Ausschließung von Studierenden vgl. auch Freitäger: Gleichschaltung (Anm. 9), S. 120–122.
129 UAK (28/347), Westdeutsche akadem. Rundschau, Bl. 9–15, S. 41.
130 Ernst Leupold: Ansprache (Anm. 125), S. 8 f.
131 UAK (14/11), Deutsche Studentenschaft. Rundschreiben, Abschnitt »Politische Erziehung« (keine Blattnummerierung).
132 UAK (28/364), Wehrsport, Bl. 17–20. Ziel war die militärische Ausbildung in verschiedenen Truppengattungen wie Infanterie, Nachrichtendienst, Seefahrt, Luftfahrt, Kriegsmedizin. Außerdem wurde ein Lehrstuhl für Wehrwissenschaften eingerichtet, ebd., Bl. 1–4. Zum Zwecke der Wehrausbildung wurde in Kornelimünster bei Aachen ein hochschuleigenes »Wehrlager« aufgebaut.
133 Ebd., Bl. 27–33.
134 UAK (28/363), Wehrwissenschaft, Bl. 2 f., 12 f.

war, war bei den Studenten und Dozenten wegen der Ablenkung vom Studium wenig beliebt, was sich in einer durch Rust angeordneten Evaluierung zeigte.[135] Bereits 1934 wurden die studentischen Sturmbanne aber wieder aufgelöst. Die »Klassenrücksicht«, also der politische Zweck der Eroberung der Hochschulen der studentischen SA, hatte sich überlebt, weswegen die nun 1.800 SA-Studenten des Gesamtsturmbannes IV/236 in die örtliche SA überführt wurden.[136] Die »Grenzlandarbeit« wurde im »Hochschulamt für praktische Volkstumsarbeit« institutionalisiert, das für die »Erhaltung des Volkstums« in Flandern durch Sammlungen von »Märchen-, Sagen- und Legendenbüchern« in Aktion trat. Den mäßigen Erfolg führte man auf das Desinteresse der Korporationen zurück, die lieber ihre eigenen Projekte weiterführten.[137] Weitere Reibungen mit den Korporationen löste die Verordnung aus, ab WS 1934/35 eine Wohnpflicht für Erst- und Zweitsemester in »Kameradschaftshäusern« einzuführen. Zum Zwecke der Volksgemeinschaftsbildung requirierte man nämlich die Korporationshäuser.[138]

Die »Neugestaltung der studentischen Erziehung« wurde dem »Amt für Wissenschaft innerhalb des Hauptamtes für Politische Erziehung der Studentenschaft der Universität Köln« aufgetragen.[139] Ihr »Arbeitsprogramm«, das den Studenten als Broschüre ausgeteilt wurde, listet für das WS 1933/34 ganze 71 Veranstaltungen auf, die zum Zwecke der »Schulung und Erziehung« angeboten wurden.[140] Neu waren die »Arbeitsgemeinschaften«, in denen hauptsächlich die nationalsozialistische Ideologie vermittelt wurde und die zusammen von Dozenten und »Schulungsleitern« des NSDStB geführt wurden. Sowohl die Teilnahme an der politischen Schulung und die Mitgliedschaft im NSDStB, als auch den Wehrsport, den SA- und Arbeitsdienst sowie die Kasernierung in Kameradschaftshäusern und Studentenlagern mussten die Studenten ab dem Sommersemester 1933 im sogenannten »Pflichtenheft« nachweisen.[141] Da es vor dem Examen ausgefüllt vorgezeigt werden musste, erfüllte es seinen Zweck als Überwachungs- und Kontrollmechanismus und dokumentierte den politischen Aktivismus der Studenten.

---

135 UAK (44/360), SA-Dienst der Studenten. Die gesamte Akte dokumentiert diese Evaluation.
136 UAK (28/373) (Anm. 3), Bl. 43.
137 Bericht über die Arbeit des Amtes für prakt. Volkstumsarbeit während des W-S-1933/34 und Aufruf an die Professoren vom 11. Januar 1934, UAK (14/34), Amt für praktische Volkstumsarbeit (Eingang), keine Blattnummerierung.
138 UAK (9/187), Studentenschaft (Kuratorium). Westdeutscher Beobachter vom 21. September 1934.
139 Ebd., Westdeutscher Beobachter vom 22. September 1934, »Die Neugestaltung der studentischen Erziehung«.
140 UAK (14/41), Drucksachen (Drucksache). Bei den meisten Veranstaltungen handelte es sich um normale Vorlesungen und Seminare mit tendenziösem politischen Inhalt.
141 UAK (14/38), Pflichtenheft für den Studierenden (Drucksache). Erhalten sind lediglich zwei leere und ein halb ausgefülltes Heft.

4. Schluss

Abschließend lassen sich drei Erkenntnisse festhalten. In der Kölner Universität waren die nationalsozialistischen Studierenden nicht die einzige politisch agierende Gruppe. Aus jeder Richtung wurde politisiert. Was die Nationalsozialisten von ihren Konkurrenten im universitären Diskurs unterschied, war eine politische Praxis, die tradierte Grenzen überschritt und damit den Raum der Hochschule selbst zum Ziel und Ort des Politischen machte. Durch den gezielten Einsatz von Gewalt sollten Vertrauen in Ordnung, Diskursivität und Zivilität in der Universität zerstört werden. Die Hochschulleitung hatte darauf, trotz der nummerischen Minderheit der Nationalsozialisten, keine geeignete Antwort. Dabei agierten die Nationalsozialisten in einem konservativen bis radikalnationalistischen Umfeld, in dem bereits demokratiefeindliche Diskurse gepflegt wurden, auf deren Grundlage die eigenen zugespitzten Forderungen konsensfähig sein konnten. Sagbarkeitsräume verschoben sich nach rechts, während republikanische oder linke Gruppen erodierten. Zweitens lässt sich die Umgestaltung des Studiums an der Universität Köln nach 1933 auch als Etablierung einer neuen Ordnung verstehen, die die in der »Kampfzeit« eingeforderten und erprobten Praktiken und Vorstellungen studentischer Mobilisierung in einem totalitären System zusammenführte. Drittens und abschließend bleiben allerdings viele Fragen offen. Unklar bleiben neben den Beziehungen der studentischen Gruppen untereinander, der Situation der »unpolitischen« Studierenden und der internen Reaktionen auf die Nationalsozialisten auch zentrale Fragen zur Anbindung des NSDStB an die städtische Partei und dessen Innenleben abseits der Quellen der Hochschulleitung. Insbesondere das rechtsnationale Milieu und das katholische Verbindungswesen verdienen weitere Aufmerksamkeit. Auch wenn die These einer Resistenz des Kölner Katholizismus nicht mehr überzeugend ist, stehen weiterhin Arbeiten zum Eindringen des Nationalsozialismus und des radikalen Antisemitismus in die Universitätskultur noch aus.

Organisation und Akteure der HJ-Zeitung
»Die Fanfare« (1933–1937) im Rheinland

von Kim Opgenoorth

Die regionale »Hitlerjugend-Zeitung für das Obergebiet West« »Die Fanfare« war nach eigenen Angaben die »größte Jugendzeitung Deutschlands«. Sie erreichte Mitte 1934 eine monatliche Auflage von circa 500.000 Exemplaren. Die Ansprache war aggressiv, soldatisch-militärisch und antibürgerlich gehalten und wendete sich mit Schlagzeilen wie »Weg mit den Miesmachern, konfessionellen Hetzern und kapitalistischen Profitjägern! Sozialismus heisst kein Lippenbekenntnis, Sozialismus heisst opfern«[1] deutlich an männliche Arbeiterjugendliche, obwohl sie im Innenteil auch spezielle Seiten für den BDM und die Jungmädel hatte. Von Januar 1933 bis März 1937 wurden insgesamt 48 Ausgaben mit unterschiedlichen regionalen Innenteilen und später Titelseiten publiziert.[2] Die Redaktionsleitung für die Gesamtausgabe saß in Köln.

In diesem Aufsatz wird die Gebietszeitung »Die Fanfare« in die nationalsozialistischen Jugendmedien der 1930er Jahre eingeordnet. Neben einer Analyse der Auflagenentwicklung, der Organisation inklusive Vertrieb und Akteuren der Zeitung, wird eine thematische Auswertung der Titelseiten, von Sprache und Bildsprache durchgeführt. Zusätzlich wird eruiert, inwieweit auf spezifische örtliche Gegebenheiten, Ereignisse oder Bräuche eingegangen wurde. Abschließend wird das etwas plötzliche Ende im März 1937 in den Blick genommen. Aufgrund ihres radikalen Auftretens mit antikapitalistischer und pseudo-sozialistischer Wortwahl wird erkundet, ob es sich um ein regionales Blatt mit eigener Ausrichtung handelte, dessen Ende von der NS-Führung aus ideologischen Gründen herbeigeführt wurde, oder ob andere Gründe ausschlaggebend waren.

---

1 Titelseite der »Fanfare« im Mai 1934, in: Deutsche Nationalbibliothek, ZDB-ID: 2835049-2, Die Fanfare: Hitlerjugend-Zeitung für das Gebiet Mittelrhein Mai 1933–März 1937, hier Ausgabe Mai 1934, S. 1; es wird im Folgenden diese Kurzschreibweise verwendet: F 34-05, S. 1.
2 Ab August 1933 und März 1937 erschien die »Hitlerjugend-Zeitung für das Obergebiet West« monatlich. Vorher hat es im Jahr 1933 zwei Sondernummern im Januar und im Mai gegeben, im Januar 1934 wurden zwei Ausgaben veröffentlicht. Damit sind insgesamt 48 Ausgaben erschienen. Bis April 1934 trug sie den Zusatz im Titel »Amtliche Hitlerjugend-Zeitung für das Obergebiet West«. In diesem Aufsatz wird sich, wenn möglich, auf die Ausgabe Gebiet Mittelrhein bezogen.

Die Gebietszeitung »Fanfare«[3] wurde für das HJ-Obergebiet West herausgegeben und deckte die sechs Gebiete Hessen-Nassau, Kurhessen, Mittelrhein, Ruhr-Niederrhein, Westfalen und Westmark ab. Der Fokus dieser Untersuchung liegt auf dem HJ-Gebiet Mittelrhein, welches dem NSDAP-Gau Köln-Aachen entspricht. Das NS-Dokumentationszentrum der Stadt Köln hat den Zugang zu beinahe allen Ausgaben der »Fanfare« ermöglicht und einen Großteil davon digitalisiert und online bereitgestellt.[4] Zur HJ im Rheinland sowie in Köln liegen Forschungen von Horst Wallraff und Willy Spiertz vor.[5] Zur NS-Jugendpresse wurde eine ausführliche Übersicht aller Publikationen von Tatjana Schruttke erstellt.[6] Es gibt außerdem eine Studie zu der von nationalsozialistischen Lehrern herausgegebenen Schülerzeitung »Hilf mit!«.[7]

3 Dieser Aufsatz basiert auf der Masterarbeit »Zwischen Bewegung und Staatsjugend: Die HJ-Zeitung ›Die Fanfare‹ als Medium der NS-Propaganda 1933–37« bei Prof. Dr. Habbo Knoch, Abteilung für Neuere Geschichte am Historischen Institut, Universität zu Köln, 2017. Ein Aufsatz, der die Inhalte der Zeitung analysiert, wurde im vorherigen GiK-Band veröffentlicht: Kim Opgenoorth: Gemeinschaft und Gegner in der rheinischen HJ-Zeitung »Die Fanfare« (1933–1937), in: GiK 65 (2018), S. 111–144.
4 Im Rahmen des von Martin Rüther geleiteten Projektes »Jugend 1918–1945« wurden Quellen und Zeitungen zusammengetragen. Ein Großteil der Fanfare-Ausgaben kann unter der URL https://jugend1918-1945.de in der Rubrik »Archiv/Druckerzeugnisse/Zeitungen und Zeitschriften/ Hitlerjugend« aufgerufen werden [Stand: 13.5.2019].
5 Willi Spiertz: Die Hitlerjugend in Köln. Anspruch und Aufgabe: Alltägliches und Außergewöhnliches in der Erinnerung von ZeitzeugInnen, Berlin 2011; Ders: Die Hitlerjugend in Köln, in: Landschaftsverband Rheinland (Hg.): Portal Rheinische Geschichte (19.04.2013). URL:http://www.rheinische-geschichte.lvr.de/themen/Das%20Rheinland%20im%2020.%20 Jahrhundert/Seiten/DieHitlerjugendinKoeln.aspx [Stand: 5.09.2016], außerdem zu Teilbereichen wie Schule: Joachim Trapp: Kölner Schulen in der NS-Zeit, Köln 1994; zu Widerstand oder unangepasstem Verhalten von Jugendlichen: Matthias von Hellfeld: Bündische Jugend und Hitlerjugend. Zur Geschichte von Anpassung und Widerstand 1930–1939, Köln 1987, und Martin Rüther/Sonja Schlegel/Irmi von Eckardstein: »Senkrecht stehen bleiben«. Wolfgang Ritzer und die Edelweißpiraten. Unangepasstes Jugendverhalten im Nationalsozialismus und dessen späte Verarbeitung, Köln 2015. Zusätzlich gibt es Internetressourcen zur HJ im Rheinland, siehe Horst Wallraff: Gau Köln Aachen, in: Landschaftsverband Rheinland (Hg.), Portal Rheinische Geschichte (5.09.2011). URL: http://www.rheinische-geschichte. lvr.de/orte/ab1815/Nationalsozialistische%20Gaue/Seiten/GauK%C3%B6ln-Aachen.aspx [Stand: 28.08.2016] sowie vom NS-Dokumentationszentrum der Stadt Köln mit Zeitzeugeninterviews, Quellenauswertung und erklärenden Texten: Martin Rüther: Jugend! Deutschland 1918–1945, in: NS-Dokumentationszentrum der Stadt Köln (Hg.): Projekt »Jugend in Deutschland 1918–1945«. URL: http://www.jugend1918-1945.de/ [Stand: 28.08.2016].
6 Tatjana Schruttke: Die Jugendpresse des Nationalsozialismus, Köln 1997. Hier sind allerdings teilweise unzuverlässige Zahlen zumindest bezüglich der »Fanfare« zu finden: Für das zweite Quartal 1936 wird eine Gesamtauflage von 80.175 angegeben. Im Impressum der Fanfare werden jedoch 64.933 aufgeführt.
7 Benjamin Ortmeyer: »Hilf mit!«: die Schülerzeitschrift des Nationalsozialistischen Lehrerbundes (NSLB), 7 Bände, Frankfurt am Main 2013. Dokumentation der Forschungsstelle NS-Pädagogik am Fachbereich Erziehungswissenschaften. Außerdem zur Auswertung der NS-Presse in der Region: Markus Bauer: Machtergreifung und Gleichschaltung in Siegburg. Der Lokalteil der nationalsozialistischen Zeitung »Westdeutscher Beobachter« von 1932 bis 1939, Siegburg 2009. Oder auch Annika Sommersberg: Der Hitler-Mythos im Westdeutschen Beobachter. Euskirchen im Dritten Reich, Tönning 2005.

1. Zur Region

Durch die Stärke der kommunistischen Partei und der katholischen Kirche wurde das Rheinland von den Nationalsozialisten vor 1933 als schwieriges Terrain angesehen. Die Wahlergebnisse der NSDAP lagen zum Beispiel in Köln zehn Prozent unter den reichsweiten Ergebnissen. Dies wurde im Buch der Gaue wie folgt formuliert: »Es mag wohl einzelne Gaue geben« wie das Ruhrgebiet, Berlin oder Hamburg, »wo der Marxismus zeitweilig stärker« aufgetreten sei als im Rheinland, nirgendwo sei jedoch »die Front der Gegner so geschlossen wie im Gau Rheinland« gewesen.[8] Zu den Schwierigkeiten mit dem Marxismus, dem katholischen Milieu, dem »feindlich eingestellten Bürgertum« und der »starken Präsenz von Juden« in der Handelsstadt Köln, seien in der Phase des Aufbaus der NSDAP auch noch die Besatzungsbehörden der »feindlichen Militärherrschaft« hinzu gekommen.[9] Um die schlechten Mitgliedszahlen zu rechtfertigen, die an vorletzter Stelle aller Gaue der NSDAP standen,[10] wurde von den Nationalsozialisten im Rheinland vorgeschlagen, »die Verdienste der Gaue weniger aus den Wahlergebnissen« als »aus der Summe der Widerstände« heraus abzuleiten. Von ihren Gegnern fühlten sie sich in den Wahlkämpfen 1932 und 1933 massiv unter Druck gesetzt. Diese hätten »mit allen Mitteln des seelischen, wirtschaftlichen und blutigen Terrors« gekämpft. Die katholische Kirche habe mit der Verweigerung der Sakramente gestraft, das »politische Bürgertum« mit »der gesellschaftlichen Ächtung« geantwortet und die Marxisten »mit der Pistole« gedroht.[11]

Gleichzeitig wurde dem Gau Köln-Aachen aus nationalsozialistischer Sicht schon früh eine »weltwirtschaftliche Bedeutung« zugeschrieben und die Stadt Köln als erste Handelsstadt im Rheinland bezeichnet.[12] Ab 1935 wurde die Hansestadt Köln als »Tor zum Westen« deklariert, welche als Universitätsstadt nicht nur das »Einfallstor für fremde, aus dem Westen kommende Geistesrichtungen«, sondern ebenso »das deutsche Ausfallstor für viele Länder der Welt« darstelle. Der »Grenzlandpolitik« wurde daher eine »außerordentliche weltwirtschaftliche Bedeutung« attestiert.[13]

Allerdings haben die Schwierigkeiten, denen sich die Nationalsozialisten ausgesetzt fühlten, nicht dazu geführt, dass die Gleichschaltung hier aufgehalten

---

8 [Anon.]: Das Ringen um die rheinischen Herzen (Köln-Aachen), in: Das Buch der deutschen Gaue. Fünf Jahre nationalsozialistische Aufbauleitung, Bayreuth 1938, S. 212–225, hier: S. 212.
9 Ebd., S. 212 f.
10 Wallraff: Gau Köln Aachen (Anm. 5).
11 Buch der Gaue (Anm. 8), S. 215.
12 Ebd., S. 222.
13 Ebd., S. 217.

oder verlangsamt worden sei.[14] Nach der schnellen und brutalen Ausschaltung ihrer organisierten Gegnerschaft und dem Abschluss des Konkordats im Juli 1933 mit der katholischen Kirche stieg der Mitgliederstand schnell auf Platz 10 der 32 Gaue.[15] Legenden und Mythen, die unter anderem von dem Bürgermeister Kölns Konrad Adenauer lanciert wurden, dass Hitler die Stadt gehasst und sie nur einmal besucht habe, sind schlichtweg nicht wahr. Ebenso konnte die Aussage des späteren Oberbürgermeisters Hermann Pünder, die Stadt habe »wie keine andere Stadt Widerstand geleistet«, nicht aufrechterhalten werden. Hitlers provozierendes Vorgehen gegen die im Versailler Vertrag festgelegte entmilitarisierte Zone im Rheinland wurde von der heimischen Bevölkerung am 7. März 1936 als »Befreiung« des Rheinlands bejubelt. Hitler konnte bei seinem darauffolgenden Besuch im April einen großen Triumph davontragen.[16] Die »kölsche Mentalität«, die als liberal, katholisch und »allem Autoritären abgeneigt« galt, hat laut Horst Matzerath keine Immunität gegenüber dem Nationalsozialismus gezeigt.[17]

2. Bedeutung der Pressepropaganda

Nicht als das »eindrucksvollste«, aber als »das wichtigste« Element für eine erfolgreiche Verbreitung von Propaganda wurde von allen Medien die Presse gesehen.[18] Folglich gehörte es zu einer der ersten Maßnahmen des NS-Regimes, nach dem Machtantritt das Pressewesen gleichzuschalten. Dabei profitierten die Nationalsozialisten enorm von der Infrastruktur ihrer Gegner. Deren Redaktionsräume und Druckereien wurden besetzt, beschlagnahmt und für die eigene Presse genutzt. Dies bewirkte eine massive Stärkung der Infrastruktur und der Finanzen aller NS-Publikationen.[19] Für die NS-Jugend hat dies innerhalb weniger Stunden zu einem vollständigen Wechsel der Ausgangslage geführt.[20]

---

14 Der Gau Köln-Aachen bestand Ende 1932 aus den 18 NSDAP-Kreisen Aachen-Stadt und -Land, Bergheim, Bonn, Düren, Erkelenz, Euskirchen, Geilenkirchen, Jülich, Köln linksrheinisch-Nord und -Süd, Köln rechtsrheinisch, Köln-Land, Monschau, Oberbergischer Kreis, Rheinisch-Bergischer Kreis, Schleiden und Siegkreis.
15 Wallraff: Gau Köln Aachen (Anm. 5).
16 Spiertz: Köln (Anm. 5), S. 122 f.
17 Horst Matzerath: Köln in der Zeit des Nationalsozialismus 1933–1945, Köln 2009, S. 320 f.
18 Dies schrieben sie in einer Broschüre, welche von der Abteilung P der RJF in Zusammenarbeit mit der Reichspropagandaabteilung der NSDAP und dem Reichsministerium für Volksaufklärung und Propaganda herausgegeben wurde, siehe »Die Propaganda. Richtlinien für die Propagandaarbeit der HJ«. Folge 2 »Allgemeine Propaganda«, Berlin 1935, S. 10.
19 Der Westdeutsche Beobachter wurde zum Beispiel im ehemaligen SPD-Redaktionshaus für die »Rheinische Zeitung« produziert.
20 Michael Buddrus: Totale Erziehung für den totalen Krieg. Hitlerjugend und nationalsozialistische Jugendpolitik, 2 Bände, München 2003, S. 95.

Anfang 1933 war die Hitlerjugend im Vergleich zu anderen Jugendorganisationen als kleine Splittergruppe mit wenig Einfluss zu bezeichnen. Sie war der SA unterstellt, hauptsächlich in Wahlkampfaktivitäten für die NSDAP eingebunden und konnte keine eigenständige Jugendarbeit vorweisen. Nach der Machtübergabe an Hitler wurde die Hitlerjugend durch brutale Ausschaltung der Gegner, Gleichschaltung anderer Jugendorganisationen und offensive Werbekampagnen zu einer allumfassenden Jugendorganisation aufgebaut. Ende 1936 waren 5,4 Millionen von insgesamt 8,6 Millionen Jugendlichen in der Hitlerjugend organisiert.[21] Die Gesamtorganisation umfasste die 10 bis 14-Jährigen »Pimpfe« im DJV (Deutschen Jungvolk) sowie Mädchen im JM (Jungmädel) und die 14 bis 18-Jährigen Jugendlichen in der gleichnamigen HJ sowie im BDM (Bund Deutscher Mädel). Geworben wurde unter anderem mit großen Freizeit-Zeltlagern, Sportangeboten und Elementen aus der Jugendbewegung. Sie habe bei dem Aufbau einer solchen Massenorganisation auf das Konzept »Jugend« aufsetzen können, welches laut Hermann Giesecke im Zuge von »Begleiterscheinungen eines soziokulturellen Wandels« in allen Industrienationen, aber in Deutschland besonders ausgeprägt, einen Aufschwung erlebt habe. Dies sei mit der Entwicklung eines neuen gesellschaftlichen Standes einhergegangen, den die bürgerliche Jugend und verbürgerlichte Teile der Arbeiterjugend erlangt hätten.[22] Allerdings habe sich die Ursprungsidee eines von Verpflichtungen und Verantwortung unabhängigen »freien Jugendraumes«, welches Giesecke »Kulturpubertät« nennt, in dieser Zeit aus ökonomischen Gründen nicht realisieren lassen.[23] Ein selbstbestimmtes, eigenverantwortliches Jugendleben war von der NS-Führung nicht intendiert. Die anfangs eingeführten Elemente der Jugendbewegung wurden schon bald durch massives Eingreifen von Parteifunktionären und durch Einbindung in staatliche Abläufe in ihr Gegenteil verkehrt.

Im Jahre 1933 änderte sich die Situation der NS-Jugendmedien von ständiger Geldknappheit und kleinen Auflagen hin zur Gründung einer Fülle von eigenen Presseorganen sowie Jugendbeilagen in allen Zeitungen. In kürzester Zeit wurde ein Presse- und Propagandaamt aufgestellt, dessen Strukturen hierarchisch in alle HJ-Gebiete bis in die unterste Ortsgruppe nach unten weitergeführt wurde.[24] Ebenso wie die Hitlerjugend die einzige Repräsentation

---

21 Arno Klönne: Jugend im Dritten Reich. Die Hitler-Jugend und ihre Gegner, Köln 2014, S. 33.
22 Hermann Giesecke: Vom Wandervogel bis zur Hitlerjugend. Jugendarbeit zwischen Politik und Pädagogik, München 1981, S. 217. Online unter URL: http://www.gbv.de/dms/faz-rez/820416_FAZ_0011_11_0003.pdf [Stand: 23.08.2016].
23 Ebd., S. 216.
24 Ebd., S. 93.

der gesamten deutschen Jugend sein sollte,[25] sollte ihre Presseabteilung das komplette Spektrum der Jugendpublikationen kontrollieren.[26] Diese arbeitete eng mit den Propagandaeinrichtungen der NSDAP und dem Staat zusammen.[27] Die inhaltliche Ausrichtung wurde von der Reichsjugendführung (RJF) vorgegeben, da, so wurde es offiziell begründet, das Fehlen einer zentralen Propagandasteuerung der Hauptgrund für die Niederlage im Ersten Weltkrieg gewesen sei.[28]

3. NS-Jugendpresse in den 1930er Jahren

Eine eindeutige Bezeichnung für die Organe der NS-Jugendpresse gibt es in der Forschungsliteratur laut Bernd Sösemann nicht. Da viel Bildmaterial eingesetzt wurde, verwendet er den Begriff der Jugendillustrierten.[29] Die nationalsozialistischen Pressetheoretiker ordneten sie der Kategorie Zeitschrift zu, da diese zwar eine regelmäßige, aber mit längeren Abständen versehene Erscheinungsweise vorwiesen, keine tagespolitischen Fragen aufwarfen und eine fest umrahmte Zielgruppe angesprochen hätten. Die Aufmachung mit Schlagzeilen, Titelseite und klassischen Zeitungsartikeln würde jedoch bei vielen Erzeugnissen für den Begriff Zeitung sprechen.[30] Da die Gebietszeitung »Die Fanfare« in einem DIN A 2-Format mit einem eng geschriebenen Zeitungs-Layout produziert wurde, wird sie im Folgenden als Zeitung bezeichnet.

Nach Bernd Sösemann gab es von den 72 Jugendillustrierten im Jahr 1933 vier Jahre später nur noch 27 Publikationen, eine Zahl, welche bis 1941 auf 15 sank.[31] Tatjana Schruttke hat 68 verschiedene Titel zwischen 1924 und 1944 ausfindig gemacht.[32] Die Presseerzeugnisse der HJ richteten sich gezielt an verschiedene Alters- und Zielgruppen. Es gab spezielle Formate für BDM-Mitglieder oder »Pimpfe«, für blinde und taubstumme oder im Ausland lebende Angehörige der HJ.[33] Das Hauptziel der HJ-Presseorgane, die zwischen 1927 und 1933 in der »Kampfzeit« herausgegeben wurden, sei nach Schruttke die

---

25 Spiertz: Köln (Anm. 5), S. 18.
26 Schruttke: Jugendpresse (Anm. 6), S. 126.
27 »Die Propaganda« Folge 2, S. 6.
28 Ebd., Folge 2, S. 5.
29 Bernd Sösemann: Propaganda: Medien und Öffentlichkeit in der NS-Diktatur, 2 Bände, Stuttgart 2011, S. 1091.
30 Schruttke: Jugendpresse (Anm. 6), S. 12 f.
31 Sösemann: Propaganda (Anm. 29), S. 1091.
32 Schruttke geht von 68 Titeln aus, siehe Schruttke: Jugendpresse (Anm. 6), S. 126.
33 Ebd., S. 126 f.

Organisation und Akteure der HJ-Zeitung »Die Fanfare«   237

Mitgliederwerbung und der Angriff des Gegners gewesen.[34] Im Jahr 1933 habe es dann einen Aufschwung an Neugründungen von Presseprodukten gegeben.[35] Die Anfangsphase im NS-Staat habe zum Experimentieren mit verschiedenen Formaten geführt, die eine gewisse Fluktuation von Zeitungen zur Folge gehabt habe.[36]

Unter den reichsweiten Publikationen, welche zentral an alle Mitglieder der Gesamtorganisation inklusive aller Untergliederungen der Hitlerjugend gerichtet waren, wurde zum Beispiel schon seit Januar 1932 der Titel »Der junge Nationalsozialist«[37] herausgegeben. Dieser wurde ein Jahr später von der Zeitung »Junge Nation (JN)« abgelöst, welche wiederum nur ein Jahr existierte. Nachfolger wurde die HJ-Illustrierte »Die Fanfare«,[38] die nicht mit der hier untersuchten gleichnamigen Gebietszeitung verwechselt werden darf, da sie sich trotz gleicher Herausgeberschaft deutlich in Aufmachung, Ausrichtung und Reichweite unterschied.[39] Diesen drei aufeinanderfolgenden reichsweiten Zeitungen der Übergangsphase war gemeinsam, dass sie mit einem Umfang von 24 bis 32 Seiten monatlich erschienen, einen höheren Bild- als Textanteil aufwiesen und für einen Preis von 20 Pfennig zu erstehen waren.[40]

Die Gebietszeitungen, die in verschiedenen Regionen entstanden waren, zählten zu einer Besonderheit in dieser Phase. In der »Kampfzeit« waren sie aus Angst vor zu vielen verschiedenen Ausrichtungen verboten gewesen. Nun wurde den Regionen mehr Spielraum gewährt und die örtlichen Blätter als Unterstützung der reichsweiten RJF-Materialien angesehen.[41]

---

34 Ebd., S. 50.
35 Ebd., S. 40.
36 Einige hätten nur ein Jahr lang existiert, ebd., S. 54.
37 Nachfolger von »HJZ Sturmjugend«, im Jahr 1932: Auflage von 35.000 Stück pro Monat, ebd., S. 54.
38 Laut Schruttke sei die Illustrierte »Fanfare« von 1934 mit einer Auflage von 300.000 gestartet und nach einem Jahr bei 52.000 Stück angekommen, auch sie wurde 1937 eingestellt, ebd., S. 54.
39 Die Gebietszeitung »Fanfare« und die reichsweite HJ-Illustrierte »Fanfare« werden leider nicht immer auseinandergehalten, siehe Silke Dürrhauer: Hitlers Jugendpropaganda – Nationalsozialistische Jugendzeitschriften als eine ideologische Wurzel rechtsextremer Jugendkultur (Erstellungsdatum 2007), in: Dossier Rechtsextremismus der Bundeszentrale für politische Bildung. URL: http://www.bpb.de/politik/extremismus/rechtsextremismus/41726/hitlersjugendpropaganda [Stand: 28.08.2016].
40 In der Regel sei das Text-Bild-Verhältnis in der Jugendpresse ausgewogen gewesen, siehe Schruttke: Jugendpresse (Anm. 6), S. 54 f.
41 Die erste sei von der Berliner HJ 1931 unter dem Namen »Der junge Sturmtrupp« herausgegeben worden. Sie erschien zweiwöchentlich, die meisten seien aber erst nach 1933 herausgegeben worden, ebd., S. 51–53.

4. Auflage und Entwicklung

a) Beginn der »Fanfare«

Die Gründung der Gebietszeitung »Fanfare« erfolgte durch Hartmann Lauterbacher, der laut eigenen Angaben von der Reichsführung der HJ im Obergebiet West eingesetzt worden war, um einen »politisch unzuverlässigen« Gebietsführer in Köln abzulösen.[42] Die erste Ausgabe der »Fanfare«, welche in den Gebieten Hessen-Nassau, Kurhessen, Mittelrhein, Ruhr-Niederrhein, Westfalen und Westmark veröffentlicht wurde, sollte zu Kundgebungen im Rahmen einer Rundreise von Baldur von Schirach in verschiedenen Städten Westdeutschlands mobilisieren.[43] Ursprünglich sei geplant gewesen, zeitgleich die HJ-Illustrierte »Die Fanfare« im Westen mit herauszugeben. Hier sei es jedoch aufgrund eines höheren Einsatzes von Bild- und Fotomaterial zu Verzögerungen im Produktionsprozess gekommen. Als sie ein Jahr später publiziert werden konnte, war Lauterbacher in die Reichsjugendführung aufgestiegen, so dass die Illustrierte gleich als reichsweite Publikation erschienen sei.[44]

Eine zweite Sondernummer der Gebietszeitung »Die Fanfare« erschien im Mai 1933 zu Albert Leo Schlageter, einem zum »Märtyrer« hochstilisierten Aktivisten aus der Ruhrkrise 1923, der von einem französischen Militärgericht zur Hinrichtung verurteilt worden war. Die Zeitung wurde zur Mobilisierung zu einem »Bekenntnismarsch« der rheinisch-westfälischen HJ in Düsseldorf eingesetzt. Ab dem August 1933 erschien die »Fanfare« bis März 1937 ein Mal im Monat. Im Januar 1934 wurden einmalig zwei Ausgaben herausgegeben.

Zu Anfang wurde eine gemeinsame Zeitung für das gesamte Obergebiet West hergestellt, in der zwei Seiten für einen regionalen Schwerpunkt reserviert waren, der monatlich abwechselte. Ab dem Juli 1934 wurden Gebietszeitungen mit eigenen Titelseiten hergestellt. Für den Innenteil wurden Inhalte teilweise übergreifend erstellt und auf unterschiedliche Seiten der Gebietszeitungen verteilt. Dies umfasste allgemeinpolitische Themen, fiktive Geschichten und kulturelle Beiträge sowie den Großteil der Inhalte für die BDM-, JM- und DJV-Seiten. Ab 1935 wurde die Rubrik Bannberichte eingeführt, in der kleine Nachrichten aus der lokalen Arbeit der verschiedenen Banne und Jungbanne veröffentlicht wurden.

---

42 Hartmann Lauterbacher: Erlebt und mitgestaltet. Kronzeuge einer Epoche 1923–1945. Zu neuen Ufern nach Kriegsende, Preußisch Oldendorf 1989, S. 66.
43 Mitten in diese Kampagne sei die für ihn und den HJ-Führer sehr überraschende Nachricht gekommen, dass Hitler die Kanzlerschaft übertragen bekommen hätte, ebd., S. 87.
44 Ebd.

b) Entwicklung der Auflage

Die Entwicklung der Gebietszeitung »Fanfare« im gesamten Westen war rasant. Sie startete mit 12.000 im Januar 1933 und lag ein Jahr später bei 220.000 Exemplaren.[45] Bis zum zweiten Quartal 1935 lag sie bei über 200.000 und erreichte im zweiten Quartal 1934 eine durchschnittliche Auflage von 515.390 Stück. Bis zum Ende des Jahres 1935 sank sie auf 80.000, in den Jahren 1936 und 1937 lag die Auflage bei circa 60.000 Exemplaren pro Ausgabe.[46] Nach Schruttke soll die zentrale Zeitung »Die HJ. Das Kampfblatt der Hitler-Jugend. Amtliches Organ der Reichsjugendführung der NSDAP«, welche von 1935 bis März 1939 existiert hat, im vierten Quartal 1937 eine Auflage von 70.000 und im vierten Quartal 1938 bei 50.000 Stück gelegen haben.[47]

Laut Clemens Zimmermann waren eine sinkende Leserschaft und ein Rückgang der Auflagen ein allgemeines Phänomen der NS-Presse. Obwohl NS-Deutschland mit der Perfektionierung einer effektiven Pressesteuerung ein Vorbild für die faschistischen Länder Italien und Spanien war, habe es im Hinblick auf die Resonanz bei seinem Publikum den gegenteiligen Effekt erreicht.[48]

Die Gebietszeitung für den Mittelrhein begann mit einer Auflage von 37.187 Stück und endete im März 1937 mit 17.460 Exemplaren im Monat.[49] Zusätzlich wurde im Gebiet Mittelrhein ein Nachrichtendienst für HJ-Funktionsträger aller Ebenen herausgegeben, der vierzehntägig erschien. Der Mittelrheindienst enthielt kurze Anweisungen, Neuigkeiten und Vorschläge für die Befüllung von HJ-Schaukästen, die in den Stadtteilen standen.[50] Hier wurden auch Themen der »Fanfare« angekündigt und die Zeitung mit Anzeigen wie »Lest die Fanfare!«

---

45 »1 Jahr Fanfare. Unsere Kampfwaffe im Westen«, F 34-01, S. 3.
46 Alle Angaben aus dem Impressum der jeweiligen Ausgaben der Gesamtausgabe der »Fanfare«. Es wird die durchschnittliche Auflage des vorherigen Quartals angegeben: Im dritten Quartal 1934 lag die Auflage bei 482.947 und 304.000 Stück Ende 1934, Anfang 1935 lag sie bei 216.537, Anfang 1936 bei 81.750. Im April 1936 sank die Auflage von 60.170 auf 57.802 Exemplaren in ihrer letzten Ausgabe im März 1937.
47 Schruttke: Jugendpresse (Anm. 6), S. 155. Weitere Vergleichsauflagen: Die Junge Welt. Die Reichszeitschrift der Hitler-Jugend, welche von April 1939 bis 1944 im zweiten Quartal 1939, eine Auflage von 100.000 gehabt haben, ebd., S. 164. Der Westdeutsche Beobachter hatte eine tägliche Auflage von 40.000 Exemplaren, siehe Sösemann: Propaganda (Anm. 29), S. 1049.
48 Clemens Zimmermann: Medien im Nationalsozialismus. Deutschland 1933–1945, Italien 1922–1943, Spanien 1936–1951, Wien 2007, S. 128.
49 Nach eigenen Angaben. Zum Vergleich: Für das erste Quartal 1936 wurden folgende regionalen Auflagen genannt: Hessen-Nassau 32.183, Mittelrhein 18.087, Kurhessen 5.950 und Westmark 3.950, siehe Impressum, F 36-09.
50 Der stellvertretende Leiter der Kulturabteilung, Marquard: »In der Freizeitgestaltung bestehen noch einige Unklarheiten. Ich wiederhole, daß Sinn und Zweck der HJ-Freizeitgestaltung sein soll, die Jgg in ihrer Freizeit erlebnismäßig durch Theater, Konzerte […] Ausstellungen, […] Laienspiel usw. zu erfassen«, siehe Gebietsbefehl/NSDAP, Hitler-Jugend Gebiet Mittelrhein (11), 1936–1940 in der Rubrik Aufbau – Aktivitäten.

beworben. Verantwortlich war jeweils meist der aktuelle Schriftleiter der Gesamtausgabe der »Fanfare«.[51]

Interessant ist, dass es eine Abspaltung der auflagenstärksten Ausgabe der »Fanfare« für das Gebiet Niederrhein gegeben hat. Dies könnte auf interne Machtkämpfe oder inhaltliche Differenzen zurückzuführen sein und müsste gesondert untersucht werden. Sie beschrieb sich selbst als »Nachfolgeorgan« der »Fanfare« und wurde in Essen im National-Zeitung Verlag und Druck GmbH produziert.[52] Verantwortet wurde sie durchgängig von dem Hauptschriftleiter Hubert Jansen, der erst in Essen und später in Mülheim seinen Sitz hatte.

Das kastenförmige Layout im DIN A 4-Format wirkte handlich und modern. Stichproben ergaben, dass die Auflage nach der Abspaltung nicht mehr so hoch war.[53] Es wurden später Bezirksausgaben für Essen, Wuppertal, Düsseldorf und den Niederrhein hergestellt. Die niederrheinische »Fanfare« existierte noch bis 1939, als die anderen westlichen Gebietszeitungen schon eingestellt worden waren. Eine Vergleichsanalyse zwischen den verschiedenen Gebietszeitungen sowie der späteren zentralen Zeitung der HJ könnte den Charakter dieser ersten Aufbauphase noch stärker herausarbeiten und die Herangehensweise an regionale Gegebenheiten präziser erfassen.

c) Ende der »Fanfare«

Offiziell wurde in der »Fanfare« selbst ihr Ende mit der »Neuorganisation der Hitler-Jugend durch das Gesetz vom 1.12.1936« begründet, da dieses eine komplette Umstellung des »HJ-Pressewesens« mit sich bringe. Der Leser solle auf die reichsweite Zeitung »Die HJ« ausweichen.[54] Die Konzentration auf eine geringere Anzahl an Presseprodukten entsprach aufgrund allgemein sinkender Auflagen der Entwicklung der gesamten NS-Jugendpresse. Allerdings schien der Redaktionsleitung diese Entscheidung erst kurzfristig mitgeteilt worden zu sein. Noch im Dezember 1936 wurde in der »Fanfare« über eine Pressetagung in Berlin berichtet, auf der neue Ziele für das Folgejahr festgelegt worden seien.[55] Ab

---

51 Deutsche Nationalbibliothek, ZDB:ID: 546568-0, Mittelrheindienst: Nachrichtendienst der HJ, Gebiet Mittelrhein, 1935, Dez – 1938, S. 35–37.
52 NS-Dokumentationszentrum der Stadt Köln (Editionen zur Geschichte, EzG): Die niederrheinische Fanfare: Kampfblatt der Hitlerjugend-Zeitung des Gebietes Ruhr-Niederrhein, November 1935 bis Juli 1939, NF 35–11, S. 2.
53 Die Auflage betrug nun vermutlich durchgängig 30.000 Exemplare im Monat. Dies müsste im Original überprüft werden, da die Angabe im Impressum im Retrodigitalisat nicht gut erkennbar ist.
54 Kasten, F 37–03, S. 2.
55 »Arbeitstagung der HJ-Presse in Berlin«, F 36–12, S. 2.

Organisation und Akteure der HJ-Zeitung »Die Fanfare« 241

Dezember sollte außerdem im Gebiet Mittelrhein eine groß angelegte Werbeoffensive organisiert werden und an »jeder Volks-, Höheren- und Berufsschule« ein Aushang für die »Fanfare« angebracht werden.[56]

In der internen Broschüre vom Presse und Propagandaamt der Reichsjugendführung wurde ein anderer Grund angegeben: Die gegnerische Presse erfordere eine zentrale schlagkräftige Antwort.[57] Bemerkenswert ist, dass die HJ sich noch Ende 1935 von der katholischen Presse, die mit einigen radikalen Jugendzeitungen sehr erfolgreich war,[58] provoziert fühlte. So wurde es zumindest in einer Sondernummer der »Propaganda« dargestellt. Die HJ sei nicht länger gewillt, »tatenlos den Angriffen der heute noch bestehenden Jugendgruppen konfessioneller Ausrichtung zuzusehen.«[59] Sie könne sich dieser Hetze gegen die »deutsche Volksjugend« nicht mehr länger aussetzen. Mit Schlagworten wie »Unser Führer ist Jesus« seien Flugblätter und Broschüren in großer Auflage »scheinheilig« und »in geschickter harmloser Aufmachung« herausgebracht worden. Dagegen könne die RJF nur mit einem »Kampfinstrument gegen Reaktion, Spießertum und konfessionelle Sonderbündelei« reagieren, als welches »Die HJ« angekündigt wurde.[60] Diese sollte mit einer sechswöchigen Kampagne ab dem 15. August 1935 zunächst in den Gebieten, in denen noch keine eigene Zeitung existierte, eingeführt werden und später weitere Publikationen ablösen.[61]

Es könnte eine Mischung aus verschiedenen Gründen für das Ende der »Fanfare« verantwortlich sein. Aus Berichten in der Zeitung selbst wird deutlich, dass es seit der Wiedereinführung des Wehrdienstes im März 1935 an Funktionären auf allen Ebenen der HJ fehlte. So wird bei einem Absinken der Auflage aller NS-Jugendpublikationen eine Bündelung der Kräfte auch im Pressewesen ein Argument gewesen sein.

---

56 Gebietsbefehl Mittelrhein 36-12, Eintrag 20. November 1936.
57 »Die Propaganda. Richtlinien für die Propagandaarbeit der HJ«. Folge 3 (Sondernummer) »Die ›H-J‹, das Kampfblatt der Hitlerjugend, gegen die Dunkelmänner«, Berlin 1935, S. 2.
58 Wichtig war das Jugendhaus in Düsseldorf, in dem Materialien und Presseprodukte erstellt wurden und von dem aus immer wieder Gegenwehr-Impulse aus organisiert wurden, siehe Martin Rüther, »1933 bereits das erste Mal geschlossen – Das Jugendhaus Düsseldorf«, in: NS-Dokumentationszentrum der Stadt Köln (Hg.): Projekt »Jugend in Deutschland 1918-1945«. URL: http://jugend1918-1945.de/thema.aspx?s=5248&m=2102&open=5248 [Stand: 28.08.2016].
59 »Die Propaganda«, Folge 2, S. 6.
60 Ebd., Folge 3, S. 5.
61 Ebd., S. 7. Ein Großteil der anderen Presseprodukte der NS-Jugend wurde nach der Einführung der »HJ« tatsächlich eingestellt. Ab 1939 wurde die »HJ« durch die Zeitung »Junge Welt« abgelöst. Eine Aufstellung und Einschätzung der NS-Jugendpresse findet sich auch hier: Dürrhauer: Jugendpropaganda (Anm. 39).

5. Organisation

a) Aufbau und Layout

Die Aufmachung der »Fanfare« ist aus heutiger Sicht mit eng beschriebenem Spaltenlayout und textlastigen Seiten für Jugendliche wenig ansprechend gestaltet und wurde vermutlich auch von Erwachsenen gelesen. Sie bestand aus 12 und später 16 Seiten im DIN A 2-Format. Das Titelblatt war mit einer Schlagzeile und einem Aufmacher-Bild ausgestattet. Die Seite 3 war wie eine Foto-Reportage gestaltet und wies ein zu gleichen Teilen aufgeteiltes Text-Bild-Verhältnis auf. Für jede Untergliederung wurden Seiten mit gesonderten Beiträgen für DJV, JM oder BDM reserviert. Außerdem gab es die Berichte aus den einzelnen Bannen und Jungbannen. Hier wurden in kurzen Textformaten Informationen über örtliche Sportveranstaltungen, Zeltlager, die Einrichtung von neuen HJ-Heimen oder geänderte Sprechzeiten der verschiedenen Dienste der HJ verkündet, die in den Bereichen Gesundheitsvorsorge, soziale Fragen, Rechtsbeistand oder Berufsumschulung aufgebaut worden waren. In den späteren Ausgaben wurden auf den letzten Seiten oft Musik- und Literaturkritiken veröffentlicht, die eine Bewertung aus nationalsozialistischer Sicht vornahmen. Auch wurden gelegentlich Noten, kleinere Liedtexte, Gedichte oder Fantasie-Geschichten veröffentlicht. Das Layout der Zeitung war nahezu ohne Satz- und Rechtschreibfehler professionell hergestellt, die durchgängige Fraktur-Schrift wurde regelmäßig durch Sütterlin-Überschriften aufgelockert.

b) Finanzierung und Vertrieb

Die Finanzierung der »Fanfare« erfolgte zum einen durch den Verkauf auf der Straße sowie an Mitglieder und zum anderen durch Werbung. Letztere umfasste in jeder Ausgabe zwei bis vier großformatige DIN A 2-Seiten, welche durch Kleinanzeigen sehr genau nach Regionen aufgeteilt war.[62] Die Anzeigen waren textlich auf die HJ-Arbeit ausgerichtet. So warb die Schuhmarke Elefant: »Das vorschriftsgemäße Schuhwerk für H.J., D.J. und B.d.M. mit der stets bewährten Elefanten-Marke ist in allen gut geführten deutschen Schuhgeschäften zu haben.«[63] Schruttke geht davon aus, dass bei allen Organen der Jugendpresse

---

62 Lauterbacher behauptet, sie hätten ab der Erscheinung der Regionalausgaben mit 100 Anzeigenseiten 20.000 Mark pro Monat erwirtschaftet, siehe Lauterbacher: Erlebt und Mitgestaltet (Anm. 42), S. 89.
63 F 35-03, S 15. Weitere Literatur zu Werbung in NS-Medien: Barbara Kirschbaum: Der neue Citroën – ganz deutsch! Kölner Anzeigen im Westdeutschen Beobachter von 1925–1945, Köln 2002.

Organisation und Akteure der HJ-Zeitung »Die Fanfare« 243

eine Mischung von kommerziellen und nicht-kommerziellen Interessen vorlag.[64] In den Werbeanzeigen wurde zunächst von Deutschlands und später von Europas größter Jugendzeitung gesprochen.

In der »Fanfare« wurden ab und zu Fotos von Straßenverkäufen mit kurzem Bericht abgedruckt.[65] Auf der Titelseite wurde der Preis von zehn Pfennig angegeben. Es wurde sowohl in der »Fanfare« als auch im Mittelrheindienst darauf hingewiesen, dass Werbeplakate mit dem Text »Kauft die Fanfare!« in die HJ-Schaukästen, welche an öffentlichen Plätzen standen, gehängt werden sollten. Ebenfalls wurden in der »Fanfare« selbst Anzeigen mit dem Text »Werbt für die ›Fanfare‹«[66] und »Lest die Fanfare«[67] platziert. In einem Rundschreiben an alle Führer und Führerinnen der Banne, Jungbanne und Untergaue vom April 1934 ist zu sehen, dass Verkaufsoffensiven detailliert vorbereitet wurden: So sind genaue Angaben zum Ablauf der Kampagne sowie Tipps zur Umsetzung aufgeführt.[68] Für die Werbeplakate sollten Fenster von leerstehenden Häusern beklebt und schwarze Bretter in HJ-Heimen, Jugendherbergen und Parteieinrichtungen genutzt werden. Es gab genaue Angaben zum Straßenverkauf, der von »besonders tüchtigen Jg.« durchgeführt werden sollte und um 20:00 Uhr spätestens beendet sein musste. Außerdem wurden Parolen für Plakate, wie zum Beispiel: »Von Muckern und Spießern gefürchtet – Die Fanfare – !« vorgeschlagen. Gutsbesitzer, Großhändler oder Garagenbesitzer sollten nach Wagen für Werbefahrten und Spenden für den Sprit gefragt werden.[69]

Schruttke vermutet, dass ab 1934 bei vielen Publikationen der Pflichtbezug für Mitglieder abgeschafft und auf freiwilligen Kauf umgestellt worden sei.[70] Im Falle der »Fanfare« bezeugt eine Quelle, dass im April 1934 eine Vertriebsstelle eingerichtet wurde, die die Abrechnung vorantreiben sollte.[71] An alle Pressereferenten wurde ein Schreiben aufgesetzt, in dem aufgeführt wurde, wie

---

64 Schruttke: Jugendpresse (Anm. 6), S. 14.
65 Zum Beispiel »Große Werbeaktion in Wuppertal!« mit Foto von Plakatträgern und Rufern auf der Straße, Bildlegende: »Auflage wird wieder steigen«, F 33-12, S. 5 oder »Lies die Fanfare« mit Foto von einem vollgepackten Stand und einem großen Transparent: »Lest die Fanfare«, F 34-04, S. 6.
66 Anzeige, F 33-09, S. 9.
67 Anzeige, F 33-09, S. 2.
68 Rundschreiben VL I/34 unterzeichnet von Wilhelm Anlauf, Leiter der Vertriebsstelle, Verteiler wie folgt angegeben »verteilt: Gefolgschaften, Fähnlein, M-Gruppen, JM-Gruppen, den Führern bezw. [so abgekürzt im Original] Führerinnen der Banne, Jungbanne, Untergaue u. JM-Untergaue zur Kenntnis. «, S. S. 2-4, Quelle: Stadtarchiv Dortmund, Bestand 609-3, Akte 171-173.
69 Ebd.
70 Schruttke: Jugendpresse (Anm. 6), S. 33.
71 »Um den Vertrieb der Hochdruckfanfare sowie sämtlicher Druckerzeugnisse […] straffer zu gestalten, wurde mit sofortiger Wirkung ausnahmslos in jedem Oberbann des Obergebietes West eine Vertriebsstelle eingerichtet«, Quelle: Stadtarchiv Dortmund, Bestand 609-2.

abgerechnet werden sollte: »Die Vertriebsleitung der Fanfare liefert die Hochdruckfanfare für 7 Pfg. an den Unterbann, Stamm, M-Ring oder JM-Ring [...] diese geben die Hochdruckfanfare f. 8 Pfg. an die Gefolgschaften, Fähnlein, M-Gruppen oder JM-Gruppen weiter.«[72] Für den BDM galt die Regelung, dass »die Einheiten mindestens soviel Zeitungen abnehmen müssen, wie sie Mitglieder haben«.[73] Auch wurde auf den korrekten Umgang mit Geld hingewiesen: »Es wird hiermit allen Führern bzw. Führerinnen der Einheiten verboten, Zeitungsgelder für andere Zwecke zu verwenden, solange sie der Vertriebsstelle des Oberbannes noch etwas schulden.«[74] Die Abrechnung der Zeitungsgelder wurde auf den HJ-Gruppensitzungen durchgeführt. Ein Zeitzeuge berichtete, dass die Abrechnung der »Fanfare« viel Zeit auf den Heimabenden eingenommen und zur Unattraktivität der Treffen beigetragen hätte.[75]

Über die regionalen Presseverantwortlichen sollten wöchentlich Berichte über örtliche Aktivitäten an die Reichsjugendführung geschickt werden.[76] Es wurde so dargestellt, als wäre das Selbstbewusstsein von realen oder fiktiven jugendlichen Autoren und Autorinnen gestiegen, die mit Stolz verkündet hätten für die »größte Jugendzeitung Deutschlands« zu schreiben.[77] Vermutlich wurde sie auch zur Schulung und auf Themenabenden eingesetzt. In Artikeln der »Fanfare« selbst wird darüber berichtet, dass die Zeitung auf BDM-Heimabenden gemeinsam gelesen worden sei.[78]

c) Akteure

Initiiert und herausgegeben wurde die »Fanfare für das Obergebiet West« von Hartmann Lauterbacher. 1909 in Tirol geboren, gründete er dort die erste Ortsgruppe der Deutschen Jugend, dem Vorläufer der österreichischen

---

72 Rundschreiben an Gefolgschaften, Fähnlein, M-Gruppen, JM-Gruppen vom 30. April 1934 von Wilhelm Anlauf, Bochum, Vertriebsleitung der »Fanfare«, Quelle: Stadtarchiv Dortmund, Bestand 609-2.
73 Ebd.
74 Ebd.
75 »Kein Lied, kein Spiel, dauernd unterbrochenes Vorlesen, langes Verteilen und Abrechnen der HJ-Zeitung ›Die Fanfare‹ mit Klopperei zwischendurch und viel Geschrei«, siehe Friedrich Bredt bei Martin Rüther, HJ und BK – »ohne jede Begeisterung. –...aber hingehen, das war klar«, in: NS-Dokumentationszentrum der Stadt Köln (Hg.): Projekt »Jugend in Deutschland 1918-1945«. URL: http://www.jugend1918-1945.de/thema.aspx?s=5988&m=5554 [Stand: 28.08.2016].
76 Diesem Aufruf sei nur begrenzt nachgekommen worden, siehe Schruttke: Jugendpresse (Anm. 6), S. 32.
77 »Ein Schulmädel besucht die Reichsautobahn«, F 34-05, S. 7.
78 Zum Beispiel in folgendem Artikel: »Weg mit den Miesmachern, konfessionellen Hetzern und kapitalistischen Profitjägern«, F 34-12, S. 11.

Organisation und Akteure der HJ-Zeitung »Die Fanfare«   245

Hitlerjugend. Er trat 1923 der SA und 1927 der NSDAP bei. Für seine Ausbildung zum Drogisten kam er nach Braunschweig, wo er 1930 hauptamtlicher HJ-Führer des Gaues Süd-Hannover-Braunschweig wurde. 1932 folgte das Amt des HJ-Gebietsführers Westfalen-Niederrhein und 1933 das des Obergebietsführers West, in dem er für die »Fanfare« verantwortlich zeichnete. Nach einem Jahr stieg er zum Stellvertreter des Reichsjugendführers, Baldur von Schirach, auf.[79] Nach sechs Jahren in der Reichsjugendführung übernahm er 1940 als jüngster NSDAP-Gauleiter den Gau Süd-Hannover-Braunschweig, wo er ein Jahr später mit einer brutalen Ghettoisierung von jüdischen Bewohnern Hannovers unter dem Namen »Aktion Lauterbacher« seinen Fanatismus unter Beweis stellte. 1944 wurde er zum SS-Obergruppenführer ernannt, nachdem er 1941 in die SS eingetreten war.[80] Lauterbacher war ein enger Vertrauter des Reichsjugendführers. Wie ein Artikel mit Foto in der »Fanfare« zeigt,[81] waren seine Trauzeugen bei der Hochzeit im Jahre 1936 im Gürzenich zu Köln Baldur von Schirach und Joseph Goebbels.[82]

Erich Fischer, 1908 in Essen geboren, war von August 1933 bis Januar 1935 Schriftleiter der Gesamtausgabe der »Fanfare«. Von dort aus wurde er in die Reichspressestelle der NSDAP befördert und gelangte als Ministerialrat ins Reichspropagandaministerium. Hier wurde er 1942 Leiter der Abteilung Deutsche Presse und später Pressesprecher der NS-Regierung.[83]

---

79 Sösemann: Propaganda (Anm. 29), S. 1626.
80 Diese Informationen entstammen der Wikipedia-Version zu »Hartmann Lauterbacher« vom 20. Mai 2019. Online unter: https://de.wikipedia.org/wiki/Hartmann_Lauterbacher#cite_ref-Grafl42_12-0 [Stand: 20.5.2019].
81 »Hochzeit des Stabsführers Lauterbacher in Köln«, F 36–01, S. 2.
82 Lauterbacher wurde in den Nürnberger Prozessen als Entlastungszeuge für Baldur von Schirach angehört. Er wurde für keines seiner Verbrechen zur Verantwortung gezogen und wurde entweder freigesprochen oder konnte untertauchen. Im Dezember 2014 wurde vom Bundesnachrichtendienst zugegeben, dass Lauterbacher vom BND und der Vorläuferorganisation Gehlen eine neue Identität bekommen hat und dort bis 1963 unter dem Decknamen »Leonard« Mitarbeiter war. Seine Entlassung erfolgte nicht aufgrund seiner nationalsozialistischen Vergangenheit, sondern aufgrund des Verdachts, gleichzeitig für einen östlichen Geheimdienst zu spionieren und wegen angeblicher Homosexualität erpressbar zu sein, siehe Klw, »Zeitgeschichte: Nazi beim BND«, Der Spiegel vom 15. Dezember 2014. Online unter: https://www.spiegel.de/spiegel/print/d-130878584.html [Stand: 11.5.2019].
83 Erich Fischer lebte bis 1994, Informationen zum Werdegang nach der Schriftleiterfunktion für die »Fanfare« aus der Wikipedia-Version zu »Erich Fischer« vom 20. Mai 2019. Online unter: https://de.wikipedia.org/wiki/Erich_Fischer_(Journalist)#cite_ref-B1_1-7 [Stand: 20.5.2019]; Laut Angaben des Spiegels arbeitete Fischer in der Nachkriegszeit als Anzeigenvertreter beim Spiegel. Er wurde im Oktober 1962 im Rahmen der Spiegel-Affäre kurzzeitig festgenommen. Grund war eine Verwechslung mit Rudolf Augstein. Siehe auch Christoph Gunkel: »Spiegel-Affäre. Jagd auf Libelle«, Der Spiegel vom 17. September 2012. Online unter: https://www.spiegel.de/einestages/50-jahre-spiegel-affaere-jagd-auf-rudolf-augstein-a-947722.html [Stand: 20.5.2019].

Nachfolger von Erich Fischer war Karl Lapper, 1907 in Südtirol geboren, Schriftleiter der »Fanfare« bis zum August 1936. Zwischen August und Oktober 1935 wurde er von Fritz Pabst[84] vertreten, welcher ihn dann im September 1936 ablöste und bis zum Ende der »Fanfare« die Schriftleitung innehatte. Lapper war ebenso wie Lauterbacher Gründungsmitglied der Deutschen Jugend in Österreich. Sein Eintritt in die NSDAP erfolgte 1927, ein Jahr später trat er in die SA ein. Vor einer in Österreich drohenden Gefängnisstrafe floh der promovierte Jurist und Inhaber einer Anwaltspraxis im Herbst 1933 nach Deutschland.[85] Hier wurde er sofort mit einer Stelle versehen und als Pressereferent im Obergebiet West eingestellt. Nach dieser Tätigkeit wurde er 1935 mit der stellvertretenden Leitung des Presse- und Propagandaamtes der Reichsjugendführung betraut, dessen Leitung er Anfang 1937 von seinem früheren »Fanfare«-Kollegen Erich Fischer übernahm. Bis 1939 war er Pressereferent des Reichsjugendführers. Danach wurde er von Joseph Goebbels in das Reichsministerium für Volksaufgaben und Propaganda gerufen. 1941 gelangte der im Jahr zuvor ernannte SS-Obersturmbannführer in die NSDAP-Reichsleitung sowie in die NSDAP-Reichspropagandaleitung und leitete hier verschiedene Ämter.[86]

Die Schriftleiter der »Fanfare«, die namentlich ausfindig gemacht werden konnten, haben NS-Karrieren auf höchster Ebene ablegen können und Leitungsfunktionen im Reichspropagandaministerium übertragen bekommen. Sie kamen nicht unbedingt aus dem Rheinland, gehörten zu den Nazis der frühen Stunde und waren zum Zeitpunkt der Gründung der »Fanfare« aufstrebende Jungfunktionäre im Alter von Mitte bis Ende 20 Jahren und von einem ausgeprägten Fanatismus gekennzeichnet.[87]

Damit kann ausgeschlossen werden, dass die Gebietszeitung als lokale Initiative von rheinländischen HJ-Funktionären oder als Nische mit eigenen Spielräumen im westlichsten Gebiet Deutschlands gestartet wurde. Es spricht im Gegenteil vieles dafür, dass junge NS-Karrieristen, die sich anderweitig bewährt hatten, hier gezielt eingesetzt wurden. Die Verantwortlichen aller Ebenen waren fest in die reichsweiten Organisationsstrukturen der HJ integriert, so war der jeweilige Schriftleiter entweder gleichzeitig Gebietsführer oder regionaler

---

84 Über Fritz Pabst konnten ebenso wie über die Schriftleiter des Gebietes Mittelrhein und den Autoren der Titelseiten keine Angaben gefunden werden. Es wurde gesucht bei Buddrus: Totale Erziehung (Anm. 20); Sösemann, Propaganda (Anm. 29) und Ernst Klee: Das Personenlexikon zum Dritten Reich: Wer war was vor und nach 1945, Frankfurt am Main 2011.
85 Siehe Buddrus: Totale Erziehung (Anm. 20), S. 1176.
86 Karl Lapper lebte bis 1996 und starb in Köln. Informationen zu seinem Werdegang in der NS-Zeit aus der Wikipedia-Version zu »Karl Lapper« vom 20. Mai 2019. Online unter: https://de.wikipedia.org/wiki/Karl_Lapper, [Stand: 20.05.2019].
87 Buddrus: Totale Erziehung (Anm. 20), S. 1140f.

Abteilungsleiter des Presse- und Propagandaamtes der Reichsjugendführung. Die »Fanfare«-Redaktion behauptete von sich selbst, eine Vorreiterrolle im Reich gespielt zu haben, da sie sich im »kampferprobten Westen« durchgesetzt hätte.[88]

6. Inhalt und Zielgruppe

a) Auswertung der Titelseiten

Eine systematische Auswertung der Titelseiten ergibt, dass sich beinahe alle Aufmacher mit dem Thema Jugend und ihrer besonderen Rolle beschäftigten. Außerdem wurde militärisches und soldatisches Verhalten durchgängig angesprochen. Der angebliche Verrat im Ersten Weltkrieg wurde in einem Drittel aller Titelseiten-Artikel thematisiert. Bis Anfang 1935 wurde das Märtyrertum sehr stark in den Vordergrund gestellt. Hier wurden die HJ-Mitglieder in eine ungebrochene Tradition mit den Soldaten gestellt, die knapp 20 Jahre zuvor im Krieg eingesetzt waren. Die Jugend sei in der Verantwortung, die damaligen Ziele weiterzuverfolgen, damit die vielen Toten nicht umsonst gestorben seien.

In einem Viertel aller Titelseiten wurden gezielt Arbeiterjugendliche angesprochen (Abb. 1). Es wurden Forderungen nach mehr Urlaub, Jugendschutzrechten oder besseren Arbeitszeiten aufgestellt. Das Thema Arm und Reich und die Abschaffung von Klassen- oder Standesbarrieren thematisierten zusätzlich 15 Prozent der Aufmacher. Auf weiteren acht Prozent der Titelseiten wurden kulturelle Themen wie die Gesellschaft, Olympia oder das Pressewesen der Jugend aufgegriffen. Drei Titel beschäftigten sich mit dem Kampf gegen Schwächen und Krankheiten. Im Jahr 1935 ging es darum, Schwache aus einer Auslese der Jugend herauszufiltern, Ende 1936 wurde gegen Kranke gehetzt.

Von den Artikeln, die sich mit konkreten Gegnern auseinandersetzten, waren 21 Prozent gegen den Marxismus oder Bolschewismus, 15 Prozent gegen Katholiken und 10 Prozent gegen Juden, zudem jeweils ein Artikel gegen die Bündische Jugend und gegen »dekadente« Frauen gerichtet. Dies ist allerdings schwierig präzise zu bestimmen, da verschiedene Gegnergruppen oft zu einer neu geschaffenen Gegnerfigur konstruiert wurden. In 25 Prozent aller Titelseiten wurden »bürgerliche Dekadenz« und Profitgier angegriffen, in 15 Prozent der Artikel wurden Adelige oder Intellektuelle beschimpft.[89]

---

[88] Artikel mit dem Titel »Arbeitstagung der HJ-Presse in Berlin«, F 36–12, S. 2.
[89] Ausführliche Informationen zur Diffamierung verschiedener Gegnergruppen in der »Fanfare«, siehe Opgenoorth: Gemeinschaft und Gegner (Anm. 3), S. 111–144.

Abb. 1: Mit markanten Sprüchen wird in der Fanfare auf die Opferbereitschaft der Jugendlichen Bezug genommen: »Wer ist der Starke? Der die Wirklichkeit will, und auch ihren schweren Hammer liebt, wenn er auf ihn fällt: denn er glaubt an sein Werden, und immer gibt er sein Leben preis...«, Titelseite der Fanfare (Gebiet Mittelrhein) im Juli 1935 (Repro)

Obwohl in den Anweisungen zur Propagandasteuerung 1935 auf eine positive Berichterstattung gedrängt wurde – im dritten Jahr der »nationalsozialistischen Revolution« seien »die Erfolge des nationalsozialistischen Staates in Form von aufbauender Propaganda« hervorzuheben –[90] fand dies in der »Fanfare« so nicht statt. Gerade auf den Titelseiten wurde viel Raum darauf verwendet aufzuzeigen, dass das Erreichte noch nicht gesichert sei. Damit wurde ein Bild der ständigen Krise und einer instabilen Situation gezeichnet, welche durch »unechte« Nationalsozialisten und die sogenannten »Märzveilchen« – ein Ausdruck für erst nach März 1933 eingetretene NSDAP-Mitglieder – ausgelöst wurde und einen permanenten Kampf zur Aufrechterhaltung des Status quo unabdingbar machte.

90 »Die Propaganda«, Folge 2, S. 6.

Organisation und Akteure der HJ-Zeitung »Die Fanfare« 249

b) Zielgruppe

Ein sehr auffälliges Ergebnis der systematischen Titelseiten-Analyse war die offensive Ansprache von männlichen Arbeiterjugendlichen. Andere soziale Gruppen wurden nur dann gezielt aufgerufen, wenn an sie appelliert wurde, eine Verbindung zu Lehrlingen und jungen Arbeitern aufzubauen.[91] Es wurde mit Parolen wie »Schafft aus der Jugend von heute, aus der revolutionären Arbeiterjugend Adolf Hitlers, morgen das sozialistische deutsche Volk!«[92] gearbeitet. Die Zeit vor dem Nationalsozialismus wurde als »Verbrechen« am »deutschen Jungarbeiter« bezeichnet, da ihm die »Erlernung einer Arbeit« unmöglich gemacht und er »gegen die Nation erzogen« worden sei.[93] Den Betriebsführern wurde erklärt, sie müssten den Jungarbeitern die Teilnahme an Pfingstzeltlagern zugestehen. Diese hätten ein Recht auf Freizeit und Erholung in der Eifel, an der Agger oder auf der Insel Rügen.[94] Begründet wurde dies unter anderem damit, dass der HJ klar sei, dass »eine Befreiung von Reaktion und verstaubtem Liberalismus nur mit der 80prozentigen Arbeiterschicht innerhalb der HJ möglich« sei, »nicht aber mit der im Verhältnis so geringen Anzahl Intellektueller«.[95] Daher wurde betont, dass »der deutsche Jungarbeiter seinen Platz« in der HJ habe.[96] Die Studentenschaft,[97] davon besonders die Korpsstudenten, wurden scharf kritisiert. In einem Artikel wurde aus einer studentischen Zeitschrift über den Bericht einer Moselfahrt zitiert. Ihnen wurde vorgeworfen, dass sie in der Nähe des Ruhrgebiets und der Saar seien, »wo deutsche Arbeiter schwer um ihr Volkstum« gekämpft hätten. Die Studenten hätten daran allerdings auf ihrer »alkoholisierten Ausfahrt« ebenso kein Interesse gezeigt wie an der Landschaft.[98]

Wolfgang Michalka sieht ebenfalls eine besondere Hinwendung zur Arbeiterschicht und die Bemühung, diese für den Nationalsozialismus zu gewinnen. Für die Nationalsozialisten sei sie wegen ihres Abstands zur NS-Bewegung

---

91 Wie zum Beispiel hier: »Deutsche Schüler, denke an den Jungarbeiter«, F 34-09, S. 4.
92 »Der Tag des Jungarbeiters«, F 34-04, S. 3.
93 »Wir und der Jungarbeiter. Zur Eingliederung des Jungarbeiters in die HJ«, F 34-01, S. 5.
94 »Fahrt und Lager – für alle Kameraden«, F, 35-07, S. 4.
95 »Hitler bei seinen Jugendführern!«, F 08-33, S. 16.
96 »Wir und der Jungarbeiter. Zur Eingliederung des Jungarbeiters in die HJ«, F 01-34, S. 5.
97 Diese wurden immer wieder scharf angegriffen, obwohl an den gleichgeschalteten Universitäten die Studierendenzahl von 1931–1937 von 140.000 auf 75.000 Studierende sank. Eventuell stammt die Feindschaft vor allen Dingen von den NS-Korpsstudenschaften aus alter Tradition, in der Studentenschaft hatten die Nationalsozialisten unter der Führung von Baldur von Schirach seit Sommer 1931 das Sagen, siehe Magnus Brechtken: Die nationalsozialistische Herrschaft, Darmstadt 2012, S. 80.
98 »Da hilft kein Mundspitzen – es muß gepfiffen werden!«, F 34-06, S. 1.

und wegen ihrer quantitativen Stärke von höchster Bedeutung gewesen.[99] Ian Kershaw stellt heraus, dass Hitler die »dekadente Bourgeoise« gerne mit dem »aufstrebenden Arbeiter« ersetzen und daher scheinbar Aufstiegsmöglichkeiten und soziale Verbesserungen bieten wollte.[100] Bei den Arbeiterjugendlichen hätte das freche, rebellische Auftreten laut Frank Bajohr zeitweise sogar Anklang gefunden. Sie hätten sich als »Funktionsträger der ›Bewegung‹« selbstbewusst gegen die »Autoritäten in Elternhaus, Schule und Kirche« stellen können.[101] Allerdings wurden in der Realität keine Verbesserungen für Auszubildende geschaffen. Auch in den Artikeln der »Fanfare« beschränkte sich die Kritik auf Willkür und Ausbeutung in den Betrieben. Als »Schädlinge an Volk und Nation« wurden Ausbildungsleiter bezeichnet, die die Jugendlichen im Betrieb nicht gut behandelten, da der Lehrherr eine Verantwortung gegenüber der »Volksgemeinschaft« hätte. Gleichzeitig wurde jedoch das Lehrling-Lehrherr-Verhältnis nicht angegriffen. Der Lehrling »muss gehorchen«, wurde in dem Artikel betont.[102] Reale Verbesserungen wurden für Arbeiterjugendliche nicht geschaffen. Das »neue Deutschland« solle »von einem wohldisziplinierten und tüchtigen Heer Arbeitssoldaten getragen werden«.[103] Anders als es die Rhetorik suggerierte, wurde auch in der HJ mit der Bildung von Eliteeinheiten wie der Flieger-HJ, der Marine-HJ,[104] oder dem HJ-Funk[105] nicht einmal in den eigenen Reihen gegen Standesdenken vorgegangen.

c) Regionale Inhalte

Im Innenteil wurde die zweite Seite meist für allgemeinpolitische Themen genutzt. Diese entsprachen der reichsweiten Propaganda und wurden bis auf wenige Ausnahmen nicht regional ausgerichtet. Zum Beispiel wurde der von Hitler im März 1936 in Szene gesetzte »Einmarsch« mit Wehrmachtstruppen ins Rheinland, der einen Angriff auf den Versailler Vertrag darstellte, als

---

99 Wolfgang Michalka (Hg.): Das Dritte Reich. »Volksgemeinschaft« und Großmachtpolitik 1933–1939, München 1985, S. 69.
100 Ian Kershaw: Der NS-Staat: Geschichtsinterpretationen und Kontroversen im Überblick, Hamburg 2006, S. 367.
101 Frank Bajohr: In doppelter Isolation. Zum Widerstand der Arbeiterjugendbewegung gegen den Nationalsozialismus, in: Wilfried Breyvogel (Hg.): Piraten, Swings und Junge Garde. Jugendwiderstand im Nationalsozialismus, Bonn 1991, S. 17–35, hier S. 28.
102 »Was heisst schon Gesetz! Das Gesetz wird auch den Aufbauwillen des neuen Staates mit Nachdruck klarmachen«, F 35-03, S. 1.
103 »Für das schaffende junge Deutschland. Dein Vorrecht, deutsche Jugend, ist, Avantgarde des Nationalsozialismus zu sein«, F 34-07, S. 1.
104 »Aus der Bonner Marine-HJ«, F 35-06, S. 4.
105 »HJ-Funk des Reichssenders Köln«, F 35-06, S. 2.

Organisation und Akteure der HJ-Zeitung »Die Fanfare« 251

»Rheinlandbefreiung« deklariert und in der Aprilausgabe mit Fotos von Soldatenkolonnen auf der Hohenzollernbrücke und am Reiterdenkmal auf dem Heumarkt in Köln, mit jubelnden Menschen und vielen Kindern groß präsentiert.[106] In den Inhalten der Jugendpresse hätten die Auseinandersetzungen mit dem politischen Gegner und die massiven Aufrufe zum Eintritt in die HJ nach 1933 keine so große Rolle mehr gespielt, so Schruttke.[107] Dies trifft für die Gebietszeitung »Die Fanfare« nicht zu. Aggressive Mitgliederwerbung, Verunglimpfung der Nicht-Mitglieder und die Referenz auf die gegnerische Presse spielten sowohl vorher als auch nachher eine sehr große Rolle. In den Bannberichten wurden bis zum Ende der »Fanfare« Erfolge und Spitzenzahlen bei der Mitgliedergewinnung als Vorbild für andere angekündigt. In einigen Artikeln wurden vor allem im Jahr 1935 im regionalen Teil Auseinandersetzungen mit dem politischen Gegner, zum Beispiel der katholischen Jugend in Siegburg dargestellt, die teilweise aufzeigen, dass die HJ in einigen Regionen bis ins Jahr 1936 keine Oberhoheit im Jugendbereich gewinnen konnte.[108] Anfangs noch etwas spannender, da Jugendliche mit Eigeninitiative von lustigen Gegebenheiten berichteten, wurden die Berichte aus der Region mit der Zeit eintöniger und langweiliger.

Auf typische regionale Bräuche wie die Prozessionen zu Fronleichnam oder den Karneval wurde in der HJ-Zeitung kaum eingegangen. Ein Artikel auf den Seiten für den BDM sollte die Herangehensweise bezüglich der Karnevalstage klären. Mithilfe eines fiktiven Gesprächs wurde auf die befremdliche Wirkung der vielen »Karnevals-Masken und Kostüme« hingewiesen, die aufgrund der Verwendung von »Schminke, Puder und Lippenstift« nicht »als geschmackvoll anzusehen« seien. Da es aber um ein Fest der Vorfahren ginge, in dem »altes Volksgut in seiner Echtheit und seinem urwüchsigem Humor« wieder erweckt würde und die »alten originellen Figuren aus dem Leben der Stadt« für ein kurzzeitiges Erinnern sorgte, sei es nachvollziehbar, dass die Menschen »für volle drei Tage unter die Obrigkeit seiner ›Totalität‹ des Prinzen Karneval« tanzen, lachen und »jene ungetrübte ausgefallene Fröhlichkeit« der vergangenen Zeit wieder aufleben lassen wollten.[109]

Marcus Leifeld wies am Umgang mit dem rheinischen Karneval nach, dass die nationalsozialistischen Herrscher mit regionalen Traditionen, Festen und Bräuchen flexibel umgingen und nach anfänglichen Schwierigkeiten die Taktik

---

106 »Soldaten des Friedens am Rhein«, F 36-04, S. 9.
107 Schruttke: Jugendpresse (Anm. 6), S. 53.
108 Genauere Beispiele zum Umgang mit der katholischen Jugend, siehe Opgenoorth: Gemeinschaft und Gegner (Anm. 3), S. 137–140.
109 »Vom rheinischen Karneval«, F 35-02, S. 6.

»Anpassung als Herrschaftsstrategie« erfolgreich anwendeten. Gauleiter Josef Grohé[110] habe zunächst die vorhandenen Organisationsstrukturen des Kölner Karnevals durch eine neue nationalsozialistische Struktur ersetzt. Da dies jedoch nicht angenommen wurde, hat er den Rückzug antreten müssen. Mitte 1935 hat er die traditionellen Strukturen wiederhergestellt, den Karneval als Freiraum dargestellt und von der Bestrafung unangepasster Künstler abgesehen. Dieses »scheinbare Nachgeben« hat verdeckt, dass er bei der Neubesetzung von Organisationspositionen und der Errichtung von persönlichen Abhängigkeiten einen weit größeren persönlichen Einfluss nehmen konnte als vorher.[111]

Festzuhalten bleibt, dass die »Fanfare« wenig auf spezielle regionale Ereignisse, Bräuche oder Themen einging. Die Ansprache war zwar auf die Region abgestimmt, aber die Ausrichtung zentral gesteuert und von der Presse- und Propagandaabteilung der HJ abgesegnet worden. Wie sehr sich Ansprache und Themenauswahl von anderen Regionen unterschieden, könnte durch eine spezielle Vergleichsstudie der verschiedenen Gebietszeitungen herausgearbeitet werden.

7. Sprache und Bildsprache

a) Sprache

Die Sprache war provozierend und forsch, sie sollte Jugendlichkeit ausstrahlen und kündigte den »Alten« gelegentlich den Kampf an. Allerdings wirkte dies oft aufgesetzt und von Älteren geschrieben. Deutlich zogen sich ein militärischer Grundton und ein soldatisches Vokabular durch alle Artikel. Es wurde oft der Anschein erweckt, als sei aus einer spontanen Wut heraus geschrieben worden. Ebenso wurde erwähnt, dass die frühere Bewegung »in der Kampfzeit« verspottet worden sei. So hätten sich Intellektuelle und Bürgerliche über die nationalsozialistische Ideologie lustig gemacht und die Nazis als »Rowdies« und »Todschlag liebende Landknechtstruppe« beschrieben.[112] Die Grundstimmung wirkte trotzig und leicht beleidigt. Die Auswertung des Antisemitismus in der

---

110 NSDAP-Gauleiter Grohé konnte bis zu seinem Tod 1987 in Köln-Brück seinen Ruf, ein »guter« Gauleiter gewesen zu sein, aufrecht erhalten, siehe Helge Jonas Pösche: Josef Grohé, ein Gauleiter als Held der Familie, in: GiK 58 (2011), S. 123–156, hier: S. 154f. Außerdem unter anderem zu Grohé: Birte Klarzyk: Vom NSDAP-Gauleiter zum bundesdeutschen Biedermann: der Fall Josef Grohé, in: Jost Dülffer/Margit Szöllösi-Janze (Hg.): Schlagschatten auf das »braune Köln«. Die NS-Zeit und danach, Köln 2010, S. 307–326.
111 Marcus Leifeld: Der Kölner Karneval in der Zeit des Nationalsozialismus: vom regionalen Volksfest zum Propagandainstrument der NS-Volksgemeinschaft, Köln 2015, S. 375–378.
112 »Jagt Sie zum Teufel!«, F 33–08, S. 1.

Organisation und Akteure der HJ-Zeitung »Die Fanfare« 253

Sprache kommt zu ähnlichen Ergebnissen wie die Studie Benjamin Ortmeyers. Dieser wird gezielt gestreut und kommt in ungefähr zehn Prozent aller Titelseiten und Artikeln einer Ausgabe vor.[113]

Gerade zu Anfang schien die Zeitung einigen Parteiälteren zu frech und zu radikal gewesen zu sein. Dies wurde von Herausgeber Lauterbacher mit dem Kommentar beantwortet, »traditionslos und ohne Ehrfurcht«[114] zu sein. Auslöser war die im Oktober 1933 veröffentlichte Schlagzeile mit den Worten: »Spießer schweige! [Zeilenumbruch im Original] Du hast nicht mit uns gelitten – Du hast nicht mit uns gehaßt – Du hast nicht mit uns gekämpft [Zeilenumbruch im Original] Du gehörst nicht zu uns und hast deshalb auch nicht das Recht, über unser Tun und Lassen zu richten«.[115] Der typische Bürgerliche wurde außerdem als »verknöcherter Oberlehrertyp« dargestellt. Es wurde vor »spitzbauchigen, kleingeistigen Alltagsmenschen« gewarnt, die sich wie »verängstigte Hühner« benähmen.[116] Dieser Leitartikel hätte laut eigener Angaben intern »eine Revolution« ausgelöst. Er habe die Berufsgruppe der Lehrer zu stark angegriffen und als »Untergrabung von Autorität« verstanden werden können. In der Dezember-Ausgabe von 1933 wurde jedoch gegen diese Kritik vorgegangen. Unter dem Titel »Und die Fanfare hat doch Recht« verteidigte die Zeitung den aggressiven Stil. Zudem kamen Befürworter der »Fanfare« zu Wort und es wurde davor gewarnt, »vor dem meckernden Geschwätz verkalkter Spießbürger« zu »kapitulieren«. Die Zeitungsmacher sollten bei ihrem Kurs bleiben und sich nicht von den »kleinlichen Bedenken der Mucker und Spießer, die die ›Fanfare‹ in ›ruhige und sittsame Formen‹« lenken wollten, einschüchtern lassen.[117]

Im Zuge der Transformation von der Jugendorganisation zur Staatsjugend ist in der Zeitung eine Veränderung der Sprache zu beobachten. Sehr deutlich ist dies an dem Begriff »Revolution« zu erkennen. Dieser wurde in den ersten Ausgaben bis Juni 1934 sehr offensiv verwendet. Die Zeitung sprach bis dahin von einer »nationalsozialistischen Revolution«, die den neuen Staat aufbauen solle.

Nach den internen Säuberungen Hitlers, mit denen weitergehende Forderungen der SA und »sozialrevolutionäre Ansätze« gestoppt werden sollten, wurde der Begriff »Revolution« sehr sparsam eingesetzt. Vorher trat er beinahe

---

113 Ortmeyer: Indoktrination (Anm. 7), S. 36. Genauer zum Umgang mit der jüdischen Gemeinde siehe Opgenoorth: Gemeinschaft und Gegner (Anm. 3), S. 135–137.
114 »Akademie für Jugendführung«, F 35–10, S. 1.
115 »Spießer schweige!«, F 33–10, S. 1.
116 Ebd.
117 Es gibt zahlreiche Artikel über die Flieger-HJ, die Marine-HJ, die Motorsport-HJ oder dem HJ-Funk, siehe »Und die Fanfare hat doch recht«, F 33–12, S. 2.

durchgängig in jeder Ausgabe entweder als Schlagzeile oder im Text des Leitartikels auf.[118] Trotzdem wurde bis zum Ende der Zeitung mit antikapitalistischem und pseudo-sozialistischem Vokabular gearbeitet.[119] Dies entsprach jedoch auch der Wortwahl Baldur von Schirachs.[120] Der anfangs rüde und angriffslustige Ton schwächte sich jedoch mit der Zeit ab und bekam eine biedere Note.[121] Nun rekurrierte die Zeitung auf die »inneren Grundwerte« der Jugend wie »Begeisterungsfähigkeit, Lebendigkeit und Einsatzwillen«.[122] Wiederkehrende Themen, gleichlautende Formulierungen und das penetrante Wiederholen von Parolen führten zu einer Eintönigkeit in der »Fanfare«. Dies spiegelte ähnliche Routinen im Alltag der HJ-Mitglieder wider, der wenig Raum für Spontaneität oder Überraschungen ließ. In der »Fanfare« manifestierte sich dies, indem bekannte Abläufe von Schulungen, Kundgebungen und Aufmärschen oder lange Listen von HJ-Funktionären mit Namen aufgezählt wurden.[123]

Nach innen setzte die Zeitung eine Disziplinierungssemantik ein. Es wurde an die Opferbereitschaft jedes HJ-Mitgliedes appelliert und erwartet, dass er sich ganz in die Gemeinschaft einbringe. Die »Jungmädel« wurden früh darauf hingewiesen, dass sie »fröhliche Laune« verbreiten sollten und es darum ginge, ein positives Bild in der Öffentlichkeit zu zeigen.[124] Interessant ist, dass durchgängig eine gendergerechte Sprache verwendet wurde. Es wurden konsequent

---

118 Beispiel im Titel: »Krempelt die Ärmel auf! Denn die Revolution der deutschen Jugend darf und will nicht vor einer artfremden Mode und ihren Auswüchsen haltmachen«, F 33-09, S. 1 oder auch im Text: »Der Wille und das Bekenntnis zur nationalsozialistischen Revolution gilt nicht für die wirtschaftlichen und politischen Belange unseres Volkes, sondern zu allererst der kulturellen Neugestaltung unseres Lebens«, F 34-01, S. 1.
119 Zum Beispiel mit dem Titel »Glückliche deutsche Jugend! Wir sind Zeugen der Einheit des Volkes und Reiches – Mitarbeiter am deutschen Sozialismus-Kämpfer und Soldaten für die Idee des Friedens«, F 36-04, S. 1; »Jedem Kameraden ›seinen‹ Arbeitsplatz! Wir fürchten nicht Arbeit und Verantwortung«, F 36-11, S. 1.
120 »Den Marschallstab im Tornister. Führer und Reichsjugendführer über den Sozialismus der Hitlerjugend«, F 37-02, S. 1.
121 Beispiel: »In den beiden Grenzstädten Monschau und Schleiden wurden dem Gebietsführer durch den Regierungspräsidenten vier neue HJ-Heime übergeben. Die vier Neubauten zeichnen sich besonders dadurch aus, daß in ihnen der alte bodenständige Eifler Stil sich in sehr glücklicher Weise mit der großen Linie unsere nationalsozialistischen Baukunst paart«, in: »Neue HJ-Heime. Gebietsführer Wallwey bei der Einweihung in Troisdorf und Oberkassel«, F 36-11, S. 5.
122 »Jahrgang 1927 im Anmarsch«, F 37-03, S. 1.
123 Ein typischer Artikelbeginn in den späteren Jahren der »Fanfare«: »Ende Oktober wurden die HJ-Heime in Troisdorf und Oberkassel in Anwesenheit des Gebietsführers, des Kreisleiters, Pg. [Parteigenosse] Warrenbach, des Bannführers Zimmermann und der Gemeindeleiter eingeweiht. Nachdem Bürgermeister Pg. Terstegen in Oberkassel den Kreisleiter, den Gebietsführer und den Bannführer begrüßt hatte, übergab er Gebietsführer Wallwey die Schlüssel des Heimes. Der Gebietsführer ermahnte die Kameraden mit ihrer ganzen Kraft an die Erfüllung der Aufgaben zu gehen[…]«, in: »Neue HJ-Heime. Gebietsführer Wallwey bei der Einweihung in Troisdorf und Oberkassel«, F 36-11, S. 5.
124 »Der Sonntag der Jungmädel«, F 35-06, S. 8.

die weibliche und die männliche Form verwendet, so wurde beispielsweise von Jugendführern und Jugendführerinnen gesprochen.[125] Allerdings ist die Gesamtzeitung von ihrer Aufmachung, ihrer Ausrichtung und ihren Themen klar an die männliche Mitgliedschaft gerichtet. Obwohl auf der einen Seite das Bild der arbeitenden jungen Frau unterstützt wurde, wurde auf der anderen Seite an die wahre Aufgabe der Frau erinnert, die als Mutter sich dann wieder dem »natürlichsten und ihrem Wesen angepaßtesten Beruf« zuwenden und dem Mann zur Seite stehen solle.[126]

b) Bildsprache

Wirkmächtiger als Massenveranstaltungen, Reden und weltanschauliche Ansichten sei nach Habbo Knoch die eindringliche nationalsozialistische Bildsprache gewesen, die nach und nach eine »Verwandlung des visuellen und imaginativen Haushalts« durch einprägende bildhafte Symbole für Volk, Rasse und Imperialismus einführte und damit Herrschaft absicherte.[127] Gerhard Paul, der die Bedeutung der Visual History als wichtiges Forschungsgebiet für die Neuere Geschichte betont, unterstützt die Aussage von Susan Sonntag, dass das stehende Bild eine besonders eindringliche Wirkung auf die menschliche Wahrnehmung ausübt, da es sich »in die Festplatte des Gedächtnisses« einbrennt.[128] Dieser Ansatz bezieht sich auf die Thesen Horst Bredekamps, der visuelle Quellen nicht nur als Abbild, sondern auch als »Bildakt« versteht, welche selbst zum Akteur oder Manipulator einer Situation werden können.[129] Im propagandistischen Einsatz von Bildern wird ihre doppelte Funktion von Inszenierung und Dokumentation noch verstärkt. Durch ihre Eingängigkeit, Nachhaltigkeit und Abrufbarkeit werden sie zu »kollektiven Bezugspunkten« und »visuellen Ankern von Herrschaftspolitik«.[130] Der BDM ist zum Beispiel für Gisela Miller-Kipp gleichzeitig »Instrument und Kulisse in der Ideologie- und Propagandamaschinerie« gewesen.[131] Bilder von

---

125 Vgl.: »Das Deutsche Reich ist ewig durch seine Jugend«, F 34-09, S. 2.
126 »Unsere Mädels arbeiten... Vom eisernen Muß und der Notwendigkeit des Berufes. Was die Hitler-Jugend gedankenlosen Zeitgenossen herüber zu sagen hat«, F 34-02, S. 8.
127 Habbo Knoch: Die »Volksgemeinschaft« der Bilder. Propaganda und Gesellschaft im frühen Nationalsozialismus, in: Gudrun Brockhaus (Hg.): Die fatale Attraktion der NS-Bewegung, Essen 2014, S. 133–160, hier: S. 160.
128 Gerhard Paul: Von der Historischen Bildkunde zur Visual History. Eine Einführung, in: Ders. (Hg.): Visual History. Ein Studienbuch, Göttingen 2006, S. 27 f.
129 Horst Bredekamp: Theorie des Bildakts. Frankfurter Adorno-Vorlesungen 2007, Frankfurt am Main 2007.
130 Knoch: Bilder (Anm. 126), S. 134.
131 Gisela Miller-Kipp: »Auch du gehörst dem Führer«. Die Geschichte des Bund Deutscher Mädel (BDM) in Quellen und Dokumenten, Weinheim/München 2001, hier S. 11.

Mädchen mit geflochtenen Zöpfen und jungen Frauen im kurzen Sportanzug oder in sanft fließenden Kleidern wurden massenhaft verbreitet und prägen bis heute das Bild des BDM. Dies seien jedoch reine Propaganda-Bilder gewesen, welche mit der Realität wenig zu tun hatten.[132]

Die Auswertung der Bildsprache in der »Fanfare« bestätigt die thematische Untersuchung der Titelblätter. Über 36 Prozent des Bildmaterials drückten Kampf, Gefahr und Opferbereitschaft aus. Hier wurde zum Beispiel ein einzelner Pimpf gezeigt, der mit einer Fanfare den Auftakt der WHF-Sammlung musikalisch einläutet,[133] oder eine Kolonne von marschierenden HJ-Mitgliedern gezeichnet, die in einer düsteren Umgebung einer strahlenden Sonne mit Hakenkreuz entgegen marschiert.[134] Mit Arbeiterthemen oder der sozialen Frage beschäftigten sich 21 Prozent des Bildmaterials. Auf 17 Prozent der Bilder wurden Gegnergruppen definiert, davon waren fünf Zeichnungen eindeutig mit antisemitischen Stereotypen versehen. Auf sieben Titelblättern wurde der »Führerkult« betrieben, davon wurde der Reichsjugendführer Baldur von Schirach vier Mal auf Foto oder Zeichnung und Hitler drei Mal fotografisch abgebildet. Insgesamt stellten 21 Prozent aller visuellen Elemente eine Masse oder Gemeinschaft dar. Von 47 untersuchten Titelblättern enthielten drei Titel gar kein Bild, auf neun Seiten wurden Fotos verwendet. Im Gegensatz zum Bildmaterial im Innenteil der Zeitung dominierten Zeichnungen.

Dies unterscheidet sich sehr von den Ergebnissen der Studie zu der vom Nationalsozialistischen Lehrerbund herausgegebenen Schülerzeitung »Hilf mit!«, in der das Motiv der »Idylle« dominierend war und auf den Titelblättern vorwiegend Fotografien von gesunden, strahlenden, blonden und blauäugigen Kindern und Jugendlichen, die lachen oder verträumt in die Ferne schauen, verwendet wurden.[135] In der »Fanfare« dagegen mutete die Gesamtstimmung der Titelblätter düster an, so als stünde eine Bedrohung bevor, die schwer fassbar und nur mit starkem Willen und eiserner Kampfkraft zurückzuschlagen sei. Der Gesamteindruck auf den Titelblättern ist also die Visualisierung von Kampf statt Idylle. Ein Bedürfnis nach Gemeinschaftsbildung wurde in dem Sinne aufgegriffen und verbildlicht, als dass eine große Gefahr abzuwenden sei.

---

132 Gisela Miller-Kipp: »Der Führer braucht mich«. Der Bund Deutscher Mädel (BDM), Lebenserinnerungen und Erinnerungsdiskurs, Weinheim/München 2007, hier S. 21 f.
133 F 35–12, S. 1.
134 F 34–01, S. 1.
135 Benjamin Ortmeyer: Indoktrination: Rassismus und Antisemitismus in der Nazi-Schülerzeitschrift »Hilf mit!« (1933–1944). Analyse und Dokumente, Frankfurt am Main 2013, S. 36.

Organisation und Akteure der HJ-Zeitung »Die Fanfare« 257

Abb. 2: »Hitlerjugend auf dem Markt für Winterhilfe«, Herbst 1933, Bildbeschreibung aus der Kladde von Fritz Neff (Stadtarchiv Köln – Sammlung Neff; Foto: Fritz Neff)

Die Bildsprache im Korpus der Zeitung war weniger aggressiv. Hier wurden zwar auch keine idyllischen Bildelemente wie in der »Hilf mit!« verwendet, jedoch wurde mit Fotos von geordneten Zeltlagern, von Rednern wie Gebietsführer Wallwey auf Veranstaltungen, arbeitenden HJ-Mitgliedern mit Spaten auf dem Feld oder in Handarbeit vertieften BDM-Mitglieder gearbeitet. Dabei wurde oft die Perspektive der Nahaufnahme verwendet. Diese Bilder sollten eine ruhige, geordnete und arbeitstüchtige Gesellschaft, in die Jugendliche eingebunden sind, suggerieren (Abb. 2–3). Damit wird die Funktion der HJ-Zeitungen erfüllt, die Jugendarbeit auf positive Weise darzustellen. Die »Fanfare« nimmt mit diesen Visualisierungen in Kombination mit den militärisch anmutenden Titelbildern einen Übergangscharakter ein. Laut Aussagen in der Literatur habe das Jahr 1933 einen Umbruch in der Bildsprache dargestellt. Seien vorher Gewalt und Kampf bildlich verstärkt worden, um den Machtanspruch zu verdeutlichen, sei danach stärker versucht worden, Visualisierungen für die »Volksgemeinschaft« zu finden. Dazu hätten zum Beispiel Bildelemente wie der Handschlag, harmonische Gemeinschaftsbilder unter anderem von familiären Situationen

Abb. 3: »Fanfaren HJ im Belvedere« (zentral gelegenes Hotel in Brühl mit großem Veranstaltungssaal und Biergarten), Frühjahr 1934, Bildbeschreibung aus der Kladde von Fritz Neff (Stadtarchiv Köln – Sammlung Neff; Foto: Fritz Neff)

oder Massenveranstaltungen als »Berauschungserinnerung der Erregungsmasse« gezählt.[136] Familiensituationen wurden in der »Fanfare« gar nicht abgebildet. Vermutlich sollte damit an das Selbstverständnis der Jugendbewegung und der Eigenständigkeit von jugendlichem Leben angeknüpft werden.

Fazit

Zusammenfassend kann gesagt werden, dass es sich bei der Gebietszeitung »Die Fanfare« um ein professionell erstelltes Propagandainstrument handelte, welches mit den örtlichen Strukturen der HJ-Organisation eng verknüpft war. Gebietszeitungen stellten eine Sonderrolle in den NS-Jugendmedien der 1930er Jahren dar, da sie in der »Kampfzeit« verboten waren. Bezüglich der unterschiedlichen Merkmale von Zeitungen vor und nach 1933 muss die »Fanfare« als Übergangszeitung eingestuft werden. Sie entspricht mit ihrem aggressiven, streitlustigen und polemischen

---

136 Knoch: Bilder (Anm. 126), S. 160.

Organisation und Akteure der HJ-Zeitung »Die Fanfare« 259

Auftreten eher der »Kampfpresse«. Die Themen Mitgliederwerbung und die Auseinandersetzung mit dem politischen Gegner gehörten zu ihrem Hauptanliegen. Die »Fanfare« wurde sowohl durch Abonnements, öffentlichen Straßenverkauf wie durch Werbung finanziert. Auffällig ist die genaue, regional abgestimmte Schaltung der Anzeigen für einzelne Regionen. Regelmäßig wurden Kampagnen durchgeführt, die die Zeitung bewerben sollten. Die Zeitung fand in den Ortsgruppen Verwendung. Sie wurde hier abgerechnet, hier wurden Artikelaufträge vergeben und hier wurde sie zu Schulungszwecken eingesetzt. Sie wurde also als Mittel zur Organisierung der Arbeit eingesetzt.

Bemerkenswert ist die Ansprache von Arbeiterjugendlichen mittels rebellischer, antikapitalistischer und antibürgerlicher Propaganda. Bis Mitte 1934 wurde auf den Titelblättern von »Revolution« gesprochen. Nach den Juni-Morden wurden Wortwahl und Sprache dann gemäßigter. Jedoch sprach man weiterhin von »Sozialismus« und warf die soziale Frage auf. Sehr stark wurde gegen die »Märzveilchen« und »unechte Nationalsozialisten« aus bürgerlichen Kreisen agitiert. Die Darstellung einer permanenten Bedrohung ließ das Regime instabil und krisenhaft erscheinen. Dieser Eindruck wird durch eine düstere Bildsprache unterstützt. Diese war auf dem Titelblatt aggressiv und kämpferisch gehalten, im Innenteil überwogen auf Sicherheit, Ruhe und Gemeinschaft bezogene Themen und Visualisierungen. Je mehr der Prozess zur Eingliederung der Parteijugend in das Staatssystem voranschritt und die HJ nahezu alle die Jugend betreffende Bereiche integrierte, desto eintöniger wurden die Berichte und die Sprache der Zeitung.

Regionale Ereignisse oder Bräuche sprach die Zeitung kaum speziell an. Allerdings stellten die Berichte aus den Bannen einen örtlichen Bezug zu der praktischen Arbeit der HJ-Gruppen her und informierten über Konfrontationen der HJ mit der katholischen Jugend in der Region. Außerdem steht außer Frage, dass sich die Zeitung auf das katholische Milieu und die Stimmung in der sozialistischen und katholischen Arbeiterbewegung bezog. Allerdings sind ähnliche Parolen auch in anderen, nicht auf den Westen begrenzten Zeitungen zu finden. Die rebellische, antikapitalistische, pseudo-sozialistische Wortwahl entspricht in Teilen den Ausführungen der Reichsjugendführung. Deren Chef Baldur von Schirach hat die Zeitung seit den Anfängen begleitet. Sie wurde gegründet, um für seine Redetour zu mobilisieren. Hier könnte ein Hinweis darauf zu finden sein, dass sozialrevolutionäre Stimmungen in der Jugend weit verbreitet waren. Eine Vergleichsstudie verschiedener Zeitungen könnte hier präzisere Ergebnisse liefern. Beachtenswert ist, dass die letzten Reste von legaler Jugendorganisation und organisierter Gegnerschaft zu massiver Verunsicherung beitrugen und das Regime oft instabil wirkte.

Ein Grund für das Ende der Zeitung könnte zum einen eine Kombination aus Mangel an Funktionären und einer stark gesunkenen Auflage sein, die alle Presseorgane im Reich betraf. Zum anderen war mit dem HJ-Gesetz Ende 1936, welches zur Mitgliedschaft in der HJ verpflichten sollte, eine wichtige Phase im Aufbau der HJ abgeschlossen. Die pseudo-revolutionäre Ansprache und der Bewegungscharakter der Anfangszeit passten nicht mehr in die Zeit, in der die Jugend auf den Krieg vorbereitet werden sollte, und galt so eventuell als kontraproduktiv.

Anfängliche Überlegungen, es könne sich bei der Zeitung um eine regionale Eigeninitiative handeln, die in einer lokalen Nische Spielräume genutzt haben könnte, können deutlich verneint werden. Die Redaktionsleitung arbeitete sehr eng mit der Reichsjugendführung zusammen. Alle Schriftleiter, die namentlich ausfindig gemacht wurden, konnten eine NS-Karriere auf höchster Ebene antreten und Führungspositionen im reichsweiten Propagandaministerium einnehmen. Somit scheint der Redaktionssitz der »Fanfare« in Köln als Ausbildungsfeld für aufstrebende NS-Funktionäre, die später Leitungsfunktionen in der reichsweiten NS-Propaganda übernahmen, fungiert zu haben.

Die römische Bibliothek von Köln

von Dirk Schmitz

Im Jahr 2017 wurde in dem Dreieck zwischen Antoniterstraße, Schildergasse und Nord-Süd-Fahrt östlich der Antoniterkirche ein römischer Großbau entdeckt, der in einer ersten Einschätzung als antike Bibliothek gedeutet wurde (Tafel 33).[1] Die Nachricht von diesem Fund ging im Juli 2018 um die Welt und war in Zeitungen, Zeitschriften sowie auf Internetportalen in 70 Ländern auf fünf Kontinenten eine Meldung wert. Berücksichtigt man das nachrichtliche Sommerloch, in der sich die Kunde verbreitete, so elektrisierte dennoch die Vorstellung, dass in diesem Gebäude einst Literatur für die Öffentlichkeit bereit gestellt und vorgehalten wurde, zahlreiche Menschen. Martin Oehlen sprach in diesem Zusammenhang von einem »Speicherplatz des Wissens« und umschrieb das Besondere an dem Fund: »Was diese Vergangenheit mit unserer Gegenwart verbindet, ist das Bemühen, Wissen zu bewahren und weiterzugeben«.[2] Bei der Bibliothek handelt es sich um eine kulturhistorische Konstante, die unser Empfinden für gemeinsame Wertvorstellungen in Zeit und Raum berührt.

Der vorliegende Beitrag geht der Frage nach, welche Kriterien bei dem antiken Großbau in Köln für und wider eine Bibliothek sprechen. Es haben sich keine Reste von Buchrollen erhalten, und auch die kleinteiligen Gegenstände, die während der Ausgrabung geborgen wurden, geben keine Hinweise auf die ursprüngliche Nutzung der Anlage. Was bleibt, ist der archäologische Befund des Gebäudes. Die Gewichtung von Indizien führt zu einer Einschätzung der Funktion für diesen Bau.

Die Grundlage für die Beschäftigung mit dem antiken Bibliothekswesen bilden die Forschungen von Volker Michael Strocka.[3] Der Aufbau großer Bibliotheken

---

1 Ulrich Karas/Achim Kass/Dirk Schmitz: Ausgewählte römische Befunde aus der Ausgrabung an der Antoniterstraße, in: Archäologie im Rheinland 2017, S. 104–106, hier S. 106; Dirk Schmitz: Ausgrabungen an der Antoniterstraße – Neues zur Stadtentwicklung Kölns in römischer Zeit, in: Marcus Trier/Friederike Naumann-Steckner (Hg.): BodenSchätze. Archäologie in Köln, Köln 2018, S. 80–91, hier S. 89 ff.
2 Martin Oehlen im Kölner Stadtanzeiger, Ausgabe vom 7. August 2018.
3 Volker Michael Strocka: Römische Bibliotheken, in: Gymnasium 88 (1981), S. 298–329; Volker Michael Strocka/Simon Hoffmann/Gerhard Hiesel (Hg.): Die Bibliothek von Nysa am Mäander, Darmstadt 2012, insbesondere S. 167–184 (V. Der stadtrömische Bibliothekstypus), S. 185–214 (VI. Vermeintliche Bibliotheken in der archäologischen Literatur).

ist demnach ein Erbe des Hellenismus.[4] Es entwickelte sich zunächst ein Typus mit Säulenumgang, Lesenischen (Exedra) und einem großen Saal (Oikos). Für Lektüre und Unterricht dienten der Säulenumgang mit Exedra und der große Saal. In letzterem fanden Gelehrtensymposien, Festreden und Streitgespräche statt. Die Rollen waren in separaten Magazinen untergebracht, kleine Räume längs des Säulenganges. Die Betonung liegt bei diesem Typus auf den Wandelgängen und Lesenischen, in denen man sich mit Muße den Schriftrollen oder dem Gespräch darüber widmen konnte, weniger den klein dimensionierten Räumen zur Lagerung der Schriftrollen. Solche Dispositionen, von Strocka als »griechische« oder »hellenistische« Bibliothek bezeichnet, blieben im griechischen Mutterland beliebt und sind in der römischen Kaiserzeit darüber hinaus in privaten Villen, beispielsweise in Pompeji, ablesbar.[5] Ein anderer Typus entstand im stadtrömischen Kontext.[6] Die Bibliothek am Tempel des Apollo Palatinus ist hierfür ein gutes Beispiel. Die ursprüngliche Anlage wurde beim Brand 64 n. Chr. beschädigt und von Domitian an gleicher Stelle erneuert. Möglicherweise behielt man die augusteische Konzeption bei und erweiterte sie.[7] Erkennbar sind trotz nur geringer archäologischer Überreste zwei parallel angeordnete Säle mit einer großen Anzahl von Nischen. Zentral in der Auslegung solcher Gebäude ist die Vorstellung, dass die Nischen Schränke mit Buchrollen aufnahmen. In den Scheiteln der Anlagen ist jeweils eine große Nische vorgehalten, in der ehemals möglicherweise eine Statue stand. Die doppelte Ausführung der Anlage deutet auf eine griechische und eine römische Abteilung hin. Die Neuerung dieses Typus bestand darin, dass Festsaal und Büchermagazin miteinander kombiniert waren.

Der stadtrömische Typus entwickelte sich weiter zu einem Gebäude mit quer gelagertem Saal.[8] Volker Michael Strocka formuliert als wichtige Kriterien für den bautypologischen Nachweis solcher Bibliotheken folgende Elemente: »einen großen Saal mit Wandschränken in zwei (bis drei) Geschossen, ein den Schränken vorgelagertes Podium, eine Galerie auf einer Säulenstellung und eine zentrale Ädikula oder eine Apsis für eine Statue dem Eingang gegenüber«.[9] Diverse Bibliotheken mit unterschiedlichen Ausprägungen dieser

---

4 Strocka: Bibliotheken (Anm. 3), S. 302 ff.; Strocka/Hoffmann/Hiesel: Bibliothek (Anm. 3), S. 167–184 (Strocka).
5 Strocka: Bibliotheken (Anm. 3), S. 298 f.; Zitat ebd., S. 304.
6 Zur Entwicklung ebd., S. 307–315; Strocka/Hoffmann/Hiesel: Bibliothek (Anm. 3), S. 167–183.
7 Strocka/Hoffmann/Hiesel: Bibliothek (Anm. 3), S. 173 ff. (Strocka).
8 Strocka: Bibliotheken (Anm. 3), S. 315 ff.; Strocka/Hoffmann/Hiesel: Bibliothek (Anm. 3), S. 167 f. (Strocka).
9 Strocka/Hoffmann/Hiesel: Bibliothek (Anm. 3), S. 173 (Strocka).

Die römische Bibliothek von Köln 263

Charakteristiken in Rom und außerhalb können als Parallelen herangezogen werden.[10] Eines der bekanntesten Beispiele ist die Celsusbibliothek in Ephesos, benannt nach ihrem Stifter Tiberius Iulius Celsus Polemaeanus (Saal: 16,72 × 10,92 Meter); sie ist in die spätere Herrschaftszeit Traians zu datieren. Für dieses, heute rekonstruierte Gebäude ist eine Nutzung als Bibliothek inschriftlich verbürgt.[11] Auf dem Traiansforum in Rom werden trotz Widersprüchen die zwei spiegelsymmetrischen Säle mit Nischengliederung und Stufenpodium als Bibliothek gedeutet (Saal: 14 × 22 Meter), erbaut zwischen 100 und 110 n. Chr.[12] Die Bibliothek von Nysa am Mäander wurde um 130 n. Chr. errichtet (24,76/24,92 Meter × 14,02/14,18 Meter; Saal: 13,38/13,35 Meter × 8,68 Meter).[13] Die zwei Bibliotheken der römischen Caracallathermen (36,30 × 21,90 Meter) stammen aus der ersten Hälfte des 3. Jahrhunderts. Hierbei ist die Querausrichtung des Saales ins Riesenhafte gesteigert.

Der Kölner Großbau, errichtet nach der Mitte des 2. Jahrhunderts n. Chr., war ebenfalls ein im Kern rechteckiges Gebäude von 23,50 × 12,50 Metern Außenmaß (circa 80 × 42 römische Fuß) und 20 × 8,80 Metern lichtem Innenraum (Tafel 34). Durch einen rechteckigen Annex auf der südwestlichen Längsseite ist der Saal quer ausgerichtet. Die Grundmauern waren mit fast zwei Metern (1,92–1,97 Meter) ungewöhnlich breit und bestachen durch große Festigkeit.[14] Die Fundamentmauern reichten je nach Beschaffenheit des Untergrundes zwischen 1,80 und 3,50 Meter in die Tiefe. Sie umschlossen eine Fläche von etwa 176 Quadratmetern. Im Innenraum haben sich an zwei Stellen kleinere Flächen des originalen Fußbodens erhalten. Dieser Estrich bestand in der obersten Schicht aus feinem Mörtel mit Ziegelmehl, vermengt mit kleinen Ziegelstücken. Die Oberfläche war sorgfältig geschliffen. Das zur südwestlichen Längswand gelegene Estrichfragment (50,37–50,32 Meter über Normalnull) war stärker abgenutzt – weil intensiver begangen – als das am nordöstlichen Rand gelegene Teilstück (50,56–50,52 Meter über Normalnull). Das letztere gibt die ursprüngliche Höhenlage wieder, während die westlich benachbarte Lauffläche um 20 Zentimeter abgesackt zu sein scheint. Der quergelagerte Saal hatte die Qualität eines Versammlungsortes. Es gibt keine Hinweise auf Stützen im Innenraum, sodass unter Vorbehalt bereits ausgeräumter Punktfundamente – dieser

---

10 Ebd., S. 184, Tabelle 8 listet Strocka insgesamt 13 Bauwerke auf, die er für erwiesene Bibliotheken hält; ebd., S. 185–214 werden vermeintliche Beispiele diskutiert.
11 Dazu Strocka: Bibliotheken (Anm. 3), S. 322–329; Strocka/Hoffmann/Hiesel: Bibliothek (Anm. 3), S. 168 (Strocka).
12 Ebd., S. 176–178 (Strocka).
13 Ebd., S. 9, 18 f. (Strocka).
14 Zum Fundament ausführlich Dirk Schmitz/Marcus Trier: Das Fundament des römischen Großbaus an der Antoniterstraße in Köln, in: Archäologische Berichte 30 (2019), S. 235–244.

Bereich war mittelalterlich stark gestört – von einer nach oben offenen Halle ausgegangen werden kann, die aufgrund der starken Fundamente monumentalen Charakter gehabt haben wird. Zudem sind keine Strukturen eines Treppenhauses aufgefunden worden.

Der Saal befand sich in etwa ebenerdig zur Umgebung (Tafel 35). Die Geländeoberkante dürfte zu dieser Zeit bei etwa 50,50 Meter über Normalnull gelegen haben, einen halben Meter höher, als für die Pflasterung des Forums angenommen wird.[15] Das aufgehende Mauerwerk war in Tuffstein ausgeführt. An einer Stelle blieben noch mehrere Lagen gemauerter Steine erhalten. Dieses vulkanische Gestein wurde von den Römern in der Osteifel abgebaut und bestach durch seine vielfältigen Eigenschaften. Dieser wertvolle Rohstoff war leicht, einfach zu brechen sowie zu verarbeiten und bot dabei im Verband große Stabilität. Tuff wurde zum beliebtesten Baustoff römischer Zeit im Rheinland und darüber hinaus. Beim Kölner Gebäude sind die Reste des Aufgehenden nur gering, über die Fassadengestaltung lassen sich keine Aussagen treffen. Das Dach war mit Ziegeln gedeckt, wie Anschüttungen am Fuße des Gebäudes belegen. Hypokaustanlagen sind ebenso wie gestempelte Ziegel der Nutzungszeit nicht vorhanden.

Das Besondere am Kölner Bau sind die Nischen entlang der Innenwände (Tafel 36). Auf drei von vier Seiten sind sie fragmentarisch erhalten. An diesen Stellen war ungewöhnlicher Weise das Aufgehende noch vorhanden. Nachgewiesen sind die Nischen auch auf der nordöstlichen Längsseite. Dies ist ungewöhnlich, weil dort gegenüber dem Annex der Zugang zum Gebäude vermutet wird, der analog zu vergleichbaren Anlagen als Vorhalle ausgestaltet gewesen sein konnte. Die eng nebeneinander angeordneten Nischen waren ungeeignet für die Aufstellung lebensgroßer Statuen. Man nimmt daher an, dass sich in diesen Nischen Schränke oder andere Vorrichtungen für die Aufbewahrung von Buchrollen befanden. Bücher hatten damals in der Regel die Form von Papyrusrollen, genannt »volumina«, aufgewickelt an dünnen Holzstäben, die an einer Seite herausschauten (»umbilicus«). Eine Papyrusrolle hatte gewöhnlich eine Breite von 30 Zentimetern, ein Schildchen verriet den Namen des Autors.[16] Die Rollen wurden liegend und in mehreren Reihen übereinander in Fächern gelagert. Dies geht aus der Beschreibung Johann Joachim Winckelmanns hervor, basierend auf Berichten von Augenzeugen, die 1754 bei der Entdeckung von 1.800 Papyrusrollen in der Villa des L. Calpurnius Piso in Herculaneum dabei waren.[17]

---

15 Bernhard Irmler: Colonia Claudia Ara Agrippinensium. Architektur und Stadtentwicklung, Diss. Köln 2005, S. 38.
16 Strocka: Bibliotheken (Anm. 3), S. 299.
17 Zitiert ebd., S. 299.

Die Nischen gliedern beim Kölner Bau die Innenwände auf einer leicht abgesetzten Stufe in zwei unterschiedlichen Größen an der Längs- und Schmalseite. Die Rekonstruktion legt im unteren Geschoss 16–18 Schränke nahe. Die Nischenbreite beträgt bei den kleinen etwa 1,45 Meter und den größeren jeweils bis zu 1,80 Meter bei einer Tiefe von circa 90–95 Zentimetern. Damit liegen die Werte etwas über dem bei anderen Bibliotheken dieses Typus Üblichen.[18]

Die Bücherschränke reichten in Köln vermutlich so hoch, dass ihre Nutzung Leitern erforderte. Bei Parallelen werden Höhen solcher Nischen mit 2,40 bis 2,80 Metern angegeben. Bei besonders großen, kaiserlichen Bibliotheken konnten die Nischen bis zu 3,60 Meter hoch gewesen sein.[19] Die mächtigen Fundamente des Kölner Gebäudes lassen ein zweites Geschoss mit weiteren Nischen wahrscheinlich erscheinen. Denkbar sind umlaufende Galerien. Steile Leitern und schmale Luken in der Galerie mögen einen Aufstieg, wie für Ephesos vermutet, bewerkstelligt haben. Archäologische Hinweise auf Säulenstellungen, die solche Galerien getragen haben könnten, ließen sich beim Kölner Bau während der Ausgrabungen nicht gewinnen.

Bisweilen befanden sich in den Innenräumen von Bibliotheken entlang der Seiten mit den Schranknischen Podien mit Höhen von 50 bis 160 Zentimetern. Die Breite variiert zwischen 40 und 150 Zentimetern. Manche besaßen Treppenstufen als Zugang vor den Schranknischen, bei anderen interpretiert man das Podium als Hindernis, selbständig an die Bücherschränke zu gelangen. In diesen Fällen nimmt man Bibliotheksdiener auf den Podien an, die die Schränke aufschlossen und Rollen entnahmen. Um auf das Podium zu gelangen, hatten sie ein bewegliches Holztreppchen. Beim Kölner Bauwerk muss davon ausgegangen werden, dass es kein Podium gab. An einer Stelle bindet ein Estrichfragment an die Gebäudemauer in Nordwesten an (Tafel 37a–b). Im Detail erkennt man den Rest einer Nische, die mittelalterlich zugemauert wurde. Der Estrich zieht an der Mauerinnenseite hoch, sodass in der Antike allenfalls ein kleiner Absatz vom Bodenbelag zu den Nischen zu überwinden war.

Der Eingangsbereich zur Bibliothek liegt gegenüber dem Annex zu großen Teilen unter dem Nachbargebäude im Osten und ist dementsprechend unbekannt. Der Annex an der Längswand bildete eine große zentrale Nische mit einer lichten Weite von etwa 4,50 Metern, die im Innern möglicherweise als Apsis ausgeführt war. Hier stand ursprünglich eine Statue; naheliegend ist das Bildnis der Athena als Beschützerin der Wissenschaften.[20]

18 Strocka/Hoffmann/Hiesel: Bibliothek (Anm. 3), S. 184, Tabelle 8.
19 Ebd.
20 Von Eberhard Thomas wurde zuletzt ein nur 26 Zentimeter großer Marmorkopf einer Athenastatue aus Köln für eine Privatbibliothek in Nähe des Neumarktes vorgeschlagen, siehe Eberhard Thomas: Eine römische Privatbibliothek in der Colonia Claudia Ara Agrippinensium?, in:

Bei dem Monumentalbau handelt es sich ohne Zweifel um öffentliche Architektur. Die Größe, Machart und Positionierung sind klare Indizien für den öffentlichen Charakter des Bauwerks. Viele Kriterien wie der quergelagerte Saal, die anzunehmende Monumentalität des Raumes, der Annex auf der Längsseite sowie die Gliederung der Wände mit Nischen sprechen für eine Interpretation dieses Gebäudes als Bibliothek. Einzig das Fehlen einer umlaufenden Brüstung passt nicht in dieses Bild, doch könnte es sich dabei um eine lokale Eigenheit handeln. Der Großbau ordnet sich in die überlieferten Beispiele des stadtrömischen Bibliothektypus ein. Die architektonische Darstellungsform vereinigt das Magazinieren von Buchrollen in den Nischen mit einem großen, auf Publikum ausgerichteten Saal. Der geistige Reichtum der Stadt wurde auf dem Forum – es befand sich im Wesentlichen südlich und nördlich der heutigen Schildergasse etwa von der Antoniterkirche im Westen bis zur Hohe Straße im Osten – vorgehalten, in seiner Platzierung deutlich auf die Öffentlichkeit orientiert. Möglicherweise wurde in diesem Komplex auch Archivmaterial der Stadtverwaltung aufbewahrt.[21] Dass keine gestempelten Ziegel beim Bau verwendet wurden, kann als Indiz für den städtischen Auftraggeber gewertet werden. Im Falle von Köln hätte es verwundert, wäre der Kaiser beziehungsweise der Statthalter auf dem Forum als Bauherr aufgetreten.[22] Platziert wurde der Großbau im südwestlichen Zwickel des Forums, der durch die Cryptoporticus gebildet wird (Tafel 38). Aussagen zu einem städtebaulichen Konzept können nicht getroffen werden, denn die Genese des Kölner Forums liegt weitgehend im Dunkeln; weder die Cryptoportikus, noch mit ihr in Verbindung gebrachte Basiliken sind sicher datiert.[23] Auch das

---

Peter Henrich u.a. (Hg.): Non solum sed etiam. Festschrift für Thomas Fischer, Rhaden/Westfalen 2015, S. 449–458.
21 Zu den fließenden Übergängen Strocka/Hoffmann/Hiesel: Bibliothek (Anm. 3), S. 215.
22 Dirk Schmitz: Die gestempelten Ziegel des römischen Köln, in: Kölner Jahrbuch für Vor- und Frühgeschichte 37 (2004), S. 223–447, hier S. 286; Thomas Schmidts: Gestempelte Militärziegel außerhalb der Truppenstandorte. Untersuchungen zur Bautätigkeit der römischen Armee und zur Disposition ihres Baumaterials, Wiesbaden 2018, S. 85.
23 Irmler: Colonia (Anm. 15), S. 26–49 analysiert die Cryptoporticus und weitere Befunde auf dem Forum bauhistorisch, Stefan Neu (Stefan Neu: Schildergasse/Ecke Herzogstraße. Fundamente des römischen Forums, in: Hiltrud Kier/Sven Schütte (Hg.): Archäologie in Köln, Köln 1992, S. 31–34, hier S. 33 f.) erwähnt als »terminus post quem« für den Bau der Cryptoporticus eine Abfallgrube mit Material aus der 1. Hälfte des 1. Jahrhunderts n. Chr. Die Reste der im Osten lokalisierten Basilika dürften augusteisch sein; vgl. dazu Irmler: Colonia (Anm. 15), S. 38–40; die Datierung liegt durch das beim Bau der Mauern und Pfeiler hauptsächlich verwendete Material Trachyt sowie durch die Erwähnung von Gruben mit arretinischer Sigillata im Fundbericht 29.33 nahe, vgl. Germania 14 (1930), S. 106, Nr. 9 (Fremersdorf). Die gestempelte Sigillata aus dieser Ausgrabung ist publiziert bei Philipp Filtzinger: Zur Lokalisierung der Zweilegionsfestung »apud aram Ubiorum«, in: Kölner Jahrbuch für Vor- und Frühgeschichte 6 (1962/63), S. 23–57, hier S. 54, Nr. 24. Auf Grundlage einer schwachen Befundsituation äußerte Werner Eck generell Zweifel, ob diese Platzanlage

unmittelbare Umfeld des Großbaus ist unklar. Im späten 19. Jahrhundert fand sich in der Verlängerung einer Annexmauer eine weitere, die sich kaum im Gesamtgrundriss erklären lässt.[24] Bei den Ausgrabungen von 2017 wurde sie leider nicht mehr aufgefunden. Immerhin sind nach Westen als Begrenzung parallele Mauerzüge hauptsächlich durch Ausbruchsgruben lokalisierbar, für deren Bau möglicherweise eine ehemals dort verlaufende Straße aufgegeben worden sein könnte. So deuten sich im Zusammenhang mit dem Bau der Bibliothek größere städtebauliche Veränderungen im Sinne einer großzügigeren Bebauung und engeren Verzahnung von Stadtvierteln im Zentrum an. Allerdings steckt man erst in den Anfängen der Analyse. Auf der südwestlich angrenzenden Insula lagen in der Peripherie des Forums die großen öffentlichen Thermen. Ein Bezug zwischen den öffentlichen Bädern und der Bibliothek kann durchaus gewollt gewesen sein.

Trifft die hier dargelegte Einschätzung zu, handelt es sich in Köln vermutlich um die älteste bekannte Bibliothek nördlich der Alpen.[25] Die zeitlich nächsten Bibliotheken – in architektonischen Überresten, literarisch oder inschriftlich überliefert – findet man in Italien oder in Kleinasien, der heutigen Türkei, in Griechenland, Nordafrika oder Syrien. Die sogenannten Nordwestprovinzen des Römischen Reiches von Großbritannien über Deutschland, Belgien, Frankreich, Schweiz, Österreich, Ungarn bis Rumänien waren bislang ohne Spuren einer antiken Bibliothek. Doch auch dort wird es sie gegeben haben, waren sie doch Ausdruck einer reichsweiten »romanitas«. Bleibt zu hoffen, dass künftig unsere Kenntnis zu diesen Wissensspeichern auch in den Nordwestprovinzen wächst.

---

als Forum diente, siehe Werner Eck: Köln in römischer Zeit. Geschichte einer Stadt im Rahmen des Imperium Romanum, Köln 2004, S. 369–372.
24 Rudolf Schultze/Carl Steuernagel: Colonia Agrippinensis. Ein Beitrag zur Ortskunde der Stadt Köln zur Römerzeit, in: Bonner Jahrbücher 98 (1895), S. 1–171, hier S. 120 f., Tafel XIII.
25 Strocka (Strocka/Hoffmann/Hiesel: Bibliothek (Anm. 3), S. 187) diskutiert noch einen Befund in Avenches, den er als Bibliothek nicht ausschließen möchte, allerdings durch die Kriterien nicht hinlänglich belegt sieht. Zu einer spätantiken Bibliothek in Trier siehe Franz Ronig: Architektonische Spuren einer Bibliothek des 4. Jahrhunderts in Trier, in: Bibliothek des Bischöflichen Priesterseminars Trier (Hg.): Zur Feier des 90. Geburtstags von Franz Ronig, Trier 2018, S. 63–83.

Die »Neue Rheinische Zeitung.
Organ der Demokratie« 1848/49

Neue Zugänge und Arbeitsmöglichkeiten

von Jürgen Herres

Ein knappes Jahr lang, vom 1. Juni 1848 bis zum 19. Mai 1849, erschien in Köln auf Aktienbasis die »Neue Rheinische Zeitung« als »Organ der Demokratie«.[1] Die Rhein- und Domstadt war damals mit fast 90.000 Einwohnern und viertausend Soldaten nach Berlin und Breslau die drittgrößte Stadt der preußischen Monarchie und fungierte als Handels-, Banken- und Verkehrsmetropole im Westen Deutschlands. In dem kurzen Moment, in dem vor 170 Jahren 1848/49 in Deutschland Pressefreiheit bestand,[2] gelang es der »Neuen Rheinischen Zeitung« als einziger republikanischer Tageszeitung, sich als größeres Blatt mit gesamtdeutscher Verbreitung zu etablieren, das auch im Ausland wahrgenommen wurde.

Chefredakteur war Karl Marx und in dessen Abwesenheit Friedrich Engels. Vor allem als von diesen beiden wesentlich gestaltete Zeitung stand die »Neue Rheinische« im Fokus der historischen Forschung. Dies hat durchaus Berechtigung, so gehörten die Revolutionsjahre neben der Zeit der ersten Internationale (1864–1872) zur politisch aktivsten Periode im Leben von Marx und Engels.

---

1 Siehe ausführlich Einführung, in: Karl Marx / Friedrich Engels Gesamtausgabe (MEGA2). Abt. 1 / Bd. 7: Karl Marx / Friedrich Engels, Werke, Artikel, Entwürfe. Februar 1848 bis Oktober 1848. Bearb. von Jürgen Herres und François Melis, Berlin 2016 [= MEGA2 I/7], S. 859–930 (Online: http://mega.bbaw.de/struktur/abteilung i/dateien/mega-i-07-inhalt-einf.pdf.).

2 Der Deutsche Bund hatte am 3. März 1848 und Preußen mit dem Gesetz über die Presse vom 17. März 1848 – noch vor den blutigen Berliner Barrikadenkämpfen am 18./19. März – verkündet, dass die Zensur »hiermit aufgehoben« sei und »Alle auf die Zensur bezüglichen Bestimmungen, Anordnungen, Einrichtungen und Straf-Vorschriften […] außer Kraft« gesetzt seien. Siehe Gesetz über die Presse. In: Kölnische Zeitung. Nr. 80, 20. März 1848. Zweite Ausgabe. S. 1. Siehe Bärbel Holtz: Preußens Zensurpraxis von 1819 bis 1848 in Quellen, Berlin 2015. 1850 wurde die Zensur zwar nicht wieder eingeführt, aber an deren Stelle traten Polizei- und Verwaltungsmaßnahmen, die wirksamer sein konnten als jede Zensur. Siehe Jürgen Herres: Friedrich Wilhelm IV. fordert in einer handschriftlichen Verfügung von »energisches Einschreiten« gegen die Kölnische Zeitung, 1854, in: Jürgen Herres/Georg Mölich/Stefan Wunsch (Hg.): Quellen zur Geschichte der Stadt Köln. Bd. 3: Das 19. Jahrhundert (1794–1914), Köln 2010, S. 212–219. Nach Gründung des Deutschen Kaiserreichs wurde zwar mit dem Reichspressegesetz von 1874 Pressefreiheit gewährt, aber im Kulturkampf (1871–1887) und unter dem Sozialistengesetz (1878–1890) gingen Regierung und Polizei massiv gegen katholische und sozialdemokratische Zeitungen vor.

Doch darin erschöpft sich in keinem Fall der Quellenwert und die historische Bedeutung dieser Tageszeitung.

Vielmehr hat die Zeitung eine Relevanz, die weit über die Marx-Engels-Forschung, die (sozialdemokratische) Arbeiterbewegungs- oder (kommunistische) Parteigeschichtsschreibung hinausgeht. Sie ist eine wichtige historische Quelle für die europäische Revolutions- und Demokratiegeschichte, die rheinische Stadt- und Landesgeschichte, die preußische Geschichte sowie die Zeitungs- und Pressegeschichte. Aber auch in sprachgeschichtlicher Hinsicht verdient die Zeitung Aufmerksamkeit. In ihr finden sich Begriffe und Argumentationen, die für die radikalen politischen Diskussionen im 19. Jahrhundert zentral waren. Obwohl Köln damals zu Preußen gehörte, galten hier wie in der gesamten preußischen Rheinprovinz weiterhin die von Frankreich übernommenen Rechtsbücher und die französische Gerichtsbarkeit (Geschworenengerichte) fort. Der napoleonische Code Civil von 1804 galt sogar bis zum Inkrafttreten des Bürgerlichen Gesetzbuches (BGB) im Jahre 1900. Französische Rechtsbegriffe und westeuropäisches Denken spielten deshalb in der »Neuen Rheinischen Zeitung« eine ungleich größere Rolle als in anderen deutschen Zeitungen der damaligen Zeit.

In 301 Ausgaben umfasst die vierseitige Tageszeitung mit zahlreichen weiteren Beilagen und Extrablättern über 1.700 Druckseiten. Neben Marx und Engels zählten zur insgesamt siebenköpfigen Redaktion der Kölner Literat Heinrich Bürgers, die Journalisten Ernst Dronke, Ferdinand Wolff (ebenfalls ein »Kölner«) und Wilhelm Wolff sowie die Schriftsteller Georg Weerth und – seit Oktober 1848 – Ferdinand Freiligrath. Als Korrektor war auch Karl Schapper, ein ehemaliger Burschenschaftler und in Paris und London langjähriges Führungsmitglied deutscher Geheimbünde, an der Zeitung beteiligt, der, wie Freiligrath einem Freund mitteilte, »manchen Druckfehler mild am Leben« ließ.[3] Soweit andere in- und ausländische Mitarbeiter ermittelt werden konnten, handelte es sich ebenfalls um (damals bereits oder später) bekannte demokratische, republikanische oder sozialistische Politiker und Schriftsteller.

Noch bevor Marx und Engels am 11. April 1848 aus ihrem Pariser und Brüsseler Exil nach Köln zurückkehrten, hatten Kölner Demokraten begonnen, die Zeitung ins Leben zu rufen. Kölner und rheinische Demokraten sicherten auch ihre Finanzierung durch eine eigens gegründete Kommanditaktiengesellschaft nach französischem Recht, ähnlich wie bereits die »Rheinische Zeitung« von 1842/43.[4]

---

3 Ferdinand Freiligrath an Jakob Schabelitz, 8. März 1849, in: Der Bund der Kommunisten. Dokumente und Materialien, Bd. 1, Berlin 1983, S. 918.
4 Die Kölner »Rheinische Zeitung für Politik, Handel und Gewerbe« von 1842/43 war eine von jüngeren Wirtschaftsbürgern gegründete liberale Oppositionszeitung. Finanziert wurde sie – als erste deutsche Zeitung – durch eine eigens gebildete Kommanditaktiengesellschaft

So umgingen die Zeitungsgründer 1848 den staatlichen Genehmigungsvorbehalt, den das seit 1843 für die gesamte Monarchie geltende Aktiengesetz vorsah. Allerdings waren die Komplementäre (Hauptgesellschafter) in einer Kommanditaktiengesellschaft vollumfänglich mit ihrem persönlichen Gesamtvermögen haftbar, während das finanzielle Risiko aller übrigen Anteilseigner auf die Höhe des jeweiligen Aktienbesitzes begrenzt blieb.

Unter Federführung Heinrich Bürgers entstanden im Mai 1848 die Gründungsdokumente der Zeitung. Ihm übertrugen die Aktionäre auch »die Sorge für die Redaktion, für das Engagement von Mitarbeitern und Korrespondenten«. In einer Aktionärsversammlung, die um den 26. Mai 1848 stattfand und das Erscheinen der Zeitung zum 1. Juni beschloss, wurde Marx schließlich zum »Redakteur en chef« berufen.[5] Marx sicherte sich einen Dreijahresvertrag mit einem Jahreslohn von 1.500 Talern, was dem Gehalt eines Regierungsrates entsprach; es sollte sich also keineswegs um ein nur kurze Zeit dauerndes Experiment handeln. Nach vielen Schwierigkeiten und Streitigkeiten wurde Marx im Frühjahr 1849 zudem auch einer der voll haftenden Komplementäre. Jedenfalls berichtete Jenny Marx 1850, ihr Mann habe schließlich »das Eigenthum der Zeitung« übernommen, „beschwatzt durch die democratischen Biedermänner, die sonst selbst für die Schulden hätten haften müssen«.[6]

Die Zeitung, die anfangs sogar sieben Mal in der Woche veröffentlicht und in den Nachmittagsstunden mit dem Datum des folgenden Tages ausgegeben wurde, erreichte eine Auflage von fünf- bis sechstausend Exemplaren.[7] Ihre unmittelbare Konkurrentin, die »Kölnische Zeitung«, die sich bereits im Vormärz als dominierende politische Tageszeitung im Westen Preußens durchgesetzt hatte, verdoppelte 1848 ihre Auflage von neun- auf fast achtzehntausend Exemplare.

Neben einer – in der Regel im Vordergrund stehenden und den meisten Platz einnehmenden – Deutschlandberichterstattung[8] hatte die »Neue Rheinische Zeitung« eine umfangreiche Auslandsberichterstattung. Annähernd siebzig

---

nach französischem Recht. Die Tageszeitung mit einer Auflage von zuletzt wahrscheinlich dreitausend Exemplaren wurde zwar bereits nach fünfzehn Monaten Ende März 1843 von den Behörden verboten, aber sie leitete eine neue Ära der Pressegeschichte am Rhein ein. Karl Marx arbeitete an ihr zunächst als freier Mitarbeiter und ab Oktober 1842 als faktischer Chefredakteur mit. Siehe Rheinische Zeitung für Politik, Handel und Gewerbe. Unveränderter Neudruck. 5 Bde., Leipzig 1974; Wilhelm Klutentreter: Die Rheinische Zeitung von 1842/43. 2 Teile, Dortmund 1966–1967; Jürgen Herres: Köln in preußischer Zeit 1815–1871, Köln 2012, S. 188 ff. Für Marx' Artikel siehe MEGA2 I/1, S. 97–444.
5 MEGA2 I/7, S. 30 f., 880 und 892.
6 Jenny Marx an Joseph Weydemeyer, 20. Mai 1850, in: MEGA2 III/3, S. 733. Es sind nur wenige der Aktionäre bekannt, insbesondere die ursprünglichen Hauptaktionäre sind unbekannt, siehe MEGA2 I/7, S. 813 und 883.
7 Einführung, in: MEGA2 I/7, S. 899–900.
8 Sie umfasste den gesamten Deutschen Bund, einschließlich (Deutsch-)Österreich.

regelmäßige oder gelegentliche Korrespondenten lassen sich identifizieren. Fast jede Ausgabe enthielt ein Feuilleton, zuerst mit Beiträgen des Dichters Georg Weerth und ab Oktober auch mit Texten von Ferdinand Freiligrath. Hinzu kamen Amtliche und Börsennachrichten, Zuschriften und Anzeigen. Lokale Kölner Ereignisse fanden zwar auch Berücksichtigung, aber eine kontinuierliche auf Köln und die preußische Rheinprovinz bezogene Berichterstattung gab es nicht. Mit der Wiedergabe und Übersetzung staatlicher oder parlamentarischer Dokumente wie der Verfassungsentwürfe der französischen, deutschen, preußischen und österreichischen Nationalversammlungen[9] ergänzte sie ihre Nachrichtenbeiträge. In gewisser Weise war sie auch eine Bewegungszeitung, zumindest druckte sie Petitionen sowie Protestadressen demokratischer Vereine und Versammlungen zur Dokumentation, aber auch zur Nachahmung. Diese tägliche Nachrichtenarbeit nahm wahrscheinlich den Großteil der Zeit der Redaktion in Anspruch.

Die »Neue Rheinische Zeitung« verstand sich als Organ der demokratischen Bewegung im weitesten Sinne, unterwarf sich jedoch keiner Parteidisziplin und kritisierte Freund wie Gegner. Marx und seine Mitstreiter strebten die Meinungsführerschaft im demokratischen Lager an. Die Zeitung sollte Orientierung geben durch die Auswahl von Themenschwerpunkten, durch die Bewertung von Sachverhalten, durch Kommentierung und vertiefende Analyse der Tagesereignisse. Bis März 1848 hatten alle deutschen Zeitungen der Vorzensur unterlegen; jeder Zeitungsartikel hatte Zensurbeamten vor der Veröffentlichung vorgelegt und von diesen genehmigt werden müssen. 1848 wollten die Leser deshalb endlich gewichtete Nachrichten und Räsonnement; politische Reflektion und Parteinahme waren ein Qualitätsmerkmal. Zeitungen sollten zuverlässige Nachrichtenorgane sein, aber auch Träger und Leiter der öffentlichen Meinung. Die Meinungspresse wirkte als Informationsbörse, an der Wissen ausgetauscht wurde, die aber auch das politische Geschehen beurteilte, in die Politik eingriff und an deren Organisation beteiligt war.[10]

---

9 Siehe beispielsweise Verfassungsentwurf für die französische Republik, in: Neue Rheinische Zeitung, Köln, [= NRhZ] Nr. 24, 24. Juni 1849, Beilage, S. 1-2; Der Verfassungsentwurf, wie er aus den Beratungen der Verfassungs-Kommission hervorgegangen [sogenannte Charte Waldeck], in: NRhZ, Nr. 57, 27. Juli 1848, S. 4 und Beilage, S. 1-2; Grundrechte des deutschen Volkes. [Entwurf], in: NRhZ, Nr. 19, 19. Juni 1848, S. 4; Verfassungs-Urkunde für den preußischen Staat [Oktroyierte Verfassung vom 5. Dezember 1848], in: NRhZ, Nr. 163, 8. Dezember 1848, S. 4, und Beilage, S. 1.

10 Siehe Dieter Langewiesche: Zum Wandel sozialer Ordnungen durch Krieg und Revolution: Europa 1848. Wissenserzeugung und Wissensvermittlung, in: Jörg Baberowski/Gabriele Metzler (Hg.): Gewalträume. Soziale Ordnungen im Ausnahmezustand, Frankfurt am Main/ New York 2012, S. 93-134.

Die »Neue Rheinische Zeitung. Organ der Demokratie« 1848/49

In der Deutung der marxistisch-leninistischen Forschung der DDR und der Sowjetunion war die Zeitung ihrer Richtung und ihrem Inhalt nach ein »kommunistisches Parteiorgan« und die Redaktion unter Marx' Leitung »der wirkliche Kampfstab des Proletariats«. Dies ist jedoch völlig unzutreffend. Bereits Engels' Behauptung von 1885, die Zeitung habe »innerhalb der damaligen demokratischen Bewegung den Standpunkt des Proletariats« vertreten und sei demokratisch gewesen im Sinne einer »Demokratie, die überall den spezifisch proletarischen Charakter im Einzelnen« hervorgehoben habe,[11] geht an der Realität vorbei – vor allem in Köln. Hier gab es bereits vor 1848 eine aktive kommunistische Bewegung und es organisierten sich im April und Mai 1848 Tausende Kölner Handwerker in einem Arbeiterverein.

So sah sich die »Neue Rheinische Zeitung« aufgrund ihres politischen Zusammengehens mit den bürgerlichen Demokraten von Anfang an mit einer Arbeiteropposition von links konfrontiert. Die Mitglieder des Kölner Arbeitervereins verlangten wegen der anspruchsvollen Sprache der Zeitung sogar einen »Dolmetscher«, da die in der Zeitung gespielte Musik so hoch gesetzt sei, dass sie sie nicht spielen könnten.[12] Nachdem sich Marx mit seiner ganzen Autorität in den preußischen Abgeordnetenwahlen im Januar und Februar 1849 gegen die Aufstellung eigener Arbeiterkandidaten eingesetzt hatte, machte ihm der Kölner Arzt und Arbeiterführer Andreas Gottschalk, der von Juli bis Dezember 1848 wegen republikanischer Reden in Untersuchungshaft gesessen hatte, in einem offenen Brief schwere Vorwürfe. Marx sei ein heuchlerischer »Fastenprediger«, der von den Arbeitern verlange, sich »freiwillig in das Fegefeuer einer dekrepiden Kapitalherrschaft« zu stürzen, um irgendwann »der Hölle des Mittelalters zu entgehen«. Sich zur »revolutionäre[n] Proletariatspartei« zählend, wollte Gottschalk dagegen »die Revolution permanent« machen.[13]

Deshalb ist nicht der angebliche proletarische Standpunkt der »Neuen Rheinischen Zeitung« das Spannende, sondern deren am französischen Beispiel orientierte demokratisch-republikanische Grundausrichtung und Zielsetzung. Am Beispiel Englands und Frankreichs hatten Marx und Engels 1846/47 das Konzept eines mehrstufigen politischen Umsturzprozesses entwickelt, der in

---

11 Friedrich Engels: Marx und die »Neue Rheinische Zeitung« 1848–49. [1884], in: MEGA2 I/30, S. 16; ähnlich Ders.: Zur Geschichte des Bundes der Kommunisten. [1885], in: MEGA2 I/30, S. 103.
12 Zeitung des Arbeiter-Vereines zu Köln, Nr. 17, 23. Juli 1848, S. 4; ** Vom Rhein, Anfang August, in: Deutsche Zeitung, Heidelberg. Nr. 228, 18. August 1848, S. 1703.
13 [Andreas Gottschalk:] An Herrn Karl Marx, Redakteur der Neuen Rheinischen Zeitung, in: Freiheit, Arbeit, Köln, Nr. 13, 25. Februar 1849, S. 1–3. Zu Gottschalks Autorschaft siehe Andreas Gottschalk an Moses Hess, 22. März 1849, in: Moses Hess. Briefwechsel, hg. von Edmund Silberer, 'S-Gravenhage 1959, S. 216 f.

einer sozialen Umgestaltung münden sollte. Aus ihrer Sicht hinkten die deutschen Staaten nicht nur den westeuropäischen Staaten politisch und wirtschaftlich hinterher, sondern war die spätabsolutistische Herrschaft in Deutschland zudem bürokratisch überformt. Deshalb sei es auch im Interesse der Arbeiter, dass das große Wirtschaftsbürgertum in einem parlamentarischen Verfassungsstaat an die Macht komme, um die soziale und ökonomische Entwicklung voranzutreiben. 1848 erhofften sie darüber hinaus, dass in Deutschland die liberale National- und Verfassungsrevolution wie in Frankreich die demokratische Republik durchsetze. Von der Republik erwarteten sie erste Eingriffe in das Privatrecht und Privateigentum. Aber aus den »halben« deutschen Märzrevolutionen, die vor den Fürsten- und Königsthronen Halt gemacht hatten, wurde keine ganze republikanische Revolution. Der von Marx und Engels angestrebte republikanische Zentral- und Nationalstaat war in Mitteleuropa weder innen- noch außenpolitisch durchsetzbar, nicht zuletzt da 1848/49 mit einer Republik zudem weitgehende gesellschaftspolitische Zielvorstellungen verknüpft worden waren.[14]

Angesichts der staatsrechtlichen Problematik einer zwischen Volk und Krone geteilten Souveränität verlangten Marx und Engels von den preußischen Revolutionsregierungen und den Nationalversammlungen in Frankfurt am Main und Berlin, sich energisch über ihr beschränktes Mandat hinwegzusetzen und Volkssouveränität durchzusetzen. Sie warfen den deutschen Revolutionsregierungen vor, nicht energisch genug gegen die alten Eliten und Beamten vorzugehen. Marx und Engels waren vor allem im westeuropäischen Ausland politisiert worden und vertraten einen Republikanismus, der von der Mehrheit der deutschen Demokraten so nicht geteilt wurde. Ihre Analysen des Parteiwesens sowie der parlamentarischen Arbeit und Debatten in Deutschland waren am französischen und britischen Beispiel orientiert. Die komplexen nationalen, sozialen und agrarischen Problemlagen Mittel-, Ost- und Südeuropas analysierten und bewerteten sie aus der Perspektive und den Erfahrungen rheinischer Radikaler. Die Aufhebung feudaler Rechte und Privilegien in Frankreich in der Nacht vom 4./5. August 1789 stellten sie ebenso als vorbildhaft heraus wie die forcierte Modernisierungspolitik unter Napoleon I., »die französischrevolutionäre Zertrümmerung der Feudalität« im westlichen Rheinland.[15]

---

14 Siehe Dieter Langewiesche: Republik, konstitutionelle Monarchie und »soziale Frage«. Grundprobleme der deutschen Revolution von 1848/49, in: HZ 230 (1980), S. 529–548; Ders.: Das Jahrhundert Europas. Eine Annäherung in globalhistorischer Perspektive, in: HZ 290 (2013), S. 29–47.
15 MEGA2 I/7, S. 436, 440, 130, 170 und 436.

Vertieft man sich in die 301 Ausgaben der »Neuen Rheinischen Zeitung«, so wird deutlich, dass für Marx und seine Mitredakteure Europa Wahrnehmungs-, Denk- und Ereignisraum war. Es ziehen zahlreiche europäische Ereignisse vorüber. Aus den verfassungsgebenden Nationalversammlungen in der Frankfurter Paulskirche und in Berlin berichtete die Zeitung mit eigenen Korrespondenten. Über die Beratungen der Pariser Nationalversammlung erhielt sie ausführliche Berichte des deutschen Journalisten Sebastian Seiler, der 1846/47 in Brüssel zeitweise in unmittelbarer Nachbarschaft mit Marx und Engels gewohnt hatte. Der schon lange in Paris lebende Arzt August Hermann Ewerbeck [Korrespondenzzeichen: ∆ Paris bzw. ◁ Paris] sandte reportageartige Berichte über die sozialistische und demokratische Bewegung der französischen Hauptstadt. Marx' Mitredakteure Ferdinand Wolff [Redaktionszeichen: £ Paris bzw. £ Köln] und Ernst Dronke [Redaktionszeichen: □ (Paris bzw. □ (Köln], die sich im Winter 1848/49 in Paris aufhielten, beobachteten und kommentierten die Präsidentschaftswahl in Frankreich, aus der Louis Napoléon Bonaparte (der spätere Kaiser Napoleon III.) als eindeutiger Sieger hervorging.

Als demokratische Oppositionszeitung enthält die »Neue Rheinische Zeitung« wichtige Quellen für die Demokratiegeschichte Preußens und insbesondere des rheinisch-westfälischen Raumes.[16] Als die alten Gewalten im Herbst 1848 ihren Schwächeanfall überwanden und in Preußen König Friedrich Wilhelm IV., gestützt auf Adel und Militär, gegen die Berliner Nationalversammlung vorging und diese Anfang Dezember sogar ganz auflöste, wurde dies als Staatsstreich von den verschiedensten Bevölkerungsgruppen und politischen Richtungen insbesondere in Rheinland und Westfalen weitgehend einhellig abgelehnt. In Köln erhielt beispielsweise eine entsprechende Solidaritätsadresse mit der preußischen Nationalversammlung siebentausend Unterschriften. Heute lassen sich diese Adressen nur noch aufgrund ihrer Veröffentlichung in den damaligen Zeitungen rekonstruieren. »Das Archiv der Nationalversammlung mit über 12.000 Petitionen aus allen Theilen des Landes ist theils verbrannt, theils zerrissen«, berichtete die »Neue Rheinische Zeitung«, nachdem von General Friedrich von

---

16 Beispielsweise auch einen ausführlichen Bericht über den ersten Kongress der demokratischen Vereine in Rheinpreußen und Westfalen, der am 13./14. August 1848 in Köln während des Dombaufestes stattfand. An ihm nahmen 17 Vereine mit 40 Vertretern aus der preußischen Rheinprovinz und aus Westfalen teil. Der Kölner Rechtsanwalt Karl Schneider und der Bonner Professor Gottfried Kinkel leiteten ihn. Gegenstände der zweitägigen Verhandlungen waren »die Organisation des Kreisverbandes und die auf das äußere Bestehen bezughabenden formellen Maßregeln«; »die materiellen Maßnahmen« sollten »einem späteren Kongresse vorbehalten« bleiben. Siehe: Der Rheinische Demokratenkongreß zu Köln, in: NRhZ, Nr. 101, 13. September 1848, S. 3–4, Nr. 102, 14. September 1848, S. 4. Siehe MEGA2 I/7, S. 773, 814 und 1643 f.

Wrangel am 12. November 1848 über Berlin der Belagerungszustand verhängt worden war. Die Regierung »hatte sich geweigert, es [das Archiv] aus den Händen der Soldaten dem Präsidenten der Nationalversammlung zu übergeben.«[17] Gleichzeitig hatte Wrangel den gerade gedruckten Bericht einer parlamentarischen Kommission zur Prüfung der preußischen Finanzverwaltung beschlagnahmen lassen. Wochenlang hatten drei Abgeordnete der Berliner Nationalversammlung Einsicht in die Rechnungslegung der Staatskassen genommen. Aus Sicht des Kölner Abgeordneten und Privatiers Georg Jung zeigte der Untersuchungsbericht nicht zuletzt die Verschwendungstendenz eines monarchischen Obrigkeits- und Adelsstaats »zu Gunsten der privilegirten Klassen«.[18] Heute ist dieses parlamentarische Dokument nur insoweit bekannt, als die »Neue Rheinische Zeitung« und andere demokratische Zeitungen daraus Auszüge veröffentlichten.[19]

Nachdem die Verfolgungen gegen Abgeordnete eingesetzt hatten, die am 15. November 1848 zum Steuerboykott gegen die preußische Staatsstreichpolitik aufgerufen hatten, berichtete die »Neue Rheinische Zeitung« ausführlich einerseits über die repressiven Maßnahmen von Regierung und Justiz sowie andererseits über die Solidaritätsaktionen mit den betroffenen Parlamentariern. Gerade aus der Haft entlassen, dankte der westfälische Abgeordnete Jodocus Temme, Richter am Oberlandesgericht Münster, Marx im Februar 1849 dafür, »durch die Besprechung meiner Angelegenheit in Ihrer Zeitung so wesentlich mir und besonders auch der allgemeinen guten Sache« genutzt zu haben.[20]

Auflage und Reputation der »Neuen Rheinischen Zeitung« stiegen. So berichtete der liberale Aachener Journalist Heinrich Hertz Ende Januar 1849 der Augsburger »Allgemeinen Zeitung«: »Bei allen ihren Uebertreibungen und Extravaganzen wirkt die [Neue] Rhein. Zeitung [...] Unglaubliches. In Dorf und Land findet sie begierige Leser.«[21] Den Erfolg der »Neuen Rheinischen Zeitung«, »deren Tendenz Sie alle kennen« und die keineswegs »das Organ dieser Seite (zur Linken gewendet)« sei, wurde selbst von dem liberalen Juristen und Publizisten Jacob Venedey im Januar 1849 in der Frankfurter Nationalversammlung gewürdigt.[22]

17 = Berlin, 19. November, in: NRhZ, Köln, Nr. 150, 23. November 1848, S. 2.
18 * Berlin, in: NRhZ, Nr. 219, 11. Februar 1849, Zweite Ausgabe, S. 1–2.
19 Siehe * Berlin, 8. Dezember (Aus dem Bericht der Finanzkommission), in: NRhZ, Nr. 166, 12. Dezember 1848, Beilage, S. 1–2, und Nr. 167, 13. Dezember 1848, S. 1–2. Siehe * Berlin, 8. Dezember (Aus dem Bericht der Finanzkommission), in: NRhZ, Nr. 166, 12. Dezember 1848, Beilage, S. 1–2, und Nr. 167, 13. Dezember 1848, S. 1–2.
20 Jodocus Donatus Hubertus Temme an Marx, 22. Februar 1849, in: MEGA2 III/3, S. 247–248.
21 [Heinrich Hertz:] Aachen, 24. Januar, Der Telegraph ..., in: Allgemeine Zeitung, Augsburg, Nr. 31, 31. Januar 1849, S. 464.
22 !!! Frankfurt, 16. Januar. National-Versammlung. Fortsetzung der Kaiserdebatte, in: NRhZ, Nr. 199, 19. Januar 1849; Stenographischer Bericht über die Verhandlungen der deutschen

Da Marx staatenlos war (seine Wiedereinbürgerung hatten selbst die preußischen Märzregierungen abgelehnt), konnte er als Ausländer jederzeit ausgewiesen werden.[23] Als dies im Mai 1849 geschah, musste die »Neue Rheinische Zeitung« eingestellt werden. Am 19. Mai erschien die letzte Nummer. »Nun Ade – doch nicht für immer Ade! / [...] Bald kehr' ich reisiger wieder! / Wenn die letzte Krone wie Glas zerbricht, / [...] Wenn das Volk sein letztes ›Schuldig!‹ spricht, / Dann stehn wir wieder zusammen!«, dichtete Ferdinand Freiligrath als »Abschiedswort«.[24] Die ganz in Rot gestaltete Ausgabe wurde noch am gleichen Tag mehrfach nachgedruckt, insgesamt fast zwanzigtausendmal. In Berlin wurden Exemplare dieser letzten Ausgabe »als Couriosität« teuer gehandelt.

Als Herausgeber und Redakteure der »Neuen Rheinischen Zeitung« verfassten Marx und Engels eine Vielzahl von Artikeln und Kommentaren. Diese Beiträge aus der Zeit der Revolution von 1848/49 werden in insgesamt drei Bänden der Marx-Engels-Gesamtausgabe (MEGA2) ediert. Der erste Band I/7 (I. Abteilung, Bd. 7), der die Texte von Marx und Engels aus der Zeit von Februar bis Oktober 1848 umfasst, liegt bereits vor. Der zweite Band I/8 mit den Texten von Oktober 1848 bis Februar 1849 wird gegenwärtig an der Berlin-Brandenburgischen Akademie der Wissenschaften (BBAW) von Jürgen Herres und François Melis bearbeitet und im Herbst 2020 im Druck vorliegen.

Ergänzend zu dieser in Arbeit befindlichen Edition der Artikel von Marx und Engels in der MEGA entstand in Zusammenarbeit mit dem Deutschen Textarchiv (DTA) eine digitale Fassung der vollständigen Zeitung, also auch derjenigen Beiträge und Artikel, die nicht von Marx oder Engels verfasst wurden.[25] Der digitalen Version liegen TEI-XML-Daten zugrunde, die in verschiedenen

---

constituirenden Nationalversammlung zu Frankfurt am Main, hg. von Franz Wigard, Bde. 1–9, Frankfurt am Main 1848–1849, hier Bd. 6, S. 4737.
23 Marx hatte die preußische Staatsbürgerschaft 1845 aufgegeben, um preußischen Verfolgungen zu entgehen. Im März 1848 stellte ihm die französische Revolutionsregierung einen Reisepass aus, der aber nur ein Jahr lang gültig war. Mit diesem französischen Pass war er im April 1848 nach Deutschland zurückgekehrt.
24 NRhZ, Nr. 301, 19. Mai 1849, S. 1.
25 Online: http://www.deutschestextarchiv.de/. – Das Deutsche Textarchiv (DTA), das einen Disziplinen übergreifenden Grundbestand deutschsprachiger Texte des 17. bis 19. Jahrhunderts bereitstellt, entstand als Projekt an der Berlin-Brandenburgischen Akademie der Wissenschaften (BBAW) und wurde von 2007 bis 2016 von der Deutschen Forschungsgemeinschaft (DFG) gefördert. Zur Initiative des Aufbaus eines historischen Zeitungskorpus im DTA siehe Susanne Haaf/Matthias Schulz: Historical Newspapers & Journals for the DTA, in: Language Resources and Technologies for Processing and Linking Historical Documents and Archives – Deploying Linked Open Data in Cultural Heritage – LRT4HDA. Proceedings of the workshop, held at the Ninth International Conference on Language Resources and Evaluation (LREC14), May 26–31, 2014, Reykjavik (Iceland), S. 50–54 (http://www.lrec-conf.org/proceedings/lrec2014/workshops/LREC2014Workshop-LRT4HDA%20Proceedings.pdf#page=57).

Formaten (seitenweise in Text und Bild, als Fließtext oder zum Download) zugänglich sind. Durch Verknüpfungen zwischen Artikelteilen innerhalb einer Ausgabe sowie über Ausgaben hinweg sind sowohl eine zeitungsidentische Ansicht als auch eine Leseansicht sowie die inhaltsbezogene Recherche möglich. Darüber hinaus bietet das DTA eine schreibweisentolerante Volltextsuche mit komplexen Suchausdrücken an sowie verschiedene statistische Auswertungen (zum Beispiel Wortverlaufskurven), wodurch ganz unterschiedliche Einblicke in die Zeitungstexte möglich werden. Personen, Orte, Ereignisse oder wichtige Dokumente konnten im Zuge der Erfassung allerdings nicht annotiert und somit nicht für die Suche indiziert werden. Die in der Marx-Engels-Gesamtausgabe edierten und kommentierten Artikel von Marx und Engels sind auszugsweise einsehbar; es wird jeweils auf ihre Wiedergabe in den entsprechenden Bänden der MEGA verwiesen.[26]

Der Edition und der Digitalisierung der Gesamtausgabe liegen die in Amsterdam und Moskau befindlichen Original-Exemplare der »Neuen Rheinischen Zeitung« zugrunde. Das in Moskau aufbewahrte persönliche Exemplar von Marx enthält zahlreiche Marginalien und Anstreichungen von ihm. 1973 fertigte der Verlag Detlev Auvermann KG ein Reprint der Zeitung an, der auf der Grundlage des im Besitz des Internationalen Instituts für Sozialgeschichte, Amsterdam, befindlichen und von Friedrich Engels herrührenden Originals der »Neuen Rheinischen Zeitung« sowie der zu jener Zeit in weiteren Bibliotheken festgestellten Ergänzungen vorgenommen wurde. Zwischen 1993 und 1998 hat François Melis durch Recherchen in Bibliotheken und Archiven weitere bisher unbekannte Nummern, Flugblätter und Druckvarianten ermitteln können.[27]

---

26 Online: http://www.deutschestextarchiv.de/nrhz/ beziehungsweise http://megadigital.bbaw.de/index.xql.
27 Siehe François Melis: Neue Rheinische Zeitung. Organ der Demokratie. Edition unbekannter Nummern, Flugblätter, Druckvarianten und Separatdrucke, München 2000; Neue Rheinische Zeitung. Organ der Demokratie, Bd. 1 (Nummer 1 bis Nummer 183) Köln, 1. Juni 1848 bis 31. Dezember 1848, Glashütten im Taunus 1973.

Besatzungsherrschaft und Alltag im Rheinland – Die belgische, britische und amerikanische Besatzung nach dem Ersten Weltkrieg

Ein Tagungsbericht

von Gregor M. Weiermüller und Benedikt Neuwöhner

Am 27. Juni 2019 haben sich im Horion-Haus der LVR-Zentralverwaltung in Köln neun Wissenschaftlerinnen und Wissenschaftler detailliert mit der alliierten Rheinlandbesetzung nach dem Ersten Weltkrieg befasst. Veranstaltet wurde diese Tagung von der Universität Duisburg-Essen, Abteilung für Landesgeschichte der Rhein-Maas-Region, dem Institut für niederrheinische Kulturgeschichte und Regionalentwicklung, der Niederrhein-Akademie/Academie Nederrijn e. V. und dem LVR-Institut für Landeskunde und Regionalgeschichte, Bonn.

Bisher wurde in der Forschung vor allem die französische Besetzung des Rheinlands diskutiert. Daher standen die weniger beachteten Besatzungszonen der Briten, Belgier, und Amerikaner im Mittelpunkt der Tagung. Es war das Ziel, neue Erkenntnisse über die Herrschaftsstrategien der Besatzer vor Ort, das Beziehungsgeflecht zwischen Besatzern und Besetzten sowie die Erfahrung des Besatzungsalltags zu gewinnen. In einer regionalgeschichtlichen Perspektive, mit Blick auf die Auswirkungen der Okkupation vor Ort, sollte zudem das Narrativ von der Rheinlandbesetzung als verlängertem Kriegszustand auf den Prüfstand gestellt werden. Ferner sollten, angesichts des kaum bearbeiteten Archivmaterials, neue Forschungsimpulse gesetzt werden, wie zum Beispiel über die Folgen der Verschiebung einzelner Besatzungszonen.

Die Tagung wurde von einem Grundsatzvortrag zur Erinnerungskultur des Ersten Weltkriegs im Rheinland eröffnet. Ihm folgten sechs Beiträge, welche unter anderem die Aushandlung von alltäglichen und sozio-politischen Konflikten in der britischen Besatzungszone, die Regulierung von Prostitution durch belgische Besatzungsbehörden, die Präsenz der Ruhrbesetzung im Alltagsleben der deutschen Bevölkerung und Kulturtransfers zwischen Besatzern und Besetzten in der amerikanischen Zone thematisierten. In einer abschließenden Expertenrunde fand noch einmal eine Diskussion über zentrale und strittige Aspekte der Rheinlandbesetzung statt. Der öffentliche Abendvortrag über die deutsche Propagandakampagne gegen die alliierte Rheinlandbesetzung beendete die Tagung.

In ihrem Plenarvortrag »Die Erinnerung an den Ersten Weltkrieg im Westen« stimmte Susanne Brandt (Düsseldorf) das Publikum auf die Tagung ein. Ihre Hauptthese, dass eine Vielfalt von Erinnerungen an den Ersten Weltkrieg nebeneinander existierte, trotz der Bestrebung ihrer Verdrängung, stützte sie nicht nur auf die Funktionen von Erinnerung wie individuelle Trauer oder politische Mobilisierung, sondern insbesondere auf den Streit um die Deutungshoheit des Krieges. Brandt sprach von einem »Stellungskrieg der Denkmäler«, um eine Koexistenz unterschiedlicher Erinnerungsformen durch Reisen auf Schlachtfeldern, Feiertagskultur und die Errichtung von Denkmälern darzustellen. Die Denkmäler auf dem deutschen Territorium fungierten als eine Art von Ersatzfriedhof, weil die Leichname der gefallenen Soldaten entweder in Frankreich oder Belgien verblieben, wie auf dem deutschen Soldatenfriedhof Langemark in Belgien, über den Brandt als Beispiel für ein Denkmal nahe des ehemaligen Schlachtfeldes in Flandern von 1914 referierte. In ihrem Durchgang der Denkmäler wies sie diesen verschiedene Attribute zu (»erschöpft«, »aggressiv«), die von Zeitgenossen sowohl akzeptiert als auch abgelehnt wurden. Die Konflikte über die Darstellung von deutschen Soldaten entbrannte in den Städten und weniger auf dem Land – zum Beispiel an den Orten, die von den Alliierten besetzt wurden.

Horst Bothien (Bonn) eröffnete mit seinem Vortrag »Die britische Besatzung Bonns« die Sektion über die britische Besatzung. Englands Rheinarmee bestand zunächst aus kanadischen und ab März 1919 aus britischen Truppen, bevor die Garnisonsstadt Bonn Anfang 1920 in die französische Besatzungszone eingegliedert wurde. Insbesondere die Unterbringung der Besatzungstruppen entwickelte sich zu einem Konfliktfeld zwischen den deutschen Behörden und der Militärregierung, da die Briten unter anderem Schulen als Massenquartiere für die Mannschaften nutzten und andere öffentliche Gebäude, wie Krankenhäuser und das Stadttheater, für die gesundheitliche Versorgung und Freizeitgestaltung der Besatzungstruppen beschlagnahmten. Für die Offiziere wurden größere Privathäuser und Villen requiriert. Erst mit der Reduzierung der Besatzungstruppen Mitte 1919 entspannte sich die Situation. Des Weiteren rekonstruierte Bothien die Bandbreite an Begegnungsorten zwischen der Stadtbevölkerung und den Besatzern. Die Begegnungen fanden aufgrund von zahlreichen Einquartierungen einerseits in privaten Räumen statt. Andererseits wurden öffentliche und halböffentliche Räume, wie zum Beispiel die Straße oder Cafés, zu Kontaktzonen von Besatzern und Besetzten. Angesichts der traumatischen Kriegserfahrungen der Soldaten stellte sich die Frage, inwiefern die alltäglichen Interaktionen von Feindseligkeiten oder gar Rachegedanken geprägt waren. Anhand von Anzeigen, die von der Bevölkerung bei der Bonner Polizei meist gegen kanadische Soldaten wegen Eigentums- und Gewaltdelikten aufgegeben wurden, konnte Bothien nachweisen, dass die Beziehungen zwischen Besatzern und Besetzten zu Beginn der Okkupation angespannt waren, zumal kanadische Forschungsliteratur die Vermutung nahelegt, dass viele beschuldigte Soldaten von der Militärjustiz unbehelligt blieben. Andererseits wurde von der Bonner Bevölkerung goutiert, dass die Briten zum Jahrestag des Waffenstillstands Gedenkveranstaltungen abhielten, die den gefallenen Soldaten aller am Krieg beteiligter Nationen gewidmet waren. Letztlich kam Bothien zu dem Ergebnis, dass das Verhältnis zwischen Stadtbevölkerung und Besatzern trotz belastender Einquartierungen und einzelner Übergriffe von Soldaten insgesamt friedlich blieb. Die überwiegende Mehrheit der Einwohner arrangierte sich mit der Anwesenheit britischer Besatzungstruppen. Die Eingliederung Bonns in die französische Besatzungszone wurde dagegen mit Skepsis betrachtet. Zur vertiefenden Lektüre empfiehlt sich der im vergangenen Jahr von Bothien publizierte Band »Bonn-sur-le-Rhin« mit zahlreichen Abbildungen zur Bonner Besatzungszeit.[1] An dieser Stelle sei auch auf den Aufsatz von Richard van Emden verwiesen, der schon vor über 20 Jahren in dieser Zeitschrift einen panoramaartigen Überblick über die verschiedenen Felder des alltäglichen Zusammenlebens von Briten und Deutschen während der Besatzungszeit bietet.[2]

Benedikt Neuwöhner (Duisburg-Essen) untersuchte unter dem Titel »Indirect Rule am Rhein? Die Aushandlung von Konflikten in der britischen Besatzungszone« anhand von Akten der britischen Besatzungsverwaltung und deutschen Landes- und Kommunalbehörden die Aushandlung von politischen und sozialen Konflikten in der Kölner Besatzungszone. Hierbei standen die Herrschaftsstrategien der Besatzer vor Ort und deren Auswirkungen auf das sozio-politische Binnengefüge des besetzten Rheinlands im Fokus des Interesses. Mit der Okkupation wurden die britischen Offiziere vor eine schwierige Herausforderung gestellt, da sie aus deutscher Sicht nicht als Befreier, sondern als Feinde in das Rheinland kamen. Folglich verfügten die Besatzer nicht über die nach Max Weber klassischen Legitimationsquellen der charismatischen, traditionalen oder rationalen Herrschaft. Als unmittelbare Folge der Kriegsniederlage und Bestandteil des Versailler Friedensvertrags erschien die Okkupation vielmehr als aufgezwungene Fremdherrschaft, die im scharfen Gegensatz zu deutschen Interessen stand. Daher ist die britische Besatzung als Herrschaft mit einer äußerst prekären Legitimität zu verstehen. Erschwerend kam hinzu, dass die Briten einen

---

1 Horst-Pierre Bothien: Bonn-sur-le-Rhin. Die Besatzungszeit 1918–1926, München 2018.
2 Richard van Emden: Die Briten am Rhein 1918–1926. Panorama einer vergessenen Besatzung, in: GiK 40 (1996), S. 39–60.

urbanisierten und hochindustrialisierten Raum zu verwalten hatten, der von großer politischer Unsicherheit und fundamentalen sozialen Konflikten geprägt war. Infolge der Novemberrevolution war die Staatsmacht erodiert, sodass eine politisch völlig offene Situation herrschte. Die dramatische Mangelversorgung breiter Bevölkerungsschichten, insbesondere der Arbeiterschaft, verschärfte die tiefe politische Spaltung der rheinischen Gesellschaft zusätzlich.

Um dennoch den Aufbau einer stabilen Besatzungsherrschaft zu gewährleisten, griffen die Offiziere auf ihr imperiales Herrschaftswissen zurück. Dem Prinzip der bewährten »indirect rule« folgend sollte Widerstand gegen die Besatzung durch eine enge Kooperation mit den Verwaltungsspitzen des Rheinlands, welche vorwiegend dem konservativen, katholischen und bürgerlichen Lager entstammten, minimiert werden. Die Beamten blieben in ihren Machtpositionen und übernahmen konfliktgeladene Aufgaben wie die Organisation von Einquartierungen oder Requirierungen. Ferner bearbeiteten und filterten sie alle Gesuche der Bevölkerung an die Besatzungsmacht, wie zum Beispiel die Zulassung von politischen Versammlungen. Darüber hinaus halfen die Behörden den Briten bei der Massenüberwachung der Zivilbevölkerung, indem sie den Besatzungsbehörden Zugang zu den Einwohnerverzeichnissen gewährten und wöchentliche Berichte über die politische Stimmung, die wirtschaftliche Lage, die Entwicklung der Arbeitslosigkeit und die Lebensmittelversorgung anfertigten. Die Besatzer nutzten also die Expertise und Ressourcen der deutschen Behörden, um die Besatzungszone zu beherrschen. Folglich lag es im britischen Interesse, gute Arbeitsbeziehungen zu den Vertretern des Verwaltungsapparats zu wahren. Der Militärgouverneur gestaltete daher einen milden normativen Rahmen für die Interaktion mit den deutschen Beamten. Die District Officers (Kreisoffiziere) sollten nicht als Durchsetzer, sondern als Vermittler zwischen deutschen und britischen Interessen fungieren. Falls die Beamten ihren Pflichten gegenüber der Besatzungsmacht nicht genügend nachkamen, sollten sie zunächst eine scharfe Warnung aussprechen und nur bei äußerst schwerwiegenden Vergehen ein Amtsenthebungsverfahren beantragen. Die Vertreter der Kommunalbehörden sollten jedoch nicht vor ein britisches Militärgericht gestellt werden, da ein solches Verfahren ihre Autorität gegenüber der Zivilbevölkerung schwächen würde.

Weitere Charakteristika der britischen Herrschaftspraxis wurden auf dem Feld der Streikpolitik sichtbar. Die krisenhafte Anfangsphase der Weimarer Republik war von Massenstreiks geprägt, die oftmals zu blutigen Auseinandersetzungen zwischen streikenden Arbeitern und Regierungssoldaten ausarteten. Unter dem Eindruck dieser Entwicklungen fürchteten die britischen Besatzungsbehörden den Ausbruch einer kommunistischen Revolution beziehungsweise eines Bürgerkriegs. Außerdem hätten längere Ausstände in der Energiewirtschaft oder dem Verkehrswesen die Besatzungstruppen von lebenswichtigen Ressourcen abschneiden können. Daher verhängte die Militärregierung im April 1919 ein allgemeines Streikverbot. Die Briten griffen also auch direkt in innerdeutsche Konflikte ein, wenn das eigene Machtmonopol oder die »good governance« der Besatzungszone, das heißt die Produktion und faire Verteilung von öffentlicher Sicherheit, bedroht zu sein schienen. Insbesondere die Bereitstellung von öffentlicher Sicherheit sollte die freiwillige Unterordnung der Bevölkerung unter das britische Okkupationsregime gewährleisten.

Aufgrund des von Gewalt überschatteten Beginns der Weimarer Republik, der ausgeprägten Furcht in großen Teilen der Bevölkerung vor einer kommunistischen Revolution und der revisionistischen Besatzungspolitik Frankreichs stießen die Briten auf ein hohes Maß an Kooperationsbereitschaft im besetzten Rheinland. Unter dem Deckmantel der Okkupation eröffneten sich für die deutschen Behörden Handlungsspielräume gegen kommunistische oder separatistische Gruppierungen. So stellte zum Beispiel der Kölner Regierungspräsident Philipp Brugger rein wirtschaftlich motivierte Streiks gegenüber den Besatzungsbehörden als kommunistische Umsturzversuche dar, um diese zum harten Durchgreifen gegen unliebsame Arbeiterführer zu bewegen. Auf Seiten der revolutionären Linken generierte die blutige Niederschlagung der Sozialisierungsbewegung durch deutsche Regierungstruppen Anreize zur Kooperation mit den moderat agierenden Briten. Angesichts der deutlich überwiegenden Kooperationsbereitschaft und dem vergleichsweise hohen Maß an öffentlicher Sicherheit in der britischen Besatzungszone stellte Neuwöhner das Narrativ von der Rheinlandbesatzung als verlängertem Kriegszustand in Frage.

Den Einstieg in die Sektion zur belgischen Besatzungszone machte Mareen Heying (Düsseldorf) mit dem Vortrag »Sicherheit der Besatzungsarmeen. Fraternisierung, Prostitutionsverdacht und Geschlechtskrankheiten im belgisch besetzten Düsseldorf-Oberkassel, 1918–1926«. Sie untersuchte aus einer geschlechtergeschichtlichen Perspektive die Prostitution als Interventionsfeld von Besatzungsherrschaft anhand der Bestimmungen der belgischen Besatzer in Düsseldorf-Oberkassel. Durch Schriftwechsel der Armee, der Politik und der Polizei sowie basierend auf Berichten des örtlichen Gesundheitsamtes zeigte sie auf, wie sich die Vorschriften auf den Alltag der Prostituierten und Polizisten auswirkten. Die größte Sorge der Belgier galt der Übertragung von Geschlechtskrankheiten auf die belgischen Soldaten. Prostitution wurde von den Besatzungsbehörden als Bedrohung für die Sicherheit ihrer Truppen wahrgenommen. Für sexuell übertragbare Infektionen wurden deutsche Frauen als Hauptverantwortliche angesehen. Belgische Verordnungen führten zu einer massiven Reglementierung des Alltags für Prostituierte, welche sich in Zwangsuntersuchungen und der Einführung einer speziellen Ausweispflicht widerspiegelte. Frauen waren also nicht nur in ihren Handlungsspielräumen eingeschränkt, sondern konnten auch kriminalisiert werden, weil sie als Prostituierte diffamiert wurden, obwohl sie tatsächlich eine Liebesbeziehung mit einem Soldaten haben konnten. Heying wies auch darauf hin, dass die Regulierung der Prostitution von den Besatzern unterschiedlich gehandhabt wurde. So existierten in der französischen Zone eigens Bordelle für die Soldaten.

Im Zentrum der Forschungsinteressen und des Vortrags »The Belgian Occupation of the Rhineland. Political decision-making and its effects on the daily interactions between occupiers and the occupied, 1918–1923« von Charlotte Vekemans (Gent) stand die Rekonstruktion der politischen Entscheidungsfindung in der Besatzungspolitik der Belgier. Ihr Anspruch war hierbei, anhand von Akten des belgischen Verteidigungs- und Außenministeriums sowie deutscher Zeitungsartikel und Flugblätter den repressiven Charakter der belgischen Besatzung offen zu legen. Die Referentin untersuchte anhand diverser Beispiele, inwieweit Belgiens Wunsch nach Revanche für die bis 1918 anhaltende deutsche Besatzung in Belgien die Politik in der eigenen Zone im Rheinland beeinflusste. Durch die Analyse dieser Quellen sollten auch Aufschlüsse über das alltägliche Zusammenleben von belgischen Soldaten und deutschen Zivilisten erlangt werden. Inhaltlich bildeten Machtdemonstrationen auf beiden Seiten, gegenseitige enttäuschte Erwartungsansprüche und verletzte Normen die Schwerpunkte. Während die französischen Besatzungsbehörden im Rahmen der »pénétration pacifique« darum bemüht waren, kulturelle Gemeinsamkeiten zwischen Frankreich und der rheinischen Bevölkerung zu konstruieren, und die Briten als Ordnungsmacht im besetzten Rheinland auftraten, hatte die belgische Administration wenig Interesse, sich als wohlwollende Besatzungsmacht gegenüber den Rheinländern darzustellen. Die Sanktionen der belgischen Militärbehörden, getrieben vom Ruf »Le Boche paiera tout!«, provozierten mitunter gewaltsamen Widerstand von Seiten der Zivilbevölkerung. Insbesondere aufgrund von Übergriffen auf die belgischen Besatzungssoldaten wurde der Alltag der deutschen Bevölkerung oft von Gewalt dominiert. Vekemans wertete die belgische Besatzungszeit daher als einen verlängerten Kriegszustand.

Die Sektion zur Ruhrbesetzung und amerikanischen Besatzungszone eröffnete Stefan Goch (Düsseldorf). Er referierte über »Realität und Deutung der Ruhrbesetzung« am Beispiel von Gelsenkirchen, das von französischen und belgischen Truppen okkupiert war. Goch wies in seinem Vortrag intensiv auf die Diskrepanz zwischen der propagandistischen Deutung der Ruhrbesetzung im öffentlichen Diskurs und der sozialhistorischen Realität der Besatzung hin. Die politischen Entscheidungsträger versuchten früh, die Besatzung in Misskredit zu bringen, indem sie propagandistische Darstellungen über Gräueltaten der Besatzer erstellen ließen. Vor Ort sei die Ruhrbesetzung jedoch weitaus weniger dramatisch abgelaufen, so Gochs These. Der Referent bezeichnete den gegenseitigen Umgang von Besatzern (Kommandeur) und Besetzten (Bürgermeister) in Führungspositionen als »Prozess unter Ehrenmännern« und verwies auf die relativ geringe Anzahl von Toten angesichts des bevölkerungsreichen besetzten Gebietes und der über 100.000 Mann starken Besatzungstruppen. Die von der Propaganda beschworene »Einheitsfront des deutschen Volkes« gegen die Ruhrbesetzung wurde als äußerst brüchig eingeschätzt. Die Arbeiter im Ruhrgebiet hegten ein tiefes Misstrauen gegenüber den Institutionen des Staates. Daher, so Goch, wäre die Arbeiterschaft gegenüber dem franko-belgischen Besatzungsregime weitgehend indifferent gewesen.

Kai-Michael Sprenger (Mainz) beschäftigte sich unter dem Titel »Die Amerikaner am Rhein« mit der vierten Besatzungsmacht nach dem Ersten Weltkrieg von 1918 bis 1923. Dafür nahm er die alltäglichen Begegnungen und den kulturellen Austausch zwischen deutschen Zivilisten und amerikanischen Soldaten in das Blickfeld seines Vortrags. Sprenger kam zu dem Ergebnis, dass das Verhältnis von Besatzern und Besetzten in der amerikanischen Zone nicht von Gewalt geprägt gewesen sei. Vielmehr hätten sich recht zügig Räume für interkulturelle Kontakte eröffnet, da sich zwischen der Bevölkerung und den Soldaten überwiegend freundschaftliche Beziehungen anbahnten. So wurde beispielsweise das Arbeiten für die Besatzungsmacht nicht als Kollaboration stigmatisiert. Stattdessen bewarben deutsche Bäckereien öffentlich ihre Tätigkeit für die Amerikaner. Darüber hinaus bekundete die Bevölkerung reges Interesse an der amerikanischen Kultur. So wurden zum Beispiel Baseballspiele, welche zur Freizeitgestaltung der amerikanischen Besatzungstruppen veranstaltet wurden, von zahlreichen deutschen Zivilisten besucht. Angesichts dieser Befunde resümierte Sprenger, dass die Dichotomie zwischen Besatzern und Besetzten im amerikanischen Sektor aufgebrochen wurde, während diese in der französischen Zone fortbestand.

Die abschließende Expertenrunde, an der Susanne Brandt, Stefan Goch, Benedikt Neuwöhner und Kai-Michael Sprenger teilnahmen, wurde von Martin Schlemmer (Duisburg) moderiert. Schlemmer plädierte für eine engere Zusammenarbeit zwischen Archivaren und Historikern sowie die Bereitstellung von Recherchemöglichkeiten zur weiteren Erforschung der Rheinlandbesatzung. Außerdem könnte die Digitalisierung von Quellenbeständen mit Bezug zur Besatzungszeit die Vernetzung der Forschung weiter vorantreiben. Während der Diskussion über die Einordnung der Ruhrbesetzung wurde Goch widersprochen. Neuwöhner betonte die zahlreichen Sanktionen der Franzosen, welche die alltäglichen Handlungsoptionen der Bevölkerung zum Teil drastisch einschränkten. Ferner führte er die destabilisierenden Eingriffe in die Strukturen des besetzten Gebietes an, wie zum Beispiel die Kommunalisierung der staatlichen Polizei. Brandt eröffnete im Zuge der Diskussion den Blick für neue Zugänge zur Geschichte der Rheinlandbesatzung. Mithilfe eines biographischen Ansatzes könnte das Handeln von Akteuren aus der zweiten Reihe der Besatzungsverwaltung wie Beamte, Militärs, und Lokalpolitiker genauer erforscht und somit ein vollständigeres Bild der Besatzung gezeichnet werden.

Der öffentliche Abendvortrag »Die Rheinlandbesatzung als Propagandawaffe« von Mark Haarfeldt (Bochum) über die deutsche Agitation gegen die alliierte Rheinlandbesatzung rundete die Tagung ab. Haarfeldt unterschied zunächst die deutsche Propaganda im Ersten Weltkrieg, die trotz Werbeplakaten oder Postkarten nicht institutionalisiert war, von derjenigen während der Rheinlandbesatzung, welche in der Reichszentrale für Heimatdienst zentral organisiert wurde. Als Hauptgegner der deutschen Propaganda wurde Frankreich identifiziert. Die Verwendung von französischen Kolonialsoldaten als Besatzungstruppen und die wohlwollend-neutrale Haltung der französischen Besatzungsbehörden zur separatistischen Rheinstaatbewegung waren unter anderem die Zielscheiben der Propagandakampagnen, welche die Feindschaft zu Frankreich sowie den drohenden Zerfall des Reiches beschworen und sich durch einen zunehmend völkisch konnotierten Nationalismus auszeichneten. Der französischen »pénétration pacifique« des Rheinlands wurde das Bild einer scheinbar überlegenen deutschen Kulturgemeinschaft entgegengesetzt.

Die Perspektiven zur Erforschung der alliierten Rheinlandbesatzung sind aufgrund dieser Tagung vielseitiger geworden. Die Erforschung der Geschichte der belgischen, britischen und amerikanischen Besatzungszone führt zu einem differenzierteren Verständnis der Okkupation und schafft die Voraussetzungen für eine Gesamtdarstellung der Rheinlandbesatzung, die immer noch ein Desiderat ist. Ferner zeigen die Befunde zur britischen und amerikanischen Okkupation, dass die Deutung der Rheinlandbesatzung als verlängerter Kriegszustand, die speziell auf der Forschung zur französischen Besatzung fußt, zu kurz greift. Weiterführende Forschungen könnten durch die Berücksichtigung von symbolgeschichtlichen Ansätzen neue Erkenntnisse zur Konstruktion und Kommunikation der belgischen, britischen und amerikanischen Besatzungsherrschaft zu Tage fördern. Des Weiteren haben sich die Möglichkeiten zur Erforschung von noch unbearbeiteten Archivalien vermehrt, da zahlreiche Akten aus belgischen Archiven, die im Zweiten Weltkrieg von deutschen Behörden beschlagnahmt worden waren und danach in sowjetischen Besitz übergingen, erst vor wenigen Jahren von Russland nach Belgien zurückgeführt wurden. Auch die Auswertung der bislang kaum untersuchten Armeezeitungen der Besatzungsmächte (bei den Briten »Cologne Post« und »Wiesbaden Times«) verspricht interessante Erkenntnisse über die mediale Außendarstellung der Besatzungsmächte und das Alltagsleben der Soldaten. Während der Tagung hat das Wissenschaftsportal L. I. S. A. der Gerda-Henkel-Stiftung den überwiegenden Teil sowohl der Vorträge als auch der Podiumsdiskussion aufgenommen. Interessierte Fachwissenschaftler sowie die breite Öffentlichkeit können auf diesem Online-Wissenschaftsportal für historische Geisteswissenschaften diese Konferenz nach-sehen. Zudem ist die Publikation der Vorträge und der Ergebnisse der Abschlussdiskussion in einem Sammelband für das Jahr 2020 vorgesehen (in der »Schriftenreihe der Niederrhein-Akademie« als Band 12).

Das Hauszeichen der WiSo-Fakultät der Universität zu Köln

von Helmut Johannes Fußbroich

Die Architektur der 1950er Jahre, so heterogen sie auch gewesen sein mag, begnügte sich nicht mit sich selbst. Sie verband sich vielmehr mit den Bildenden Künsten, vornehmlich mit der Bildhauerei und der Malerei, um gemeinsam ein Gesamtkunstwerk zu gestalten. Sehr oft schufen die Künstler für den Außenbau kleinere Applikationen im Sinne von Hauszeichen. Eines der bekanntesten Beispiele in Köln ist die aus dem Atelier von Ludwig Gies (1887–1966) stammende »Brücke« an der Fassade des »British Council« aus dem Jahre 1950.[1] Ein weniger bekanntes Hauszeichen schuf der Kölner Künstler Ernst Wille (1916–2005) in Sgraffito-Technik 1953 für die Augenklinik der Universität zu Köln.[2] Als 1954 der Kölner Architekt Wilhelm Riphahn (1889–1963) den Auftrag zum Bau des WiSo-Fakultätsbaues[3] an der Universitätsstraße/Bachemer Straße erhielt, band er auch einen Bildhauer in die Planung ein, der für den Eingangsbereich ein Hauszeichen gestalten sollte.[4]

Um den Eingang in das 1960 seiner Bestimmung übergebene WiSo-Fakultätsgebäude zu betonen, entwarf Wilhelm Riphahn eine äußerst repräsentative, sich über zehn Interkolumnien erstreckende Kolonnade. Mit ihren neun Rundstützen erinnert sie wohl nicht unbeabsichtigt an eine antike Portikus. Während der östliche und längere Teil ihrer Rückwand mit den drei Türen voll verglast ist, schließt der westliche 17,10 Meter × 3,85 Meter messende Teil hingegen mit einer festen Wand ab.[5]

Das diesem Teilstück applizierte Backsteinrelief (Tafel 39–40) ist zweiteilig angelegt: Einem ungegenständlichen Relief folgt ein Bildrelief. Der ungegenständliche Teil fügt sich aus einer großen Anzahl von Kuben unterschiedlichen Formats und wechselnden Lagen. Er drängt die Besucher energisch auf den

---

1 Köln-Altstadt-Nord, Hahnenstraße 6.
2 Helmut Johannes Fußbroich: Das Hauszeichen der Augenklinik, in: mit uns. Zeitschrift für die Mitarbeiterinnen und Mitarbeiter der Universität zu Köln, März 2017, S. 34.
3 Ders.: Das WiSo-Fakultätsgebäude – 1954-1960, in: mit uns. Zeitschrift der Mitarbeiterinnen und Mitarbeiter der Universität zu Köln, September 2016, S. 17–19.
4 Ob dieser Einbindung ein Wettbewerb vorausging, konnte wegen fehlender Akten nicht geklärt werden.
5 Herrn Dipl.-Kfm. Franz Bauske danke ich für das Aufmaß und für die umfangreiche und zuverlässige Zuarbeit.

Eingang hin. Seine dynamische Kraft gewinnt er aus den zahlreichen kleinen, fünfstufigen, aus vorkragenden Läuferpaaren gebildeten treppenartigen Strukturen. Diese Treppenformationen sind einer Folie aus deckschichtig verlegten Backsteinen[6] aufgesetzt, die ein Komposit aus zwei unterschiedlichen, die gesamte Höhe der Wand durchmessenden und ebenfalls in Richtung Eingang aufsteigenden Treppenläufen ist. Beiden ist ein je eigenes, sich stufenweise wiederholendes Backsteinfeld zugeordnet. Unterschieden sind diese Felder durch ihre Größen und die Verlegungsrichtung der Backsteine.

Mit Schiefer hinterfangene, in die Wand horizontal eingeschobene Elemente gleichen die Höhenunterschiede zwischen den Feldern der Treppenformationen aus. Die nur ihnen eigene Raumhaltigkeit lässt sie gegenüber den vorkragenden Kuben als ausgleichende Kraft auftreten. Zudem lenkt ihre rhytmisierende und ordnende Abfolge die Bewegungsenergien in horizontale Bahnen ebenfalls in Richtung Eingang.

Kurz vor dem Eingang legte der Künstler dem Relief ein wandhohes und 4,30 Meter breites aus ebenfalls ihre Deckschicht zeigenden Backsteinen gefügtes Bildrelief auf. Mit seinen beiden Figuren weist es das Gebäude als Ort sozialwissenschaftlicher Forschung und Lehre aus. Dargestellt sind die Patronin der Wissenschaft Athene/Minerva, die sich von einer Eule, dem Sinnbild der Weisheit, begleiten lässt, und Hermes/Mercur, der Gott des Handels. Den ihnen übertragenen unterschiedlichen Aufgaben entsprechend, sind ihnen je eigene Bewegungsmotive zugeordnet: Athene steht bewegungslos frontal, während Hermes in Seitenansicht, eine Schrittbewegung ausführend, vorgestellt wird.

Hoch konzentriert nimmt Athene ihr Amt als Hüterin der Wissenschaft wahr. Unter ihrem Schutz sollen und können Forschung und Lehre uneingeschränkt ihren Aufgaben nachgehen. Ihren stählernen Speer kampfbereit fest in ihrer Rechten haltend, ist sie in ein aus ihrer Kontur gebildetes großflächiges Dreieck eingespannt. Dessen an der Helmkalotte ansetzende Schenkel verlaufen über die großen dreieckigen Pendilien hinweg, um von dort aus über Athenes in drei Stufen auf die Schulter fallenden Haare mit scharfer Kante die Seitenlinie ihres großen, vorne geöffneten Mantels hinab bis zu den Füßen zu zeichnen. Der Mantel gibt den Blick frei auf ihre knöchellange Tunika/Chiton, deren sorgfältig gelegte, tiefe Vertikalfalten sich mit ihren mit Schiefer ausgelegten Tälern von der Flächigkeit der Gesamtfigur abheben. Die Eule, von der Athene begleitet wird, wurde bereits in der Antike, wohl wegen ihrer klaren Sicht auf Verborgenes, der Göttin zugeordnet; heute gilt sie als Symbol der Weisheit.

6 Format: 20 × 10 × 5 Zentimeter.

Im Gegensatz zu Athene ist Hermes zum Zeichen seiner vermittelnden und verbindenden Aufgabe in einer schreitenden nach links gewandten Bewegung begriffen. Der Schutzherr des Handels ist mit einem über die Schulter geworfenen Reisemantel, einer Chlamys, bekleidet, seine Sandalen, die Talaria, und sein breitkrempiger (Filz-)Hut, der Petasos, sind mit Flügeln versehen, um ihm einen schnellen Ortswechsel zu ermöglichen. Als Zeichen seines Amtes trägt er den ebenfalls geflügelten Heroldstab, den Caduceus, um den sich zwei Schlangen ringeln.

Bei der Gestaltung des Bildreliefs an dem Kölner WiSo-Gebäude wurde die Technik des Ziegelschnittes, ergänzt durch einzelne Metalldetails, eingesetzt. Beim Ziegelschnitt wird durch mehr oder weniger tiefe Schnitte und Schabungen aus einer Backsteinfläche ein versenktes Relief erzeugt. Es werden also keine vorgefertigten Formsteine verwendet, um die Form zu erzielen. Scharfe Schnitte sorgen innerhalb der Relieffläche für eine Binnengliederung, sodass die Körperpartien deutlich zu unterscheiden sind. Dort, wo eine kleinteilige Binnengliederung erforderlich ist, so bei den Physiognomien des Paares und bei der Gestaltung der Hände und des Eulenkopfes, ist diese mittels feiner Ausschabungen modelliert; gleiches gilt für die Formung der Kopfbedeckungen und der Füße.

Das große 1959[7] enthüllte Relief am WiSo-Fakultätsgebäude ist nicht signiert. Eine Archivrecherche ergab kein klärendes Ergebnis hinsichtlich der Frage nach dem Autor des Kunstwerkes.[8] Eine mögliche Antwort kann deshalb nur über die »Handschrift« des Künstlers gesucht werden. In den Blick zu nehmen sind daher, neben der für die Binnengestaltung des Bildreliefs eingesetzten Technik des Ziegelschnitts, insgesamt die starke Betonung des Plastischen, die Durchgestaltung der Figuren sowie die Materialwahl. Die Technik des Ziegelschnitts wurde und wird selten angewandt. Ein frühes, 1926 entstandenes Beispiel findet sich im Œuvre des Bildhauers Karl Knappe (1884–1970),[9] der Bildhauerei an der Technischen Hochschule München lehrte. So könnte mit dem Ziegelschnitt eine Spur hin zu einem Schüler von Karl Knappe gelegt sein, auf einen Künstler, der seit der zweiten Hälfte der 1950er Jahre für Köln einige Werke gestaltete – auf den Paderborner Bildhauer Josef Rikus (1923–1989).[10] Die Arbeit an dem Hauszeichen der WiSo-Fakultät fällt in eine Zeit, in der Josef Rikus mehrere

---

7 https://de.wikipedia.org/wiki/Universitaet_zu_Koeln#Kunstwerke [Stand: 5.6.2019].
8 Herrn Dipl.-Kfm. Franz Bauske danke ich für seine intensive Suche im Bauamt der Universität zu Köln. Im Nachlass des Architekten Wilhelm Riphahn, den das Historische Archiv der Stadt Köln unter der Bestands-Nummer 1225 aufbewahrt, fand sich kein Hinweis.
9 Christoph Stiegemann (Hg.): Figur in Holz. Das Frühwerk von Josef Rikus und sein Lehrer Karl Knappe, Paderborn 2000, S. 75 mit Abb.
10 Zu Rikus vgl. https://de.wikipedia.org/wiki/Josef_Rikus [Stand: 5.6.2019].

Objekte für Köln schuf.[11] Es liegt demzufolge nahe, dass sich der Bildhauer mehrfach in Köln aufhielt.

Eine Ziegelschnittarbeit gibt es allerdings unter seinen bislang bekannten Werken nicht. Ein Relief, das ich dem Œuvre von Josef Rikus zuweisen konnte, dürfte ihm als Einübung in die Technik des Ziegelschnitts gedient haben.[12] Dieses Bildrelief befindet sich auf dem Gelände einer Kölner Schule.[13] Das Relief zeigt deutliche Spuren einer spontan aufgenommenen Gelegenheitsarbeit. Dieser Eindruck wird durch den völlig abgelegenen und der Öffentlichkeit nicht zugänglichen Ort verstärkt. Zudem dürften offensichtlich seiner Positionierung auf der kleinen Backsteinfläche keinerlei künstlerische Erwägungen vorangegangen sein. Meine Datierung der Arbeit in das Jahr 1958 korrespondiert mit der Aufstellung eines von Josef Rikus für diese Schule geschaffenen Brunnens.[14]

Das Erscheinungsbild des WiSo-Reliefs wird von einer Vielzahl von isolierten kubischen Elementen bestimmt. Diese prägende und belebende Eigenschaft zeigt sich an zwei aus dem Atelier von Josef Rikus hervorgegangenen Reliefs: an den Fassaden der Westfälischen Kammerspiele[15] in Paderborn aus dem Jahre 1968 und an der von 1968 bis 1972 gestalteten Fassade des Kölner Rathauses.[16] Beide Reliefs fügen sich aus einer großen Anzahl von Kuben unterschiedlichen Formats und wechselnden Lagen, sodass ihnen eine permanente Bewegung innewohnt.

Am Bildrelief der WiSo-Fakultät fallen die tiefen Furchen der vertikal geführten Falten des Chitons der Athene auf. Diese Eigentümlichkeit findet sich auch an einer sehr frühen Arbeit des Bildhauers, am Paderborner Mahnmal, das Josef Rikus 1953 schuf.[17]

Eine weitere Besonderheit der künstlerischen Handschrift zeigt sich in der Gestaltung der Physiognomien, insbesondere der Nasen. Rikus verzichtet, wenn er die Physiognomie »en face«, in Vorderansicht zeigt, oft auf die Formulierung des Nasenrückens und der Nasenflügel. Stattdessen legt er die Nasen gerne flächig an und gibt ihnen die Form eines langgestreckten Trapezes. Diese Form findet sich ebenfalls bei der Wiedergabe der Athene. Dort wurde die Nasenform in der

---

11 Josef Rikus/Hartmut Säuberlich: Josef Rikus. Skulpturen, Paderborn 1973, WV, S. 5–13 die Nummern: 43 (1956), 63 (1958), 83 mit Abb. 13 (1959), 93 (1960), 95 (1960, abgenommen 1999), 96 (1960), 100 (1961), 108 (1961), 127 mit Abb. 8 (1963), 150 mit Abb. 7 (1965), 212 mit Abb. 21–24 (1968–1972) und 213 mit Abb. 16–17 (1968–1972).
12 Helmut Johannes Fußbroich: Per aspera ad astra, in: Pfarrbrief 2018. St. Gereon, St. Michael, St. Alban, Köln 2018, S. 56–59.
13 Es handelt sich um ein mit Backsteinen verkleidetes Technikgebäude der Schule Gereonswall 57. Herrn Dipl.-Kfm. Franz Bauske danke ich für den Hinweis.
14 Rikus/Säuberlich: Rikus (Anm. 11), WV Nr. 63, S. 7.
15 Ebd., WV Nr. 184, S. 11, Abb. 15, S. 45.
16 Ebd., WV Nr. 213, S. 13, Abb. 17, S. 47.
17 Ebd., WV Nr. 31, S. 6, Abb. 1, S. 23.

Technik des Ziegelschnittes aus dem Backstein herausgearbeitet. Als Beispiele aus seinem Werk sei auf die Physiognomien seines 1959 entstandenen »Philosophen«[18] verwiesen, gleiches gilt für das 1965 enthüllte Denkmal für Abbé F. Stock[19] und für seine 1971 geschaffene Pietá.[20] Auch der als scharf geschnittene Gerade formulierte Nasenrücken des im Profil gezeigten Hermes, findet sich im Werk des Paderborners, so bei dem 1956 aus einem Granitblock geschlagenen Erzengel Michael.[21]

Der Anteil an Arbeiten aus und mit Schiefer ist in Rikus' Œuvre bemerkenswert groß. Dass er die horizontalen, aus der Fläche zurückspringenden Elemente ebenso mit Schiefer hinterlegte wie die vertikalen Faltentäler der Athene, ist nicht zufällig, wurde doch dieses Material mehrfach von ihm verwendet.[22]

Die vorgelegte Darstellung der für die Handschrift des Künstlers charakteristischen Elemente erlaubt es, das Hauszeichen der WiSo-Fakultät der Universität zu Köln dem Œuvre des Paderborner Bildhauers Josef Rikus zuzuschreiben.

Exkurs

Als Baumaterial hat der Backstein, wenn auch meist versteckt hinter Verputz oder Werkstein, gewissermaßen ein Dauerdasein. Als Sichtmauerwerk und somit eigenständiges, stilprägendes Architekturelement tritt er nach 1900 zunächst, dem Vorbild des englischen Landhausbaues folgend, in Deutschland auf.[23] Hinzuweisen ist zudem auf den Hochhaus- und auf den Industriebau der 1920er Jahre.[24] Mit der Nobilitierung des Backsteinmauerwerks geht eine Ornamentierung des Mauerwerks einher. Frühe, als Relief gestaltete Ziegelornamente finden sich an der Ikone unter den Bauten des Norddeutschen Expressionismus', dem von 1922 bis 1924 von Fritz Höger (1877–1949) errichteten Chile-Haus in Hamburg. Zugleich zeigt dieser Bau auch die Dominanz der Baukeramik beim Einsatz plastischer Gebilde in die Architektur.[25] Wesentlich elementarere,

18 Ebd., WV Nr. 86, S. 8, Abb. 51, S. 88.
19 Ebd., WV Nr. 152, S. 10, Abb. 5, S. 29.
20 Ebd., WV Nr. 201, S.12, Abb. 38, S. 73.
21 Ebd., WV Nr. 49, S. 6, Abb. 50, S. 87.
22 Arbeiten in Schiefer finden sich im Œuvre von J. Rikus in großer Zahl, vgl. ebd., WV, passim, S. 1–13.
23 Wolfgang Pehnt: Deutsche Architektur seit 1900, Ludwigsburg/München 2005, S. 38–40; Wolfram Hagspiel: Köln: Marienburg. Bauten und Architekten eines Villenvorortes, 2 Bde., Köln 1996, passim.
24 Für Köln ist das von 1924 bis 1925 von Jacob Koerfer errichtete Hansa-Hochhaus zu nennen, vgl. Klemens Klemmer: Jacob Koerfer (1875–1930). Ein Architekt zwischen Tradition und Moderne, München 1987.
25 Wolfgang Pehnt: Die Architektur des Expressionismus, Ostfildern 1998, S. 186–192, zum Relief und zur Baukeramik vgl. Abb. S. 187.

expressivere Backsteinreliefs bedecken die Außenwände des von 1926 bis 1927 von Bernhard Hoetger (1874-1949) erbauten Paula Becker-Modersohn-Hauses in der Bremer Böttcherstraße.[26] Diese frühen Arbeiten lösten seither eine Flut von Backstein- beziehungsweise Klinkerreliefs aus, darunter auch Bildreliefs.[27]

Für das 1952 eröffnete Amerika-Haus in Essen schuf der Bildhauer Herbert Lungwitz (1913-1992) eine Vielzahl großer figürlicher Reliefs aus vorgefertigten Formplatten aus »einer Backsteinsorte mit glasierter blaubunter Oberfläche«.[28] 1958, also etwa zeitgleich mit dem WiSo-Relief, entwarf der Dortmunder Bildhauer Siegfried Erdmann (1926-2017) in Köln ein Ziegelrelief, das als Hausbeziehungsweise Ladenschild eines Paramenten-Geschäfts gedacht war. Dieses auf weißem Putzgrund aus zuvor passend gesägten Ziegelplatten gefügte Relief muss von der Technik des Ziegelschnitts unterschieden werden, wenn auch die der Binnengliederung dienenden Eintiefungen darauf zu verweisen scheinen.[29] Ein Jahr später, 1959, wurde das Ziegelrelief von Willi Strauss (1908-1969), ein Kruzifix an der Außenwand der Pfarrkirche Sankt Franziskus in Köln-Bilderstöckchen, enthüllt. Seine eindringliche Plastizität bezieht es aus der Aufeinanderfolge mehrerer Ziegelschichten.[30]

26 Ebd., Abb. 332, S. 199.
27 An den 1930 errichteten Häusern Freiheitsring 51-61 in Frechen findet sich jeweils ein von dem Architekten Julius Gatzen entworfenes Bildrelief. Zum »Neuen Bauen« in Frechen vgl. Egon Heeg: Die Köln-Frechener Keramik 1919-1934, Köln 1992, S. 83-94.
28 Andreas Benedict: Das ehemalige Amerika-Haus in Essen, Neuss 1994, S. 11-13.
29 Das Relief stellt die in Köln besonders verehrten Heiligen Drei Könige dar. Wegen der witterungsbedingten Verschmutzung des Reliefs wurde es in eine Vertäfelung aus Lavabasalt eingebettet. Dadurch verlor es seine Eigenschaft als Relief und ist deshalb als Inkrustation zu bezeichnen. Herrn Dr. Thomas Stracke, dem Eigner des Hauses Kömödienstraße 97, danke ich für seine freundlich gewährten Auskünfte und für die Überlassung eines Fotos vom Urzustand.
30 Kirchausstattung von Willi Strauss, in: das münster. Zeitschrift für christliche Kunst und Kunstwissenschaft, Regensburg, Heft 6, 1968, S. 425 mit Abbildung.

Buchbesprechungen

Markus Trier/Friederike Naumann-Steckner (Hg.): BodenSchätze – Archäologie in Köln, Köln: J. P. Bachem-Verlag 2018, 144 Seiten, 20 s/w und 105 farbige Fotografien, 18,95 Euro.
Das Römisch-Germanische Museum der Stadt Köln (RGM) ist gemessen an der Zahl der Besucher das erfolgreichste Kölner Museum. Dazu dürften mehrere Faktoren beigetragen haben: Neben der überaus günstigen zentralen Lage sicher das Angebot dieses Museums, denn die römische Vergangenheit ist ein Alleinstellungsmerkmal Kölns unter den deutschen Großstädten, jedenfalls derer die mehr als eine halbe Million Einwohner haben; Städte wie Bonn, Mainz oder Trier sind zum Teil erheblich kleiner. Da dieses Museum auch institutionell eng mit dem Kölner Amt für Bodendenkmalpflege verbunden ist, kann der zeitliche Rahmen der ausgestellten Funde zumal bei den Sonderausstellungen auch weiter gefasst werden, wie zuletzt in der Ausstellung BodenSchätze, die von Juli bis Dezember 2018 zu sehen war und die in dem hier besprochenen Band dokumentiert ist. Hierbei reichte die zeitliche Bandbreite der Exponate – keineswegs alles Neufunde – von der Jungsteinzeit bis zum Spätmittelalter, die in den instruktiven Katalogbeiträgen nicht nur zeitlich, sondern auch räumlich in ihrem Fundkontext eingeordnet werden, wobei sich komprimierte, aber hochkarätige Kurzdarstellungen ergeben wie etwa über die jungsteinzeitliche Siedlung in Lindenthal (S. 42 ff.), die Kindergräber bei St. Ursula (S. 106 ff.), Deutz in der Spätantike und im Mittelalter (S. 110 ff., zwei Beiträge) oder die Ausgrabungen der letzten Jahrzehnte am Heumarkt (S. 126 ff., ebenfalls zwei Beiträge), denen wir wertvolle Aufschlüsse über das Wirtschaftsleben der Stadt Köln im Mittelalter verdanken. Besonderes Interesse verdient der Beitrag über die Ausgrabungen an der Antoniterstraße (S. 80 ff.), zumal dort auch die spektakuläre Freilegung einer römischen Bibliothek dokumentiert wird (S. 87 ff.). Es werden unabhängig vom räumlichen Ausgrabungsbefund auch thematische Schwerpunkte gelegt, so etwa in dem Beitrag über Tod und Ritual (S. 68 ff.) anhand der diesbezüglichen Funde im früheren römischen Flottenlager Alteburg. Überhaupt ist dieser Band mehr als ein bloßer Ausstellungskatalog, da in den drei einführenden Beiträgen (S. 12 ff.) jeweils Überblicke zur Historie des RGM, der Entwicklung der Kölner Stadtarchäologie sowie zur Museumspädagogik vorgelegt werden.

Man legt diesen Begleitband nicht ohne eine gewisse Wehmut aus der Hand, da das RGM Ende 2018 zwecks Sanierung, die bis 2024/25 währen soll, geschlossen wurde. Ob es bei diesem Zeitrahmen bleiben wird, sei dahingestellt, trübselige Erfahrungen mit der Durchführung öffentlicher Bauten in Köln (das Desaster mit der Opernsanierung ist hier nur der krasseste Fall) wecken hier leise Zweifel. Aber auch der für das Ausweichquartier im früheren Belgischen Haus für das Frühjahr 2019 angekündigte Umzug ist zum Zeitpunkt der Niederschrift dieser Rezension (Juli 2019) noch nicht vollzogen. Dieses Provisorium kann aufgrund der räumlichen Gegebenheiten aber auch nicht annähernd ein adäquater Ersatz sein. So ist dieser Band neben seinen informativen Aspekten auch so etwas wie ein Abschiedsgruß – wenn auch nicht für immer, so doch für längere Zeit.

Lars Wirtler, Köln

Hugo Stehkämper/Carl Dietmar: Köln im Hochmittelalter 1074/75–1288 (Geschichte der Stadt Köln, Band 3), Köln: Greven Verlag 2016, 572 Seiten, 123 meist farbige Abbildungen, 60,00 Euro.
Der im Jahre 2010 verstorbene Hugo Stehkämper konnte den vorliegenden Band der Stadtgeschichte in der geplanten Konzeption nicht mehr fertigstellen. Dem Bericht des Herausgebers der Gesamtreihe zufolge waren die ersten neun Kapitel bereits zu einem so außerordentlichen Umfang angewachsen, dass der Verfasser selbst auf die Notwendigkeit, zu kürzen und zu redigieren, hingewiesen hat. Diese schwierigen Aufgaben, die erhebliche Eingriffe erforderten, übernahm schließlich Carl Dietmar, der zudem die noch fehlenden Kapitel 10 und 11 zur Zeit von der Regierung Erzbischof Engelberts I. von Berg (1216–1225) bis zur Regierung Siegfrieds von Westerburg (1275–1297) mit dem Einschnitt der Schlacht von Worringen 1288 und dem nachfolgenden Spruch einer Gerichtskommission unter der Leitung der Erzbischöfe von Mainz und Trier gegen die Stadt Köln im Jahre 1290 selbst verfasste (S. 298–385). Dabei greift Dietmar in zahlreichen Zitaten auf grundlegende Arbeiten Stehkämpers zu den Ereignissen in diesem Zeitraum zurück. Als Ergänzung der Konzeption fügt Dietmar ein 12. Kapitel über das »Bild der Stadt am Ende des 13. Jahrhunderts« sowie einen knappen Ausblick auf die Wende zum Spätmittelalter hinzu (S. 386–443). Der Band enthält ein knappes Glossar zu einigen Begriffen und Institutionen sowie ein Personen-, Sach- und Ortsregister und, nicht zu vergessen, ein aussagekräftiges Inhaltsverzeichnis.

Der zeitliche Rahmen des Bandes erstreckt sich in seinen ereignisgeschichtlichen Teilen vom Aufstand Kölner Bürger gegen Erzbischof Anno II. im Jahre 1074 bis zu jener Schlacht von Worringen von 1288. Den thematisch-reflektierenden Grundzug bildet in Verbindung mit den vielgestaltigen und wechselhaften Ereignissen die Frage nach dem Übergang der vom erzbischöflichen Stadtherrn beherrschten zur kommunalisierten, bürgerschaftlich selbstbestimmten Stadt. Aufruhr und nahezu permanente offene oder latente Konflikte mit dem Stadtherrn und Autonomiebestrebungen der Bürger sind verwoben mit der Territorialpolitik der Kölner Erzbischöfe, die als geistliche Herren zugleich im weltlichen Bereich als kriegführende und selbst in den Krieg ziehende Herzöge auftraten, mit dem Ziel einer Hegemonialstellung im niederrheinischen Raum mithilfe des beanspruchten westfälischen Dukats. Mit der verlorenen Schlacht von Worringen, an der Kölner mit einem Kontingent teilnahmen und in die dynastischen Streitigkeiten eingriffen, wurde das Ziel der Erzbischöfe weitgehend illusorisch; damit erfuhr zugleich die bürgerliche Position eine Stärkung. Verwoben war die stadtbürgerliche Politik ferner mit dem Königtum, insbesondere im welfisch-staufischen Thronstreit. Die Kölner unterstützten Könige oder rebellierten gegen sie in Frontstellung, traten wegen der Handelsinteressen in England auf die Seite des vom englischen König unterstützten Otto IV., bis sie sich schließlich Friedrich II. unterwarfen. Könige besuchten gelegentlich die Stadt, privilegierten sie (wie auch der Papst) oder belagerten sie im Konfliktfall erfolglos. Neben schrittweisen, aber ungesicherten und prekären Erfolgen hatten die Kölner im Falle des Misserfolgs teilweise horrende Geldzahlungen zu leisten und demütigende Bußprozessionen zu absolvieren. Kölner Bürger rivalisierten im Innern; unter den Geschlechtern kam es zu blutigen Parteikämpfen. Die Bürger waren uneins im Verhalten gegenüber dem Stadtherrn, der die Bevölkerung zu spalten und von außen im Handstreich sich der Stadt wieder zu bemächtigen versuchte. Erzbischof Engelbert II. hielt in Serie Abmachungen mit der Stadt nicht ein und ließ sich unter Berufung auf Rechtsunwirksamkeit wegen Zwangs vom Papst von ihnen entbinden. Nicht eingehalten wurde auch der für den Stand bürgerlicher Selbstbestimmung aufschlussreiche Große Schied von 1258. Der Erzbischof ging rigoros und recht brutal gegen widersetzliche und kampfesbereite städtische Familien und mit Militär gegen die widerspenstige Stadt vor und verhängte als geistliche Zwangsmittel Exkommunikation und Interdikt.

Was hier in aller Kürze zu anarchischen Ereignissen und unsicheren, wenig dauerhaften, revidierbaren Verhältnissen komprimiert ist, wird in dem Band, zeitlich auseinandergezogen, sorgfältig nach Handlungssträngen, möglichen Motivationen, Reaktionen, Kausalitäten, plausiblen Zielvorstellungen und politischen Optionen untersucht, interpretiert und dabei unvermeidlich auch rationalisiert. Allerdings muss dies auf einer bisweilen nur dürftigen Quellengrundlage und einer quellenkritisch heiklen Chronistik geschehen, während Schiedssprüche und Vertragsüberlieferungen verlässlichere Anhaltspunkte bieten.

Die Unsicherheiten sind daher beträchtlich. Denn wer sind zu welchem Zeitpunkt und in welcher Formation die Kölner, die Kölner Bürger, die »guten Leute«, die Geschlechter, die durch den Erzbischof zu politischen Einheiten erhobenen Handwerker, die Bruderschaften (Zünfte), die Sondergemeinden bildenden Parochien mit ihren Amtleuten, das »Volk« oder die »Gemeinde«? Es sind partielle Einblicke möglich, selten jedoch ganze Strukturzusammenhänge zu ermitteln. Die Stadtherrschaft des Erzbischofs – in Verbindung mit Domkapitel, Prioren und Ministerialen – stützte sich auf die weltliche Gerichtsbarkeit – mit Verwaltungsfunktionen – der Schöffen im Hohen Gericht, die Regalien mit Mauerbau, Münze, Markt, Zoll und Judenschutz sowie auf Wegerechte. Nur schrittweise konnten einzelne Institutionen und Rechte in die Hand der Bürger gebracht werden. Wenig ist über die Aneignung von Rechten der Wirtschaftsverwaltung durch die Richerzeche bekannt. Versammlungen der Bürger werden gelegentlich erwähnt, der Rat tritt spät und zunächst nur punktuell neben Schöffen, Richerzeche und den Amtleuten der Sondergemeinden in Erscheinung. In der für kommunale Handlungsfähigkeit wichtigen Frage der Erhebung indirekter Steuern wurden mit dem Erzbischof Kompromisse von beschränkter Dauer erzielt. Dass erlangte Rechtspositionen gefährdet blieben und immer wieder revidiert wurden, ist ein fast durchgängiger Grundzug wie das immer wieder in Erscheinung tretende Streben nach Autonomie und Selbstregierung in Auseinandersetzung mit der erzbischöflichen Stadtherrschaft. Die von stadtherrlicher Seite anerkannten Freiheiten und

Gewohnheiten wurden, abgesehen von Streitigkeiten hinsichtlich einzelner Rechte, weitgehend allgemein angesprochen. Es fehlten noch einige zentrale Elemente, vor allem ein fest etablierter Rat mit Gerichtsbarkeit, Gesetzgebung und Verwaltung, um von einer kommunalisierten Stadt sprechen zu können. Eine Institutionengeschichte, die über die Benennung der Zuständigkeiten hinaus den inneren Betrieb darstellen könnte, ist angesichts der Quellenlage noch nicht möglich, doch gelingt es, städtisches Handeln, ohne in vielen Fällen die Akteure zu kennen, in ereignisgeschichtlichen Zusammenhängen darzustellen. Strukturelle Blöcke mit zahlreichen Aspekten bilden in einem Mittelteil des Bandes die Gliederung und der Ausbau des Stadtgebiets (Kapitel 5), die soziale Gliederung der Stadtbevölkerung (Kapitel 6), die Institutionen und Amtsträger der erzbischöflichen Stadtherrschaft sowie die stadtbürgerliche Gemeindebildung und die bürgerlichen Handlungsfelder (Kapitel 7), Handwerk und Handel (Kapitel 8), geistliche Konvente und Pfarreien (Kapitel 9) und in einem Schlusskapitel die sakralen und weltlichen baulichen Erscheinungsformen um 1300 (Kapitel 12).

Angesichts der Quellenlage und der nicht seltenen Revision von Positionen durch Erzbischof und König ist das große Thema der Entstehung der Stadtgemeinde (»communitas«) über den parochialen Sondergemeinden und der Kommunalisierung der Stadt durch Okkupation stadtherrlicher Befugnisse mit vielen sachlichen Unsicherheiten und begrifflichen Problemen behaftet. Es ist dies ein Bereich, in dem Stehkämper, wie es nicht anders möglich ist, zu vielen Vermutungen, Annahmen, Plausibilitäten sowie postulierten Motiven und Handlungsnotwendigkeiten greift, aber doch gelegentlich etwas zu stringent auf Tatsächlichkeit hinauslaufend zirkulär argumentiert. Die »Kölner« haben in einem allerdings unbestimmten Sinne als Bürger (»cives«) politisch agiert und eine irgendwie organisierte Handlungsfähigkeit bewiesen. Ob und seit wann dies durch eine konstituierte und verfasste Stadtgemeinde geschah, durch eine Bürgerversammlung oder nur durch die »Vornehmsten« oder die Geschlechter, ist schwer zu sagen. Stehkämper vermutet, ohne einen Beleg anführen zu können, dass Kaiser Heinrich IV. an Ostern 1106 in Köln im Zusammenhang mit einem eidlichen Versprechen der Bürger, ihm die Stadt zu bewahren, die Freiheitsbeschränkungen von Person und Besitz weiter Bevölkerungskreise gelockert habe, indem er die Herrenbindungen zwar nicht aufgehoben, aber in ähnlicher Weise wie später Heinrich V. in Worms und Speyer rechtlich eingeebnet habe. Doch im Folgesatz wird die Vermutung zur Tatsache. »Kölner Handwerker, Krämer und Kaufleute, gleichgültig ob reich oder arm, ob hörigen oder freien Standes, wurden nun im Wesentlichen gleichberechtigte Bürger. Diese nur rechtliche, nicht soziale Verschmelzung der bis dahin ständisch voneinander getrennten Bevölkerungsgruppen war die unumgängliche Voraussetzung, damit alle Kölner in der Schwurgemeinschaft vertreten sein konnten« (S. 40; vgl. S. 43). Dass es sich bei dem Eid bereits um eine Schwurgemeinschaft oder eine Schwureinung handelte, die alle Kölner oder Bürger umfasste, ist möglich, aber fraglich und kann diskutiert werden, wobei der Rechtsbegriff des Bürgers, der mehr als den bloßen Einwohner meint, noch nicht klar zutage tritt, die Rechtsangleichung nicht belegt ist, keine politische Gleichheit aller Stadtbewohner bestand, anderseits eine »coniuratio« nicht notwendigerweise von allen beschworen sein musste. Aus einem Interdikt über die Stadt kann nicht einfach gefolgert werden, dass dabei »die Bürger Kölns als eine rechtliche, fest umgrenzte Gemeinschaft« angesehen wurden, »die als Gesamtheit auch für bestimmte Handlungen verantwortlich war« (S. 57), da das geistliche Interdikt ein Zwangsmittel darstellte, mit dem auf die tatsächlich Verantwortlichen durch andere Druck ausgeübt werden sollte. Das Stadtsiegel allerdings verweist auf ein korporatives Verständnis der Stadt. Hinsichtlich anderer Sachverhalte ist anzumerken, dass die Urkunde Konrads von Hochstaden von 1259 keineswegs »das Kölner Stapelrecht umfassend bestätigte« (S. 344), sondern der Text lediglich die Fahrt über Köln hinaus verbietet. Von einer Niederlagspflicht von drei Tagen, einem Vorkaufsrecht der Kölner oder einer Auflistung von »Stapelgütern« ist in der Urkunde nicht die Rede (anders S. 264), sondern lediglich von der auch andernorts anzutreffenden handelspolitischen Maßregel, dass bestimmte Güter nur im Großen gehandelt werden durften. Begrifflich würde der Rechtshistoriker den Ausdruck »ungesetzlich« meiden und auch nicht von einer »gesetzmäßigen Existenz Kölns« (S. 339) sprechen, da es eine wirkliche Legalordnung noch nicht gab, sondern Privilegien, Rechte und Freiheiten und Rechtsgewohnheiten. Auf einer anderen Ebene sollte der von Max Weber eingeführte und etwa von Erich Maschke übernommene Ausdruck »Abkömmlichkeit«, ein Schlüsselbegriff für die soziale Verengung der politischen Partizipation von großem Erklärungsgehalt, nicht als »Fachjargon« bezeichnet werden.

Es versteht sich, dass auf ein so vielgestaltiges Werk nur einige Schlaglichter geworfen werden können, das Herausstellen von einzelnen Kritik- und Diskussionspunkten keine Aussage über die Gesamtleistung zulässt. Vorgelegt wird ein Band zur hochmittelalterlichen Geschichte Kölns, der trotz einer schwierigen Quellenlage mit großer Souveränität eine Unmenge partieller Informationen und zahlreiche Aspekte durch eine eindringliche Interpretationsleistung zu einem flüssig geschriebenen und durch Fußnoten gut belegten Ganzen verarbeitet, dabei vielfach auf kontroverse Forschungsdiskussionen eingeht. Es handelt sich um ein wissenschaftlich fundiertes Werk, das sich gleichwohl zur Lektüre für einen großen Kreis von stadtgeschichtlich Interessierten eignet; es reiht sich würdig in die noch unvollständige Gesamtreihe ein.

Eberhard Isenmann, Köln

Joseph P. Huffman: The Imperial City of Cologne. From Roman Colony to Medieval Metropolis (19 B.C.–1125 A.D.), Amsterdam: Amsterdam University Press 2018, 280 Seiten, 1 Karte, 105,99 Euro.

Wer mit diesem Buch eine Stadtgeschichte des mittelalterlichen Köln erwartet hat, wird enttäuscht werden.

Wie gut, dass der Autor dieser Studie die Fragestellung schon gleich im Titel seines Buches untergebracht hat, wenngleich nicht unbedingt an offensichtlicher Stelle. Sie versteckt sich nämlich in dem Adjektiv »imperial«, das sich mit »kaiserlich« nur unzureichend übersetzen lässt. Vielmehr ist gemeint »zu Kaiser und Reich zugeordnet, auf sie orientiert, an ihnen ausgerichtet«. Es geht in diesem Werk also um Köln und seine Rolle im Reich und in der Politik der deutschen Kaiser.

Huffman nimmt die Vogelperspektive ein und betrachtet die Geschichte Kölns in ihren langen Linien und eben im Hinblick auf das Reich und seine Spitze. Das genau ist Segen und Fluch zugleich. Segen, weil es die Perspektive, die die Kölner Mittelalterforschung oft genug einnimmt, zumal, wenn sie aus Köln selber kommt, weitet, über das Klein-Klein der oftmals überreichen Quellen aus Historiographie und Archäologie, die vielfach nicht zusammenpassen, widersprüchlich oder schwer zu interpretieren sind, hinter sich lässt und einen klaren unverstellten Blick auf die Geschichte der Stadt erlaubt. So kommt Huffman in diesem auf eine Ergänzung um einen zweiten Band angelegtes Buch zu dem meinungsstarken Urteil, die Geschichte Kölns ließe sich bis 1125 in gleichsam drei Phasen einteilen. Demnach habe es nach der römischen, kaiserlichen Zeit und der tumultösen Übergangszeit der sogenannten Völkerwanderungszeit, die Phase der »imperial bishops« gegeben, die seit den Querelen mit den Kaufleuten unter Anno II. im Jahre 1074 in die Phase des bürgerlichen Kölns übergegangen sei.

Fluch ist diese Herangehensweise an die Kölner Geschichte, weil genau dieser Abstand, der es erlaubt große Linien zu ziehen, bei Huffman nicht nur zu den üblichen Vereinfachungen führt. So merkt man der Darstellung an, dass er die neuere und neueste Spezialliteratur nicht wirklich im Griff hat, was man einem Nicht-Kölner Historiker nicht wirklich vorwerfen kann, da die Literaturlage wirklich verwirrend ist, was aber am Ende zu Fehlinterpretationen führt. So geht Huffman auch für die Ottonenzeit von der Existenz eines Kaiserpalastes aus, um damit seine These von der ungebrochenen Nutzung der Stadt durch die Kaiser seit der Antike zu unterstreichen. Davon kann man aber zumindest ohne Diskussion der Problematik eben nicht ausgehen.

Der Schwerpunkt, den Huffman auf die Bischöfe als diejenigen legt, auf welche die Kaiser Einfluss nehmen konnten, die quasi als kaiserliche Statthalter in Köln fungierten (was an sich schon eine wenigstens diskussionswürdige Annahme ist), führt dazu, dass die sonstige Entwicklung der Stadt vielleicht doch etwas zu holzschnittartig ausfällt.

Man merkt dem Autor an, dass er selbst mit dieser Situation nicht ganz zufrieden war, sodass er zum Ende hin noch ein dicht gedrängtes Kapitel zur verfassungsmäßigen Entwicklung Kölns angehängt hat, in dem er aber droht, seine These von der kaiserlichen Stadt aus dem Auge zu verlieren.

Schlussendlich bleibt das Verdienst, für die englischsprachige Welt eine Einführung in die Kölner Stadtgeschichte aus einem bestimmten Blickwinkel verfasst zu haben, der dem Leser zumindest einen Einstieg in die wichtigste Literatur ermöglicht. Der Blickwinkel ermöglicht einige interessante Einblicke, die in dieser Zusammenschau noch nicht präsentiert wurden. Die Erforschung der Kölner Stadtgeschichte bringt dieses Werk nicht voran. Dazu wird man wohl auf den entsprechenden Band von Karl Ubl der auf 13 Bände angelegten Stadtgeschichte warten müssen.

Christian Hillen, Bonn

Buchbesprechungen

Peter von Jülich: De modo mensurandi vasa. Ein Traktat zur Fassmessung aus dem frühen 15. Jahrhundert, herausgegeben, übersetzt und kommentiert von Menso Folkerts und Martin Hellmann (Algorismus, Heft 85), Augsburg: Dr. Erwin Rauner Verlag 2018, XXXII und 91 Seiten, 1 Beilage, 29,00 Euro.

Die Bedeutung des Weinhandels für die Wirtschaftsgeschichte Kölns ist gut bekannt. Dass die Kölner Universität im 15. Jahrhundert auch ein Vorreiter bei der Entwicklung von Techniken der Visierkunst war, wird dagegen erst durch das vorliegende Buch für eine breitere Öffentlichkeit erschlossen. Die beiden Herausgeber legen die erste kritische Edition des Traktats über die Messung des Inhalts von Fässern vor, die der Kölner Magister Peter von Jülich verfasste. 1401/02 an der Kölner Alma mater immatrikuliert, amtierte er mehrfach als Dekan der Artes-Fakultät und zweimal als Rektor, bevor er 1434 in die Kölner Kartause St. Barbara eintrat, wo er am 7. November 1446 verstarb. Peter von Jülich ist als Autor von zwei Traktaten in Erscheinung getreten, einer astronomischen Abhandlung und des Traktates über die Visierkunst. Die älteste Handschrift der beiden Traktate geht auf Peter von Jülich selbst sowie auf dessen Schüler Paul von Gerresheim zurück. Der Traktat über die Fassmessung ist noch ein weiteres Mal in einer Frankfurter Handschrift erhalten, entfaltete aber darüber hinaus keine größere Wirkung. Die Überlegungen des Peter von Jülich werden in der Einleitung gut verständlich erläutert und in die mathematischen Diskussionen der Zeit eingeordnet. Peters Traktat verzeichnete zwar einige Fortschritte bei der Fassmessung, blieb aber den Konzeptionen der Zeit verhaftet und lieferte deshalb nur ungenaue Berechnungen. Erst Johannes Kepler konnte eine wissenschaftlich gültige Berechnungsmethode vorlegen. Mit der Edition, der Übersetzung und dem beigefügten Faksimile erschließen die Herausgeber auf vorbildliche Weise einen wichtigen Markstein der Kölner Wissenschaftsgeschichte.

Karl Ubl, Köln

Joachim Oepen/Anna Pawlik: Das Abendmahlretabel von Bartholomäus Bruyn dem Älteren in St. Severin (Kolumba. Werkhefte und Bücher, Band 51, Ortswechsel 3) Köln: Kolumba 2017, 86 Seiten, zahlreiche Abbildungen, 25,00 Euro.

Während der Sanierung der Kölner Pfarrkirche St. Severin wurde das Abendmahlretabel im Kunstmuseum Kolumba des Erzbistums deponiert und dort auch restauriert. Zu seiner Präsentation am 1. Mai 2017 erschien eine gelungene Publikation aus der Feder von Joachim Oepen und Anna Pawlik. Der Band besticht nicht nur durch die qualitätsvollen und großformatigen, teilweise sogar aufklappbaren Farbabbildungen, sondern auch durch die Texte der beiden Autoren, die eine gediegene Kombination kirchen- und sozialgeschichtlicher beziehungsweise kunsthistorischer Forschungsansätze erkennen lassen. Ein einleitendes Kapitel führen uns die Kölner Stiftspfarrei St. Severin und die zugehörige Pfarrkapelle St. Maria Magdalena um die Mitte des 16. Jahrhunderts vor, eine Zeit, die auch in Köln durch den Konflikt von Reformation und Gegenreformation charakterisiert war. Das Festhalten am alten Glauben ist gleichzeitig eine wichtige Grundlage des Kölner Kunstlebens der Renaissance, das untrennbar mit dem produktiven Atelier des älteren Bartholomäus Bruyn verbunden ist, dessen Vita und

Kundenkreis im Mittelpunkt des zweiten Kapitels stehen. Danach nähert sich das Autorenpaar dem Abendmahlretabel, dessen zahlreiche, auch realienkundlich höchst interessanten Details wie auch die theatralische Inszenierung der dargestellten Heiligen beschrieben und analysiert werden. Trotz der ausführlichen Schilderung wird die Lektüre niemals langweilig, weil auf der einen Seite die vielen Detailabbildungen zahlreiche Einzelheiten zeigen und andererseits die Autoren mit beeindruckender Sachkenntnis die dargestellten Gegenstände und Architekturformen schildern. Hier wäre auch die Frage von Interesse, ob und in welchem Umfang Bartholomäus Bruyn auf graphische Vorlagen zurückgegriffen hat. Bei der Restaurierung konnte eine lateinische Inschrift entdeckt werden, wonach das Retabel auf eine Stiftung des bekannten Kölner Bürgermeisters Konstantin von Lyskirchen und seiner aus einer ebenso bedeutenden Familie stammenden Gattin Elisabeth Hackeney zurückgeht und im Jahre 1548 entstand. Von diesen Informationen ausgehend, lässt sich der Altar in den Kontext der Kölner Renaissancekultur einordnen. Zudem steht das Retabel in beiden Familien in einer langen mäzenatischen Tradition, wie mehrere Vergleichsabbildungen deutlich machen. Ob das Altarbild jetzt für die Stiftskirche St. Severin, für die Pfarrkapelle St. Maria Magdalena oder auch für die Kartause in Auftrag gegeben wurde, wird in einem eigenen Kapitel umfassend diskutiert, ohne zu einer eindeutigen Lösung zu kommen. Nicht überblättern sollte man das abschließende Kapitel über die Geschichte des Triptychons im 19./20. Jahrhundert. 1822 ist es erstmals für St. Severin gesichert. 1941 wurde es auf die Veste Heldburg in Thüringen in Sicherheit gebracht und gelangte nach dem Krieg in das Schlossmuseum in Weimar. Im Kalten Krieg gab es zahlreiche Versuche, das Altarbild im Tausch gegen andere Kunstwerke zurück zu erhalten, die jedoch erst 1990 Erfolg hatten. Man kann den Autoren zu einer gelungenen Publikation zur Kölner Renaissancekultur gratulieren, die nicht nur hervorragende Abbildungen enthält, sondern auch zahlreiche Aspekte der Stadt-, Kirchen- und Kunstgeschichte beleuchtet.

Wolfgang Schmid, Winningen

Yvonne Bergerfurth: Die Bruderschaften der Kölner Jesuiten 1576 bis 1773 (Studien zur Kölner Kirchengeschichte, Band 45), Siegburg: Verlag Franz Schmitt 2018, 438 Seiten, 34,90 Euro.
Wie die Verfasserin dieser bereits 2011/12 in Bonn eingereichten Dissertation in ihrer luziden Einleitung selbst darlegt, bewegt sich die vorzustellende Studie auf einem Gelände, das schon von verschiedenen Generationen der Bruderschaftsforschung beackert wurde. Zuletzt hat 2005 Rebekka von Mallinckrodt Kölner Laienbruderschaften der Frühen Neuzeit eine umfangreiche Abhandlung gewidmet und sich dabei auch ausführlich mit der Bürgersodalität der Jesuiten beschäftigt, während die Ursulagesellschaft wiederholt von Anne Conrad und Andreas Rutz untersucht wurde. Trotzdem boten die Kölner Archive und Bibliotheken genügend ertragreiches und zum Teil neues Material, nicht zuletzt eine für die Kölner Bürgersodalität wichtige, bis 2008 verschollen geglaubte Quelle (das Annalenbuch). Zudem ist der Fokus der vorliegenden Studie ein anderer. Sie zielt auf eine vergleichende Darstellung der in Verbindung mit den Kölner

Jesuiten stehenden Bruderschaften und untersucht diese bis in die zweite Hälfte des 18. Jahrhunderts hinein, während von Mallinckrodts Arbeit sich zeitlich auf das 16. und 17. Jahrhundert konzentriert, dafür aber vielfältige Bruderschaften einbezieht, die nicht mit den Jesuiten verbunden waren. Zudem schenkt Bergerfurth dem gottesdienstlichen Leben weit mehr Beachtung (S. 263–325). So ergänzen sich beide Darstellungen. Bergerfurth scheut auch nicht die kritische Auseinandersetzung mit ihrer Vorgängerin und gelangt teilweise zu abweichenden Bewertungen oder relativiert Feststellungen Mallinckrodts (zum Beispiel S. 93, 123f., 183). Jede andere Stadt oder Landschaft des Alten Reichs könnte sich glücklich schätzen, verfügte sie über eine qualitativ ähnliche umfassende Erforschung dieses wichtigen Segments der frühneuzeitlichen Frömmigkeits- und Kirchengeschichte.

Bergerfurth bezieht sich wegen der sehr unterschiedlich reichhaltigen Quellenlage schwerpunktmäßig auf die Bürger- und auf die Junggesellensodalität (S. 72–325) sowie – deutlich knapper – die Ursulagesellschaft (S. 326–361), während die Todesangst- und die Seelenbruderschaft am Rand und die verschiedenen Schülersodalitäten nur in der Anfangsphase ihrer Existenz in den Blick kommen (S. 48–71). Neben der erwähnten informativen Einleitung rundet eine ausführliche thesenstarke Zusammenfassung (S. 362–381) sowie ein Anhang mit etlichen wertvollen Tabellen (Übersicht über die Jesuitenbruderschaften; Namenslisten von Amtsträgern; Mitgliedszahlen und Zahlen zur Teilnahme an den Gottesdiensten) die in gediegener Ausstattung erschienene Dissertation ab. Eigens hervorgehoben seien die 15 Grafiken, die – im Text eingebaut – nach Art von Organigrammen Strukturen und Abläufe anschaulich darstellen.

Eine der Stärken der vorliegenden Arbeit ist es, die verschiedenen mit den Jesuiten verbundenen Bruderschaften nicht als einheitliches Gebilde zu betrachten, sondern die Eigenheiten der verschiedenen Gemeinschaften im Blick zu behalten. So lässt sich die Ursulagesellschaft nur begrenzt mit anderen Jesuitenbruderschaften vergleichen, weshalb sie wohl auch deutlich weniger ausführlich thematisiert wird. Hinzu kommt die lange diachrone Perspektive, die es der Verfasserin erlaubt, deutliche Veränderungen und unterschiedliche Phasen herauszuarbeiten. Dabei spricht sie mit guten Gründen davon, dass sich die Position der Jesuitenbruderschaften insgesamt in drei Phasen (dem ausgehenden 16. und frühen 17. Jahrhundert, der zweiten Hälfte des 17. Jahrhunderts und dann dem 18. Jahrhundert) veränderte. In Organisation und Frömmigkeit waren sie zunächst ein irritierendes Element und Teil des konfessionellen Abgrenzungsprozesses, dann ab der Mitte des 17. Jahrhunderts etabliert und mit ihren Gewohnheiten und Praktiken akzeptiert, während sie kaum noch konfessionalisierend wirkten beziehungsweise wirken mussten. Im 18. Jahrhundert waren sie schließlich in einer Gesellschaft, die mit dem jesuitischen Programm bereits bestens vertraut war, ein gleichsam traditioneller Bestandteil der katholischen Kölner Frömmigkeitskultur ohne noch großartig aufzufallen, fanden aber gerade in diesem Gewohnheitscharakter regen Zuspruch. Das galt allerdings für die Ursulagesellschaft nicht mehr, deren Lebensprogramm offenkundig auf immer weniger Resonanz stieß (vgl. S. 331f.).

Zentral ist die von Bergerfurth stark gemachte These, dass die Differenz zwischen den Jesuitenbruderschaften – Sodalität ist weithin nur ein anderer Begriff der Quellen – und den aus dem Spätmittelalter stammenden Bruderschaften in Köln weniger stark war als gemeinhin angenommen und sie deshalb auch nur vorübergehend in den ersten Jahrzehnten zu Irritationen in der Kölner Gesellschaft führte. Ab dem zweiten Drittel des 17. Jahrhunderts näherten sie sich mit der Ausdifferenzierung der Sodalitäten nach Lebens- und Berufsständen den älteren etablierten Bruderschaften merklich an, gerade durch die enorm wachsende Bedeutung des Totengedächtnisses, was tendenziell zu Lasten des stärker religiös-erzieherischen Elements ging. Dementsprechend nahm die Bedeutung des Apostolatsgedankens – die Sodalitätsmitglieder als Multiplikatoren streng konfessionellen Bewusstseins – ab, zumindest für die Bürger- und die Junggesellensodaliät sowie für die Todesangst- und die Seelenbruderschaft. Bei der Ursulagesellschaft blieb das stärker erhalten, was mit ihrem sehr speziellen Profil als Vereinigung »semireligioser Frauen« (unverheiratete Jungfrauen oder Witwen) zusammenhing.

Soweit Bergerfurths These meint, eine scharfe Unterscheidung oder gar Gegenüberstellung von »alten« Bruderschaften und Jesuitenbruderschaften verbiete sich, ist sie zustimmungsfähig. Kritisch anzumerken ist allerdings, dass mir die bleibenden markanten Differenzen zwischen jesuitischen Bruderschaften und traditionellen Bruderschaften spätmittelalterlichen Typs zu gering gewichtet zu sein scheinen. Namentlich sind der völlige Verzicht auf die Geselligkeit, die immer noch deutlich erkennbare Bedeutung klerikaler Leitung und Beeinflussung sowie die neuartige Binnenorganisation in Gestalt eines ausdifferenzierten Ämterapparats anzuführen. Auch das gottesdienstliche Programm, das die Verfasserin dankenswerterweise gründlich beleuchtet (S. 264–325), und die Erwartungen an die religiöse Praxis der einzelnen Mitglieder bewegten sich – selbst noch bei der Todesangst- oder Seelenbruderschaft – auf deutlich höherem Anforderungsniveau als in traditionellen spätmittelalterlichen Gründungen beziehungsweise nachtridentinischen Gründungen dieses Typs. Selbst wenn man in Rechnung stellt, dass diese Anforderungen ein Ideal beschreiben und nicht konsequent umgesetzt wurden, bleibt die Differenz beachtlich. Im Vergleich mit nachtridentinischen Neugründungen von Devotionsbruderschaften, die mit anderen Orden verbunden waren, fällt sie dagegen weniger ins Gewicht, ja hier ergab sich wegen teilweise identischer Angebote sogar eine gewisse Konkurrenzsituation (vgl. S. 207 ff.). Den Jesuitenbruderschaften ist innerhalb der Kölner Bruderschaftslandschaft zumal in der realisierten Praxis ab der Mitte des 17. Jahrhunderts also keine singuläre Bedeutung und völlige Ausnahmestellung zuzuschreiben. Insoweit ist der Verfasserin ausdrücklich zuzustimmen.

Diese Bruderschaften als klerikal dominierte Einrichtungen und schlichte Instrumente der reformkatholischen jesuitischen Elite zur Durchsetzung der katholischen Konfessionalisierung (einschließlich der sozialdisziplinierenden Dimension) zu betrachten, nivelliert den historischen Befund nach Bergerfurths überzeugenden Recherchen in vielfacher Hinsicht. Die Jesuiten selbst kontrollierten »ihre« Bruderschaften nur sehr begrenzt und die den Orden in Bürger- und Junggesellensodalität repräsentierenden Präsides sahen sich eingebunden in eine Organisationsstruktur, die kollegiale Entscheidungen favorisierte. Sie begegneten immer wieder dem Eigensinn der Mitglieder und besonders der laikalen Amtsträger, die durchaus energisch die Interessen der Gemeinschaft – oder eigene – vertraten und Konflikte nicht scheuten (vgl. S. 231–263). Präsides traten umgekehrt auch als Vertreter der Bruderschaftsinteressen gegenüber dem Orden auf und ignorierten mitunter sogar Weisungen der Oberen. Von einem Durchregieren des Ordens oder des Präses, dem nach den allgemeinen Sodalitätsstatuten eine nahezu omnipotente Position zukam, kann nach den Kölner Zeugnissen nicht die Rede sein. Zugleich schwächte sich allem Anschein nach auch das Interesse der Jesuiten an diesen Gemeinschaften ab der Mitte des 17. Jahrhunderts mit der stabilisierten religiös-konfessionellen Lage ab. Insbesondere setzten sie sich selbst nicht mehr konsequent für eine weitreichende innerliche Umprägung der Mitglieder in und durch die Sodalitäten ein, sondern gaben sich mit einer Partizipation der Mitglieder am normalen Sodalitätsleben, vor allem der sonntäglichen Versammlung, zufrieden. In dieser Hinsicht wie im Blick auf Lebenswandel und Streitigkeiten wurde eine gewisse Kontrolle ausgeübt, die weitgehend von der Sodalität selbst ausging und tendenziell schwächer wurde. Die Ahndung von Vergehen bewegte sich im Rahmen gängiger korporativer Konfliktregelungsmechanismen, die auch andere Bruderschaften und Zünfte kannten. Der Orden – selbst der Präses – war kaum beteiligt. Bei der Ursulagesellschaft waren der Anspruch und der seitens des Ordens ausgeübte Druck ausgeprägter.

Bemerkenswert als Ergebnis und die pointierte These Louis Châtelliers vom jesuitischen Netzwerk partiell merklich relativierend ist die aus den Kölner Quellen gewonnene Einsicht der Autorin, dass die Jesuitenbruderschaften wohl doch stärker in ihren lokalen Eigenheiten, denn als Repräsentanten eines universalen jesuitischen Modells wahrgenommen werden müssen. Der Fokus war zudem so stark lokal, dass kaum Beziehungen zu auswärtigen Jesuitenbruderschaften zu erheben waren. Hier drängt sich allerdings ein kritischer Einwand auf. Die These könnte dadurch einseitig beeinflusst worden sein, dass die Autorin die Verhältnisse in den Kölner Jesuitenbruderschaften nicht wirklich systematisch mit denen an anderen Orten mit Jesuitenkollegien abgeglichen hat, um Gemeinsamkeiten und Unterschiede sichtbar werden zu lassen. Aus meiner eigenen Kenntnis der Trierer Jesuitenbruderschaften ergeben sich jedenfalls etliche sehr deutliche Parallelen.

Abschließend darf man der Autorin zu dieser gründlichen, gut lesbaren, inhaltlich reichen und argumentativ durchgehend überzeugenden Studie gratulieren. Sie bereichert die Bruderschaftsforschung erheblich.

Bernhard Schneider, Trier

Rüdiger Müller: 200 Jahre J. P. Bachem. Eine Kölner Familie schreibt Geschichte, Köln: J. P. Bachem-Verlag 2018, 144 Seiten, 19,95 Euro.
Mit einer Unternehmensgeschichte feierte der J. P. Bachem-Verlag 2018 sein 200-jähriges Bestehen. Dem Autor, Rüdiger Müller, der bereits Beiträge zur Stadtgeschichte bei Bachem veröffentlicht hatte, stand dafür das Hausarchiv zur Verfügung. Historikern ist der Verlag durch Standardwerke zur Kölner Stadt- und Kirchengeschichte vertraut. Aber auch als Verleger von Schul- und Gebetbüchern sowie insbesondere der »Kirchenzeitung für das Erzbistum Köln« ist er eine ausgewiesene Größe. Die Eigentümerfamilie war seit Beginn dezidiert katholisch geprägt. Führende Vertreter waren

auch entsprechend politisch engagiert. Daher ist die Geschichte des Bachem-Verlags mit derjenigen der Domstadt seit je her verknüpft. Die Verleger waren mit Größen der Kölner Zeitgeschichte wie Konrad Adenauer oder Kardinal Frings stets gut vernetzt. Namensgeber des Verlags ist sein Gründer Johann Peter Bachem (1785–1822). Der Sohn eines Verwaltungsbeamten des Kölner Domkapitels trat eine Lehre bei Benjamin Gottlob Hoffmann in Hamburg an, einem der führenden Buchhändler seiner Zeit. Bachem verband sich nach seiner Rückkehr 1815 geschäftlich mit dem Kölner Druckereibesitzer und Zeitungsverleger Markus DuMont. Nach einem Streit gründete J. P. Bachem 1818 in der Domstadt einen eigenen Verlag mitsamt Buchhandlung, Leihbibliothek und kleiner Druckerei. Neben juristischer Fachliteratur erschien mit den »Wanderungen durch Köln am Rhein und seine Umgegend« 1820 ein erster belletristischer Titel. Auch Hoffmann von Fallersleben debütierte bei Bachem, sein Buch blieb jedoch ein Ladenhüter.

Bruder Lambert Bachem erweiterte das Unternehmen, das ab 1831 als »Hofbuchhandlung« firmierte. Er gründete bereits 1824 eine Hauskrankenkasse für die Beschäftigten. 1828 erschien mit »Köln und Bonn mit ihren Umgebungen – Für Fremde und Einheimische […]« einer der ersten Stadtführer für die Rheinmetropolen überhaupt. 1869 konnte Lamberts Sohn Josef mit der »Kölnischen Volkszeitung« seinen Traum von einer katholischen Tageszeitung in »wahrhaft konservativer« (S. 53) Ausrichtung verwirklichen. Sie stellte sich, kirchennah und politisch dem Zentrum verbunden, den nationalen liberalen Blättern auf Augenhöhe entgegen. Julius Bachem (1845–1918) hielt 45 Jahre die Schriftleitung inne. Als Politiker stand er für die »Kölner Richtung« innerhalb der Zentrumspartei, einen sozial engagierten und interkonfessionell ausgerichteten Flügel, dessen Mitglieder auch »Bachemiten« genannt wurden. Die Ehefrau Robert Bachems, Minna Bachem-Sieger, war später ebenfalls schreibend, politisch und sozial engagiert. Für das Buchprogramm konnte 1884 indes sogar Karl May gewonnen werden. Die Zusammenarbeit endete aber unerquicklich.

Die aufgerüstete Druckerei produzierte inzwischen auch Aktien-, Anleihe- und später Notgeldscheine. »Der gute Bachemdruck« (S. 69) wurde sprichwörtlich. Jedoch wurde kriegs- und krisenbedingt das 100-jährige Jubiläum kaum begangen. Die »Kölnische Volkszeitung« musste Bachem 1920 an ein Konsortium abgeben. Dafür druckte das Haus seit 1926 die Rundfunkzeitschrift »WERAG«, das »Ansageblatt des Westdeutschen Rundfunks«, den Konrad Adenauer als Oberbürgermeister nach Köln gelotst hatte. Die Verbindung zum WDR blieb von Dauer, beherbergte doch das 1962 eingeweihte neue »Bachemhaus« an der Marzellenstraße einen Zweig der Fernsehabteilung.

Für die nationalsozialistische Zeit präsentiert Müller eine Quellen-Preziose: Den handschriftlichen, mutigen Vorwort-Entwurf des Münsteraner Bischofs Clemens August von Galen zu einer bei Bachem erschienenen Widerlegung von Rosenbergs »Mythus des 20. Jahrhunderts«, notiert auf Umschlagpapier des Verlags. 1949 gründete Carl Bachem mit Jakob Hegner einen Tochter-Verlag für anspruchsvolle christliche Literatur. Aber auch Weltliches war Bachem nicht fremd: In seiner Druckerei wurden Umschläge für die ersten, im familiär verbundenen Bastei-Verlag erscheinenden »Jerry-Cotton«-Groschenromane produziert. 1960 gehörte das Haus dann zu den zehn deutschen Verlagen, die den Taschenbuchverlag »dtv« ins Leben riefen. Zur bekannten Buchreihe

»Stadtspuren – Denkmäler in Köln« berichtet Müller eine kuriose Entstehungsgeschichte: Anstoß dafür war der versehentliche Abriss eines verlagseigenen, unter Denkmalschutz stehenden Gebäudes. Die traditionsreiche Druckerei musste das Unternehmen 2008 schließen. Aufgrund des digitalen Wandels ergänzen auch bei Bachem E-Books oder Smartphone-Apps zusehends die Printmedien. Jedoch führen Zweige der Familie nach wie vor sowohl die Firmengruppe wie den 2010 herausgelösten Verlag J.P. Bachem, inzwischen in sechster Generation.

Dessen Jubiläums-Publikation besticht durch eine inhaltlich wie optisch ansprechende Gestaltung. Die spannende Firmen- und Familiengeschichte wird im besten Sinne populärwissenschaftlich und chronologisch erzählt, Zeitleisten am unteren Seitenrand parallelisieren sie mit Stationen der Kölner Stadtgeschichte. Verständlicherweise fehlen für Verknüpfungen gelegentlich wünschenswerte Belege. Über eine Beteiligung des Verlags an den berühmten Kölner »Mittwochsgesprächen« etwa kann der Autor deshalb nur spekulieren. Den Text ergänzen viele Abbildungen mit anspruchsvoll gestalteten Neuaufnahmen von Objekten wie im Falle des Titelfotos. Historische Photographien werden zuweilen augenzwickernd-launig kommentiert. Von konventionellen Firmenfestschriften, die oft als reine Bildbände mit werblichem Charakter oder aber als fußnotenlastige »Bleiwüsten« daherkommen, hebt sich die Publikation wohltuend ab.

Hans-Gerd Dick, Weilerswist

Arnold Jacobshagen/Annette Kreutziger-Herr (Hrsg.): 1863 – Der Kölner Dom und die Musik (Musik – Kultur – Geschichte, Band 2), Würzburg: Verlag Königshausen & Neumann GmbH 2016, 229 Seiten, 38,00 Euro.
Es verwundert vielleicht, dass die Kirchenmusik am Kölner Dom im 19. Jahrhundert nicht die Bedeutung erlangen konnte wie das Gebäude selbst. Mit den Gründen, warum die Musik hintenanstehen musste, befasste sich das interdisziplinäre wissenschaftliche Symposium »1863 – Der Kölner Dom und die Musik«, welches am 7. und 8. November 2013 aus Anlass des 150-jährigen Jubiläums des Kölner Domchores in der Erzbischöflichen Dom- und Diözesanbibliothek und in der Hochschule für Musik und Tanz Köln stattgefunden hat. Der vorliegende Band vereinigt elf Beiträge dieses Symposiums, welches unter der Leitung der Herausgebenden des vorliegenden Bandes stattfand.

1863 war das Schicksalsjahr in der Kölner Kirchenmusikgeschichte. In der Konsequenz der Umsetzung der Beschlüsse des Kölner Provinzialkonzils galt nun das Gebot, dass von nun an nur noch die Vokalpolyphonie des 16. Jahrhunderts im Dom zu erklingen habe. Orchestermusiker wurden entlassen, Frauenstimmen durch Knabenstimmen ersetzt, die Zeiten des Erklingens der großen Chorwerke von Haydn, Mozart und Beethoven waren vorerst vorbei. Grund für diese Entwicklung war die kirchenmusikalische Restaurationsbewegung des Cäcilianismus. Dessen Reformprogramm in Verbindung mit der Forderung nach einer Erneuerung der Liturgie und der Abkehr von aller weltlichen Theatralik hin zum reinen Stil der alten Renaissance-Meister erläutert Wolfgang Bretschneider in seinem Aufsatz.

Dass diese Rückbesinnung im 19. Jahrhundert zurück auf die Stile der Vergangenheit nicht nur für die Musik, sondern gleichsam auch für andere Kunstrichtungen galt, zeigt Matthias Deml für die Dombauhütte, indem er sich mit dem Wandel der Chorausstattung in dieser Zeit befasst und dabei auch die architektonischen Gegebenheiten des Dombaus präsentiert.

Sieben Dombaufeste wurden seit der zweiten Grundsteinlegung 1848 bis zur Vollendung Dombaus 1880 gefeiert. Christoph Müller-Oberhäuser untersucht in seinem Beitrag die musikalische Programmatik dieser Feste. Dadurch, dass die Festlichkeiten nicht nur von der Domkapelle musikalisch begleitet wurden, sondern auch von bürgerlichen Musik- und Konzert-Vereinen, stand eine angemessene musikalische Ausgestaltung in einem Konfliktfeld zwischen bürgerlicher Selbstdarstellung und kirchenmusikalischer Reform.

Die Domkapelle war das Bindeglied zwischen dem Domchor und dem Gürzenich. Was für eine Zäsur die Auflösung der Domkapelle und die Gründung des Domchores für das kirchenmusikalische Leben in Köln bedeutete, wird deutlich durch den historischen Überblick von Klaus Wolfgang Niemöller zur Kirchenmusikgeschichte im Kölner Dom und im Gürzenich in der ersten Hälfte des 19. Jahrhunderts.

Basierend auf gründlicher Quellenarbeit berichtet Josef van Elten, dass hinter den Reformprozessen als treibende Kraft Erzbischof Johannes von Geissel stand. So verdankte die Domkapelle ihren Untergang nicht nur dem musikalisch-liturgischen Reformprozess, sondern ist auch auf persönlich und politisch motivierte Streitigkeiten zurückzuführen, wie etwa die wiederholten Ermahnungen des Erzbischofs bezüglich der aus seiner Sicht zu aufwändigen musikalischen Gestaltung vor allem der festlichen Hochämter erkennen lassen.

Umfassend untersucht und kommentiert hat Franz-Josef Vogt die Situation der Kölner Domorgel in der zweiten Hälfte des 19. Jahrhunderts. Schon damals war man bemüht, die Orgel einem vergrößerten Kirchenraum anzupassen. Gelungen war dieses aber erst nach der Zerstörung der alten Orgel im Zweiten Weltkrieg durch den Aufbau eines neuen Instrumentes. Gesa Finke und Valerie Lukassen beschäftigen sich mit den Folgen des Ausschlusses der Frauen aus der Kirchenmusik als Folge des Cäcilianismus. In kurzen Portraits werden die Sängerinnen der ehemaligen Domkapelle vorgestellt und welche Konsequenzen die Entlassung sowohl persönlich als auch für das musikalische Leben in Köln hatte. Alexandra Marx widmet sich in einer systematischen Untersuchung den Gesangsbüchern im Erzbistum Köln und kommt zu dem Schluss, dass zumindest in Bezug auf den Gemeindegesang die strikten Forderungen des kirchenmusikalischen Restaurationsprozesses nur mangelhaft umgesetzt worden sind.

Nicht nur zwischen den Städten Köln und Düsseldorf soll eine angebliche Konkurrenzsituation bestehen. Dass eine solche auch zwischen den Großstädten Köln und Aachen existiert(e), skizziert Norbert Jers am komplizierten Verhältnis zwischen den Kölner und den Aachenern Cäcilianern. In einem kurzen Beitrag nimmt Albert Gerhards die für die Liturgie im Kölner Dom entscheidenden musikalischen Orte in den Blick.

Als Nachfolger des Domkapellmeisters Carl Leibl wurde der Priester Friedrich Koenen berufen. In einem Beitrag von Albert Richenhagen, der dieses informative Buch abschließt, wird dessen Komposition »Missa in honorem sanctorum trium regum«, welche als ein Hauptwerk des kompositorischen Cäcilianismus gilt, detailliert analysiert. Richenhagen belegt, dass Koenen zwar versucht, im Sinne des Cäcilianismus den alten, polyphonen Kompositionsstil zu imitieren, ihm dieses aber nur eingeschränkt gelingt und sich die Komposition durchaus an die bereits etabliert klanglich-romantische Klangsprache anlehnt.

Stefan Plettendorff, Köln

Wolfram Hagspiel: Köln in Fotografien aus der Kaiserzeit, Rheinbach: Regionalia Verlag 2016, 196 Seiten, 9,95 Euro.
Mit diesem Buch wird den nicht wenigen Kölner Fotobüchern, die in den letzten Jahren erschienen sind, ein weiteres hinzugefügt. Zeitlich auf die Zeit des Deutschen Kaiserreiches, also die Jahre von 1871 bis 1918, fokussiert, möchte es den »enorme[n], sich in rund 47 Jahren vollzogenen habende[n] Wandel in dieser Stadt« (S. 7) darstellen und so »einen Beitrag zur Stadtbaugeschichte« leisten. Dementsprechend werden in 14 Kapiteln, jeweils mit einem kurzem einführenden Text, einige hundert Fotos präsentiert und kurz erläutert. Zusätzliche Orientierung bieten ein Personen- sowie ein Orts-, Straßen- und Objektindex.

Der Autor, ein ausgewiesener Kenner Kölner und rheinischer Architekturgeschichte, versteht es, mit den knappen, nicht zu weitschweifigen Kommentierungen – so wird auch der Charakter eines Fotobuches beibehalten – die wichtigsten und allemal interessanten Erläuterungen zu den Bilden zu geben. Einen besonderen Schwerpunkt nimmt das Kapitel »das Geschäftsleben in der Kölner Altstadt« (S. 46–91) ein, das den Leser und Betrachter in die oftmals glitzernde Kommerzwelt etwa der Hohen Straße entführt.

Doch der durchaus positive Eindruck, den das Buch hinterlässt, bleibt nicht ungetrübt. So fällt auf, dass der Schwerpunkt auf den Bauten der Stadt und der Architektur liegt, die verschiedenen Facetten des Alltagslebens hingegen eher am Rande vorkommen. So spielt denn auch der Erste Weltkrieg, dessen stadtgeschichtliche Relevanz die jüngere Forschung deutlich herausgestellt hat, kaum eine Rolle und wird mit einer Aufnahme von dem kriegszerstörten Haus am Gülichplatz tatsächlich nur durch ein einziges Bild thematisiert. Überhaupt liegt das Schwergewicht einseitig auf den in der Zeit des Kaiserreichs realisierten Neubauten, seien es Geschäftshäuser, öffentliche Gebäude, Kirchen, die Neustadt und anderes mehr. Sicher, kaum wandelte sich das Gesicht der Stadt mehr als in diesen knapp fünf Jahrzehnten, doch ist das Kapitel »das alte Köln« (S. 22–33) mit zwölf Seiten eher knapp bemessen. Auf die Frage, wie eine solche nicht immer glückliche Auswahl des Bildmaterials zustande kam, gibt der Bildnachweis (S. 197) womöglich Antwort: Zurückgegriffen wurde fast ausschließlich auf das Bildmaterial von zeitgenössischen Publikationen wie etwa Bau- und Architekturpublikationen, Postkarten, Adressbücher und Ähnliches. Fotomaterial aus den einschlägigen Fotosammlungen und -archiven wie etwa dem Rheinischen Bildarchiv trifft man nicht an. In der Konsequenz ist etwa ein wichtiges Neubauprojekt wie die 1904 fertiggestellte Markthalle lediglich durch eine Entwurfszeichnung (S. 80), nicht aber durch eines der reichlich vorhandenen Fotos von der endgültigen Realisierung vertreten. So verspricht der Buchtitel insgesamt mehr, als er angesichts der Gesamtkonzeption zu halten vermag. Wahrscheinlich sollte hier schlichtweg an Geldern für Bild- und Abdruckrechte gespart werden.

So sehr es auch zu begrüßen ist, dass auf diese Weise ein ausgesprochen preiswertes Buch produziert werden konnte, bleiben beim Rezensenten doch einige Zweifel, ob dies die richtige Antwort ist auf die ohne Frage bisweilen prohibitiv und wissenschaftsfeindlich hohen Entgelte, die manche Institutionen für Nutzungsrechte von Fotomaterial erheben.

Joachim Oepen, Köln

Katrin Hieke: Im Spannungsfeld von Politik, Innovation und Tradition: Das Rheinische Museum/Haus der Rheinischen Heimat in Köln 1925–1956 (Rheinprovinz – Dokumente und Darstellungen zur Geschichte der rheinischen Provinzialverwaltung und des Landschaftsverbandes Rheinland, Band 26), Berlin: Metropol Verlag 2018, 360 Seiten, 24,00 Euro.

Dort, wo heute am Deutzer Rheinufer das Landeshaus des Landschaftsverbandes Rheinland steht, befanden sich bis Anfang der 1950er Jahre die kriegsbeschädigten Reste von Kölns bis dahin größtem Museumsprojekt, dem »Rheinischen Museum«. Dieses Museum besaß bei seiner Eröffnung circa 6.000 Quadratmeter Ausstellungsfläche und war damit um einiges größer als zum Beispiel die damals maßgeblichen Provinzialmuseen im Reich. Anders als für diese wurde dem Rheinischen Museum kein eigenes gebautes Gebäude zugedacht, sondern es fand seine Bleibe in der umgebauten klassizistischen Kürassierkaserne am Deutzer Ufer, die nach dem Versailler Vertrag leergezogen in der entmilitarisierten Zone gestanden hatte.

Katrin Hieke arbeitet in ihrem gut lesbaren Buch die Geschichte des »Rheinischen Museums« in Köln-Deutz auf – von seinen konzeptionellen Anfängen zur Zeit der Jahrtausendausstellung der Rheinlande in Köln im Jahr 1925, über seine Eröffnung in nationalsozialistischer Zeit im Jahr 1936, nun als »Haus der Rheinischen Heimat«, bis hin zur Abwicklung nach dem Zweiten Weltkrieg. Der Text ist eine leicht überarbeitete Fassung ihrer 2016 eingereichten Dissertation am Ludwig-Uhland-Institut für Empirische Kulturforschung der Universität Tübingen. Die Autorin lotet in den ersten drei Kapiteln die politischen, wissenschaftlichen und institutionellen Bedingungen für dieses, erstmals auf einen größeren Raum bezogene kulturhistorische Projekt aus und befasst sich intensiv mit den Konzeptionen und der Sammlung sowie den verantwortlichen Personen und Institutionen. Hier ist auch die schriftliche Quellenlage recht gut. Dabei geht die Autorin auch ausführlich auf die Realisierung der Gestaltung dieses musealen Großprojektes mit circa 150 vorgeschlagenen Themenräumen ein und nimmt dabei auch eine vergleichende Perspektive zu anderen Projekten ein. Hier kommen auch fotografische Zeugnisse zum Tragen. In den letzten beiden inhaltlichen Kapiteln hinterfragt Hilke dann das Ausstellungsgeschehen im Nationalsozialismus wie auch die Rezeptionsgeschichte dieses Hauses von der Eröffnung bis einschließlich heute.

Die Arbeit zeigt auch einen wesentlichen Teil des verschlungenen Wegs zum heutigen Kölnischen Stadtmuseum auf, das bis zum Ersten Weltkrieg erst in der Hahnentorburg und später auch in der Eigelsteintorburg einen kaum ausreichenden Ort für seine schnell wachsende Sammlung bekommen hatte. Konkrete Erweiterungspläne unterblieben zunächst aufgrund des Krieges, dann aufgrund der prekären Nachkriegslage. Das aus dem Kölner Museumsprojekt nun ein gesamtrheinisches wurde, ist in diesem Fall weniger anmaßenden Kölner Ambitionen geschuldet, sondern der eben besonderen Lage des Rheinlandes aufgrund der alliierten Besetzung. Hier galt es, die Lage des gesamten Rheinlandes in das öffentliche Bewusstsein zu heben und – so das Kalkül des Kölner Oberbürgermeisters Adenauer, dem maßgeblichem Initiator des Museumsprojektes – als Nebenprodukt dem preußischen Zentralismus auch Eigenwillen entgegen zu setzen. Seine großen Ausstellungsprojekte, wie die Jahrtausendausstellung (1925) sowie auch die Pressa (1928) bereiteten dem »Rheinischen Museum« den Boden. Die »stilbildende« (Hans-Ulrich Thamer) Jahrtausendausstellung mit ihren rund 10.000 Objekten war von konzeptioneller und sammlungsmäßiger Bedeutung und hatte gezeigt, dass ein kulturräumlich verortetes Thema in dieser Zeit sein Publikum fand. Für die Pressa, die den Ort erstmals für Ausstellungszwecke nutzte, wurden wichtige Baumaßnahmen in der Kaserne vorgenommen. Diese temporäre Großausstellung leistete – modern gesprochen – einen erheblichen Teil der nutzungsunabhängigen Umbaumaßnahmen und schaffte dadurch finanzielle Spielräume für das kommende Museumsprojekt.

Einen genauen Blick wirft die Autorin auf die begleitende und zum Teil initiierende Rolle der sich etablierenden Landeskunde, speziell auf das 1920 gegründete Institut für geschichtliche Landeskunde der Rheinlande an der Universität Bonn, aber auch auf das fachliche Museumsumfeld, das die Konzeption des Hauses beeinflusste, wie zum Beispiel den Heimatmuseumsboom und dessen beginnende Organisation in Vereinen, wie der Arbeitsgemeinschaft der rheinischen Heimatmuseen. Seit der Jahrtausendausstellung war der Historiker Wilhelm Ewald (1878–1955), Leiter des Kölner Historischen Museums, gleichzeitig mit der Erstellung der Museumskonzeption wie den Realisierungsabstimmungen des »Rheinischen Museums« beauftragt. Die dabei notwendigen Abstimmungen mit den anderen Kölner Kulturinstitutionen erwiesen sich als schwierig. Kompetenzgerangel wurde überlagert von divergierenden Ansichten, wie ein Museum auszusehen habe. Wenn der Landeskonservator des Rheinlandes, Paul Clemen, das Riesenmuseumsgebäude weder museumsmäßig gedacht noch ausgeführt fand, so steht seine Kritik auch stellvertretend für die Vertreter der kunstgeschichtlichen Museen, die Text- und Schautafeln, Modellen und Repliken skeptisch gegenüberstanden. Hier attestiert die Autorin – bei allen Vorbehalten – dem Konzept des »Rheinischen Museums« wie auch später seiner Umsetzung einen Modernitätsvorsprung, gerade in der Öffnung des Hauses gegenüber einem Publikum, das weniger Bildungsvoraussetzungen mitbrachte. Das überlieferte Bildmaterial zeigt uns auch für heutige Verhältnisse modern anmutende Raum- und Wandgestaltungen. Die letztliche inhaltliche Ausgestaltung bleibt leider etwas im Ungewissen. Sie hätte uns zeigen können, wie der kulturräumliche Ansatz als Klammer für das Rheinland funktioniert hat oder eben nicht, so wie es aus den Diskussionen um das Konzept hervorgeht, wo letztlich der Flusslauf des Rheins als alleinige Klammer für das heterogene Rheinland übrigblieb. Interessant, aber auch mehrdeutig zu deuten ist der Befund, dass nach der Machtergreifung das Konzept des Hauses nach dem Verzicht, die Judaica-Sammlung in der kirchlichen Abteilung zu zeigen, nicht wesentlich geändert wurde. Die Änderung des Namens in »Haus der Rheinischen Heimat« war die mit dem am wenigsten materiellen Aufwand verbundene Maßnahme, mit dem die neuen Machthaber das Museum als ihr eigenes vorstellen konnten. – Die internationale Rezeption war ausgesprochen positiv. Georges-Henri Rivière, ab 1937 Gründungsdirektor des Pariser Volkskundemuseums »Musée National des Arts et Traditions Populaires«, begeisterte sich für das Haus und ließ nach dem Zweiten Weltkrieg Teile der Ideen in sein wirkmächtiges Konzept der »écomusées« einfließen. Im Zweiten Weltkrieg wurden die Sammlungen an unterschiedliche Orte ausgelagert und sollten nie wieder zusammenkommen. Vieles ging verloren. Das Gebäude war stark beschädigt. Der Gedanke an eine Wiederherstellung des Museums wurde verworfen.

Wer länger im Museums- und Ausstellungsbetrieb gearbeitet hat wie die Autorin, wird mit hoher Wahrscheinlichkeit einen anderen, durch eigene Erfahrung geschärften Blick auf die Geschichte einer solchen Institution haben. Wenn eine solche erfahrungsgestärkte Sichtweise dann letztlich hilft, den Blick zu weiten und die Gefahren einer »déformation professionelle« klug vermieden werden, dann darf sich der Leser einer solchen Museumsgeschichte auf einen breiten Erkenntnisgewinn freuen – wie in diesem Fall.

Eckhard Bolenz, Düsseldorf

Robert Becker: Die Kölner Regierungspräsidenten im Nationalsozialismus. Zum Versagen von Vertretern einer Funktionselite (Veröffentlichungen des Kölnischen Geschichtsvereins, Band 51), Köln/Weimar/Wien: Böhlau Verlag 2018, 420 Seiten, 65,00 Euro.

Die Forschung zu nationalsozialistischen Funktionseliten widmet sich erst seit Kurzem den Regierungspräsidenten als Mittelinstanzen der staatlichen Verwaltung. Neben Hedwig Schrulles Studie über Amtsinhaber im Westfälischen darf zu den dafür grundlegenden Arbeiten auch die hier vorzustellende von Robert Becker über den Regierungsbezirk Köln gelten. Der Verfasser stellt eingehende Berufsbiographien der Kölner Regierungspräsidenten Rudolf zur Bonsen (1933/34), Rudolf Diels (bis 1936) und Eggert Reeder (bis 1940/45) vor. Das Buch hält mehr als der Titel verspricht: Die Portraits behandeln auch die jeweilige Tätigkeit vor der Berufung in dieses Amt und die Zeit danach. Dafür hat der Verfasser, als Jurist bei der Bezirksregierung Köln unter anderem mit der Aufarbeitung von NS-Unrecht befasst, Quellen und Literatur umfassend ausgewertet.

Die von ihm behandelten Kölner Regierungspräsidenten entpuppen sich dabei für den Rezensenten jeweils als nahezu idealtypische Charaktere staatlicher Funktionsträger im Nationalsozialismus: Der Jurist zur Bonsen, ein DNVP-Mann trotz katholischen Glaubens, repräsentiert den »Idealisten«. Bereits 1932 wurde er als Regierungsrat in der

Kölner Bezirksregierung verbotswidrig Mitglied der NSDAP. Dass er praktizierender Katholik war, machte ihn nach der Machtübernahme zu einem geeigneten Kandidaten für eine Leitungsposition im Rheinland. Zur Bonsen gehörte zu den rechtsgerichteten Katholiken, die ihre Kirche mit dem Nationalsozialismus versöhnen wollten. Als Regierungspräsident exekutierte er deshalb 1933/1934 zunächst auch die gegen einen »politischen« Katholizismus gerichteten Maßnahmen, musste aber erkennen, dass der Staat an einer Versöhnung gar nicht interessiert war und er selbst nur als Feigenblatt bei kirchenfeindlichen Vorstößen diente. Wiederholt in Auseinandersetzungen mit dem sich etablierenden NS-Staat verwickelt, wurde er, um einen Skandal zu vermeiden, auf einen neuen Bezirk versetzt, wo er sich mit dem Gauleiter zerstritt. Nach weiteren konfliktbelasteten Folgeverwendungen wechselte er in den Ruhestand.

Sein Nachfolger Rudolf Diels wirkt dagegen wie eine reale Verkörperung der fiktiven Figur Henrik Höfgen in Klaus Manns Roman »Mephisto«: Ein ehrgeiziger Jurist, ehemaliger Freikorpskämpfer, der zu Republikzeiten aber auch in liberalen Kreisen verkehrte. Bei der preußischen Polizei mit der Verfolgung des »Linksradikalismus« befasst, diente er sich als »Überläufer« (Karl Dietrich Bracher) den Nationalsozialisten an. Diels gelang es stets, Menschen für sich einzunehmen, ab 1932/33 insbesondere Hermann Göring, der ihn seither förderte. Vor seinem Wechsel nach Köln befehligte Diels als Gründungsleiter die neue Geheime Staatspolizei. Er verfolgte Regimegegner, verhalf als Rückversicherung zugleich aber prominenten Republikanern wie Severing oder Kempner zur Flucht und legte belastende Dossiers über Nationalsozialisten an. Als Kölner Regierungspräsident agierte er ganz auf Parteilinie, obschon er durchaus kein überzeugter Nationalsozialist war. Nach 1936 wurde er aber in Flügelkämpfe der Partei, der er selbst erst 1937 beitrat, hineingezogen, musste in einen anderen Bezirk wechseln und geriet ins politische Abseits.

So skrupellos war sein Nachfolger Eggert Reeder nicht. Er blieb die längste Zeit im Amt, das aber durch die »Vereichlichung« an Bedeutung verloren hatte. Bezeichnenderweise verwaltete Reeder schließlich die Regierungsbezirke Aachen und Düsseldorf mit. Seit 1940 war er faktisch als militärischer Verwaltungschef in Belgien und Nordfrankreich tätig, wo er dann auch Internierungen und Deportationen von Juden verantwortete.

Der Jurist Reeder war bis 1932 Mitglied der nationalliberalen DVP. Erst 1933 wechselte er opportunistisch zur NSDAP. Mehr noch als seine Amtsvorgänger galt er als erfahrener, fähiger Berufsbeamter »durch und durch«. Wie jene scheiterte aber auch er im Bemühen, bei der Amtsführung die Polarität, »Vertreter des Staates oder Vasall der Partei« (Horst Matzerath) zu sein, aufzulösen. Daran änderte auch das gute Einvernehmen mit Gauleiter Josef Grohé nichts.

Reeder war in Belgien bemüht, das Reichssicherheitshauptamt auf Distanz zu halten. Wie zur Bonsen und Diels versuchte er später, daraus resultierende Auseinandersetzungen als Widerstandsakte auszuweisen. Letztlich handelte es sich aber zumeist um Kompetenzkonflikte grundsätzlich loyaler Funktionsträger im Machtgefüge des NS-Staats. Keiner der drei gestand das nach 1945 ein. Insbesondere Reeder beklagte sogar seine als ungerechtfertigt empfundene Verurteilung und Haft in Brüssel. Dabei kann man sein Vorgehen in Belgien, nach den Studien von Christoph Brüll etwa, noch kritischer werten, als Becker das tut.

Der dreiste Diels stellte sich bei den Nürnberger Prozessen als Kronzeuge zur Verfügung und diente dem »Spiegel« eine apologetische Autobiographie als Serie an. Darin stilisierte er sich zum Schöpfer der modernen politischen Polizei und inneren Widerständler bei Folgeverwendungen.

Das »Versagen einer Funktionselite«, so der Untertitel von Beckers Studie, ist somit ein zweifaches: Zum einen verrieten alle drei Regierungspräsidenten in der Amtsführung Grundsätze zuvor geübter Rechtsstaatlichkeit. Am wachsenden Einbezug von Zielen und Methoden der NS-Ideologie in die herkömmliche Verwaltungsarbeit waren sie direkt beteiligt. Zum anderen ließen sie später jede Einsicht vermissen, nahmen sogar für sich in Anspruch, Schlimmeres verhindert zu haben. Dagegen waren es, so wird durch Beckers Arbeit deutlich, genau Beamte wie diese, welche die Funktionstüchtigkeit des NS-Regimes bis zum bitteren Ende sicherstellten.

Hans-Gerd Dick, Weilerswist

Michaela Keim/Stefan Lewejohann (Hg.): Köln 68! protest. pop. provokation. Begleitband zur Ausstellung des Kölnischen Stadtmuseums und der Universität zu Köln im Kölnischen Stadtmuseum vom 20. Oktober 2018 bis zum 24. Februar 2019, Mainz: Nünnerich-Asmus Verlag 2018, 496 Seiten, 29,90 Euro.

»Am Samstagmorgen auf dem Weg zur Schule sagte mir der Fahrer der Linie 5 beim Einsteigen: ›… na dich sollten wir eigentlich stehen lassen.‹ Ich hatte absolut keine Ahnung wovon der Mann sprach, aber die Fahrgäste sahen auch nicht besonders freundlich aus und machten diese absolut beliebten Bemerkungen über die verkommene Jugend, die da auf ihre Kosten schmarotzte« (S. 57).

Man könnte meinen, es handele sich um etwas, das einer Aktivistin der Fridays for Future-Bewegung erst letztes Wochenende zugestoßen sei. In Wirklichkeit geschah es aber 1966, nachdem die Erzählerin an der KVB-Demonstration gegen die Erhöhung der Fahrpreise teilgenommen hatte und dabei fotografiert worden war. Dieses Foto hatte es auf die Titelseite des Kölner »Express« geschafft und die Schülerin schlagartig in ihrem »Veedel« bekannt gemacht.

Diese Geschichte demonstriert exemplarisch, mit welcher Herablassung damals und heute versucht wurde und wird, einen vom generationellen Unterschied getriebenen Veränderungsprozess zu marginalisieren oder sogar aufzuhalten. Es zeigt ebenso, wie sich Gesellschaft und Politik in den letzten 50 Jahren strukturell kaum verändert haben. Jedenfalls im Hinblick auf ihre Einstellung zu Erneuerung und Innovation.

Nun kann man aber nicht behaupten, dass es nach 1968 keine Wandlungen in der Bundesrepublik gegeben habe. 1968 steht dabei für einen Veränderungsprozess, der sich von der Mitte der 1960er Jahre bis zum Ende der 1970er Jahre erstreckte und der im Grunde erst durch die behäbige Gemütlichkeit der Kohl-Jahre nach 1982 wieder zum Stillstand gebracht wurde, zumindest an der Oberfläche. Diesem Schlüsseljahr 1968 widmete das Kölnische Stadtmuseum in einer erstmaligen Zusammenarbeit mit der Kölner Universität eine Ausstellung, der dieser Band als Begleitung und auch

Buchbesprechungen

Erweiterung des Spektrums um diejenigen Themen dient, die in der Ausstellung nicht oder nicht ausreichend behandelt werden konnten.

Neben einer thematischen Einführung und dem Versuch einer Bilanz gliedert sich der voluminöse Begleitband in fünf inhaltliche Teile, in denen jeweils eine Anzahl von Autoren über »Die Stadt«, »Die Universität«, »Der Protest«, »Die Kultur« und die »Die Gesellschaft« der nicht ganz anderthalb Jahrzehnte zwischen 1966 und 1978 berichten. Abwechselnd stehen neben den Fachartikeln über Mode, Musik und Muff (unter den Talaren) Augenzeugenberichte von mehr oder weniger prominenten Beteiligten an den Protesten in der Stadt und an der Universität. Damit tut sich ein Spannungsbogen zwischen reflektierten Abhandlungen nicht beteiligter Fachhistoriker und den persönlich gefärbten Schilderungen dieser Augenzeugen auf, der die Lektüre des Bandes noch spannender und unterhaltsamer macht. Historische Laien werden ihren Spaß ebenso haben wie Fachhistoriker, die sich über die vielleicht erstmals gewagte Untersuchung der Auswirkungen 68er-Proteste auf die Gesellschaft einer Stadt – einer katholischen, strukturkonservativen Stadt wie Köln – freuen dürfen. In dieser Fragestellung dürfte sicher noch einiges Untersuchungspotenzial schlummern.

Wie es sich für den Begleitband zu einer Ausstellung gehört, ist auch dieses Werk prall gefüllt mit Abbildungen der Exponate aber auch solcher, die der Illustration der einzelnen Themen dienen. Manches der abgebildeten Exponate stammt aus Privatbesitz und dürfte in den letzten 50 Jahren – wenn überhaupt – dann nur selten das Licht der Öffentlichkeit gesehen haben. Schon das allein verleiht dem Band einen intrinsischen Wert.

Da es aufgrund der Fülle der einzelnen Beiträge in diesem Band unmöglich ist, auf jeden einzeln einzugehen, seien hier einige Überlegungen zum Konzept des Bandes und damit auch der Ausstellung erlaubt.

Die Perspektive des rückblickenden Historikers führt gerade am Beispiel von 1968 vor, wie sehr Köln »eine Stadt zwischen Aufbegehren gegen die gesellschaftlichen Zustände auf der einen und dem Beharren und Festhalten an eben diesen auf der anderen Seite« war (S. 28). Auch wenn man dies im Rückblick glauben mag: Altes und Neues existieren immer eine Zeit lang gleichzeitig nebeneinander, bis sich das Neue durchsetzt. Das gilt nicht nur für technische Innovationen, sondern viel mehr noch für gesellschaftliche. Es ist gut, dass die Ausstellungsmacher dies nicht nur nicht übersehen haben, sondern es geradezu betonen. Das verhindert, dass 1968 als Urknall einer neuen Zeit glorifiziert und damit auch verkitscht wird. Natürlich haben auch nostalgische und verklärende Momente ihren Platz in diesem Buch und manchmal hat man sogar den Eindruck, der ein oder andere Autor eines Artikels kämpft die Kämpfe von damals noch einmal, diesmal mit den Mitteln des geschriebenen Worts. Schließlich hat ein Stadtmuseum auch die Aufgabe, den Bewohnern und Besuchern Stadt emotional zugänglich zu machen. Nie verlassen Autoren und Herausgeber aber den Pfad der wissenschaftlichen Aufarbeitung der Vergangenheit: Forschung findet auch im Museum statt. Die Zusammenarbeit mit der Universität war dabei sicher hilfreich.

Interessant – das haben natürlich auch die Herausgeber erkannt und thematisieren es entsprechend – ist der aktuelle Bezug des Themas. Damit wird der Ausstellungsband auch zu einem politischen Buch, zu einem Bekenntnis zu Demokratie, Vielfalt und Fortschritt. Prädikat: Absolut lesenswert!

Christian Hillen, Bonn

Claus Leggewie: 50 Jahre '68. Köln und seine Protestgeschichte (Sigurd Greven-Vorlesungen), Köln: Greven Verlag 2018, 109 Seiten, Abbildungen, 10,00 Euro.
Gleich zu Anfang stellt Leggewie fest: »1968 ist Geschichte« und schließt sich Hannah Arendt an, die glaubte, dass die Kinder des 21. Jahrhunderts »das Jahr 1968 so lernen wie wir das Jahr 1848«. Ein hoher Anspruch, der das Jahr überhöht und die Dauer der Protestjahre, die 1967 beginnen und 1969 enden, verhehlt. Doch Leggewie relativiert dies mit dem Hinweis auf den von Detlev Claussen geprägten und inzwischen zum Allgemeingut der Forschung gewordenen Begriff von der »Chiffre 68«. So betrachtet Leggewie nicht nur das Jahr 1968, vielmehr dehnt er die Darstellung der Ereignisse bis in die späten 1970er Jahre aus. Leggewies Sicht auf die »Protestgeschichte« scheint stark von der Biografie des Autors bestimmt, und tatsächlich ist Leggewie selbst nicht nur seine eigenen Erfahrungen einbringender Zeitzeuge (siehe S. 49, 58) – er selbst studierte seit 1968 in Köln und Paris –, er formuliert auch seine Ansicht zu Erscheinungen der Gegenwart, die er in einen inhaltlichen Kontext zu »'68« und den Absichten der damaligen Protagonisten setzt (S. 29). Das erschwert den Blick in diesem langen Essay auf die sieben »programmatischen Absichten«, die Leggewie »in Sachen '68« erkennt und mit den Redewendungen der Zeit umschreibt. Hierzu zählen die Reform der Universitäten, die Etablierung einer unter dem Begriff »POP« zu summierenden populären Massenkultur, die Frauenbewegung, die Auseinandersetzung mit der NS-Vergangenheit, die Beschäftigung mit der »Dritten Welt«, die Frage der Gewaltanwendung gegen Sachen und Personen als Mittel des Protestes und schließlich der Wunsch, die kapitalistische Wirtschaftsordnung zugunsten eines (utopischen) Sozialismus überwinden zu können.

Das Verdienst von Leggewie ist es nun, die Protestgeschichte in dem lokalen Bezugsrahmen von Köln darzustellen. Die häufig zitierten Urteile über die Rheinmetropole, die Köln zu dieser Zeit in einem Dornröschenschlaf sehen, lässt Leggewie nicht gelten, sondern sucht die Besonderheiten der Stadt. Hierzu zählen das Kulturleben der Stadt, dem es gelang, »eine lebendige, mainstreamfähige Subkultur« zu etablieren, die Kollektive und Individuen, die in der Protestphase ein eigenes Demokratieverständnis entwickelten, das eingebettet in die Strukturen der Stadt Entscheidungsprozesse bestimmte, und die »Projekte einer alternativen Wohlfahrt und Wirtschaft«.

Leggewie kann auf dem ihm zur Verfügung stehenden Raum nur die wichtigsten Daten zur Kölner Protestgeschichte liefern. Natürlich beginnt er mit der Universität, konstatiert aber, dass die »Universität sich als stabil erwiesen« (Erich Meuthen) hatte, was ein Resultat des Engagements der Störer war, deren Marsch durch die Institutionen von der Durchdringung und nicht von der Beseitigung geprägt war. Seine Darstellung der Frauenbewegung erweitert Leggewie um die Erziehung in Heimen und das

Coming-out der Homosexuellen. Die Diskussion um Kindererziehung, Gleichberechtigung der Frau und sexuelle Selbstbestimmung hatte auch seine Irrwege, wie Leggewie mit dem Hinweis auf eine von Henryk M. Broder und Fred Viebahn herausgegeben Zeitschrift belegt. In seiner Untersuchung der Popkultur merkt der Leser die Präferenzen des Autors. Die Vielzahl der experimentellen Musiker und die Ausstellungsaktivitäten der bildenden Kunst mit ihren provokanten Aktionen faszinieren ihn mehr als die politische Instrumentalisierung. Schwach hingegen ist Leggewies Darstellung der Aufarbeitung der NS-Vergangenheit, die legendenhaft immer wieder als Antriebsmotor des Protestes in den Mittelpunkt gerückt wird. Leggewie reduziert sie auf die Person von Kurt Holl, der sehr spät die Ausstellung »Ungesühnte Nazi-Justiz« nach Köln holte und wesentlich zur Einrichtung des EL-DE-Hauses als Gedenkstätte zur Erinnerung an die Gräuel der Gestapo beigetrug. Doch die Frage, ob die Mauthausen-Prozesse in Köln 1966 oder die Verstrickungen von Kölner Professoren oder Politiker im Nationalsozialismus überhaupt ein Thema der Protestierenden waren, wird nicht gestellt. In den folgenden Kapiteln über die »Dritte Welt«, den Terrorismus und die Kapitalismuskritik kann Leggewie mit einzelnen Beispielen und Personen konkret die Situation in Köln analysieren.

Dennoch – so wichtig seine Impulse sind – kann Leggewie das in den 1960er Jahren in Köln herrschende gesellschaftliche Klima nicht erfassen. Der häufiger als Protagonist und Unterstützer angerufene Heinrich Böll und Dorothee Sölle, die mit dem politischen Nachtgebet einen Meilenstein der Friedensbewegung schuf, waren nicht die einzigen fortschrittlichen Kölner aus der älteren Generation. In Politik und Verwaltung sowie in der Kunstszene und in vielen anderen gesellschaftlichen Bereichen war ein liberaler Geist anzutreffen, der sich klar von den Verhältnissen in Berlin und Frankfurt unterschied. Eine eindeutige, konservativ begründete Ablehnung der Forderungen und des Verhaltens, wie sie in Berlin durch die Springer-Presse angeheizt wurde, blieb am Rhein aus. Dies mag an der Situation Berlins als »Vorposten im Kalten Krieg« zu tun haben. Aber andererseits auch mit den Erfahrungen, die zum Beispiel Politiker schon in den 1950er Jahren in den Protesten gegen die Remilitarisierung und als Wehrdienstverweigerer gemacht hatten. Zusätzlich war mit dem WDR und den zahlreichen Verlagen eine Heimat für ein links orientiertes Bildungsbürgertum vorhanden.

In seinem Resümee stellt Leggewie die Errungenschaften von »'68« durchaus kritisch in den Kontext der Irrwege, wichtiger sind ihm allerdings die Attacken der Neuen Rechten, die ein Gegenprogramm zu der durch den Protest erreichten Demokratisierung »einer selbstbewussten Bürgergesellschaft« entwickeln und eine »revisionistische Anti-68-Position« einnehmen. Die Ziele von »'68« sind nach seiner Einschätzung zu erweitern, um ungerechte Verhältnisse aktuell zu bekämpfen.

Thomas Deres, Bergisch Gladbach

Barbara Schock-Werner: Köln. Auf den Punkt II. Mit der Dombaumeisterin a. D. durch die Stadt. Aufgezeichnet von Joachim Frank, Köln: Dumont-Verlag 2019, 176 Seiten, 14,99 Euro.

Wer sich kompakt über 30 bekanntere wie unbekanntere Orte in Köln auf eine lockere, ja unterhaltsame, wenngleich fachlich fundierte Weise informieren will, dem sei dieses kleine Büchlein sehr empfohlen, das die ehemalige Dombaumeisterin Barbara Schock-Werner zusammen mit dem Journalisten Joachim Frank verfasst hat.

Bereits das Titelbild zeigt drei bekannte touristische Highlights Kölns aus ganz unterschiedlichen Epochen: den gotischen Dom, die Hohenzollernbrücke des frühen 20. Jahrhunderts und die zeitgenössischen Liebesschlösser an dieser Brücke. Somit steht dieses Titelbild gleichsam paradigmatisch für den Inhalt dieses Bandes: Behandelt werden Denkmäler und Kleinodien aus Mittelalter, Neuzeit und Gegenwart.

Im ersten Teil werden auch nicht so bekannte Kirchen vorgestellt, wie zum Beispiel die Porzer protestantische Lukaskirche im Jugendstil mit ihrer imposanten Farbigkeit im Innenraum. Kaum bewusst sein dürfte selbst geschichtsinteressierten Kölnern, dass es fast 800 Jahre gedauert hat, bis die erste Kirche der Domstadt das Patrozinium der Heiligen Drei Könige erhalten hat: Diese steht seit 1930 in Bickendorf und beherbergt unter anderem die beeindruckenden Fenster von Thorn Prikker – eine Glasmalerei am Übergang von der bildlichen Darstellung zur reinen Abstraktion. In einer etwas anderen Form hingegen präsentiert sich die im Bauhausstil errichtete und ursprünglich auch im Inneren vollkommen in Weiß gehaltene Kirche St. Borromäus in Sülz, heute von der Eritreisch-Orthodoxen Gemeinde genutzt. Bekannter ist die zwischen 1928 und 1932 gebaute Krankenhauskirche St. Elisabeth in Hohenlind; bereits hier verwirklichte Dominikus Böhm gewissermaßen antizipierend eine Forderung des Zweiten Vatikanums nach einer stärkeren auch räumlichen Einbindung der Gläubigen in die Feier des Gottesdienstes. Ebenfalls konzipiert von Dominikus Böhm und architektonisch prägnant ist die »Zitronenpresse« St. Engelbert in Riehl mit ihrem kreisförmigen Grundriss. Darüber hinaus werden Kirchen der Nachkriegszeit vorgestellt: St. Maria in den Trümmern, die nüchtern-lichte Kirche St. Mechtern in Ehrenfeld, das Gotteshaus Bruder Klaus in Mülheim (eine Kombination von Beton und Ziegeln von Fritz Schaller), Neu St. Alban (die aus Sparsamkeit aus den Ziegeln des zerstörten Opernhauses errichtet wurde), der Schürmann-Bau St. Pius X. in Flittard mit stählernem Deckenraumfachwerk, die (mittlerweile profanierte) Auferstehungskirche in Buchforst (diese hat Ähnlichkeiten mit der Bruder-Klaus-Kapelle von Peter Zumthor bei Mechernich), die Sichtbetonkirche der Hochschulgemeinde Johannes XXIII. in Sülz oder die erst zu Beginn des 21. Jahrhunderts errichtete Kirche St. Theodor in Vingst. Dies alles beweist einmal mehr, dass Köln nicht nur eine Stadt der romanischen Kirchen, des gotischen Doms und einiger Barockbauten ist, sondern in architektonischer Hinsicht auch sehr sehenswerte und interessante Gotteshäuser des 20. Jahrhunderts, insbesondere der Zwischen- und Nachkriegszeit, beheimatet; allein zwischen 1928 und 1932 wurden 19 katholische Kirchen in der Rheinmetropole neu errichtet – eine dynamische, aber zugleich ferne Zeit im Vergleich zu der heutigen Situation, wo immer mehr Gotteshäuser profaniert werden. Diese Periode hebt sich auch wohltuend vom Kirchenbau des 19. Jahrhunderts ab, hatte doch noch Kardinal Antonius Fischer zu Beginn des

20. Jahrhunderts die Maxime ausgegeben, dass neue Kirchen nur in romanischem oder gotischem Stil errichtet werden dürften. Insofern stellt die Zeit nach dem Ersten Weltkrieg einen zukunftsweisenden Bruch dar, der Gotteshäuser nun in modernen, zeitgenössischen Formen entstehen ließ. Die räumliche Verteilung der vorgestellten Kirchen zeigt zudem, dass man sich in architektonischer Hinsicht auch im 20. Jahrhundert – gleichsam auch »extra muros« – dem »Heiligen Köln« verpflichtet sah.

In einem weiteren Teil stellt Schock-Werner noch eine Reihe sehenswerter Weihnachtskrippen vor. Der darauffolgende Abschnitt ist Darstellungen heiliger Frauen – durchweg unangepasst und Kritik an der Amtskirche übend (und gerade deshalb heilig!) – gewidmet. Nicht nur im Großen (Kirchenbau), sondern auch im Kleinen (Statuen, Gemälde) finden sich viele interessante Geschichten wieder.

Erfrischend ist, dass das Autorenteam nicht nur schöne Orte Kölns präsentiert, sondern auch auf hässliche und verwahrloste Stellen der Stadt hinweist. Damit setzen sich die beiden angenehm ab von einer leider nicht selten anzutreffenden kölschen Selbstbeweihräucherungsmentalität. So ist der dritte Teil des Buches »Köln zum Abgewöhnen« eben nicht den Schokoladenseiten der Stadt gewidmet. Unter anderem werden hier zum Teil schier unglaubliche, aber leider wahre Geschichten erzählt wie zum Beispiel über das älteste erhaltene Bahnhofsgebäude überhaupt in Deutschland (Belvedere in Müngersdorf), die verwahrloste Römermauer, die chaotische Verkehrssituation am Heumarkt oder den Zustand der Trauerhalle auf Melaten (»administrativer Vandalismus«, was Zerstörung durch Nichtstun bedeutet). Allerdings muss der Rezensent in der »Fahrrad-Frage« als passionierter Fahrradfahrer dem Co-Autor Frank zustimmen, ist das Fahrrad doch das umweltfreundlichste und gesündeste Verkehrsmittel – in einer Großstadt ohnehin; Schock-Werner hingegen scheint sowohl mit dem aktiven als auch mit dem ruhenden Fahrradverkehr etwas über Kreuz zu liegen …

»Köln zum Abgewöhnen« zeigt leider auch, dass die Stadt viele ihrer historischen und kulturellen Highlights überhaupt nicht (genügend) würdigt – vielleicht, weil man ja so viele davon hat und sich des hohen Wertes dieser Schätze nicht bewusst ist.

Im vierten Teil »Köln zum Vorzeigen« präsentiert das Autorenteam nicht nur bekannte Glanzpunkte der Rheinmetropole (unter anderem Dreikönigenpförtchen, Stadtwald), sondern auch weniger bekannte, denen mittels dieses Buches vielleicht größere Aufmerksamkeit zuteilwerden wird (so zum Beispiel das Ungers-Archiv in Müngersdorf). Darüber hinaus wird der Blick gelenkt auf Kunst in der profanen Nutz-/Wohnarchitektur, die für Viele wohl nicht bewusst im Blickfeld liegt, wie etwa die Sgraffiti (Kratzbilder im Putz) an einer Reihe von Wohn- und Geschäftshäusern vor allem der Nachkriegszeit – eine Kunstform der 1950er Jahre.

Der kleine und handliche Band ist illustriert mit sehr qualitätvollen Fotos von Csaba Peter Rakoczy. Entstanden ist das Buch aufgrund einer Sammlung von Kolumnen im Kölner Stadt-Anzeiger; für die Präsentation in der vorliegenden Buchform wäre an einigen wenigen Stellen eine behutsame redaktionelle Nachjustierung (unter anderem keine aktuelleren Zeitungsverweise) optimierend gewesen.

Insgesamt ein sehr empfehlenswertes Werk, weil aus der Feder einer Fachfrau und dem Blick eines gut beobachtenden Journalisten, wenngleich zuweilen auch subjektiv, aber gerade eben deshalb erfrischend und anregend für Diskussionen und – hoffentlich – für

Verbesserungsbestrebungen. Zu hoffen ist, dass dieses Buch möglichst viele kulturinteressierte Kölnerinnen und Kölner lesen. Für die kulturpolitisch Verantwortlichen sollte es zur Pflichtlektüre gehören. Zu wünschen wären weitere »Köln auf den Punkt«-Bände – denn es gibt in der Rheinmetropole noch viele Orte sowohl zum »Abgewöhnen« als auch zum Entdecken. Die Stadt hat ein enormes – leider zuweilen auch ungehobenes und zum Teil verwahrlostes – kulturelles Potenzial, das in den Blick zu rücken und vor allem zu pflegen Auftrag und Verpflichtung aller Verantwortlichen in Politik und Bürgerschaft ist.

Wolfgang Rosen, Köln/Bonn

Abstracts

Ulrike Bergmann/Esther von Plehwe-Leisen: Das Recycling römischen Kalksteins aus Lothringen in der Kölner Bildhauerkunst des Mittelalters

Die Untersuchung basiert auf zwei kunsthistorisch-geowissenschaftlichen Forschungsprojekten zu den Bildhauergesteinen im mittelalterlichen Köln, in deren Rahmen die noch erhaltenen Steinskulpturen in der Kathedrale und den Kölner Kirchen und Museen einer zerstörungsfreien geologischen Untersuchung unterzogen wurden. Ein auch historisch und archäologisch sehr aufschlussreiches Resultat für die Frühzeit der Kölner mittelalterlichen Kunst bis zur Romanik wird hier vorgestellt: Die Kölner Steinmetzen konnten bis zur Übergangszeit in die Gotik in der zweiten Hälfte des 13. Jahrhunderts über das römische Steinmaterial verfügen, das bereits im 1. Jahrhundert n. Chr. aus dem römischen Staatssteinbruch in Lothringen bei Norroy an der Mosel abgebaut und in der Antike für repräsentative Zwecke eingesetzt wurde. Dieser Kalkstein stand offenbar im mittelalterlichen Köln noch sehr lange zur Verfügung. Kontext und Motive des Recyclings werden hier analysiert.

Lea Raith: Eine Kölner Briefsammlung auf Abwegen. Kölner Papstbriefe des 9.–11. Jahrhunderts und ihre Trierer Überlieferung

Der Beitrag untersucht eine in der Handschrift Trier, Stadtbibliothek, 1081/29 überlieferte Kölner Sammlung von Papstbriefen aus dem 9.–11. Jahrhundert. Das Hauptaugenmerk liegt dabei auf den Briefen, die im Zusammenhang mit der Wahl Williberts zum Erzbischof von Köln im Jahr 870 verschickt wurden. Es soll nachgewiesen werden, dass noch im Jahr 870 in Köln der ursprüngliche Kern der Sammlung angelegt wurde und in der schwierigen Situation zu Beginn von Williberts Pontifikat der Stärkung seiner Position dienen sollte. Diese ursprüngliche Sammlung wurde später sukzessive um Briefe Hermanns I. und Annos II. sowie einige Einzelstücke erweitert und schließlich um 1150 in den heute erhaltenen Trierer Kodex kopiert. Eine Handschriftenbeschreibung des gesamten Kodex ist im Anhang beigegeben.

Gerhard-Peter Handschuh: »Der Kölner, den man der Habsucht zieh, …«. Erzbischof Anno II. von Köln, Königin Richeza von Polen und das Erbe der Ezzonen

Unter Erzbischof Anno II. erwarb die Kölner Kirche große Teile des Allodialgutes der Ezzonen nach deren Aussterben im Mannesstamm. Eine Antwort auf die Frage, ob Anno habgierig war oder ob er mit seiner Auffassung Recht hatte, dass das Erzbistum für den Erwerb bezahlte, soll hier aus seiner Sicht versucht werden. Hat Anno dem armen Kölner Eigenkloster Brauweiler das ihm zustehende Moselgut Clotten vorenthalten? Hat er gar den Pfalzgrafen Heinrich mit gewaltsamen Mitteln vom Niederrhein verdrängt? Angesichts der emotional aufgeladenen Atmosphäre des Streits um das Gut Clotten und den Mord an der Pfalzgräfin auf der Burg Cochem, die zu Clotten gehörte, fällt es angesichts spärlicher Quellen nicht leicht, valide Antworten zu finden.

Saskia Klimkeit: Eine gefälschte Approbation des Hexenhammers? Ein Kölner Notariatsinstrument von 1487

1487 hatten insgesamt acht Theologen der Kölner Universität durch zwei von ihnen unterschriebene Gutachten, die Teil des sogenannten Kölner Notariatsinstruments vom 19. Mai 1487 waren, dem Hexenhammer des Heinrich Kramer zu mehr Anerkennung verholfen. Die Echtheit des zweiten dieser beiden Gutachten und damit auch die des gesamten Instruments ist seit dem Fälschungsvorwurf Joseph Hansens 1898 umstritten. Vor dem Hintergrund, dass die Forschung zu Hansens Hypothese bis heute ein zwiespältiges Verhältnis pflegt, erscheint eine Neubewertung des Notariatsinstruments umso dringlicher. Dieser Neubewertung widmet sich der vorliegende Beitrag, indem er die bisher vernachlässigten Beziehungen der beteiligten Personen untereinander aufarbeitet sowie Missverständnisse hinsichtlich der Entstehungsumstände klärt.

Philipp Gatzen: Ein Amtsträger im Spannungsfeld kurkölnischer und Osnabrücker Interessen: Ferdinand von Kerssenbrock als Statthalter des Kurfürsten Clemens August im Fürstbistum Osnabrück

Clemens August von Bayern war nicht nur Kölner Kurfürst, sondern auch Fürstbischof von Hildesheim, Münster, Paderborn und Osnabrück sowie Hoch- und Deutschmeister. Diese Ämterfülle und die häufigen Reisen des Wittelsbachers machten eine persönliche Herrschaftsausübung beinahe unmöglich, weshalb Clemens August zu diesem Zweck Statthalter in seinen Territorien einsetzte. Im Fürstbistum Osnabrück fungierte Dompropst Ferdinand von Kerssenbrock als Stellvertreter des Wittelsbachers. In seiner Amtsführung war er um eine standesgemäße Repräsentation seines kurfürstlichen Dienstherrn bemüht, zeigte jedoch gleichzeitig seinen Unwillen, den Direktiven aus Bonn widerspruchslos Folge zu leisten. Kerssenbrock veranschaulicht somit das Spannungsverhältnis verschiedener Verpflichtungen und Loyalitäten, in denen die kurkölnischen Statthalter agierten.

Michael Rohrschneider: Die Stadt Köln, das Reich und der Immerwährende Reichstag im 18. Jahrhundert. Stand und Perspektiven der Forschung

Mit seiner 2017 erschienenen voluminösen Geschichte der Stadt Köln im 18. Jahrhundert hat Gerd Schwerhoff ein Opus magnum vorgelegt, das mit diesem Beitrag kritisch gewürdigt wird. Der Fokus liegt hierbei auf der Reichspolitik Kölns und dem

Abstracts

Immerwährenden Reichstag, der in jüngerer Zeit einer fundamentalen Neubewertung unterzogen worden ist und noch viel Forschungspotenzial bereithält – auch und gerade im Hinblick auf die Stadt Köln.

Henrike Stein: Der Besuch Napoleons in Köln 1804 im Spiegel der Inschriften Ferdinand Franz Wallrafs

Napoleon Bonaparte besuchte Köln im Herbst des Jahres 1804 auf einer Reise durch die von Frankreich annektierten linksrheinischen Gebiete. Hier wie in anderen Rheinstädten wurden große repräsentative Feierlichkeiten mit öffentlichen Dekorationen geplant, um den im Sommer proklamierten Kaiser und seine Frau mit Ehren zu empfangen. Ein französisches Dekret gab Grundzüge des Ablaufs und der dekorativen Ausgestaltung vor. Dennoch variierten die lokalen Inszenierungen, in denen die Städte ihre politischen Intentionen visuell zum Ausdruck brachten. Der Kölner Besuch wurde von Ferdinand Franz Wallraf entworfen und geplant. Seine multimediale Gestaltung war geprägt von Herrscherlob, Antikenzitaten, Vergleichen zu historischen Persönlichkeiten und auch von einer Selbstpräsentation Kölns als historischer Römer- und stolzer Handelsstadt. Das von Wallraf selbst erstellte komplexe lateinische Inschriftenprogramm, das sich wie ein Netz über die Stadt spannte, wurde ergänzt durch Bilder, Symbole, Beleuchtungen und auch ephemere Bauten. Rituelle Handlungen wie der traditionelle Herrschereinzug, der Adventus, bildeten eine weitere Komponente in der Kölner Inszenierung des Kaiserbesuchs.

Lucas Doil: »Werde politisch oder stirb!« – Krisendiskurs, Mobilisierung und Gewalt in der Kölner Studentenschaft (1928–1934)

In diesem Jahr begeht die Universität zu Köln das hundertste Jubiläum ihrer Wiedergründung – ein Anlass, die Vergangenheit der Kölner Alma Mater erneut aufzuarbeiten. Im Fokus des Beitrages stehen die nationalsozialistischen Aktivisten unter den Studierenden, die in den letzten Jahren der Weimarer Republik zunehmend die Hochschulpolitik bestimmten und letztlich dazu beitrugen, dass sich die Hochschule als erste im Reich im Juni 1933 ohne Widerstände selbst gleichschaltete. Auf Grundlage von archivalischen Quellen und Zeitungsartikeln wird die Kölner Universität als Raum studentischer Mobilisierung und reaktionärer Diskurse gezeichnet. Die stets aus der Minderheit agierenden Nationalsozialisten diktierten Handlungsorte und verschoben Sagbarkeitsgrenzen, während republikanische Gruppen erodierten und durch die Hochschulleitung keine Rückendeckung erhielten. Der zeitgenössische Krisendiskurs und die politische Gewalt, die die Universität zum Ort des politischen Kampfes machten, werden also als Mittel der Zerstörung akademischer und demokratischer Ordnung analysiert, die nach der universitären Machtergreifung in einem System studentischer Aktivmaßnahmen institutionalisiert wurden.

Kim Opgenoorth: Organisation und Akteure der HJ-Zeitung »Die Fanfare« (1933–1937) im Rheinland

Die Zeitung der Hitlerjugend für das Obergebiet West »Die Fanfare«, deren Redaktion in Köln saß, wies enorm hohe Auflagen auf. Eine inhaltliche Auswertung bezogen auf den Umgang mit Gegnern und dem Themenfeld Gemeinschaft in der Gebietszeitung für den Mittelrhein wurde im letzten Band ausgeführt. In diesem Aufsatz wird. »Die Fanfare« in den pressehistorischen Kontext der NS-Jugendmedien der 1930er Jahre eingeordnet und ihre regionale Ausrichtung untersucht. Der Fokus liegt auf der Entwicklung bis zu ihrem plötzlichen Ende sowie auf der Analyse ihrer Gesamterscheinung, Sprache und Bildsprache sowie auf den das Blatt prägenden Akteuren.

Autorinnen und Autoren

Prof. Dr. Ulrike **Bergmann**, Technische Hochschule Köln, Fakultät für Kulturwissenschaften – Dr. Eckhard **Bolenz**, Düsseldorf – Thomas **Deres** M. A., Bergisch Gladbach – Hans-Gerd **Dick**, Zülpich – Lucas **Doil**, Köln – Helmut Johannes **Fußbroich**, Köln – Philipp **Gatzen**, Rheinische Friedrich-Wilhelms-Universität Bonn, Institut für Geschichtswissenschaft, Abt. für Geschichte der Frühen Neuzeit und Rheinische Landesgeschichte – Dr. Gerhard-Peter **Handschuh**, Mittelbiberach – Dr. Jürgen **Herres**, Berlin-Brandenburgische Akademie der Wissenschaften, Berlin – Dr. Christian **Hillen**, Bonn – Prof. Dr. Eberhard **Isenmann**, Universität zu Köln, Historisches Institut – Saskia **Klimkeit**, Köln – Benedikt **Neuwöhner**, Lehrstuhl für die Landesgeschichte der Rhein-Maas-Region, Universität Duisburg-Essen – Dr. Joachim **Oepen**, Historisches Archiv des Erzbistums Köln – Kim **Opgenoorth**, Universität zu Köln, Historisches Institut, Neuere Geschichte – PD Dr. Esther von **Plehwe-Leisen**, Technische Hochschule Köln, Fakultät für Kulturwissenschaften – Stefan **Plettendorff**, Historisches Archiv des Erzbistums Köln – Leah **Raith**, Köln – Prof. Dr. Michael **Rohrschneider**, Rheinische Friedrich-Wilhelms-Universität Bonn, Institut für Geschichtswissenschaft, Abt. für Geschichte der Frühen Neuzeit und Rheinische Landesgeschichte – Dr. Wolfgang **Rosen**, Köln/Bonn – Prof. Dr. Wolfgang **Schmid**, Winningen – Dr. Dirk **Schmitz**, Römisch-Germanisches Museum/Archäologische Bodendenkmalpflege, Köln – Prof. Dr. Bernhard **Schneider**, Trier – Henrike **Stein**, Köln – Gregor **Weiermüller**, Lehrstuhl für die Landesgeschichte der Rhein-Maas-Region, Universität Duisburg-Essen – Prof. Dr. Karl **Ubl**, Universität zu Köln, Historisches Institut – Lars **Wirtler** M. A., Köln.